Amongst other Variorum Reprints:

OSKAR HALECKI
Un empereur de Byzance à Rome
Warsaw 1930 edition

ALEXANDER VAN MILLINGEN
Byzantine Churches in Constantinople. Their History and Architecture
London 1912 edition

GABRIEL MILLET
L'Ecole grecque dans l'architecture byzantine

ANDRE GRABAR
Martyrium. Recherches sur le culte des reliques et l'art chrétien antique
(Architecture, Iconographie, LXX planches)
Paris 1946 edition

GABRIEL MILLET
L'Ecole grecque dans l'architecture byzantine
Paris 1916 edition

In the Collected Studies Series:

DONALD M. NICOL
Byzantium: its ecclesiastical history and relations with the western world

EDMOND-RENE LABANDE
Spiritualité et vie littéraire de l'Occident. Xe-XIVe s.

DONALD M. NICOL
Byzantium: its ecclesiastical history and relations with the western world

FRANCIS DVORNIK
Photian and Byzantine Ecclesiastical Studies

LINOS POLITIS
Paléographie et littérature byzantine et néo-grecque

AUGUST HEISENBERG
Quellen und Studien zur spätbyzantinischen Geschichte

JEAN DARROUZES
Littérature et histoire des textes byzantins

JOHN MEYENDORFF
Byzantine Hesychasm: historical, theological and social problems

FRANÇOIS HALKIN
Etudes d'épigraphie grecque et d'hagiographie byzantine

VARIORUM COLLECTED STUDIES SERIES

Synaxaires byzantins, ménologes, typica

Hippolyte Delehaye, Bollandiste

Hippolyte Delehaye, Bollandiste

Synaxaires byzantins, ménologes, typica

Avant-propos de F. Halkin

Routledge
Taylor & Francis Group
LONDON AND NEW YORK

First published 1977 by Ashgate Publishing

Published 2016 by Routledge
2 Park Square, Milton Park, Abingdon, Oxon OX14 4RN
711 Third Avenue, New York, NY 10017, USA

Routledge is an imprint of the Taylor & Francis Group, an informa business

ISBN 9780860780106 (hbk)

Transferred to Digital Printing in 2010

VARIORUM COLLECTED STUDIES SERIES CS66

TABLE DES MATIERES

Ce volume est composé de 322 pages

AVANT-PROPOS

Si les études d'hagiographie byzantine ont fait depuis 80 ans des progrès remarquables, elles le doivent notamment à deux instruments de travail forgés par le P. Hippolyte Delehaye, Bollandiste (1859-1941): l'édition du Synaxaire (1902) et le répertoire des Vies de saints éditées en grec ou *Bibliotheca hagiographica graeca* (1895; 2e éd., 1909).[1]

Le synaxaire est un livre liturgique contenant pour chaque jour de l'année, du 1er septembre au 31 août, de brèves notices biographiques sur les saints vénérés ce jour-là. Les manuscrits du synaxaire grec sont nombreux, mais ils diffèrent plus ou moins profondément les uns des autres d'après les usages locaux et les remaniements introduits au cours des âges. Retrouver la forme originale, telle qu'elle fut rédigée vers la fin du IXe siècle, ne parait guère possible. L'important d'ailleurs n'est pas là, mais bien d'identifier le modèle que les synaxaristes ont résumé quand ce modèle existe encore, et, dans le cas contraire, d'étudier l'abrégé comme un témoin d'une source perdue. Pour permettre ces recherches, capitales pour l'historien, le P. Delehaye a choisi de publier non point l'exemplaire le plus ancien ou le plus pur de toute addition postérieure, mais un synaxaire particulièrement riche en notices et conservé intégralement: le synaxaire de Sirmond. Cette édition, il l'a enrichie d'une multitude de renseignements empruntés à une cinquantaine d'autres manuscrits et condensés au bas des pages sous la rubrique *synaxaria selecta.* Judicieusement conçu et réalisé avec sobriété, l'outil s'est révélé très pratique à l'usage. En trois quarts de siècle, il a aidé une infinité de chercheurs et ne cesse de rendre des services inappréciables. Epuisé et constamment redemandé, il fut réimprimé en 1954.

[1] Voir la notice nécrologique du P. Delehaye par son successeur, le P. Peeters, en tête des *Analecta Bollandiana*, t.60 (1942). La notice est suivie de la liste des ouvrages et articles du P. Delehaye.

Les Vies de saints écrites en grec dans l'antiquité chrétienne ou au moyen âge byzantin et accessibles soit dans une édition, même partielle, soit dans une traduction latine sont dispersées dans tant de publications savantes ou populaires, occidentales ou grecques ou même russes, qu'il est bien difficile de les repérer toutes. C'est pour guider les érudits dans la recherche de ces documents que le P. Delehaye a projeté et procuré un répertoire aussi commode que possible, auquel il a donné le titre de *Bibliotheca hagiographica graeca.* Les deux éditions, de 1895 et de 1909, épuisées bien avant la mort de l'auteur, ont été remplacées par une 3e édition, en trois volumes (1957), suivie douze ans après d'un *Auctarium* (1969).

Dès 1895, le P. Delehaye préludait à l'édition du synaxaire par une étude sur le *Synaxaire de Sirmond*, qui peut lui servir d'introduction et où il est aussi question d'un autre synaxaire, non moins fameux, qui est communément (bien qu'improprement) appelé "Synaxaire de Basile".

Le *Synaxaire italo-grec* aquel s'intéressa plus tard le P. Delehaye n'appartient pas à la catégorie d'ouvrages décrite ci-dessus; c'est plutôt un "petit synaxaire", ou liste des leçons scripturaires convenant à chaque fête de l'année.

Les Vies de saints, non plus abrégées comme dans les synaxaires, mais développées comme dans les légendiers latins, sont habituellement transcrites dans des recueils appelés "ménologes" et desintés à la lecture publique. En principe, le ménologe est mensuel, mais il existe des ménologes pour quinze jours, pour deux, trois ou quatre mois, voire pour un semestre ou une année entière. Au cours des siècles, on a constamment renouvelé les ménologes grecs en y insérant des saints récents ou de nouveaux textes sur les saints anciens, en retranchant des pièces qui ne plaisaient plus, en en raccourcissant d'autres. Mais une coupure très nette se produisit vers la fin du Xe siècle, quand le ménologe de Syméon Métaphraste conquit la faveur du public et s'imposa progressivement partout. L'article du P. Delehaye sur les *Ménologes grecs* étudie d'abord le ménologe métaphrastique et ensuite ceux qui l'avaient précédé, les ménologes "prémétaphrastiques".

Comme les "métaphrases" de Syméon sont régulièrement anonymes et qu'elles se trouvent souvent mêlées aux textes plus anciens, il importait d'en dresser une liste sûre et bien établie.

Deux hagiographes éminents, Albert Ehrhard, professeur à Wurtzbourg (puis à Vienne, Strasbourg et Bonn), et le P. Delehaye entreprirent ce travail chacun de son coté. Par deux voies différentes, ils parvinrent au même résultat. Les conclusions d'Ehrhard ne parurent sous leur forme définitive qu'en 1938, au tome II de son grand ouvrage sur la tradition (*Überlieferung*) de la littérature hagiographique grecque. Celles du P. Delehaye avaient été présentées trente ans plus tôt dans la *Synopsis metaphrastica*, qui termine la 2e édition de sa *Bibliotheca hagiographica graeca.*

Les *typica* dont le P. Delehaye s'est occupé en 1920 ne sont pas les typica liturgiques, où sont consignés les règlements à suivre dans la célébration de l'office, mais les typica *ktètorika*, chartes de fondation monastique, testaments de fondateur et codes imposés par lui à sa communauté. Les deux documents de cette espèce qu'il présenta à l'Académie royale de Belgique et publia dans les *Mémoires* de la classe des Lettres concernent deux monastères féminins de Constantinople à l'époque des Paléologues.

Madame E. Turner, directrice de la firme londonienne *Variorum Reprints*, a eu l'heureuse idée de réunir en un volume dans sa série *Collected papers* cinq ou six des travaux du P. Delehaye mentionnés ci-dessus. Nous avons volontiers accepté d'y joindre quelques "Notes additionnelles" et un index.

FRANÇOIS HALKIN
Bollandiste

I

LE

SYNAXAIRE DE SIRMOND

Il est difficile de s'occuper d'un sujet quelconque d'hagiographie orientale sans être renvoyé, à chaque pas, aux ménées, aux ménologes et aux synaxaires et à d'autres recueils du même genre, qui malheureusement n'ont jamais été l'objet d'une étude approfondie. Les ménologes et les synaxaires, dont la plupart des fonds de manuscrits grecs sont encombrés, ont été à peine feuilletés; ils découragent le chercheur par leur quantité et leur volume. Il serait temps d'examiner en détail ces collections si importantes au double point de vue hagiographique et liturgique, d'en entreprendre la classification, et de rechercher les sources d'où elles dérivent. Presque tout est à faire ici; avant tout, il faudrait posséder une édition un peu soignée d'un grand synaxaire, par exemple de celui de Sirmond, que nous nous proposons de faire connaître dans les pages qui vont suivre.

Afin d'éviter toute confusion, nous commencerons par jeter un coup d'œil sur les livres liturgiques grecs qui appartiennent à la même catégorie, et intéressent plus particulièrement les hagiographes. Le ménologe de Basile, qui nous servira souvent de point de comparaison, sera l'objet d'un examen spécial. Nous aborderons ensuite le synaxaire de Sirmond, sans prétendre dire du premier coup tout ce que peut suggérer l'étude d'un monument si considérable. Si, après avoir entendu l'avis des savants compétents, nous nous décidons à le publier, alors seulement nous pourrons songer à faire valoir toutes ses richesses.

I. Ménées, ménologes, synaxaires.

Dans la matière qui nous occupe, la terminologie des Grecs, compliquée encore par l'usage de beaucoup d'érudits peu soucieux de la précision, est une source perpétuelle de difficultés. Nous allons donc, non seulement analyser les principaux recueils qu'il s'agit de comparer, mais encore, définir les termes les plus usités.

Il serait superflu de passer en revue tous les livres dont se sert l'Église grecque dans ses offices. Allatius, et d'autres après lui, en ont dressé la liste et en ont décrit la composition (1). *La catégorie du* propre des saints *doit seule nous occuper.*

1. *Parlons d'abord des* ménées, *c'est-à-dire de cette grande collection en douze volumes, comprenant respectivement le* μηναῖον τοῦ σεπτεμβρίου, τοῦ ὀκτοβρίου, *etc., souvent réimprimée* (2), *et gardant, malgré les différences assez notables qui distinguent les premières éditions des plus récentes, une physionomie parfaitement caractérisée. Parmi les livres dont nous avons à nous occuper, c'est le plus considérable et le plus complet. Il réunit tous les éléments que nous trouvons dispersés dans les autres. A ce titre, il doit servir de point de départ à l'étude qui va suivre* (3).

Les ménées contiennent l'office des saints et des fêtes à date fixe pour tous les jours de l'année. Au commencement de chaque mois se trouve noté le nombre des jours du mois, et le nombre des heures du jour et de la nuit.

Sous chaque date, viennent les noms des saints célébrés ce jour-là, puis, après quelques indications pour la célébration de l'office, extraites du τυπικόν — *nous les appellerons* rubriques *pour plus de facilité* — *le*

(1) Allatius, *De libris ecclesiasticis Graecorum*, Paris, 1644; Fabricius-Harles, *Bibliotheca graeca*, t. X, 140-144; J. Mason-Neale, *A history of the holy eastern church*, part I, general introduction, t. II, ch. iii. p. 820 sqq.; Daniel, *Codex liturgicus ecclesiae universae*, t. IV (1853), p. 314-24; N. Nilles, *Kalendarium manuale utriusque ecclesiae*, Oeniponte, 2 vol., 8°, 1879-81. F. Kattenbusch, *Lehrbuch der vergleichenden Confessionskunde*, Freiburg i. B., 1895, t. I, p. 455-56, donne des descriptions de seconde main, et trop vagues. Les notes de Görres dans ses *Beiträge zur Hagiographie der griechischen Kirche*, Zeitschrift für wissenschaftliche Theologie, t. XXVIII (1885), p. 491-98, sont assez superficielles. — (2) Nous nous abstiendrons d'énumérer les principales éditions des ménées. On pourra, à ce sujet, consulter Legrand, *Bibliographie hellénique* (XVe et XVIe siècles), Paris, 2 vol., 1885; *Bibliographie hellénique* (XVIIIe siècle), Paris, 4 vol., 1894-95; Papadopoulos-Vretos, Νεοελληνικὴ Φιλολογία, Venise, 1854. — Signalons aussi les notes de Papebroch sur les anciennes éditions des ménées, dans les *Acta SS.*, iunii t. III, p. 808. — L'exemplaire des ménées dont nous nous servons et qui sera cité au cours de ce travail, est composé comme suit : septembre, octobre ; Venise, Zanetti, 1592; novembre, 1593; décembre, 1595; janvier, 1595 (sur le titre, mais la dernière page porte 1596), février, 1596; mars, 1586; avril, Venise, A. Pinelli, 1603; mai, Zanetti, 1589; juin, juillet, août, 1591. — (3) Neale, *ouv. cité*, p. 820 et suiv., a donné une analyse détaillée de l'office des ménées. Dans les *Acta SS.*, iunii, t. II, p. xv-lxxxi, le P. Rayeus a publié et commenté l'office des trois grands docteurs de l'Église grecque, S. Basile, S. Grégoire et S. Jean Chrysostome. — Voir de nombreux offices tirés des ménées russes, avec traduction allemande, dans Al. Maltzew, *Die Nachtwache oder Abend-und Morgengottesdienst der orthodox-katholischen Kirche des Morgenlandes*, Berlin, 1892, 8°. Sur la composition des ménées, il y a de bonnes indications à trouver dans la préface, malheureusement écrite en russe, de V. Jagić, *Carminum christianorum versio palaeoslovenico-rossica, Menaea Septembris, Octobris, Novembris*, Petropoli, 1886, 4°.

texte des diverses parties de l'acolouthie. La partie principale de l'office est constituée par le canon, *divisé en neuf* odes, *dont la seconde manque régulièrement* (1). *Entre la sixième et la septième ode s'intercalent les notices historiques qui nous intéressent spécialement, avec certains accessoires qui ne sont pas à négliger.*

Prenons comme exemple le 7 septembre, consacré à la mémoire du martyr Sozon. Ce jour-là on fait aussi plusieurs commémoraisons : celle de deux personnages apostoliques S. Évode et S. Onésiphore, celle de S. Étienne, pape, celle de S. Eupsychus, celle d'un saint Luc. Voici comment tous ces saints sont représentés dans les ménées à l'endroit indiqué.

Μηνὶ τῷ αὐτῷ [σεπτ.] ζ'. Μνήμη τοῦ ἁγίου μάρτυρος Σώζοντος.

Ἀντεῖχε Σώζων σώματος πρὸς αἰκίας
Πρὸς μόνον σώζωντα τὴν ψυχὴν βλέπων.
Ἑβδομάτη θάνε Σώζων τυπτόμενος χρόα λαμπρόν.

Οὗτος ἐκ Λυκαόνων ὁρμώμενος *etc., suit une notice de quinze lignes.*

Τῇ αὐτῇ ἡμέρᾳ μνήμη τῶν ἁγίων ἀποστόλων Εὐόδου καὶ Ὀνησιφόρου.

Ὁ ἅγιος ἀπόστολος Εὔοδος γενόμενος *etc., notice de treize lignes.*

Ὁ ἅγιος Στέφανος πάπας Ῥώμης ξίφει τελειοῦται.

Τμηθεὶς Στέφανος θεῖον ἥρπασε στέφος.
Πάπας μὲν ὢν πρὶν νῦν δὲ μάρτυς μέγας.

Οὗτος ἦν ἐπὶ Οὐαλεριανοῦ *etc., notice de six lignes.*

Ὁ ἅγιος Εὔψυχος ξίφει τελειοῦται.
Εὔψυχος εὐψύχιος ἦν πρὸς τὸ ξίψος.
Χαίρων ὅτι πλάσαντος τὴν ψυχὴν θύει.

Οὗτος γέννημα καὶ θρέμμα ὑπῆρχε *etc., notice de douze lignes.*

Τῇ αὐτῃ ἡμέρᾳ τελεῖται ἡ κοίμησις τοῦ ὁσίου Λουκᾶ τοῦ ἐκ Λυκαόνων ἐπαρχίας, τρίτου δὲ ἡγουμένου τῆς μονῆς τοῦ σωτῆρος τοῦ ἐπιλεγομένου Βαθέως Ῥύακος.

Le 2 octobre, où l'on fait la fête des SS. Cyprien et Iustine, va nous fournir un second exemple. Ce jour-là, il n'y a qu'une seule commémoraison.

(1) Voir à ce sujet, A. Papadopoulos-Kerameus, Σχεδιάσμα περὶ τῶν λειτουργικῶν μηναίων, Saint-Pétersbourg, 1894, 8°, 48 pp. Extrait du *Visantiskij Vremennik.*

Τῷ αὐτῷ μηνὶ [ὀκτ.] β', τοῦ ἁγίου ἱερομάρτυρος Κυπριανοῦ καὶ Ἰουστίνης.

Ἀλγεῖ Σατανᾶς τὸν πάλαι φίλον βλέπων.
Ξίφει φιλοῦντα συνθανεῖν Ἰουστίνῃ.
Τμήθη δευτερίῃ σὺν Ἰουστίνῃ Κυπριανός.

Οὗτος ὑπῆρχεν ἀπὸ Ἀντιοχείας, *etc., notice de vingt-six lignes se terminant par la formule :*

Τελεῖται δὲ ἡ αὐτῶν σύναξις ἐν τῷ αὐτῶν μαρτυρίῳ τῷ ὄντι πέραν ἐν τοῖς Σολομῶντος.

Τῇ αὐτῇ ἡμέρᾳ τοῦ ὁσίου πατρὸς ἡμῶν Θεοφίλου τοῦ ὁμολογητοῦ.

Ἐναντίον μου σὴ τελευτὴ τιμία
Λέγει Θεός σοι τῷ φίλῳ Θεοφίλῳ.

Ὁ ὅσιος πατὴρ ἡμῶν, *etc., notice de quatorze lignes.*

Voici donc ce qui, d'après les ménées, doit se réciter après la sixième ode :

1. La date du mois.

2. L'annonce de la fête du saint.

3. Une épigramme en vers iambiques, deux ordinairement, sur la fête. Autant que possible elle contient un jeu de mots plus ou moins réussi (1).

4. Un hexamètre comprenant la date et le nom du saint (2).

5. Une notice historique de longueur variable, commençant ordinairement par ces mots οὗτος ὁ ἅγιος, οὗτος ἦν, ὁ ὅσιος πατὴρ ἡμῶν *ou d'autres analogues.*

6. L'indication, s'il y a lieu, du sanctuaire où la fête se célèbre solennellement. Cette indication termine la notice.

7. Une ou plusieurs commémoraisons simplement annoncées, ou accompagnées de l'épigramme, ou de la notice, ou des deux à la fois.

Ces quelques détails suffiront pour le but que nous nous proposons. Bien que par son étymologie, et même par l'usage, le mot μηναῖον *s'applique à d'autres recueils disposés selon l'ordre des mois, nous ne nous en servirons que pour désigner la collection bien déterminée dont il vient d'être question.*

(1) On en trouvera la collection dans SIBERUS, *Ecclesiae graecae martyrologium metricum ex menaeis, codice Chiffletiano Actisque Sanctorum*, Lipsiae, 1727, 4°, p. 1-451. — (2) Dans le même recueil Siberus donne la suite de ces hexamètres, d'après les ménées, composition artificielle, qui rappelle le martyrologe métrique de Wandelbert. Papebroch avait réuni également sous le nom d'*Ephemerides metricae* les hexamètres de plusieurs mois. Sur les ménologes métriques manuscrits, voir plus bas, p. 402.

2. *Le mot* ménologe *a une quadruple acception :*

a) *Il désigne souvent les recueils des grandes Vies de saints de l'Église grecque rangées dans l'ordre du calendrier. La collection est divisée en douze volumes, un pour chaque mois. Parfois, plusieurs mois sont réunis dans un volume. Les grands fonds de manuscrits grecs en possèdent tous des volumes séparés. C'est le* legendarium *du moyen âge latin.*

b) *Parfois on l'emploie comme synonyme de ménée.*

c) *Plus fréquemment il désigne une classe de recueils moins volumineux contenant la série plus ou moins complète des notices historiques insérées dans les ménées entre la sixième et la septième ode du canon. Le* ménologe de Basile *est le plus connu des livres de ce genre.*

d) *Les manuscrits donnent souvent le titre de ménologes aux tables des leçons scripturaires disposées suivant l'ordre du calendrier et rappelant le* liber comitis, *tel qu'il se présente dans l'édition de Baluze* (1). *Ainsi le ms. de la bibliothèque nationale de Paris, Suppl. grec 79, du X*[e] *siècle, fol. 227*[r] *:* Μηνολόγιον σὺν Θεῷ τῶν ἁγίων ὅλων καὶ τῶν ἑορτῶν τοῦ χρόνου ὅλου. *Le calendrier de Morcelli porte aussi en tête :* Μηνολόγιον σὺν Θεῷ τῶν εὐαγγελίων ἑορταστικῶν τοῦ ἐνιαυτοῦ ὅλου.

Dans ce qui va suivre, nous réserverons le mot ménologe pour désigner les livres de la première catégorie, excepté le ménologe de Basile *dont le titre est fixé par l'usage, bien qu'il rentre dans la classe des synaxaires, dont nous allons parler.*

3. *Le terme de* synaxaire *a également différentes acceptions :*

a) *Il désigne les livres comprenant la série plus ou moins complète des notices et commémoraisons qui se trouvent dans les ménées entre la sixième et la septième ode du canon. Ainsi le ms. grec 1591 de Paris est intitulé :* Συναξάριον σὺν Θεῷ τοῦ α' ἑξαμήνου; *le ms. de Berlin Phillipps 1622 :* Συναξάριον περιέχον ὅλου τοῦ ἐνιαυτοῦ τῶν ἁγίων μαρτύρων καὶ τῶν ὁσίων ἐν συντόμῳ τὰ ὑπομνήματα.

Dans l'intérêt de la clarté, nous appellerons les livres de cette espèce grands synaxaires, *ou synaxaires tout court. Un seul des grands synaxaires qui remplissent les bibliothèques a été publié : c'est le ménologe de Basile* (2).

b) *Le même nom se trouve généralement placé en tête de ces tables de leçons de l'Écriture sainte que nous avons rapprochées du* liber comitis. *Voir par exemple le manuscrit de Munich 210, fol. 252*[v] *:* Συναξάριον σὺν Θεῷ τοῦ ὅλου ἐνιαυτοῦ; *le ms. de Paris, Suppl. grec 79,*

(1) *Capitularia regum Francorum*, Parisiis, 1677, t. II, p. 1309-1351 ; voir aussi l' " appendix monumentorum, „ dans E. Ranke, *Das kirchliche Pericopensystem*, Berlin, 1847. — (2) Voir plus loin, p. 404, note 1.

fol. 220 : Συναξάριον σὺν Θεῷ τῶν προτεταγμένων εὐαγγελίων, *etc.*, *le Coislin 224, fol. 1 :* Συναξάριον περιέχον τὰ ἀναγνώσματα τῶν τε πράξεων καὶ τῶν ἐπιστολῶν τὰ ἀναγινωσκόμενα ἔν τε σάββασι καὶ κυριακαῖς καὶ λοιπαῖς ἑορταῖς τῶν ἁγίων. *Nous éviterons toute confusion en appelant ces tableaux* petits synaxaires. *Le nombre de ces documents liturgiques conservés en tête des exemplaires du livre des évangiles ou du " praxapostolus „ est très considérable. Quelques-uns ont été publiés* (1). *Le plus connu des petits synaxaires est celui que Morcelli a édité sous le nom de* Kalendarium ecclesiae Constantinopolitanae, *et qu'il a illustré de savants commentaires* (2).

c) *La courte leçon historique de chaque saint, qui occupe dans les ménées la place que nous avons dite, porte aussi le nom de synaxaire, et parfois les manuscrits mettent ce nom en tête de la notice. Ainsi, dans le manuscrit de Paris 1583, du XIII*[e] *siècle, qui renferme le premier trimestre des ménées, la leçon historique porte régulièrement le titre* τὸ συναξάριον. *Nous nous abstiendrons de ce terme technique, propre à engendrer la confusion, et au lieu de synaxaire, nous dirons leçon historique ou notice.*

Pour ne pas embarrasser l'exposition, nous n'avons pas mentionné un certain nombre d'écrits qui pourraient trouver place dans quelqu'une des catégories précédentes, mais à qui leur caractère spécial assigne un rang à part. Tels sont les calendriers métriques, comme celui de Christophe de Mitylène (XIe *siècle), intitulé :* Χριστοφόρου πατρικίου καὶ ὑπάτου τοῦ Μιτυληναίου συναξάριον διὰ στίχων ἰάμβων διαλαμβάνον συνεπτυγμένως μὲν ἀλλ' ὅμως ἀναγκαιῶς ὅθεν τε ἕκαστος τῶν ἁγίων, *etc.* (3). *Il y a aussi le calendrier de Théodore Prodrome, qui a autant de vers*

(1) M. A. SCHOLZ, *De menologiis duorum codicum graecorum bibliothecae regiae Parisiensis commentatio*, Bonnae, 1823, 8°, 32 pp.; ID., *Novum testamentum graece*, Lipsiae, 1836, t. II ad calcem ; A. M. BANDINI, *Catalogus codicum manuscriptorum bibliothecae Mediceae Laurentianae*, Florentiae, t. I, 1764, pp. 130 (= *P. G.*, t. CVI, p. 1310), 154 (*ibid.*, p. 1326), 163, 470; [MINGHARELLI], *Graeci codices manuscripti apud Nanios*, Bononiae, 1784, pp. 364, 367, 380; TISCHENDORF, *Anecdota sacra et profana*, Lipsiae, 1861, 4°, pp. 20-21. Voir encore MATTHIAE, *Novum Testamentum graece*, Riga, 1782-1788; cfr. GREGORY-TISCHENDORF, *Novum Testamentum graece*, ed. VIII, Prolegomena; WESTCOTT-HORT, *N. T. in the original Greek*, Canterbury, 1881, t. II, p. 41-44; SCRIVENER, *Introduction to the criticism of the new Testament*, ed. 2, 1894, pp. 75-82. — (2) S. A. MORCELLI, *Kalendarium ecclesiae Constantinopolitanae*, Romae, 2 vol., 4°, 1788. — (3) Dans le ms. de Paris 1578, K. KRUMBACHER, *Studien zu den Legenden des hl. Theodosios*, SITZUNGSBERICHTE DER KGL. BAIERISCHEN AKADEMIE, 1892, p 339. Nous ne parlons pas des Συναξάρια Νικηφόρου Καλλίστου Ξανθοπούλου (ms. de Paris 1585) cité par le même auteur. Ils ont rapport aux fêtes du Triodion, et non au propre des saints. Dans les marges du ms. Coislin 109, se trouve écrit (fol. 243-49) une συνοπτικὴ σύναξις τῶν ἁγίων τοῦ ὅλου ἐνιαυτοῦ de Nicéphore Calliste. (Voir notre *Catal. codd. hagiogr. graecorum bibl. nation. Parisiensis*, 1896, p. 291).

I

qu'il y a de jours dans l'année. Il porte le titre de : Μονόστιχα εἰς τέλη τῶν ἑκάστης ἡμέρας μνημονευομένων ἐν ὅλῳ τῷ ἔτει ἁγίων (1). *Il n'y a pas à tenir compte ici de ces recueils isolés et facilement reconnaissables. D'autres chercheront à déterminer les emprunts qu'ont faits à ces auteurs les compilateurs des ménées.*

Les petits synaxaires, les plus anciens surtout, ne doivent pas être négligés. Ils représentent mieux que les grands la tradition liturgique. S'ils n'apprennent rien sur l'histoire des saints, ils sont des témoins authentiques de leur culte. La comparaison de ces listes si sobres avec les grands synaxaires jette un grand jour sur le mouvement liturgique qui a abouti à introduire dans l'office des éléments dépourvus de tout caractère traditionnel. Nous ne parlerons pas plus longuement de ces documents liturgiques, pour nous arrêter aux grands synaxaires.

Nous ne connaissons aucun exemplaire de ceux-ci qui soit certainement antérieur au XIe siècle (2), *et les exemplaires qui remontent à cette époque sont fort rares. Ceux du XIIe, du XIIIe siècle, ceux de basse époque surtout, sont nombreux* (3). *Quelles que soient les hypothèses que nous puissions fonder pour le moment sur des vraisemblances et des analogies, aucune donnée positive n'autorise à affirmer que le recueil des ménées, tel que nous l'avons sommairement décrit, n'a pas existé avant les synaxaires. Il est donc permis de considérer, au moins provisoirement, les synaxaires comme des extraits des ménées, sans préjuger la question de savoir s'ils ne sont pas plutôt un des éléments principaux qui ont servi à compiler le grand recueil.*

Un examen superficiel de quelques synaxaires manuscrits suffit à établir qu'ils ne représentent pas tous exactement la partie de l'office comprise entre la sixième et la septième ode du canon dans les ménées.

(1) *P. G.*, t. CXXXIII, p. 1079. — (2) M. PAPADOPOULOS-KERAMEUS date le synaxaire de Jérusalem cod. 40, du X/XIe siècle, *Byzantinische Zeitschrift*, t. II, p. 600. On n'en a pas signalé de plus ancien, que je sache. Mais comme l'auteur semble ne pas s'être attaché à une détermination bien précise de l'âge du manuscrit, nous n'accepterons son estimation que sous bénéfice d'inventaire. — (3) Nous ne voulons pas entreprendre ici de dresser la liste des synaxaires manuscrits déposés dans les grandes bibliothèques. Signalons, parmi ceux qui ont été plus souvent cités, le *Synaxarium Divionense* ou *Chiffletianum*, fréquemment employé par nos prédécesseurs (par exemple, *Act. SS.*, 29 martii, t. III, p. 40*, Marcus Atheniensis ; 1 martii, t. I, pp. 886-887, Hesychius ; 1 maii, t. I, p. 739, Bata ; 4 maii, t. I, p. 753, Martyres Scythopolit. ; 3 iunii, t. I, pp. 326-27, Athanasius ; 10 iunii, p. 274, Timotheus Prusae ; 26 iunii, t. V, pp. 190-194, Iohannes ep. Gotthiae ; octobr. 23, t. X, p. 33, Theodoretus pr.) ; deux mss. de l'Ambrosienne de Milan N. 375 et O. 148 (*Act. SS.*, iunii, t. II, p. 276 ; iulii, t. IV, p. 632) ; le ms. 103 de Messine, XIIe siècle (KRUMBACHER, *Studien zu den Legenden des hl. Theodosios*, SITZUNGSBERICHTE DER K. BAIERISCHEN AKADEMIE, 1892, p. 261, Theodosios ; WIRTH, *Danae in christlichen Legenden*, Wien, 1892, p. 115, Irene). KRUMBACHER, l. c., cite aussi le ms. 76 de Messine, XIIe siècle.

Il y a de grandes variétés dans le nombre, l'étendue et même dans la rédaction des notices. Très souvent, ordinairement même dans les manuscrits les plus anciens, l'épigramme et l'hexamètre font défaut. L'indication du sanctuaire est fréquemment supprimée, et il n'y a pas d'uniformité dans la série des commémoraisons. Enfin, un certain nombre d'exemplaires sont munis, soit à chaque date, soit à certaines dates seulement, de rubriques pour régler l'ordre de l'acolouthie.

Nous n'entendons nullement faire de ces divergences un principe de classification sérieuse et définitive. L'étude de la composition et des sources de chaque exemplaire pourra seule aboutir à grouper les synaxaires autour d'un certain nombre de types. Avant qu'il soit possible d'appliquer les procédés rigoureux de la critique à une série de manuscrits aussi considérables (200 à 300 feuillets en moyenne), il faudra se laisser guider dans le choix des exemplaires à étudier par des caractères purement extérieurs.

Il importe, cela va sans dire, de s'attacher avant tout à des exemplaires suffisamment anciens. Ceux-ci peuvent nous être parvenus dans des manuscrits relativement récents L'âge du manuscrit est donc un critère insuffisant pour juger de l'antiquité de la compilation. Mais je ne serais pas éloigné de croire que la présence de l'épigramme en tête de la notice est un signe certain de basse époque. Le mauvais goût qui s'étale ordinairement dans ces iambes accuse nettement la décadence. Il est bien vrai, comme nous l'avons dit plus haut (1), *que les poètes se sont exercés d'assez bonne heure à tourner des épigrammes en l'honneur des saints du calendrier. Mais ce n'est que bien tard qu'on put les croire propres à relever la majesté de l'office divin. Les manuscrits anciens n'en offrent point de trace. Ainsi, même des manuscrits du XIIIe siècle, comme le 1571 de Paris, daté de 1253, qui est un ménée de décembre-janvier, et le 1583, qui renferme les ménées de septembre à novembre, en sont dépourvus.*

Parmi les exemplaires anciens, ceux qui doivent attirer davantage l'attention, sont naturellement ceux qui sont plus fournis que d'autres de notices et de commémoraisons, ceux dont les notices sont plus correctes et plus riches en détails précis, ceux enfin qui se réfèrent à une église déterminée par la mention des sanctuaires où les fêtes se célèbrent. Nous espérons montrer qu'à tous ces points de vue le synaxaire de Sirmond et ceux qui lui sont étroitement apparentés ont une véritable importance. Mais nous dirons avant tout ce qu'il faut penser du seul synaxaire publié jusqu'ici in-extenso, le ménologe de Basile (2).

(1) Plus haut, p. 399. — (2) Nous ne tiendrons pas compte du ménologe de Sirlet, dont la traduction latine a été publiée par CANISIUS, *Thesaurus monumentorum*, ed. BASNAGE, t. III, p. 412-520. C'est, de l'avis de Papebroch, une compilation de

II. Le ménologe de Basile.

On sait que ce recueil a été publié d'après le manuscrit du Vatican 1613 pour le premier semestre (1). *Le second semestre a été tiré d'un manuscrit de Grotta-Ferrata, que l'on a supposé dériver du volume qui faisait suite au manuscrit du Vatican. Une description exacte des manuscrits serait nécessaire pour porter un jugement péremptoire sur la dépendance des deux parties. Mais il est aisé de constater qu'en bien des endroits le ménologe de Grotta-Ferrata est notablement plus fourni de noms de saints que celui du Vatican.*

La composition du premier semestre (septembre-février) est sensiblement uniforme : nous y comptons, en moyenne, trois saints par jour, et tous sont représentés par des notices de longueur à peu près égale. Par-ci par-là nous n'avons qu'un simple titre, comme celui-ci : Ἄθλησις τοῦ ἁγίου Ἀθανασίου τοῦ ὁμολογητοῦ *(janvier 12); l'absence de notice dans l'édition du ménologe est due évidemment à une lacune du manuscrit; mais il n'y a aucune trace de ces commémoraisons sommaires qui sont si nombreuses dans les ménées. Le second semestre (mars-août) est beaucoup moins homogène. Ainsi, dès le 2 mars, après les deux notices de S*[te] *Antonine et de S. Parmenas, nous trouvons toute la série suivante :*

Καὶ ἄθλησις τοῦ ἁγίου Κοΐντου τοῦ θαυματουργοῦ. Καὶ ἡ κοίμησις τῶν ἁγίων Ἀνδρονίκου καὶ Ἀθανασίας. Καὶ μνήμη τοῦ ἁγίου Τρωαδίου καὶ τοῦ ἁγίου ἱερομάρτυρος Πορφυρίου Γάζης, καὶ Θεοδορήτου πρεσβυτέρου Ἀντιοχείας. Καὶ ἄθλησις τοῦ ἁγίου ἱερομάρτυρος Θεοδότου ἐπισκόπου Κυρινίας.

Il se présente un bon nombre de ces mentions sommaires dans le même mois. Plus loin, elles deviennent beaucoup moins fréquentes, sans que pourtant nous soyons ramenés à la physionomie du premier semestre. Voir par exemple le 23, le 28 et le 29 juillet, etc. Il n'est donc

date récente tirée des ménées. Les synaxaires en grec moderne ne peuvent pas non plus servir de point de départ à une étude critique. Tels sont les recueils de Margunius, Βίος ἁγίων ἐκ τῆς ἑλληνικῆς γλώττης ἤτοι ἐκ τῶν συναξαρίων μεταφρασθέντες, Venetiis, 1529 (autres éditions citées dans Legrand, *Bibliogr. hellénique)*, et de Nicodème, Συναξαριστὴς τῶν δώδεκα μηνῶν, Constantinople, 1842, 13 vol., 8°, souvent réimprimé. — (1) Sur ce précieux monument de l'art byzantin, voir N. Kondakoff, *Histoire de l'art byzantin*, trad. Trawinski, t. II, p. 102 suiv. — Wyhelli et les bollandistes n'ont publié que des parties du ménologe. La première édition complète a paru sous le titre : *Menologium Graecorum iussu Basilii imperatoris graece olim editum nunc primum graece et latine prodit studio et opera* Annibalis tit. S. Clementis presb. card. Albani, 3 vol. fol., Urbini, 1727, reproduite dans Migne, *P. G.*, t. CXVII. — Nous citerons le ménologe en l'attribuant au cardinal Albani, quoique le véritable auteur de l'édition est J. S. Assemani, qui a écrit la préface. Voir l'ouvrage de cet auteur *Kalendaria ecclesiae universae*, t. I, p. 100.

pas bien certain que le ménologe de Basile, tel que nous le possédons dans l'édition d'Albani, soit une compilation d'un seul jet, faite sur un plan uniforme; l'on serait tenté de croire plutôt que les deux semestres proviennent de deux synaxaires différents.

Une autre remarque importante, c'est que la liste des saints et des commémoraisons du ménologe de Basile est infiniment moins riche que celle des ménées.

Les exemples suivants, pris au hasard, rendront cette différence sensible.

	Ménologe.	Ménées.
1 Sept.	Ἀρχὴ τῆς ἰνδίκτου.	Ἀρχὴ τῆς ἰνδίκτου.
	Συμεὼν τοῦ στυλίτου.	τοῦ θαύματος τῆς ἁγίας Θεοτόκου ἐν τῇ μονῇ τῶν Μιασηνῶν.
	Ἰησοῦ τοῦ Ναυή.	τοῦ ἐμπρησμοῦ.
	τῶν ἁγίων μ' παρθένων.	Συμεὼν τοῦ στυλίτου.
		Μάρθας μητρὸς τοῦ ὁσίου Συμεόνος.
		τῶν ἁγίων μ' παρθένων καὶ Ἀμμοῦν.
		τῶν ἁγίων μαρτύρων Εὐόδου κτλ.
2 Sept.	Μάμαντος.	Μάμαντος.
	Ἰωάννου τοῦ νηστευτοῦ.	Ἰωάννου τοῦ νηστευτοῦ.
		Παύλου τοῦ νέου Κπ.
		Διομήδου.
		Ἰουλιανοῦ.
		Φιλίππου.
		Εὐτυχιανοῦ.
		Εὐσυχίου.
		Λεονίδου.
		Εὐτυχίου.
		Φιλαδέλφου.
		Μελανίππου.
		Παρθαγάπης.
		Παύλου Κπ.
		Ἐλεαζάρου καὶ Φινεές.
		Ἀειθαλᾶ καὶ Αμμοῦν.
11 Dec.	Ἀειθαλᾶ καὶ Ἀψεῖ.	Δανιὴλ τοῦ στυλίτου.
	Δανιὴλ τοῦ στυλίτου.	Λουκᾶ τοῦ στυλίτου.
		Ἀκεψεῆ καὶ Ἀειθαλᾶ.
		μνήμη μείρακός τινος.
		Βάρσαβα.
		Τερεντίου, Βικεντίου κτλ.

Le ménologe de Basile ne contient pas la moindre indication relative aux sanctuaires de Constantinople ou d'ailleurs. La leçon de S. Timothée de Pruse qui se termine par la formule : τελεῖται δὲ ἡ αὐτοῦ σύναξις ἐν τῷ ἁγιωτάτῳ αὐτοῦ μαρτυρίῳ τῷ ὄντί ἔνδον τοῦ εὐαγοῦς ξενῶνος ἐν τῷ Δευτέρῳ, *au 10 juin, a été empruntée aux ménées par l'éditeur du ménologe, pour remplir une lacune du manuscrit.*

De ce que nous venons de dire il résulte que le ménologe de Basile, tel que nous le possédons, est un des livres les moins propres à servir de point de départ à l'étude des synaxaires. L'apparente simplicité de son ordonnance est de nature à faire illusion sur sa valeur. On serait tenté à première vue d'y chercher comme le premier noyau des synaxaires plus fournis qui se seraient formés par additions successives. Une comparaison minutieuse des notices des mêmes saints ne permet pas de soutenir cette hypothèse.

Mais il y a plus. L'examen d'un synaxaire de Paris, le ms. 1589, autorise à penser que le ménologe de Basile, tel qu'il est conservé dans le manuscrit du Vatican, n'est qu'un résumé, ou un extrait d'un manuscrit plus complet, qui serait le véritable ménologe de Basile.

Le manuscrit de Paris est du XIIe *siècle. Au commencement (fol. 1-12) se trouve la table des saints, depuis le mois de septembre jusqu'au mois d'août, sous le titre* πίναξ ἐν ἐπιτόμῳ συναξαρίου. *Les notices des saints dans le corps du livre sont en général conformes au texte du ménologe; mais elles sont plus nombreuses et entremêlées de rubriques. Le premier feuillet de septembre manque; le second commence par la dernière partie de la notice de Jésus Nave; suit la* μνήμη τῆς Θεοτόκου Μιασηνῶν, *la* μνήμη τοῦ ἐμπρησμοῦ, *enfin, la* μνήμη τῶν ἁγίων μ' παρθένων. *Au jour suivant, outre les deux notices du ménologe, nous avons l'*ἄθλησις τῶν ἁγίων μαρτύρων τῶν ἐν τραχείαις τῆς Νικομηδείας. *La comparaison, jour par jour, des deux exemplaires nous ferait constater que, sans atteindre à la richesse des ménées, le manuscrit de Paris est infiniment plus fourni de saints que celui du Vatican. Or il est bien remarquable que ce synaxaire est précédé, comme le ménologe du Vatican, de la fameuse préface en vers qui contient le nom de Basile.*

Elle porte ici le titre de τύπον βιβλίου, *et présente des variantes qui ne sont pas à dédaigner. Ainsi, dans l'énumération du contenu du ménologe, au lieu du vers 18 :*

σοφῶν, προφητῶν, ἀγγέλων, ἀρχαγγέλων,

il faut évidemment lire, comme dans notre exemplaire :

σοφῶν, προφητῶν, μαρτύρων, ἀποστόλων,
πάντων δικαίων, ἀγγέλων, ἀρχαγγέλων.

Mais n'insistons pas sur ce détail. Ce qui nous importe ici, c'est la présence de la préface caractéristique en tête du synaxaire de Paris.

C'est bien un exemplaire du ménologe de Basile que nous avons sous les yeux, plus complet que celui du Vatican, et de plus, disposé pour l'usage liturgique. Lequel des deux représente la forme primitive? Nous n'oserions rien affirmer absolument.

Mais le manuscrit du Vatican est bien certainement une édition de luxe, dans laquelle l'illustration est l'essentiel, et le texte l'accessoire (1). *Il est donc à croire que pour exécuter cette œuvre d'art, on a choisi dans un synaxaire plus complet les textes qui se prêtaient le mieux à l'inspiration des miniaturistes et des calligraphes. L'étendue sensiblement uniforme des notices, l'absence des commémoraisons sommaires s'expliquerait par une recherche de symétrie; l'exclusion de tout détail purement pratique, par la destination du recueil.*

III. Le synaxaire de Sirmond.

Les anciens bollandistes ont fait de fréquents emprunts à un synaxaire qu'ils appellent tour à tour synaxarium Claromontanum, Sirmondianum, collegii societatis Iesu Parisiensis, collegii Ludovici Magni (2). *Nous nous servirons, pour le désigner, du nom de Sirmond, qui, étant bibliothécaire du collège de la Compagnie de Jésus, ou collège de Clermont, à Paris, le transmit à nos prédécesseurs; ils en ont fait fréquemment usage* (3). *Le P. Papebroch, qui méditait un travail sur les ménées et les synaxaires, nous a laissé de nombreux extraits de ce*

(1) Les ménées ou ménologes à peintures sont relativement rares. M. Krumbacher en fait la remarque, et cite un spécimen, le 1561 de Paris, du XIIIe siècle, *Sitzungsberichte der k. bayerischen Akademie*, 1892, p. 340. — (2) Voir par ex. *Acta SS.*, iunii t. I, p. 621; sept. t. V, p. 756. — (3) Voici les principaux extraits du synaxaire de Sirmond que nous avons eu l'occasion de relever dans les *Acta SS.* Martii 1, elogium mensis martii, t. III, à la fin; 17, Cyrilli Hierosolym., t. II, p. 748; Aprilis 4, Ioseph hymnographi, t. I, p. xxxiii; 9, Bademi, t. I, p. 824; 13, Carpi, Papyli et soc., t. II, p. 973; Maii 2, Hesperis et Zoes, t. I, p. 177; 3, Petri thaumaturgi, t. I, p. 746; 4, Martyrum Scythopolitan., t. I, p. 753; 4, Olbiani, t. I, p. 753; 17, Solochon, t. IV, p. 25; 20, Thallelaei, t. V, p. 193*; 28, Crescentis, t. VI, p. 747; 28, Theoduli stylitae, t. VI, p. 765; Iunii 9, Theclae, Mariamnae et soc., t. II, p. 173; 10, Theophanis, ibid., p. 275; 10, Timothei ep. Prusae, ibid., p. 273; 15, Tatiani, Dulae, ibid., p. 1043; 13, Iacobi anachor., ibid., p. 686; 13, Triphyllii, ibid., p. 682; 17, Hypatii, t. III, p. 304; 19, Zosimi, t. III, p. 812; Iulii 27, Anthusae, t. VI, p. 448; Augusti 20, Martyrum xxxvii, t. IV, p. 30-31; Oct. 2, Romani (*Anal. Boll.*, t. XIII, p. 441); 8, Dionysii, *Acta SS.*, t. IV, p. 746; Nov. 3, Ioannicii, t. II, p. 311. — Sirmond lui-même a donné quelques extraits du synaxaire qui porte son nom, en tête des œuvres de Théodore Studite, *Iac. Sirmondi opp.*, t. V, parmi les *testimonia*, *P. G.*, t. XCIX, p. 101.

manuscrit. Joints à d'autres coupures faites dans des compilations analogues, ils forment son Supplementum ad menaea excusa, *dont le manuscrit est conservé à la bibliothèque royale de Bruxelles* (1). *C'est du manuscrit de Papebroch que le P. Martinov a tiré les renvois au synaxaire de Sirmond qui figurent à chaque page de son* Annus graeco-slavicus (2). *Avec le fonds du collège de Clermont le manuscrit passa aux mains de Meerman, et de là dans la bibliothèque de sir Thomas Phillipps. La bibliothèque royale de Berlin a fait récemment l'acquisition du fonds Meerman. Le synaxaire de Sirmond porte actuellement la cote Phillipp. 1622, Clarom. 209, Meerman. 372* (3). *L'exquise obligeance des conservateurs de Berlin nous a permis de l'examiner deux fois à loisir dans notre bibliothèque.*

*Le manuscrit compte 300 feuillets de 0m,305 × 0m,210. Sauf les douze premiers feuillets, qui contiennent l'*encomium *de S. Georges par Grégoire de Chypre* (4), *il est sur parchemin, écrit tout entier d'une seule main en belle calligraphie du XIIe-XIIIe siècle* (5). *L'année ecclésiastique est au complet, depuis le 1er septembre jusqu'au 31 août.*

Il suffit de parcourir les premières pages pour s'assurer que la liste des saints est extrêmement fournie. On pourra comparer les séries suivantes à celles que nous avons transcrites plus haut :

1 Sept. Ἀρχὴ τῆς ἰνδίκτου.
Συμεὼν στυλίτου.
Μάρθας τῆς μητρὸς αὐτοῦ.
τῶν μ' παρθένων.
Ἀμμὼν καὶ Ἀειθαλᾶ.
Εὐόδου κτλ.
ἀνάβλεψις τοῦ ἁγίου Παύλου.
Ἰησοῦ τοῦ Ναυή.
μνήμη τοῦ ἐμπρησμοῦ.
τῆς Θεοτόκου τῶν Μιασηνῶν.
2 Sept. Μάμαντος.
Ἰωάννου τοῦ νηστευτοῦ.
Παύλου τοῦ νέου.
τῶν ἑξακισχιλίων ἑξακοσίων εἴκοσι ὀκτὼ ἁγίων μαρτύρων.

(1) Manuscrit 11322-26. — (2) *Acta SS.*, t. XI octobris, en tête du volume. Nous avons constaté que les dates du P. Martinov ne correspondent pas toujours à celles du synaxaire. Cela tient peut-être à la disposition de la copie de Papebroch, dans laquelle les chiffres des jours inscrits dans la marge intérieure sont souvent difficiles à lire. — (3) G. Studemund et L. Cohen, *Codices ex bibliotheca Meermanniana Phillippici graeci nunc Berolinenses*, Berolini, 1890, 4°, p. 96, n. 219. — (4) Dans *Acta SS.*, t. III aprilis, p. xxv-xxxiv. — (5) Et non pas du XIe, comme nous l'avons dit par erreur dans les *Anal. Bolland.*, t. XIII, p. 440.

Ἀειθαλᾶ καὶ Ἰουνία.
Φιλίππου καὶ Θεοδότου.
Ἐλεαζάρου καὶ Φινεές.
11 Dec. Δανιὴλ τοῦ στυλίτου.
Ἀειθαλᾶ καὶ Ἀψεῆ.
Τερεντίου Βικεντίου κτλ.
Πέτρου ἀσκητοῦ.
Στεφάνου.
Λουκᾶ τοῦ στυλίτου.

Ces listes se rapprochent beaucoup de celles que nous avons extraites des ménées (1). *On devine déjà tout le parti que l'on pourrait tirer de notre synaxaire pour expliquer certaines mentions problématiqnes des ménées. Ainsi, au 1er septembre, les ménées ajoutent au groupe des XL martyrs S. Ammoun; le synaxaire dit mieux : Ammoun et Aeithala. Ce couple de saints est reporté dans les ménées au 2 septembre, d'où il a évincé le groupe* Ἀειθαλᾶ καὶ Ἰουνία. *Il y a à la fois confusion et dédoublement. Il est évident aussi qu'au 2 septembre les ménées répètent deux fois S. Paul, patriarche de Constantinople. On voit également par ces listes prises au hasard, que le synaxaire de Sirmond cite des noms que l'on chercherait en vain dans les ménées.*

La comparaison des notices qui se rapportent aux mêmes saints, révèle de notables différences de rédaction. Celles du synaxaire de Sirmond se rapprochent plus souvent des ménées que du ménologe de Basile, et elles sont ordinairement plus correctes et plus exactes que les autres. Une démonstration détaillée nous entraînerait fort loin. Nous allons mettre sous les yeux du lecteur les trois rédactions d'une notice du 1er septembre, celle de S. Syméon stylite.

MÉNOLOGE DE BASILE (= B).

Ὁ ἅγιος Συμεὼν ἐγένετο ἀπὸ Ἀντιοχείας· νέος δὲ ὢν προσετάγη παρὰ τῶν γονέων αὐτοῦ βόσκειν πρόβατα. Ἀργήσας δέ ποτε διὰ τὸν χειμῶνα τοῦ μὴ βόσκειν τὰ πρόβατα, ἀπῆλθεν εἰς τὴν ἐκκλησίαν τοῦ Θεοῦ πρὸς τὸ εὔξασθαι. Καὶ κατὰ συγκυρίαν ἤκουσε τοῦ ἁγίου εὐαγγελίου ἀναγινωσκομένου· Μακάριοι οἱ πτωχοὶ τῷ πνεύματι ὅτι αὐτῶν ἐστιν ἡ βασιλεία τῶν οὐρανῶν. Καὶ ἀφῆκε γονεῖς καὶ πάντα. Καὶ ἀπῆλθεν εἰς τὴν λαύραν τὴν λεγομένην μάνδραν καὶ ἐγένετο μοναχὸς ἐπὶ τῆς βασιλείας Λέοντος τοῦ μεγάλου· ὅπου καὶ τὸ πρῶτον ἀγωνισάμενος καὶ πάντας τοὺς μοναχοὺς ἐν πάσαις ἀρεταῖς νικήσας, καὶ τὸ

(1) Plus haut, p. 405.

σῶμα αὐτοῦ δι' ἐγκρατείας καταξηράνας. Καὶ γὰρ ἐνήστευσεν ἡμέρας τεσσαράκοντα, τὰς μὲν εἴκοσιν ἱστάμενος, τὰς δὲ εἴκοσι καθεζόμενος διὰ τὸν κόπον. Ὕστερον ἀνῆλθεν ἐπὶ στύλον. Καὶ μύρια θαύματα ποιήσας καὶ μέγας γενόμενος εἰς πάντας ἀνθρώπους καὶ πολλοὺς τῶν ἀπίστων βαπτίσας καὶ τεσσαράκοντα ἑπτὰ ἔτη τὸν Θεὸν θεραπεύσας ἐν εἰρήνῃ ἐτελειώθη.

Ménées (= M).

Συμεὼν ὁ στυλίτης ὑπῆρχεν ἐπὶ τῆς βασιλείας Λέοντος τοῦ μεγάλου καὶ Μαρτυρίου τῆς Ἀντιοχέων ἱεραρχοῦντος, ὁρμούμενος ἀπὸ τῆς Κιλίκων ἐπαρχίας κώμης Σισᾶν. Ὃς ὑπελθὼν τὸν μονήρη βίον καὶ ἐπὶ κίονος ἀνελθὼν καὶ τεσσαράκοντα ἑπτὰ χρόνους ἐν αὐτῷ προσκαρτερήσας καὶ πολλῶν θαυμάτων γενόμενος αὐτουργὸς ἐν εἰρήνῃ ἐκοιμήθη.

Synaxaire de Sirmond (= S).

Τῇ αὐτῇ ἡμέρᾳ συνέδραμεν ἡ μνήμη τοῦ ὁσίου πατρὸς ἡμῶν Συμεὼν τοῦ ἐν τῇ Μάνδρᾳ καὶ τῆς ὁσίας μητρὸς αὐτοῦ Μάρθας. Οὗτος ἐκ τῶν ὁρίων μὲν ὥρμητο Ἀντιοχίας τῆς μεγάλης, ἐξ ἐπαρχίας δὲ Κιλίκων, ἐκ κώμης Σισὰν ἐπονομαζομένης· πρόβατα ποιμαίνειν ἐκ πρώτης ἡλικίας παρὰ τῶν γονέων καταπιστευθείς, μολὶς δέ ποτε ἀφεσθεὶς ἐν μιᾷ τῶν ἡμερῶν εἰς τὴν τοῦ Θεοῦ ἐκκλησίαν εἰσελθεῖν καὶ ἀκοῦσαι τοῦ εὐαγγελίου λέγοντος· Ὁ φιλῶν πατέρα ἢ μητέρα ὑπὲρ ἐμὲ οὐκ ἔστιν μου ἄξιος. Παραυτίκα πάντα καταλείψας ἀνεχώρησε, καὶ τὸν μονήρη ὑπεισῆλθε βίον ἐπὶ βασιλέως Λέοντος τοῦ μεγάλου καὶ Μαρτυρίου πατριάρχου Ἀντιοχείας· καταντήσας εἰς Ἡλιόδωρόν τινα μοναχὸν προϊστάμενον λαύρας τῆς ἐπονομαζομένης Μάνδρας, ἐν ᾗ διατελέσας δεκαετίαν καὶ τὴν κοινοβιακὴν ὑπερβὰς πολιτείαν εἰς ἔρον τῆς ἡσυχίας ἐλθὼν Τελάνισόν τινα κώμην κατέλαβεν· ἐν ᾗ τρίτον ἔτος καταμόνας διατελέσας καὶ τελειοτέρας διαγωγῆς ἐπιθυμήσας, ὕστερον ἀνῆλθεν ἐπὶ διαφόρους στύλους, ὕψος τῷ ὕψει προστιθείς, καὶ πρὸς τὸν οὐρανὸν σπεύδων ἀναχθῆναι ὅπως παρασταίη τῷ ἐρωμένῳ· οὗ καὶ ἐπιτυχὼν πρεσβεύει ὑπὲρ ἡμῶν. Ἐκ γοῦν τοῦ οἰκῆσαι ἐν τῇ λαύρᾳ τῇ ἐπονομαζομένῃ Μάνδρᾳ λέγεται Συμεὼν ὁ τῆς Μάνδρας· ἐκ δὲ τοῦ εἰς διαφόρους στύλους ἀναχθῆναι, καλεῖται Συμεὼν στυλίτης. Τούτου δὲ τὴν ἰσάγγελον πολιτείαν καὶ τὰ πνευματικὰ χαρίσματα καὶ τὰς θαυματουργίας καὶ τὰς προρρήσεις ὁ πρὸς αὐτὸν μεταφραστικὸς λόγος πλατύτερον διέξεισι, ὡσαύτως καὶ τὰ περὶ τῆς ὁσίας Μάρθας τῆς μητρὸς αὐτοῦ.

L'examen de ces textes suggère quelques observations, que des parallèles plus nombreux permettraient de généraliser.

D'abord, les trois notices ont une source commune. C'est la Vie de S. Syméon stylite qui porte le nom de Métaphraste (1). *L'explication que donne B de la manière dont le saint passait le jeûne du carême, est certainement empruntée à Métaphraste, qui en cet endroit a arrangé à sa façon le récit de Théodoret. La Vie grecque attribuée à Antoine n'en parle même pas. M et S citent le nom de Martyrius, évêque d'Antioche. Ils ne peuvent l'avoir trouvé ni dans Théodoret, ni dans Antoine. De plus, S renvoie à Métaphraste en termes formels :* ὁ πρὸς αὐτὸν μεταφραστικὸς λόγος πλατύτερον διέξεισι. *Nos synaxaires sont donc certainement postérieurs à la première moitié du Xe siècle.*

Les trois rédacteurs ont-ils puisé directement au texte complet de Métaphraste, ou bien ont-ils résumé, chacun à sa façon, un abrégé de la longue Vie? La comparaison de la triple notice de B, M, S, n'impose pas de conclusion certaine, et l'étude des procédés généraux des rédacteurs ne saurait être entreprise ici. Mais l'impression qui se dégage de la lecture de B, M, S, c'est que les trois notices dérivent d'un texte plus développé que chacune d'elles, mais déjà abrégé. D'une part, en effet, la dépendance mutuelle de B, M, S, semble exclue par la présence de certains détails propres à chaque rédaction. D'autre part, on a de la peine à expliquer comment plusieurs traits saillants auraient échappé à tous les abréviateurs travaillant sur un seul texte complet; rien n'est plus clair lorsqu'on admet qu'ils faisaient défaut dans leur exemplaire abrégé. Bien souvent, d'ailleurs, les formules employées supposeraient que le texte complet a été abrégé au même endroit, et de la même manière. Il est donc vraisemblable qu'avant d'être réduite en notices plus ou moins maigres, la Vie de S. Syméon stylite a passé par l'état de Βίος ἐν συντόμῳ (2).

L'étude minutieuse d'un grand nombre de notices des synaxaires permettrait, probablement, de généraliser cette conclusion (3).

Autre remarque suggérée par la lecture des trois rédactions B, M, S : elles accusent toutes les trois un travail rapide, et un médiocre souci de l'exactitude. Voici ce que dit Métaphraste du lieu d'origine de Syméon : Κώμη τίς ἐστι μεταξὺ Σύρων καὶ Κιλίκων διακειμένη, Σισὰν δὲ αὐτὴν ὀνομάζουσι· ἐκ ταύτης ὁ θαυμαστὸς Συμεὼν οὗτος ὁρμώμενος (4). *Il est intéressant de voir ce que devient ce passage sous la plume des*

(1) *P. G.*, t. CXIV, p. 4. — (2) On sait que sous ce titre on rencontre fréquemment dans les manuscrits des résumés en quelques pages des Vies les plus célebres. Ils commencent ordinairement par la formule consacrée οὗτος ὁ ἐν ἁγίοις πατὴρ ἡμῶν... ou une autre analogue, comme les notices des synaxaires. Ces pièces ont-elles servi à l'usage liturgique, et la tendance à diminuer la longueur de l'office les a-t-elle amenées à la forme condensée de nos recueils? C'est une hypothèse que nous nous contentons d'énoncer. — (3) Voir la note sur les notices de S. Romanos, *Anal. Boll.*, t. XIII, p. 440. — (4) *P. G.*, t. CXIV, p. 337.

synaxaristes. S n'a pu empêcher d'introduire dans sa rédaction le nom d'Antioche, si intimement liée dans son esprit au souvenir de Syméon; il a tout brouillé en plaçant Sisan aux environs de la grande ville. B a simplifié les choses en faisant Syméon originaire d'Antioche même. M a aussi abrégé le texte primitif en supprimant la mention de la Syrie.

La chronologie n'est pas mieux traitée par nos abréviateurs. Pour B, Syméon devint moine ἐπὶ τῆς βασιλείας Λέοντος τοῦ μεγάλου. *M dit d'une façon moins précise qu'il vécut du temps de cet empereur (457-474) et de Martyrius, évêque d'Antioche (459-471); S place dans la même période l'époque de son entrée en religion. B et S commettent de graves anachronismes, auxquels M n'échappe qu'à force d'être vague. La source de l'erreur commune est facile à découvrir : Métaphraste raconte que le corps de S. Syméon fut transféré à Antioche au temps de Léon et de Martyrius. N'est-il pas évident que B, M, S, se sont servis d'un même abrégé défectueux, où le synchronisme de la translation du saint a été rapporté au début de sa carrière?*

Tout le monde sait que la μάνδρα *n'est autre chose que l'enclos qui entourait la colonne de S. Syméon* (1). *Dans B, S,* μάνδρα *est devenue la* λαῦρα λεγομένη Μάνδρα, *le monastère dans lequel S. Syméon fit l'apprentissage de la vie religieuse.*

N'insistons pas davantage sur le procédé rapide et superficiel de nos synaxaristes. Notre but n'est pas de prouver qu'il n'y a rien à tirer de leurs compilations. Bien au contraire. Mais il fallait prémunir le lecteur contre l'illusion de voir dans les notices des résumés fidèles. Là ne se trouve pas l'intérêt de ce genre de littérature (2).

Le synaxaire de Sirmond n'est pas un exemplaire isolé. En tenant compte de la rédaction et de la composition des manuscrits, on peut regarder comme dérivant du même original que lui les mss. de Paris 1590, 1592, 1594, et probablement aussi le ms. de Jérusalem dont M. Papadopoulos nous promet des extraits (3), *peut-être aussi le Nanianus 190* (4).

(1) Voir H. Delehaye, *Les Stylites (Compte rendu du troisième congrès scientifique international des catholiques,* Sciences historiques, p. 224-26). — (2) Les notices historiques tirées des ménées, des synaxaires ou des offices séparés connus sous le nom d'acolouthies, disséminées dans divers ouvrages, hagiographiques ou autres, sont innombrables. Nous ne parlerons pas des *Act. SS.* Le nombre de fois que nos prédécesseurs en ont été réduits à se contenter de ces courtes leçons, montre bien l'importance des collections qui les ont conservées. Parmi les extraits de ce genre les plus intéressants, nous signalerons ceux que l'on trouve dans S. E. Assemani, *Acta SS. martyrum orientalium et occidentalium,* t. I, 1748, pp. 6, 131, 169, 212, 237; et dans Sathas, *Vies des saints allemands de Chypre,* dans Archives de l'Orient latin, t. II, documents, p. 412-26. — (3) *Mittheilungen über Romanos,* Byzantinische Zeitschrift, t. II, 1893, pp. 599-603; cfr. *Analect. Boll.,* t. XIII, p. 440. — (4) [Mingharelli], *Graeci codices manuscripti apud Nanios,* p. 395.

Parmi les manuscrits de Paris, nous nous sommes particulièrement attaché au n. 1594, dont la concordance avec le manuscrit de Berlin est presque partout complète. J'y relève en passant une addition qui prouverait que ce dernier représente un exemplaire plus ancien. Au 4 septembre, la notice de S. Babylas et de ses compagnons se termine dans le ms. de Berlin par la formule : Τελεῖται δὲ ἡ αὐτῶν σύναξις ἐν τοῖς Σαλουστίου καὶ ἐν τῇ μονῇ τῇ ἐπιλεγομένῃ τῆς Χώρας. *Le ms. de Paris la complète en ajoutant :* νῦν δὲ τελεῖται ἐν τῇ μονῇ τῶν Στουδίου, ἔνθα καὶ τὸ ἅγιον αὐτοῦ σῶμα κατάκειται σῶον. *Malheureusement, ce manuscrit ne comprend que le premier semestre. Mais il y a compensation. Il est précédé d'une préface qui manque partout ailleurs, et qui n'est pas sans jeter quelque lumière sur les sources de la compilation. Nous la donnons ici en entier.*

(Fol. 2r.) Πατρικοῖς ὑπείκων ἐντάλμασιν, ὁ ἀμαθὴς ἐγὼ καὶ ἀνώνυμος, ἔστι δ' εἰπεῖν καὶ ἀσύντακτος, ἐκ διαφόρων συναξαρίων συναξάριον συντάξαι προτεθύμημαι, οὐκ ἀφ' ἑαυτοῦ τι προστιθείς, οὐδὲ τοὺς λόγους ῥητορικῶς καλλωπίζων, ἀλλὰ συνάγων εὐλαβῶς τὰ ἐσκορπισμένα, καὶ ἄλλην ἄλλως ἐν ἄλλοις καὶ ἄλλως κείμενα, καὶ πλατύνων τὰ στενῶς πως καὶ ἀποκρύφως ἔχοντα, συντέμνων δὲ μᾶλλον τὰ φανερῶς καὶ εἰς πλατυσμὸν τοῖς πᾶσι κατὰ τὰς προσηκούσας ἡμέρας ἀναγινωσκόμενα· καὶ οὕτως ποιῶν καὶ τὰ διακεκρυμμένα ἐρανιζόμενος καὶ συναρμολογῶν ἀφελῶς πλὴν ὅση δύναμις τῇ ὑμετέρᾳ φιλικοΐᾳ παρατίθημι, πιστεύων ταῖς ὁσίαις ὑμῶν εὐχαῖς, ὡς ὅτι καὶ ὑπὲρ τοῦ μικροῦ τούτου καὶ εὐτελοῦς πονήματος, ἀντὶ ψυχροῦ ποτηρίου προσφερομένου, ἔσται μοι εὕρεσις μισθοῦ τινὸς συμπαθείας, τῷ ὑπὲρ πάντας ἀνθρώπους ἐξαμαρτήσαντι.

Περιέξει δὲ τουτὶ τὸ βιβλίον πᾶσαν τὴν τοῦ ἐνιαυτοῦ περίοδον τῷ δωδεκαμήνῳ περιτρεχομένην, καὶ τῷ ἀνακυκλοῦσθαι τὰς ἰνδικτιῶνας ἀναπληροῦσαν, καὶ τοὺς μεμητρημένους αἰῶνας δι' αὐτῶν ἐκμετροῦσαν, ἕως οὗ φθάσωμεν εἰς τὴν (fol. 2v) ἀρχὴν τοῦ ἑνὸς καὶ μόνου ἀϊδίου ἀρξομένου δὲν οὐ τελειωθησομένου δέ, διὰ τὸ εἰς τὸ ἀΐδιον συμπαρεκτείνεσθαι· καὶ ὑπεξηγήσεται μνήμας τε μαρτύρων, καὶ πόλεις γεννήσεως αὐτῶν καὶ τελειώσεως, καὶ βίους ὁσίων ἀνδρῶν, βασιλέων τε μνήμας, καὶ βίους προφητῶν, προρρήσεις καὶ φόνους αὐτῶν, τὴν τε τοῦ κυρίου καὶ Θεοῦ καὶ σωτῆρος ἡμῶν Ἰησοῦ Χριστοῦ πρὸς ἡμᾶς ἐνδημίαν, καὶ τὴν ἐν τῷ κόσμῳ θεανδρικὴν αὐτοῦ πολιτείαν, καὶ τὴν εἰς οὐρανοὺς αὖθις ἀνέλευσιν, καὶ πάντα τὰ τούτοις παρεπόμενα καὶ τοὺς καιροὺς καὶ τὰς ἡμέρας ἐν αἷς ταῦτα ἐτελέσθησαν, καὶ τῆς δεσποίνης μου καὶ θεοτόκου τὰς πανηγύρεις· οὐ μὴν καὶ τὰ ψαλμῳδήματα καὶ τὰ ἱερὰ ὑπαναγνώσματα ἐκτεθήσονται, διὰ τὸ τὴν δήλωσιν τούτων ἐκ τοῦ τυπικοῦ καθ' ἡμέραν ἀκριβέστερον καὶ κατὰ ἀκολουθίαν ἐκλαμβάνεσθαι.

I

Ἔσεται δὲ ἡ ἀρχὴ τῆς ὑπαναγνώσεως τοῦ βιβλίου ἀπὸ τῆς πρώτης τοῦ σεπτεμβρίου μηνός, καθ' ἣν ἡμέραν καὶ ὁ κύριος ἡμῶν Ἰησοῦς Χριστὸς εἰσῆλθεν ἐν τῷ ἱερῷ πρὸς τὴν συναγωγὴν τῶν Ἰουδαίων καὶ ἐπεδόθη αὐτῷ βιβλίον Ἡσαΐου τοῦ προφήτου, ὃ καὶ ἀναπτύξας εὗρε τῷ θείῳ αὐτοῦ νεύματι τὸν τόπον, οὗ ἦν γεγραμμένον τό· Πνεῦμα Κυρίου ἐπ' ἐμέ· οὗ ἕνεκεν ἔχρισέ με, καὶ ἀνέγνω (fol. 3r) ἀκολούθως, καὶ πτύξας, καὶ ἀποδοὺς τῷ ὑπηρέτῃ, καθίσας, ἐδίδαξε μετ' ἐξουσίας, ὅτι σήμερον πεπλήρωται ἡ γραφὴ αὕτη ἐν τοῖς ὠσὶν ὑμῶν, ὅτε καὶ ἐθαυμαστώθη ὑπὸ τῶν ὄχλων βοώντων μεθ' ἡμῶν, ὅτι αὐτῷ πρέπει δόξα εἰς τοὺς αἰῶνας τῶν αἰώνων. Ἀμήν.

L'auteur ne se nomme pas. C'est probablement un religieux qui a entrepris le travail sur l'ordre de son supérieur : πατρικοῖς ὑπείκων ἐντάλμασιν. *Nous chercherons à déterminer tantôt le nom de son monastère. Le synaxariste n'a fait qu'un travail de pure compilation. Pour composer son recueil, il a mis ensemble d'autres synaxaires. Ces matériaux de provenance diverse ont été unifiés. Tantôt le compilateur a développé le modèle; tantôt il a fallu abréger les notices trop longues. Quant au genre d'articles admis dans le synaxaire, voici le programme qu'il s'est tracé : Avant tout les mémoires des martyrs avec le lieu de leur naissance et celui de leur mort; les vies des saints confesseurs; les mémoires des rois; les vies des prophètes, leurs prédictions, leur genre de mort; les mystères de la vie du Christ; les fêtes de la Vierge. Toute la partie chantée* (ψαλμῳδήματα) *et les leçons de l'Écriture* (τὰ ἱερὰ ὑπαναγνώσματα) *ont été omises, parce qu'on est mieux renseigné sur tout cela par le* τυπικόν.

Tel est le plan de l'auteur. Il est important de constater que nous avons affaire à une compilation de seconde main. Ce n'est pas dans les ménologes que l'auteur a cherché les éléments de ses notices, c'est dans d'autres synaxaires. Quand il nous arrivera donc de parler des sources du synaxaire de Sirmond, il faudra entendre les sources de ces synaxaires inconnus que notre anonyme a eus sous les yeux. Quelques-uns de ces livres contenaient des notices plus développées que le nôtre : il a fallu plus d'une fois abréger. Quelques-uns aussi n'étaient pas composés uniquement d'une série de notices historiques; car l'auteur a eu entre les mains des ménées, ou au moins des synaxaires enrichis d'extraits du τυπικόν; *il explique pourquoi il n'a tenu compte que de l'élément historique. Enfin, c'est un livre composé pour l'usage liturgique. Pourquoi, sans cela, renvoyer au* τυπικόν *pour les autres parties de l'office?*

Le livre était certainement destiné à un des sanctuaires de Constantinople ou à une église des environs, dont le service religieux suivait l'usage de la capitale. Nous pourrions rappeler ici toutes les raisons que Morcelli a fait valoir pour rattacher à Constantinople son fameux calendrier. Elles s'appliquent à notre synaxaire. Mais, en outre, il suffira de jeter un coup d'œil sur la liste des sanctuaires mentionnés presque à chaque jour pour en avoir une preuve évidente. Ce point sera traité spécialement à la fin de cet article.

Quel est le lieu d'origine de la compilation? Dans quel monastère de Constantinople ou de la banlieue a-t-elle été exécutée? Nous en sommes réduits aux conjectures. Mais voici un indice remarquable : alors que les plus célèbres monastères, comme ceux de Studion et de Medicion sont à peine deux fois nommés, une part relativement large est faite à un monastère voisin de la capitale, dont il est très rarement question dans l'histoire : c'est le monastère τοῦ Βαθέως Ῥύακος. *Voici les notices qui le concernent. Elles sont précieuses pour l'histoire de ce couvent à peu près inconnu d'ailleurs.*

Sept. 7. Συνέδραμεν καὶ ἡ μνήμη τοῦ ὁσίου πατρὸς ἡμῶν Πέτρου τοῦ εὐλαβοῦς ἐπικληθέντος, ὁρμωμένου δὲ ἐκ τῆς τῶν Καππαδόκων δευτέρας ἐπαρχίας καὶ γενομένου δευτέρου ἡγουμένου τῆς εὐαγεστάτης μονῆς τοῦ Σωτῆρος τοῦ λεγομένου Βαθέου Ῥύακος.

Καὶ ἡ κοίμησις τοῦ ὁσίου Λουκᾶ τοῦ ἐκ τῆς τῶν Λυκαόνων ἐπαρχίας, τρίτου δὲ ἡγουμένου τῆς αὐτῆς μονῆς.

Sept. 27. Ἡ συνέδραμε καὶ ἡ τοῦ ὁσίου πατρὸς ἡμῶν μνήμη Ἰγνατίου τοῦ γενομένου τετάρτου ἡγουμένου τῆς μονῆς τοῦ Σωτῆρος τοῦ λεγομένου Βαθυρίακος· ὃς ὑπῆρχεν ἐκ τῆς δευτέρας τῶν Καππαδόκων ἐπαρχίας ἐπὶ βασιλέων Νικηφόρου καὶ Ἰωάννου· ἐκ νηπίας δὲ ἡλικίας ὑπὸ τῶν αὐτοῦ γονέων ἀνατιθεὶς τῷ Θεῷ ὡς ἄλλος τις νέος Σαμουήλ, καὶ ὑπὸ τοῦ θείου Βασιλείου τοῦ συστησαμένου τὴν μονὴν πᾶσαν τὴν μοναχικὴν ἀκρίβειαν παιδευθεὶς καὶ διὰ πάντων τῶν ἐκκλησιαστικῶν βαθμῶν διελθὼν χειροτονεῖται πρεσβύτερος. Τῶν δε πατέρων τῆς μονῆς ἐν Χριστῷ τελειωθέντων, προχειρίζεται ἡγούμενος. Ὃς τῇ τοῦ ἁγίου Πνεύματος κραταιούμενος χάριτι ηὔξησε καὶ ἐπλήθυνε τὴν μονὴν εἰς δύναμιν ἔν τε εἰσόδοις καὶ λοιποῖς αὐτοῖς βελτιώμασι· ᾠκοδόμησέ τε * καὶ θείους ναοὺς τοῦ τε ταξιάρχου καὶ τοῦ θεόπτου Ἡλιοῦ, καὶ ἔν τινι προαστείῳ ἱερὸν σηκὸν τῶν ἁγίων ἀποστόλων. Πεποίηκε δὲ καὶ ταῖς κανονικαῖς θριγκίον ἀσφαλὲς πάνυ καὶ εὐπρεπέστατον· καὶ ἐν ταῖς ἡμέραις τῆς ἀποστασίας γενναίως κατηγωνίσατο τοὺς τότε ἄρχοντας, οὓς ὁ ἄνομος ἀντάρτης προεχειρίσατο, ὁ ἀθεώτατος σκληρός, ὁ πᾶσαν τὴν οἰκουμένην διαταράξας, διατηρῶν τὴν αὐτῷ ἐκ τοῦ Θεοῦ ἐμπιστευθεῖσαν ποίμνην ἀσινῆ καὶ ἀτάραχον. Τοῦ δὲ ἀντάρτου ἐκ ποδῶν γενομένου, ἐπιθυμίαν θεάρεστον εἰσδέχεται τοῦ εἰσελθεῖν ἐν Κωνσταντινουπόλει καὶ κατασκευάσαι ἱερὰ κειμήλια

* *cod.* ται

τῇ ἁγίᾳ ἐκκλησίᾳ. Ὃς εἰσελθὼν καὶ τὰ δόξαντα αὐτῷ εἰς ἔργον τῇ τοῦ Θεοῦ χάριτι προαγαγὼν κατεσκεύασεν ἱερὰ σκεύη, καὶ σίγνον τοῦ κυρίου ἡμῶν Ἰησοῦ Χριστοῦ καὶ σεπτὰς εἰκόνας καὶ περιηργυρομένον εὐαγγέλιον καὶ ἄλλα τινὰ κατακοσμοῦντα πᾶσαν τὴν ἐκκλησίαν. Καὶ ταῦτα ποιήσας προέπεμψε μετὰ τῶν συνόντων αὐτῷ ἀδελφῶν ἐν τῇ μονῇ, κἀκεῖνος ὑπελείφθη διά τινας χρείας ἐν τῇ πόλει. Χρονίζοντι δὲ ἐκεῖσε συνέβη αὐτῷ δυσεντερικῇ νόσῳ περιπεσεῖν· ὅστις μετὰ τοῦ συνόντος αὐτῷ ἀδελφοῦ τῷ σεπτεμβρίῳ μηνὶ τῆς πόλεως ἀπάρας διήνυε τὴν ἐπὶ τὴν αὐτοῦ μονὴν ἄγουσαν ὁδόν. Φθάσας δὲ τὸ Ἀμόριον τέλει τοῦ βίου ἐχρήσατο τῇ εἰκοστῇ ἑβδόμῃ τοῦ αὐτοῦ μηνός· καὶ προθάπτεται ἔν τινι σεβασμίῳ οἴκῳ τῆς πόλεως. Ἐνιαυσιαίου δὲ χρόνου
*cod. ἡ παρωχηκότος, οἱ * τῆς μονῆς πατέρες μὴ ἀμνημονήσαντες τῶν πάλαι αὐτοῦ ἀγώνων καὶ ἱδρώτων, ἠβουλήθησαν ἀνακομῖσαι αὐτοῦ τὸ λείψανον. Οἳ καὶ παραγενόμενοι ἐν ᾧ κατέκειτο τόπῳ καὶ τὴν τούτου θήκην ἀνοίξαντες, εὗρον τὸ τιμίον αὐτοῦ σῶμα σῶον καὶ ἀκέραιον, θείαν εὐωδίαν πνέον· ὅπερ μετὰ χαρᾶς ἀνελόμενοι ἀνεκόμισαν ἐν τῇ αὐτοῦ μονῇ· καὶ ἰδόντες πάντες οὕτως ἀδιάλυτον καὶ ἀσινές, αἶνον ἔδωκαν τῷ Θεῷ, τῷ πρὸ τῆς κοινῆς ἀναστάσεως ἀφθαρσίᾳ τιμήσαντι τοὺς ἑαυτοῦ θεράποντας, καὶ κατέθηκαν αὐτὸν ἐν τῷ νάρθηκι τῆς αὐτόθι ἁγιωτάτης ἐκκλησίας τῷ εὐωνύμῳ μέρει, ἥτις ἐστὶν ἐπ' ὀνόματι τοῦ κυρίου ἡμῶν Ἰησοῦ Χριστοῦ.

Octobr. 21. Καὶ μνήμη τοῦ ὁσίου Ἰακώβου τοῦ γενομένου οἰκονόμου τῆς μονῆς τοῦ σωτῆρος Χριστοῦ τοῦ Βαθέος Ῥύακος· ὃς ὥρμητο ἐκ τῆς δευτέρας τῶν Καππαδόκων ἐπαρχίας.

Ian. 13. Τὰ ἐγκαίνια τοῦ ἁγίου προφήτου Ἡλιοῦ τῆς μονῆς τοῦ Βαθυρρύακος.

Sur la situation du monastère, les notices précédentes ne nous apprennent rien de bien certain. Dans celle de l'abbé Ignace, il est dit qu'Amorium se trouvait sur le chemin de Constantinople au monastère. Il est peu probable qu'il soit question d'Amorium de Phrygie. Cedrenus cite, non pas le monastère, mais l'endroit appelé du même nom : ἄχρι τοῦ λεγομένου Βαθυρρύακος (1). *Le seul auteur moderne qui, à notre connaissance, ait parlé avec quelque détail du monastère de Bathyrrhyax, le place en Bithynie, à quarante milles de Constantinople* (2). *C'est bien*

(1) *Histor. compend., (Corp. SS. Byz.,* Bonnae), t. II, p. 210. — (2) T. Evangelides, Περί τινων ἀρχαιοτάτων Βυζαντινῶν μονῶν ἐν Βιθυνίᾳ, dans le recueil Σωτήρ, Athènes, t. XII, 1889, p. 276 : " ... τὴν ὄψιν τῆς πόλεως τοῦ Κωνσταντίνου ἀφ' ἧς 40 μόλις μίλια διαχωρίζουσι τὴν μονήν. " Il est regrettable que l'auteur n'ait pas songé à nous renseigner sur ses sources. M. Gedeon, Ἔγγραφοι, λίθοι καὶ κεράμια, Constantinople, 1893, p. 27, n. 29, cite également le monastère, mais il se trompe en le mettant sous le patronage de S. Élie.

cette situation qui cadre le mieux avec la place exceptionnelle donnée aux fêtes du monastère dans un synaxaire de l'église de Constantinople. Cinq fois le monastère y est nommé; l'auteur du synaxaire connaît les quatre premiers abbés, avec leur numéro d'ordre : Basile (1), *Pierre, Luc, Ignace; il cite aussi l'anniversaire d'un saint économe du couvent, Jacques; il mentionne enfin la dédicace de l'oratoire de Saint-Élie. C'est la seule solennité de ce genre ne se rapportant pas à un sanctuaire de Constantinople. Si un compilateur quelconque, ayant à sa disposition un ménologe ou un synaxaire comprenant le propre du couvent* τοῦ Βαθέως Ῥύακος, *a pu faire entrer dans son recueil les saints de ce monastère, il n'y a guère qu'un moine de l'endroit pour avoir songé à enregistrer une dédicace intéressant si peu l'église de Constantinople. Comment d'autres dédicaces du même couvent, celles de l'église du Sauveur et de l'oratoire de Saint-Michel par exemple, n'ont-elles pas trouvé place au même titre? Nous ne saurions expliquer leur absence. Aussi ne prétendons-nous pas que notre hypothèse ne prête flanc à aucune objection. Mais certainement, aucun autre monastère ne présente autant d'indices comme lieu d'origine de notre synaxaire que celui qui portait le nom de* τοῦ Βαθέως Ῥύακος.

Nous avons fait remarquer plus haut que le fonds commun des synaxaires que nous avons pu comparer, n'est pas antérieur à la seconde moitié du Xe siècle. Notre synaxaire date vraisemblablement du siècle suivant. En effet, parmi les patriarches de Constantinople dont la mémoire y est inscrite, se trouve Nicolas Chrysoberges qui mourut en 995.

La question la plus importante à traiter à propos du synaxaire de Sirmond est celle des sources de la compilation. On comprendra que cette question est prématurée. Tant que le recueil n'aura pas été publié en entier, il ne faudra pas songer à la résoudre d'une manière satisfaisante. Nous ne pouvons présenter ici qu'une série de remarques, qui donnent une idée très incomplète des éléments primitifs de la collection.

Le compilateur de notre synaxaire a puisé ἐκ διαφόρων συναξαρίων. *C'est par là, sans doute, qu'il faut expliquer certaines répétitions dont il semble ne s'être pas rendu compte. Plusieurs saints figurent deux fois dans la compilation, à des dates différentes. Voici quelques exemples :* τοῦ ἁγίου ἱερομάρτυρος Ῥηγίνου ἐπισκόπου Σκοπέλων, *18 octobre et 25 février;* Θεοδότου ἐπισκόπου πόλεως Κυρηνίας τῆς Κύπρου, *19 janvier et 2 mars;* Παγκρατίου Ταυρομενίου, *9 février et 9 juillet;* Στεφάνου ἡγουμένου Τριγλείας, *3 septembre et 2 janvier;* Ἀκακίου ἐπισκόπου Μελιτινῆς, *18 mars et 18 avril. N'est-il pas évident que le synaxariste a rapidement cousu ensemble des lambeaux de provenances diverses, où*

(1) S. Basile est nommé dans la notice de S. Ignace. Dans d'autres exemplaires il a, en outre, son jour déterminé, le 1er juillet. Dans notre manuscrit il a été oublié à cette date par le copiste.

les mêmes saints n'étaient pas inscrits aux mêmes dates, sans songer au recolement général qui aurait pu lui révéler ces répétitions malaisées à justifier? Les copistes et les lecteurs les ont parfois remarquées pour lui. C'est ainsi que quelqu'un s'est aperçu de la double mention d'Acace de Mélitène. Au 18 avril, se trouve écrite dans la marge la note suivante : οὗτος προεγράφη μαρτίῳ κζ'· ἔτεθο δίπλως.

Les notices développées sont certainement puisées dans de grands synaxaires; ce sont probablement les petits synaxaires qui ont fourni les commémoraisons et les simples mentions. Nous n'oserions pourtant établir aucune règle générale. L'auteur a très bien pu réduire à une phrase l'éloge de quelques saints, qui l'intéressaient moins que d'autres.

On a vu plus haut quelle est l'origine des notices les plus importantes. Elles dérivent en dernière analyse des ménologes, qui depuis le IXe siècle au moins, se répandirent dans l'Église grecque (1). *Grâce à ces recueils, où l'on visait à donner une Vie de saint pour chaque jour de l'année, naquit la dévotion à plusieurs saints qui n'étaient honorés dans l'Église grecque d'aucun culte traditionnel. C'est par eux que beaucoup de saints de l'Église latine, et de l'église de Rome en particulier, acquirent droit de cité chez les Grecs; en passant par les synaxaires, ils finirent par conquérir une place dans la liturgie* (2).

C'est aux livres liturgiques de Constantinople que sont empruntées une foule de données qui se rapportent spécialement à cette église : ainsi l'indication des sanctuaires et des fêtes qui s'y célébraient; la liste des patriarches, les anniversaires des empereurs, le souvenir de certains événements locaux que les habitants de la capitale solennisaient avec reconnaissance.

Quelques autres églises ont vraisemblablement fourni à notre auteur des séries liturgiques. L'île de Chypre en particulier est représentée largement par une longue suite d'évêques.

Mais il est une autre classe de documents historiques et légendaires qui sont entrés dans la composition de nos synaxaires, et qu'il est d'autant plus important d'isoler qu'ils sont la base unique du culte rendu à un grand nombre de saints depuis le Xe ou le XIe siècle.

Il y a d'abord la fameuse liste des apôtres et des 70 disciples du Sauveur, faussement attribuée à S. Dorothée de Tyr (3). *Sauf les*

(1) S. Théodore Studite écrit (Epist., lib. I, 2) : Ἐγένετό μοι γὰρ πολλῶν ἐντεύξις μαρτυρίων ἐν δώδεκα δέλτοις ἀπογεγραμμένων. *P. G.*, t. XCIX, p. 912. — (2) On trouvera de bonnes indications sur l'introduction des légendes latines dans les ménologes grecs, dans H. Usener, *Beiträge zur Geschichte der Legendenliteratur*, Jahrbücher für protestantische Theologie, t. XIII (1887), p. 240-59. — (3) Sur ces listes, voir le mémoire de M. l'abbé Duchesne, *Les anciens recueils de légendes apostoliques (Compte-rendu du 3e congrès scientifique des catholiques*, section historique, p. 67-79).

apôtres, qui de temps immémorial ont été l'objet d'un culte traditionnel, les noms de cette liste semblent avoir été jetés au hasard dans la compilation, et répartis avec la seule préoccupation de les partager d'une manière assez égale entre les douze mois de l'année. Il y a dans notre synaxaire des groupes de disciples curieux à étudier. Les personnages qui y sont réunis n'ont d'autre relation que leur proximité dans la liste du pseudo-Dorothée. Outre les extraits de cette liste éparpillés dans tout le synaxaire, nous la trouvons en entier au 30 juin, jour consacré à la mémoire des apôtres.

C'est évidemment à des listes de prophètes, comme celles qui portent le nom de S. Épiphane, que l'on a eu recours pour enrichir le synaxaire des commémoraisons des prophètes, qui auparavant n'avaient jamais été honorés d'aucun culte (1).

Le livre d'Eusèbe, Des martyrs de Palestine, *a été également mis à contribution. La date de la mort de la plupart des martyrs est fixée dans Eusèbe; la présence de leurs noms dans le synaxaire à un jour déterminé n'est pas une attestation de culte immémorial. Les emprunts au livre d'Eusèbe sont d'autant plus intéressants qu'ils nous ont conservé des traits de la longue recension de cet ouvrage, dont le texte grec est perdu et qui ne nous est connu que par la version syriaque publiée par Cureton.*

L'attention de Valois avait déjà été portée sur les notices des ménées relatives aux martyrs de Palestine (2). *Il n'était point parvenu à s'expliquer la présence de certains détails fort précis qu'il ne retrouvait pas dans le texte d'Eusèbe. Cureton a montré que ces détails remarquables dont on avait d'abord suspecté l'origine, dérivaient de la rédaction découverte par lui* (3). *Ces traits, et d'autres qui n'ont pas été signalés par les deux savants, ont été conservés par le rédacteur de notre synaxaire. Donnons quelques exemples. La date du 4 mai assignée à l'évêque Silvain ne se trouve pas dans la recension commune, mais dans le texte syriaque, qui supprime aussi la mention du martyr Jean, tout comme notre synaxaire* (4). *Il en est de même de la date du 19 septembre, et du nom d'Hélie dans la série des martyrs de ce jour :* Πιλέως, Νείλου, Πατερμουθίου, Ἡλία καὶ τῶν σὺν αὐτοῖς ἑκατὸν πεντήκοντα (5). *Au 18 novembre :* Ἄθλησις τοῦ ἁγίου Ζακχαίου διακόνου τῆς (cod. τοῖς) ἐν Γαδδάροις ἐκκλησίας. *Le texte grec ne cite*

(1) M. E. Nestle, *Die dem Epiphanius zugeschriebenen Vitae prophetarum*, Tübingen, 1893, a donné une nouvelle édition de deux de ces textes, et a entrepris de dresser, p. 60, le tableau des jours où les prophètes sont honorés dans l'Église grecque. Ce tableau présente de notables lacunes, qu'il serait aisé de combler. — (2) Dans ses notes sur Eusèbe. — (3) *History of the martyrs in Palestina*, London, 1861, pp. 53, 56, 59, 60, 64, 68. — (4) *De martyribus Palaestinae*, c. XIII. — (5) *Ibid.*, c. XIII.

pas cette église (1). *Le miracle de S. Romain, rapporté à la même date, ne s'y trouve pas non plus* (2) *:* Ὁ δὲ ἅγιος Ῥωμανὸς τὴν γλῶτταν ἐκτέμνεται, καὶ μετὰ τομὴν φθέγγεται παραδόξως εὐχαριστῶν τῷ Θεῷ. *Au 2 avril :* Ἀμφιανοῦ καὶ Αἰδεσίου... οὗτοι ὑπῆρχον ... ἐκ μητρὸς ἀδελφοί, *au lieu de* ὁμοπάτριος ἀδελφὸς *du texte grec, et les deux détails qui suivent :* ὑπὸ τοῦ μάρτυρος Παμφίλου παιδαγωγηθέντες πρὸς τὴν εὐσέβειαν — ἐπειδὴ τὸν ἄρχοντα Ἱεροκλέα τιμωρούμενον τοὺς χριστιανοὺς ἐθέασατο, *ne se trouvent que dans la version syriaque ; c'est là aussi qu'il faut chercher la forme* Μαναθάς, *au lieu de* Ἐνναθάς *du texte grec, dans le groupe du 13 novembre* (3).

Le livre de Théodoret, intitulé Philothoos, *a fourni également toute une série de noms aux compilateurs. Il est assez intéressant de constater de quelle manière ils sont entrés dans le synaxaire. En voici la liste dans l'ordre des chapitres de Théodoret avec la date en regard :*

1.	Ἰάκωβος	Ian. 13
2.	Ἰουλιανὸς Σάββας	Ian. 17
3.	Μαρκιανός	Ian. 18
4.	Εὐσέβιος	Ian. 23
5.	Πούπλιος	Ian. 25
6.	Συμεώνης ὁ παλαιός	Ian. 26
7.	Παλλάδιος	Ian. 28
8.	Ἀφραάτης	Ian. 29
9.	Πέτρος Γαλάτης	Feb. 1
10.	Θεοδόσιος	Feb. 5
11.	Ῥωμανός	Feb. 9
12.	Ζήνων	Feb. 10
13.	Μακεδόνιος ὁ κριθοφάγος	Feb. 11
14.	Μαισυμᾶς	Feb. 13
15.	Ἀκεψιμᾶς	Feb. 13
16.	Μάρων	Feb. 14
17.	Ἀβραάμης	Feb· 14
18.	Εὐσέβιος	Feb. 15
19.	Σαλαμάνης	Feb. 17
20.	Μάρις	Feb. 19
21.	Ἰάκωβος	Feb. 21
22.	Θαλάσσιος καὶ Λιμναῖος	Feb. 22
23.	Ἰωάννης	Feb. 23
24.	Ζηβινᾶς ἢ Πολυχρόνιος	Feb. 23
25.	Ἀσκληπιός	Feb. 25
26.	Συμεώνης ὁ στυλίτης	Sept. 1

(1) *Ibid.*, c. I. — (2) *Ibid.*, c. II. — (3) *Ibid.*, c. IX, 5.

27.	Βαραδάτος	Feb. 26
28.	Θαλελαῖος	Feb. 27
29.	Μαράνα καὶ Κύρα	Feb. 28
30.	Δομνίνα	Mart. 1

Ce tableau nous permet de saisir le procédé du synaxariste. Il a introduit en bloc dans sa compilation tout le livre de Théodoret. L'ordre des chapitres n'est pas dérangé: ils sont tout simplement distribués entre diverses dates, du 13 janvier au 1 mars, de façon à donner à chaque jour une part à peu près égale. S. Syméon stylite (n. 26) fait seul exception. Il est placé en dehors de la série, au 1 septembre. C'est que la date de sa fête était depuis longtemps fixée dans l'Église grecque. Il n'en est pas de même des autres. Il n'y a pour eux aucune trace de culte traditionnel. Le synaxariste les a canonisés d'un seul coup en les admettant dans son recueil.

Nous terminerons cette suite de remarques en faisant observer que la partie historique des ménées dérive, partiellement du moins, d'un synaxaire étroitement apparenté à celui de Sirmond. Les listes des saints se couvrent en grande partie; la rédaction d'un grand nombre de notices est sensiblement la même; certaines mentions caractéristiques, par exemple la série des anniversaires du monastère τοῦ Βαθέως Ῥύακος *se trouve également dans les ménées. Il en est de même de certaines indications topographiques dont nous allons parler, très nombreuses dans le synaxaire de Sirmond, moins fréquentes dans les ménées, mais toujours concordantes, et se rapportant à des sanctuaires depuis longtemps détruits, lorsque les premiers recueils liturgiques des Grecs furent livrés à l'impression.*

IV. — Les sanctuaires de Constantinople d'après le synaxaire de Sirmond.

Nous avons relevé dans la notice des ménées sur les SS. Cyprien et Justine la formule suivante : Τελεῖται δὲ ἡ αὐτῶν σύναξις ἐν τῷ αὐτῶν μαρτυρείῳ τῷ ὄντι πέραν ἐν τοῖς Σολομῶνος. *Voilà une indication bien précieuse. Elle nous apprend l'existence, à Constantinople, d'une église des SS. Cyprien et Justine, elle en fixe la position, et localise dans ce sanctuaire la fête qui se célèbre en l'honneur des martyrs. Ce dernier détail atteste la persistance dans l'Église grecque de l'antique usage de restreindre le culte des saints au lieu de leur sépulture, à l'endroit qui garde leurs reliques, ou à un sanctuaire auquel leur souvenir se rattache d'une façon particulière. On entrevoit tout le parti que l'on peut tirer des formules de ce genre pour l'histoire*

I

de l'église de Constantinople et pour la topographie de la cité. Du Cange, à qui rien n'a échappé, s'en est plus d'une fois servi dans sa Constantinopolis christiana, *et il ne lui a manqué que l'occasion d'extraire méthodiquement d'un synaxaire comme celui de Simond toutes les formules topographiques, pour donner, avec la liste complète des sanctuaires de Constantinople, le tableau du culte des saints dans la grande ville* (1). *Notre synaxaire, en effet, nous donne à chaque page des indications du même genre; aucun autre de ceux que nous avons pu feuilleter n'en approche pour l'abondance des renseignements.*

Nous allons dresser la liste des sanctuaires de Constantinople et des environs mentionnés dans notre synaxaire, en ajoutant chaque fois les indications topographiques, et les dates des fêtes propres. Quelques remarques préliminaires. Pour désigner les sanctuaires, le synaxariste emploie ordinairement les termes consacrés de ἀποστολεῖον (2), προφητεῖον, μαρτυρεῖον *(nous écrivons ce dernier mot en abrégé* M.*) pour désigner les édifices consacrés respectivement aux apôtres, aux prophètes (S. Jean-Baptiste compris), aux martyrs. Le mot* ἐκκλησία *est réservé à peu près exclusivement à la grande église. Il y a en outre les termes* ναός, εὐκτήριον, εὐκτήριος οἶκος, οἶκος, τέμενος *(St Michel). Ces mots sont souvent employés comme synonymes* (3), *et il faut ordinairement recourir à d'autres sources pour se renseigner sur la nature et l'importance de l'édifice désigné, que ce soit une église, une chapelle, un oratoire. Parfois, les indications du synaxaire sont plus vagues encore. Il annonce la célébration de la fête d'un saint en un endroit de la ville, sans marquer clairement si c'est dans son propre sanctuaire, ou dans une autre église. Ainsi, au 29 juillet,* τοῦ ἁγίου μάρτυρος Καλλινίκου τοῦ ἐν Γάγγρᾳ, *il annonce la* σύναξις πλησίον τῆς Ἰουστινιανοῦ γεφύρας καὶ πλησίον τοῦ Πετρίου. *Nous n'avons pas cru devoir supprimer les indications insuffisantes; mais lorsqu'elles se présenteront, nous les mettront textuellement sous les yeux du lecteur, en lui laissant le soin de décider s'il s'agit d'un édifice et d'une fête, ou d'une fête seulement.*

Dans la première des listes qui vont suivre, on trouvera les sanctuaires sous les noms des saints disposés par ordre alphabétique, avec les dates

(1) Du Cange écrit, le 19 mars 1683, au P. Papebroch: " Le synaxaire que vous renvoiez icy pouvoit bien me servir pour illustrer ma CPle, et je l'aurais voulu emprunter à cet effet, mais on me dit qu'on vous l'avoit envoié. Il y en a plusieurs en la bibliothèque de M. Colbert, mais je n'ay pas remarqué que les lieux de CP. y soient si particulièrement spécifiez. " *Correspondance des Bollandistes*, ms. 8998-9000 de la bibliothèque royale de Bruxelles. — Banduri cite quelquefois le synaxaire de Sirmond, *Imperium orientale*, t. II, pp. 695, 898. — (2) Déjà dans Sozomène, *H. E.*, t. VIII, 17, *P. G.*, t. LXII, p. 1559. — (3) Ce que dit au sujet de ces termes, Labarte, *Le Palais impérial de Constantinople*, Paris, 1861, p. 65, n'est certes pas applicable à notre synaxaire.

des fêtes qui s'y célèbrent. La date, sine addito, *est celle de la fête du patron; les autres sont accompagnées d'une courte explication, textuellement empruntée au synaxaire.*

La seconde liste donne, alphabétiquement aussi, les indications topographiques du synaxariste. Le nom du quartier ou du monument qui le désigne est suivi des noms des saints inscrits dans la première liste, et de quelques mentions qui la complètent.

Pour ne pas allonger outre mesure ce travail, nous nous abstiendrons de rapprocher des textes réunis ici les textes parallèles épars dans les auteurs byzantins. Les plus importants se trouvent recueillis dans des ouvrages comme ceux de Du Cange, Banduri, Mordtmann (1), *qui sont dans toutes les mains, et auxquels il suffira de renvoyer le lecteur.*

A. LES SANCTUAIRES ET LES FÊTES

Acacius. Μαρτυρεῖον ἐν τῷ Ἑπτασκάλῳ, Iul. 21; Maii 7 (σύναξις τοῦ ἁγίου καὶ ἐγκαίνια τοῦ ναοῦ); Iul. 21.

Adrianus et soc. Μ. πέραν ἐν Ἀργυροπόλει, Aug. 26.

Aemilianus. Μ. ἐν τῷ Ῥάβδῳ, Iul. 18.

Agatha. Μ. ἐν τῷ Τρικόγχῳ, Febr. 5.

Agathonicus. Μ. ἐν Καινουπόλει, Aug. 22. Vid. *Thalelaeus.*

Akindynos. Μ. ἐν τῷ Δευτέρῳ, Nov. 2.

Alexander. Μ. πλησίον τοῦ ἁγίου Γεωργίου ἐν τῷ Κυπαρισσίῳ, Oct. 22.

Alphaeus. Μ. πλησίον τοῦ ἁγίου Κυπριανοῦ ἐν τοῖς Σολομῶνος, Sept. 28.

Alypius. Vid. *Onuphrius.*

Anastasia. Μ. ἐν τοῖς Δομνίνου ἐμβόλοις, Dec. 22; Ian. 11 (σύναξις τῶν ἁγίων μυρίων ἀγγέλων)'; Ian. 25 (σύναξις τοῦ ἁγίου Γρηγορίου τοῦ θεολόγου).

Anastasius Persa. Μ. ἔνδον τοῦ ἁγίου Φιλήμονος ἐν τῷ Στρατηγίῳ, Ian. 22.

Anna. Ἐν τῷ Δευτέρῳ, Iul. 25.

Antipas. Στεφάνου τοῦ νεολαμποῦς τοῦ ἐν τῷ ἁγίῳ Ἀντίπα κειμένου, Dec. 9.

Antonius Constantinopolitanus. Σύναξις ἐν τῇ αὐτοῦ μονῇ, Febr. 12.

Apostoli. Ἐν τοῖς ἁγίοις ἀποστόλοις, Nov. 9 (μνήμη τοῦ μεγάλου Θεοδοσίου); Nov. 28 (μνήμη τῶν ... βασιλέων Κωνσταντίνου, Μαρκιανοῦ καὶ τῶν τέκνων αὐτῶν); Nov. 30 (σύναξις τοῦ ἁγίου Ανδρέου); Ian. 17 (σύναξις τοῦ ἁγίου Ἰωάννου τοῦ Χρυσοστόμου);

(1) Du Cange, *Constantinopolis christiana,* Paris, 1680; Banduri, *Imperium orientale,* pars III; Mordtmann, *Esquisse topographique de Constantinople,* Lille, 1893.

I

Iul. 15 (μνήμη Ἰουστινιανοῦ τοῦ νέου); Aug. 2 (μνήμη Ἰουστινιανοῦ); Aug. 7 (μνήμη Πουλχερίας καὶ Εἰρήνης); Aug. 13 (Εὐδοκίας).

Ἀποστολεῖον τῶν ἁγίων ἀποστόλων τῶν μεγάλων, Mart. 13 (ἀνακομιδὴ τοῦ ἁγίου Νικηφόρου); Iun. 2 (σύναξις τοῦ ἁγίου Νικηφόρου); Iun. 20 (ἡ εὕρεσις καὶ μετάθεσις τῶν χιτώνων καὶ περιβολαίων τῶν ἁγίων ἀποστόλων καὶ εὐαγγελιστῶν Ἰωάννου καὶ Λουκᾶ, Ἀνδρέου καὶ Θωμᾶ, Ἐλισσαίου τοῦ προφήτου καὶ Λαζάρου μάρτυρος, ἅτινα κατετέθεισαν ἐν τῷ ναῷ τῶν ἁγίων ἀποστόλων τῶν μεγάλων); Iun. 29 (σύναξις τῶν ἁγίων Πέτρου καὶ Παύλου). Vid. *Methodius.*

Aquilina. M. ἐν τοῖς Φιλοξένου πλησίον τοῦ Φόρου, Iun. 13 (add. καὶ ἐν τῷ περιτειχίσματι); Iul. 10 (σύναξις τῶν με' ἁγίων); Ian. 28 (σύναξις τοῦ ἁγίου Ἐφραΐμ).

Archippus et Philemon. M. ἐν τῇ Ἐλαίᾳ, Iul. 6.

Barbara. M. ἐν τοῖς Βασιλίσκου πλησίον τῆς ἁγίας Ζηναΐδος, Dec. 4.

Basianus. Πλησίον τῆς ἁγίας Ἄννης ἐν τῷ Δευτέρῳ, Oct. 10.

Basiliscus. M. πλησίον τοῦ Στροβιλίου, Maii 22.

Blasius. M. πλησίον τοῦ ἁγίου ἀποστόλου Φιλίππου ἐν τοῖς Μιλτιάδου, Feb. 11.

Beniamin et soc. Τῶν ἁγίων Βενιαμίν, Βενίου καὶ Βιναίου πλησίον τῶν παλατίων τοῦ Ἑβδόμου, Iul. 30.

Callinicus. Τελεῖται αὐτοῦ σύναξις πλησίον τῆς Ἰουστινιανοῦ γεφύρας καὶ πλησίον τοῦ Πετρίου, Iul. 29.

Capitolina et Eroteis. M. πλησίον τοῦ ἁγίου μάρτυρος Φωκᾶ, Oct. 27.

Carpus, Papylus et soc. M. πλησίον Ἑλενιανῶν, Oct. 13.

Charalampus et soc. M. ἐν τῷ Δευτέρῳ. Sept. 17.

Christina. M. ἐν τῷ νέῳ παλατίῳ, Iul. 24 (καὶ ἐν Νύμφαις ταῖς μεγάλαις καὶ ἐν M. τοῦ ἁγίου Τρύφωνος πλησίον τῆς ἁγίας Εἰρήνης τῆς ἀρχαίας καὶ νέας).

Christophorus. M. πλησίον τοῦ ἁγίου μάρτυρος Πολυεύκτου, Maii 9; Dec. 11 (τὰ ἐγκαίνια τοῦ ἁγίου Τρύφωνος καὶ τοῦ ἁγίου Χριστοφόρου πλησίον τῆς ἁγίας Εἰρήνης τῆς ἀρχαίας καὶ νέας). Vid. *Georgius.*

Clemens Ancyranus et soc. M. πέραν ἐν τοῖς Εὐδοξίου, Ian. 23.

Conon. Vid. *Pelagia.*

Constantinus. Ναὸς ἐν τῇ κινστέρνῃ τῆς Βώνου, Maii 21.

Cosmas et Damianus. Οἶκος εἰς τὰ Παυλίνου, Iul. 1; ναὸς ἐν τοῖς Δαρείου, Maii 4 et August. 11 (σύναξις τῶν ἁγίων Νεοφύτου κτλ.).

Cyprianus. Vid. *Alphaeus.*

Cyrus et Iohannes. M. ἐν τοῖς Σπαρακίου, Ian. 31; Iun. 28 (σύναξις τῆς εὑρέσεως ἐν τοῖς Σπαρακίου καὶ εἰς Ἀρκαδιανάς); Nov. 12 (τὰ ἐγκαίνια τοῦ εὐκτηρίου τοῦ ἁγίου ἀββᾶ Κύρου).

Demetrius. M. ἐν τῷ Δευτέρῳ, Oct. 26.

Diomedes. Μ. ἔνδον τοῦ σεβασμίου οἴκου τῆς παναγίας ἀχράντου δεσποίνης ἡμῶν Θεοτόκου πλησίον τῆς Χρυσῆς πόρτης, Aug. 16.

Dius. Iul. 18 (ἐν τῇ εὐαγεστάτῃ μονῇ αὐτοῦ τῇ οὔσῃ κατὰ τὴν μεγάλην πόλιν καὶ βασιλίδα).

Dometius. Μ. πέραν ἐν Ἰουστινιαναῖς, Aug. 7; Oct. 4.

Domninus. Ἐν τῷ σεπτῷ αὐτοῦ οἴκῳ τοῦ ἀρχαγγέλου Μιχαὴλ τῷ ὄντι πέραν ἐν τῷ Λιθοστρότῳ, Oct. 1.

Eleutherius. Μ. πλησίον τοῦ Ξηρολόφου, Dec. 25; Iul. 21.

Elias. Προφητεῖον ἐν τῷ Πετρίῳ, Iul. 20 (καὶ ἐν τῇ νέᾳ ἐκκλησίᾳ· συνεορτάζεται δὲ καὶ ἡ μνήμη τῶν ἁγίων προφητῶν καὶ ἱερέων Μωσέως, Ἀαρὼν καὶ Ἐλισσαίου).

Elisaeus. Προφητεῖον ἐν τοῖς Ἀντιόχου, Iun. 14; Nov. 3 (σύναξις τῶν ἁγίων Ἀκεψιμᾶ κτλ.); Nov. 29 (τὰ ἐγκαίνια).

Epicharis et soc. Μ. ἐν τῷ Γαϊτανῷ, Sept. 27.

Epiphanius. Οἶκος ἔνδον τοῦ ἁγίου Φιλήμονος, Maii 12; πλησίον τοῦ ἁγίου μάρτυρος Φιλήμονος ἐν τῶ Στρατηγίῳ. Oct. 21 (σύναξις τοῦ ἁγίου Ἱλαρίωνος).

Eulampius et Eulampia. Μ. ἐν τοῖς Ἄδδα, Oct. 10.

Euphemia. Μ. ἐν τοῖς Ἀντιόχου καὶ πλησίον τοῦ Λαύσου, Sept. 16; Iul. 11 (σύναξις τῆς ἁγίας Ε. καὶ τῶν πατέρων ἐν Χαλκηδόνῃ).

Μ. ἐν τοῖς Ὀλυμβρίου. Aug. 18 (σύναξις τῶν ἁγίων Παμφίλου καὶ Χαρίτωνος).

Μ. πλησίον τοῦ ἁγίου μάρτυρος Λαυρεντίου ἐν τῷ Πετρίῳ, Maii 30 (σύναξις τῶν ἁγίων Εὐσεβίου κτλ.).

Eustathius et Theopiste. Μ. ἐν τῷ Δευτέρῳ, Sept. 20.

Florus et Laurus. Aug. 18 (Τελεῖται ἡ αὐτῶν σύναξις ἐν τῷ ἁγιωτάτῳ αὐτῶν Μ. τῷ ὄντι πλησίον τοῦ πανσέπτου ναοῦ τοῦ ἁγίου ἀποστόλου Φιλίππου καὶ ἐν τῇ εὐαγεστάτῃ μονῇ τοῦ σωτῆρος Χριστοῦ τοῦ παντοκράτορος διὰ τὸ ἐκεῖσε μετατεθέντα τὰ ἅγια αὐτῶν λείψανα).

Georgius. Μ. ἐν τῷ Δευτέρῳ, April. 23; April. 22 (σύναξις τοῦ ἁγίου Θεοδώρου).

Μ. ἐν τῷ Κυπαρισσίῳ, Nov. 26 (τὰ ἐγκαίνια); April. 24 (τὰ ἐγκαίνια); Iun. 22 (σύναξις τῶν ἁγίων Ζήνωνος καὶ Ζηνᾶ); Iul. 17 (σύναξις τοῦ ἁγίου Ἀθενογένους).

Guria, Samona, Abibus. Μ. πλησίον τοῦ Φόρου, Nov. 15.

Hermione. Μ. πλησίον τοῦ ἁγίου Ῥωμανοῦ, Sept. 4 (ἐν ᾧ τόπῳ συντελεῖται καὶ τῶν ἐν ταύτῃ ἡμέρᾳ ἀθλησάντων μαρτύρων Πετρωνίου, Χαριτίνης καὶ Εὐτυχίδος).

Hesperius et Zoes. Μ. ἐν τῷ Δευτέρῳ, Maii 2.

Hyacinthus. Μ. ἐν τοῖς Τρωαδισίου ἐμβόλοις, Iul. 3.

Iacobus frater Domini. Ναὸς ἔνδοθεν τοῦ ναοῦ τῆς ὑπεραγίας Θεοτόκου ἐν τοῖς Χαλκοπρατίοις, Oct. 23; Nov. 7 (σύναξις τοῦ ἁγίου

Ἀθηνοδώρου); Dominica post 23 dec. (σύναξις τῶν ἁγίων Ἰωσήφ, Ἰακώβου, Δαυΐδ); Febr. 3 (σύναξις τῶν ἁγίων Συμεὼν καὶ Ἄννης); Maii 4 (σύναξις τῶν ἁγίων Ἀφροδισίου κτλ.).

Iacobus Persa. Μ. ἐν τοῖς Δαλμάτου καὶ ἐν τοῖς Ῥουστικίου, Nov. 27.

Iohannes Baptista. Προφητεῖον ἐν τοῖς Σπαρακίου, Sept. 23; Ian. 7; Febr. 24 (εὕρεσις τῆς κεφαλῆς); Aug. 29; ἐν τοῖς Φωρακίου, Iun. 24; ἐν τοῖς Σφωρακίου, Aug. 14 (σύναξις τοῦ ἁγίου Μαρκέλλου); πλησίον τοῦ Ταύρου, Ian. 24.

Προφητεῖον ἐν τοῖς Ἡρεμίας, Febr. 6 (σύναξις τοῦ ἁγίου Φωτίου ἀρχιεπισκόπου Κωνσταντινουπόλεως).

Προφητεῖον πλησίον Ἀρκαδιανῶν, Iun. 22 (σύναξις τοῦ ἁγίου Εὐσεβίου).

Προφητεῖον ἐν τῇ Ὀξείᾳ, Iun. 25 (σύναξις τῆς ἁγίας Φεβρωνίας); Oct. 20 (σύναξις τοῦ ἁγίου Ἀρτεμίου).

Προφητεῖον πλησίον τῆς κινστέρνης Μωκησίας ἐν τοῖς Δανιήλ· Ian. 9 (σύναξις τοῦ ἁγίου Μαρκιανοῦ).

Προφητεῖον ἐν τοῖς Ὀλυμπίου πλησίον τοῦ ἁγίου Θωμᾶ ἐν τοῖς Ἀνθεμίου, Iul. 23.

Iohannes evangelista. Ἀποστολεῖον πλησίον τῆς μεγάλης ἐκκλησίας, Sept. 26; Dec. 13 (σύναξις τοῦ ἁγίου Εὐστρατίου); April. 11 (σύναξις τοῦ ἁγίου Ἀντίπα); Iul. 9 (σύναξις τοῦ ἁγίου Ὀρέστου); Iul. 30 (σύναξις τοῦ ἁγίου Ἰωάννου τοῦ στρατιώτου); Aug. 2 (ἐγκαίνια).

Ἀποστολεῖον ἐν τῷ Ἑβδόμῳ, Maii 8.

Ἐν τοῖς Βεατίου πλησίον τῶν Ἀνθεμίου, Nov. 8 (ἐγκαίνια); ἐν τοῖς Βεάτου, Iul. 10.

Ἔνδον τοῦ σεπτοῦ οἴκου τῆς Θεοτόκου ἐν τοῖς Μαρινακίου, Aug. 3 (ἐγκαίνια τῶν ἁγίων ἀποστόλων Πέτρου καὶ Παύλου).

Irenarchus. Μ. ἐν τῷ Ῥάβδῳ, Nov. 28.

Irene. Ναὸς πρὸς θάλασσαν, Ian. 21; Maii 14 (σύναξις τῶν ἁγίων Ἀλεξάνδρου κτλ.); Nov. 23 (σύναξις τῆς ἁγίας Μυρόπης); April. 28 (ἐγκαίνια τῆς ἁγίας Εἰρήνης τῆς ἀρχαίας καὶ νέας).

Οἶκος πέραν ἐν Ἰουστινιαναῖς, Aug. 8 (σύναξις τοῦ ἁγίου Ἐλευθερίου).

Isidorus. Μ. ἔνδον τῆς ἐκκλησίας τῆς ἁγίας Εἰρήνης τῆς πρὸς θάλασσαν, Iun. 20 (σύναξις τοῦ ἁγίου Ἀσυγκρίτου).

Iuliana. Μ. πλησίον τῆς ἁγίας Εὐφημίας ἐν τῷ Πετρίῳ, Dec. 21.

Iulianus et Basilissa. Μ. πλησίον τοῦ Φόρου, Ian. 8; Iul. 5 (ἐγκαίνια). Vid. *Michael*.

Laurentius. Μ. πλησίον Βλαχερνῶν, Maii 9 (σύναξις τοῦ Ἡσαίου).

Lazarus. Σύναξις (ἀνακομιδῆς Λαζάρου καὶ Μαρίας) ἐν τῇ εὐαγεστάτῃ μονῇ τοῦ παρὰ τοῦ αὐτοῦ βασιλέως (Λέοντος) ἐπ' ὀνόματι τοῦ ἁγίου συσταθεῖσα. Συνεορτάζεται δὲ τὰ ἐγκαίνια τοῦ αὐτοῦ ναοῦ τοῦ ἁγίου Λαζάρου, Maii 4; σύναξις Μαρίας Μαγδαλήνης ἐν τῇ μονῇ τοῦ ἁγίου Λαζάρου... καὶ ἐν τοῖς Κουράτορος πλησίον τοῦ Ταύρου, Iul. 22.

Leontius et soc. Τελεῖται αὐτῶν σύναξις πέραν ἐν τῷ Καμαριδίῳ καὶ ἐν τῷ εὐκτηρίῳ οἴκῳ αὐτοῦ τῷ ὄντι ἔγγιστα τῆς πόρτης τῆς πηγῆς, Iun. 18.

Lucianus. M. ἔνδον τοῦ ἁγίου Μωκίου, Oct. 15.

Lucilianus. M. πλησίον τοῦ ναοῦ τοῦ ἀρχιστρατήγου Μιχαὴλ ἐν τῇ Ὀξείᾳ, Iun. 3; Ian. 19 (σύναξις ἐν τῷ οἴκῳ Ἀναστασιου τοῦ πατριάρχου ἐν τῇ Ὀξείᾳ).

Machabaei. Τελεῖται αὐτῶν σύναξις ἐν τῷ μαρτυρείῳ αὐτῶν τῷ ὄντι ἐν τοῖς Δομνίνου ἐμβόλοις καὶ πέραν ἐν τῇ Ἐλαίᾳ, Aug. 1.

Magna ecclesia. Dec. 22 (τὰ ἀνοίξια τῆς μεγάλης ἐκκλησίας); Dec. 23 (τὰ ἐγκαίνια); Sept. 8 (γενέσιον Θεοτόκου); Sept. 10-13 (προσκύνησις τῶν τιμίων ξύλων); Oct. 3 (Διονυσίου); Nov. 6, die domin. sq. (Παύλου ἀρχ. Κωνσταντινουπόλεως); Nov. 14, die domin. (μνήμη Ἰουστινιανοῦ καὶ Θεοδώρας); Nov. 17 (Γρηγορίου); Nov. 28 (μνήμη Κωνσταντίνου, Μαρκιανοῦ καὶ τῶν τέκνων αὐτῶν); Dec. 6 (Νικολάου); Dec. 7 (Ἀμβροσιου); Dec. 20 (Ἰγνατίου); Dec. 26, domin. post Nativitatem (Ἰωσήφ, Ἰακώβου καὶ Δαυΐδ); Ian. 1 (Βασιλείου); Ian. 7 (Κύρου ἀρχ. Κωνσταντινουπόλεως); Ian. 10 (Γρηγορίου καὶ Δομετιανοῦ); Ian. 17 (Ἀντωνίου); Ian. 19 (Ἀθανασίου καὶ Κυρίλλου); Ian. 20 (Εὐθυμίου); Ian. 25 (Γρηγορίου); Febr. 16 (τῶν ἐν μαρτυροπόλει ἁγίων); Febr. 18, domin. sq. (Μαρκιανοῦ καὶ Πουλχερίας); Febr. 23 (Πολυκάρπου); Febr. 25 (Ταρασίου); April. 20 (Τρύφωνος ἀρχ. Κωνσταντινουπόλεως); Maii 21 (Κωνσταντίνου καὶ Ἑλένης); Iun. 4 (Μητροφάνους); Iun. 29 (Πέτρου καὶ Παύλου); Iul. 16 (ἑξακοσίων λ' πατέρων τῶν κατὰ τὴν Χαλκηδονέων μητρόπολιν...); Iul. 30 (σταυροῦ); Aug. 9, domin. sq. (Κωνσταντίνου ἀρχ. Κωνσταντινουπόλεως); Aug. 13 (Ἰωάννου καὶ Γεωργίου ἀρχ. Κωνσταντινουπόλεως); Aug. 23 (Καλλινίκου ἀρχ. Κωνσταντινουπόλεως); Aug. 25 (Τίτου); Aug. 30 (Ἀλεξάνδρου Ἰωάννου καὶ Παύλου τοῦ νέου ἀρχ. Κωνσταντινουπόλεως).

Mamas. M. ἐν τῷ Σίγματι, Sept. 2; Iul. 13 (πέραν ἐν τῷ Σίγματι).

Mamelchta. M. πέραν ἐν τῷ Κέρατι, Oct. 5.

Manuel, Sabel, Ismael. M. πλησίον τοῦ ἁγίου προφήτου Ἐλισσαίου, Iun. 17.

Marcianus et Martyrius. Ἐτάφησαν ἐν τῇ Μελανδησίᾳ πόρτῃ ἐν αὐτῇ Κωνσταντινουπόλει ἐν τῷ Δευτέρῳ, ὧν καὶ τὸν βίον καὶ τὸν ναὸν μετὰ ταῦτα ὁ ἅγιος Ἰωάννης ὁ Χρυσόστομος ἐκ βάθρων ἀνήγειρεν, ἔνθα καὶ τελεῖται ἡ αὐτῶν σύναξις, Oct. 25.

Marcus. Ἀποστολεῖον πλησίον τοῦ Ταύρου, April. 25.

Maria Deipara. Σύναξις τῆς ὑπεραγίας Θεοτόκου ἐν τοῖς Ἀρεοβίνδου, Febr. 10; Aug. 17.

Ἐν τοῖς Ἀρματίου, Iul. 21; Ian. 19 (σύναξις τοῦ ἁγίου Θεοδότου).

Ναὸς ἐν τοῖς Βιγλεντίου, April. 28 (σύναξις τῶν ἁγίων Μαξίμου κτλ.); Aug. 2 (item).

Μονὴ τῆς Μαρίας πλησίον τοῦ τείχους τῶν Βλαχερνῶν, Sept. 3 (σύναξις Θεοκτίστου).

Οἶκος ἐν Βλαχέρναις, Febr. 2; Iun. 2 (τῆς τιμίας ἐσθῆτος); Iul. 31 (ἐγκαίνια); Aug. 27 (μνήμη βοηθείας ...); Aug. 15; Sept. 22 (σύναξις τῶν ἁγίων Πρίσκου κτλ. ἐν Βλαχέρναις).

Τὰ ἐγκαίνια τῆς ὑπεραγίας Θεοτόκου ἐν τῷ οἴκῳ τῆς Ἄννης εἰς τὸ Δεύτερον, Sept. 6.

Ἐν τοῖς Διακονίσσης, Maii 13; Nov. 19 (ἐγκαίνια); Iul. 28 (item).

Πέραν ἐν Εὐδοκιαναῖς, Iun. 16.

Οἶκος τῆς Θεοτόκου τῆς ἐπιλεγομένης Ἱερουσαλὴμ καὶ εἰς τὸν Λεῦκον ποταμόν, Aug. 19 (σύναξις τῶν ἁγίων Μαξίμου καὶ Διομήδους.)

Ναὸς ἐν τοῖς Καλλιστράτου, Iul. 18 (ἐγκαίνια).

Ναὸς ἐν τοῖς Κουράτορος, Dec. 8 (ἐγκαίνια).

Οἶκος ἐν τοῖς Μαρινακίου, Iun. 15; Aug. 8 (ἐγκαίνια τῶν ἀπ. Πέτρου καὶ Παύλου).

Πέραν ἐν Ὀνειράταις, Oct. 4.

Ἐν τοῖς Οὐρβικίου, Sept. 8; Sept. 1 (Θεοτόκου τῶν Μιασηνῶν).

Ἐν τοῖς Κύρου, Oct. 9 (σύναξις τῆς ἁγίας Ἄννης κτλ.); Maii 19 (σύναξις τοῦ ἁγίου Πατρικίου).

Πέραν ἐν τῷ Παγιδίῳ πλησίον τοῦ νέου ἐμβόλου, Iul. 25.

Πέραν ἐν Περιτειχίσματι, Maii 15.

Οἶκος ἐν τῇ Πηγῇ, Ian. 18; Iul. 11 (ἐγκαίνια); Oct. 12 (cfr. *Probus).*

Πέραν ἐν Πιννουλόφῳ. Aug. 28.

Ἐν τῷ Παραδεισσίῳ πλησίον τοῦ ἁγίου μάρτυρος Μωκίου, Nov. 9; Oct. 16.

Ναὸς πλησίον τῆς Προμοῦντου, Iul. 29 (ἐγκαίνια).

Οἶκος ἐν τοῖς Πρωτασίου, Nov. 9 (ἐγκαίνια); Oct. 24 (σύναξις τοῦ ἁγίου Ἀρέθα).

Ἐν τῷ Σωσθενείῳ, Iun. 8.

Ναὸς ἐν τοῖς Χαλκοπρατίοις πλησίον τῆς ἁγιωτάτης μεγάλης ἐκκλησίας, Sept. 1; Sept. 8; Sept. 9 (σύναξις τῶν ἁγίων Ἰωακεὶμ καὶ Αννης); Nov. 21; Dec. 9; Dec. 18 (ἐγκαίνια); Dec. 29 (μνήμη χριστιανῶν ἀδελφῶν ἡμῶν τῶν ἐν λίμῳ καὶ δίψει ... τελειωθέντων); Aug. 30 (Ζώνης τῆς Θεοτόκου καὶ ἀνοιξίας τοῦ ναοῦ).

Οἶκος πλησίον τῆς Χρυσῆς πόρτης, Aug. 16 Vid. *Diomedes.*

Πέραν ἐν Χρυσοπόλει, Sept. 22.

Menas. Μ. πλησίον τῆς Ἀκροπόλεως, Nov. 11; Sept. 21 (ἐγκαίνια).

Methodius. Οἶκος ἔνδον τῶν ἁγίων καὶ πανευφήμων ἀποστόλων τῶν μεγάλων, Iun. 14.

Metrophanes. Οἶκος πλησίον τοῦ ἁγίου μεγαλομάρτυρος ἐν τῷ Ἑπτασκάλῳ, Iun. 4.

Michael. Ἐν τοῖς Ἄδδα, Dec. 11; Nov. 8 (σύναξις τῶν ἀσωμάτων).
Ναὸς ἐν τῇ Ὀξείᾳ, Nov. 8 (σύναξις τῶν ἀσωμάτων).
Πλησίον τοῦ ἁγίου Ἰουλιανοῦ ἐν τῷ Φόρῳ, Iun. 18; Nov. 8 (σύναξις τῶν ἀσωμάτων).
Ἐν τῷ Σωσθενείῳ, Iun. 9.
Ἐν τῷ Σινάτορος πλησίον Ἀρκαδιανῶν, Nov. 8 (σύναξις τῶν ἀσωμάτων).
Οἶκος πέραν ἐν τῷ Λιθοστρότῳ, Oct. 1 (σύναξις τοῦ ἁγίου Δομνίνου).
Τέμενος ἐν τῷ Ἀνάπλῳ, Sept. 6.

Mocius. Ian. 4 (σύναξις τοῦ ἁγίου Εὐθυμίου τοῦ νέου); April. 28 (σύναξις τοῦ ἁγίου Εὐλογίου τοῦ ξενοδόχου).

Nova ecclesia. Vid. *Elisaeus, Palatium.*

Onuphrius. Εὐκτήριον ἐν τῇ μονῇ τοῦ Ἀλυπίου. Iun. 12.

Panteleemon. Ἐκκλήσία, Iul. 27; Dec. 3 (ἐγκαίνια).

Paulus. Ἀποστολεῖον ἐν τῷ Ὀρφανοτροφείῳ, Sept. 19 (σύναξις τοῦ ἁγίου Τροφίμου κτλ.); Nov. 12 (σύναξις τοῦ ἁγίου Νείλου τοῦ ἀσκητοῦ); Oct. 29 (ἐγκαίνια); Ian. 14 (σύναξις τῶν ἐν Σινᾷ τελειωθέντων).

Pelagia. M. πέραν πλησίον τοῦ ἁγίου Κόνωνος, Oct. 8; Maii 6.

Petrus et Paulus. Ἐγκαίνια τῶν ἀποστόλων Πέτρου καὶ Παύλου ἐν τῷ περιτειχίῳ τοῦ ἀποστόλου Ἰωάννου τοῦ θεολόγου ἔνδον τοῦ σεπτοῦ οἴκου τῆς Θεοτόκου ἐν τοῖς Μαρινακίου, Aug. 8.

Petrus. Ἀποστολεῖον συγκείμενον τῇ ἁγιωτάτῃ μεγάλῃ ἐκκλησίᾳ, Iun. 29 (Πέτρου καὶ Παύλου ... ἐν τοῖς ἁγίοις ἀποστόλοις τοῖς μεγάλοις καὶ ἐν σεπτῷ ἀποστολείῳ τοῦ ἁγίοῦ καὶ πανευφήμου ἀποστόλου Πέτρου τῷ συγκειμενῷ τῇ ἁγ. μεγ. ἐκκλ., καὶ ἐν πάσαις κατὰ τόπον ἐκκλησίαις); Iun. 6 (ἐγκαίνια); ἔνδον τῆς μεγάλης ἐκκλησίας: Ian. 16 (σύναξις τῶν Πέτρου ἁλύσεων); April. 25 (ἐγκαίνια ... ἀποστολείου τοῦ ἐγκειμένου τῇ ἁγιωτάτῃ μεγάλῃ ἐκκλησίᾳ); Dec. 12 (σύναξις τοῦ ἁγίου Σπυρίδωνος); Ian. 11 (σύναξις τοῦ ἁγίου Θεοδοσίου); Maii 1 (σύναξις Ἱερεμίου); Iun. 11 (σύναξις τῶν ἁγίων Βαρθολομαίου καὶ Βαρνάβα); Aug. 21 (σύναξις τοῦ ἁγίου Θαδδαίου).

Philemon. M. ἐν τῷ Στρατηγίῳ, Dec. 5 (σύναξις τοῦ ἁγίου Σάβα); Dec. 19 (σύναξις τῶν ἁγίων Πρόβου, Ἄρεως καὶ Ἡλία).

Philippus. Ἀποστολεῖον ἐν τοῖς Μιλτιάδος, Nov. 14.

Phocas. M. ἔνδον τοῦ σεπτοῦ ἀποστολείου τοῦ ἁγίου ἀποστόλου καὶ εὐαγγελιστοῦ Ἰωάννου πλησίον τῆς ἁγιωτάτης μεγάλης ἐκκλησίας. Sept. 22; Iul. 22.

Photina. Ἄθλησις τῆς ἁγίας μάρτυρος Φωτείνης ἔξω τῆς πόρτης τῶν Βλαχερνῶν, Aug. 20.
Photius et Anicetus. M. ἐν τῷ Στρατηγίῳ, Aug. 11.
Plato. M. ἐν τοῖς Δομνίνου ἐμβόλοις, Nov. 18; Maii 24 (σύναξις τοῦ ἁγίου Μελετίου κτλ.).
Polyeuctus. Aug. 1 (Σύναξις τοῦ ἁγίου Πολυεύκτου κτλ. ἐν τοῖς Βιγλεντίου πλησίον τοῦ Χαλκοῦ τετραπύλου); Ian. 9; Ian. 8 (σύναξις τῆς Θεοτόκου).
Pompianus et soc. M. πλησίον τῆς ἁγίας Εὐφημίας ἐν τῷ Πετρίῳ, Iun. 22.
Probus, Tarachus et Andronicus. M. ἐν τοῖς Ναρσοῦ, Oct. 20 (καὶ ἐν τῇ Πηγῇ).
Procopius. M. ἔνδον τοῦ ἁγίου μάρτυρος Μηνᾶ, Sept. 6 (σύναξις τοῦ ἁγίου Ῥωμύλου κτλ.).
M. πλησίον τῆς Χελώνης, Maii 29 (σύναξις τοῦ ἁγίου Ὀλβιανοῦ); Aug. 4 (ἐγκαίνια); Iul. 8 (πλησίον τῆς Χελώνης καὶ ἐν τῷ Κονδυλίῳ).
Romanus. M. ἐν τοῖς Ἐλεβίχου, Nov. 18; Oct. 1; Oct. 28 (ἐγκαίνια).
Salvator. Iul. 18 (σύναξις τῆς ἁγίας Θεοδοσίας ἐν τῇ ἁγίᾳ μονῇ τοῦ Σωτῆρος Χριστοῦ τοῦ εὐεργέτου).
Aug. 18 : μονὴ τοῦ Σωτῆρος τοῦ παντοκράτορος. Vid. *Florus et Laurus.*
Sancti omnes. Εὐκτήριον ἐν τῷ ξενῶνι τῶν Εὐβούλου, Maii 20 (ἐγκαίνια).
Sergius et Bacchus. Ναὸς ἐν ταῖς Σοφίαις, Oct. 7; πλησίον τῆς Ἀετίου κινστέρνης, Nov. 29 (ἐγκαίνια); πέραν ἐν Ῥουφινιαναῖς, Maii 29.
Stephanus. M. πλησίον Κωνσταντιανῶν, Dec. 27; Aug. 2; εἰς τὰ Κῶνστα, Nov. 28.
M. πλησίον τῶν Πλακιδίας, Dec. 23 (σύναξις τῶν ἁγίων μαρτύρων ἐν Κρήτῃ).
Thalelaeus. M. ἔνδον τοῦ ἁγίου μάρτυρος Ἀγαθονίκου, Maii 20.
Thalelaeus et Artemidorus. M. ἔνδον τοῦ ἁγίου Θεοδώρου ἐν τῷ Κοσμιδίῳ, Sept. 20.
Thecla. M. ἐν τοῖς Κριθοπωλίοις, Sept. 24.
Theodora. M. ἐν τῷ Ξεροκέρκῳ, Aug. 22 (σύναξις τοῦ ἁγίου Ἀγαθονίκου).
Theodorus. M. ἐν τοῖς Σπαρακίου, Febr. 17; Dec. 11; Nov. 5 (ἐγκαίνια).
M. πλησίον τοῦ Χαλκοῦ τετραπύλου, Sept. 20 (σύναξις τοῦ ἁγίου Γρηγορίου; Nov. 1 (σύναξις τοῦ ἁγίου Καισαρείου κτλ.).
M. ἐν τῷ Κοσμιδίῳ, Sept. 20. Cfr. *Thalelaeus.*
Τὰ ἐγκαίνια τοῦ ναοῦ τοῦ ἁγίου Θεοδώρου ἐν τῷ Ῥησίῳ, Iun. 26.
Theodote. M. ἐν τῷ Κάμπῳ, Iul. 29.
Thomas. Ἀποστολεῖον ἐν τοῖς Ἀμαντίου, Oct. 6; Sept. 19 (ἐγκαίνια).
Therapon. M. πλησίον τῆς Ἐλαίας, Maii 26.

Thyrsus, Leucius, Callinicus. M. πλησίον Ἑλενιανῶν, Dec. 14; Aug. 17.
Timotheus et Maura. M. πέραν ἐν Ἰουστινιαναῖς, Maii 3.
Timotheus ep. Prusae. M. ἔνδον τοῦ εὐαγοῦς ξενῶνος ἐν τῷ Δευτέρῳ, Iun. 10.
Trypho. M. ἔνδον τοῦ σεπτοῦ ἀποστολείου τοῦ ἁγίου καὶ πανευφήμου ἀποστόλου Ἰωάννου τοῦ θεολόγου πλησίον τῆς ἁγιωτάτης μεγάλης ἐκκλησίας, Febr. 1; Oct. 19 (ἐγκαίνια).
Πλησίον τῆς ἁγίας Ἄννης ἐν τῷ Δευτέρῳ, Sept. 29.
Ἐγκαίνια τοῦ ἁγίου Τρύφωνος καὶ τοῦ ἁγίου Χριστοφόρου πλησίον τῆς ἁγιας Εἰρήνης τῆς ἀρχαίας καὶ νέας, Dec. 1; Iul. 11 (σύναξις τῆς ἁγίας Γολινδουχίας). Vid. *Christina.*
Victor et Vincentius. M. ἐν τῷ Γαϊτανῷ. Nov. 11.
Zacharias. Προφητεῖον ἐν τοῖς Ἀρεοβίνδου, Maii 16.
Zenais. Οἶκος ἐν τοῖς Βασιλίσσης (?), Iun. 6. Vid. *Barbara.*
Zenobius et Zenobia. Τελεῖται αὐτῶν σύναξις πέραν ἐν Ἰουστινιαναῖς, Oct. 30.

B. — LISTE TOPOGRAPHIQUE DES SANCTUAIRES

ἐν τοῖς Ἄδδα, Eulampius, Michael.
πλησίον τῆς Ἀετίου κινστέρνης, Sergius et Bacchus.
πλησίον τῆς Ἀκροπόλεως, Menas.
ἐν τοῖς Ἀμαντίου, Thomas.
ἐν τῷ Ἀνάπλῳ, Michael.
ἐν τοῖς Ἀνθεμίου, Iohannes ev., Thomas.
ἐν τοῖς Ἀντιόχου, Elisaeus, Euphemia.
πέραν ἐν Ἀργυροπόλει, Adrianus.
ἐν τοῖς Ἀρεοβίνδου, Alypius, Antonius, Maria, Onuphrius, Zacharias.
εἰς Ἀρκαδιανάς, Cyrus et Iohannes, Iohannes Bapt.
ἐν τοῖς Ἀρματίου, Maria; Febr. 26 (Στεφάνου τοῦ συστησαμένου τὸ γηροκομεῖον τῶν Ἀρματίου).
ἐν τοῖς Βασιλίσκου, Barbara, Zenais.
ἐν τοῖς Βεατίου, Iohannes ev.
ἐν τοῖς Βιγλεντίου, Maria, Polyeuctus; Iul. 28 (σύναξις τῶν ἁγίων Κωντιανοῦ κτλ. ἐν τοῖς Βιγλεντίου.)
ἐν Βλαχέρναις, Maria. Cfr. *Photina.*
ἐν τῇ κινστέρνῃ τῆς Βώνου, Constantinus.
ἐν τῷ Γαϊτανῷ, Epicharis, Victor.
ἐν τοῖς Δαλμάτου, Iacobus Persa.
ἐν τοῖς Δανιήλ, Iohannes Bapt.
ἐν τοῖς Δαρείου, Cosmas et Damianus; Iul. 30 (Μάμαντος καὶ Βασιλίσκου ἐν τοῖς Δαρείου).

ἐν τῷ Δευτέρῳ, Akindynus, Anna, Basianus, Charalampus, Demetrius, Eustathius, Georgius, Hesperius et Zoe, Marcianus, Timotheus. — Cfr. Marcianus. Sept. 9 (σύναξις τοῦ ἁγίου μάρτυρος Χαρίτωνος ἐν τῷ Δευτέρῳ).

ἐν τοῖς Διακονίσσης, Maria Deipara.

ἐν τοῖς Δομνίνου ἐμβόλοις, Anastasia, Machabaei, Plato.

ἐν τῷ Ἑβδόμῳ, Ioannes ev.; Oct. 29 (τοῦ ἁγίου Σάβα τοῦ στρατιώτου, καὶ τοῦ ὁσίου Παύλου τοῦ Θηβαίου τοῦ πρώτου μοναχοῦ καὶ τῶν ἁγίων μαρτύρων Μήνη καὶ Μηναίου. Τελεῖται δὲ ἡ αὐτῶν σύναξις ἐν τῷ Ἑβδόμῳ); Aug. 1 (τῶν ἁγίων μαρτύρων Μίνη καὶ Μινναίου· τελεῖται... ἐν τῷ Ἑβδόμῳ).

ἐν τῷ Ἑξακιονίῳ, Iul. 6 (Τῶν ἁγίων μαρτύρων Ἀπολλωνίου, Ἀλεξάνδρου Ἐπιμάχου καὶ Ὀνησίμου. Τελεῖται δὲ ἡ αὐτῶν σύναξις ἐν τῷ Ἑξακιονίῳ).

πέραν ἐν τῇ Ἐλαίᾳ, Archippus, Machabaei, Therapon.

ἐν τοῖς Ἐλεβίχου, Romanus.

πλησίον τῶν Ἑλενιανῶν, Carpus, Thyrsus.

πλησίον τοῦ νέου Ἐμβόλου, Maria.

ἐν τῷ Ἑπτασκάλῳ, Acacius, Metrophanes.

ἐν τῷ ξενῶνι τῶν Εὐβούλου, Sancti omnes.

πέραν ἐν Εὐδοκιαναῖς, Maria.

πέραν ἐν τοῖς Εὐδοξίου, Clemens.

ἐν τοῖς Ἡρεμίας, Iohannes Bapt.

πέραν ἐν Ἰουστινιαναῖς, Dometius, Irenes, Timotheus, Zenobius et Zenobia.

πλησίον τῆς Ἰουστινιανοῦ γεφύρας, Callinicus; Sept. 18 (τῆς ἁγίας Θεοδώρας. Τελεῖται ἡ αὐτῆς σύναξις π.ησίον τῆς Ἰουστινιανοῦ γεφύρας).

ἐν Καινουπόλει, Agathonicus.

τὰ Καλλιστράτου, Maria; Nov. 4 (σύναξις τοῦ ἁγίου Ἰωαννικίου ἐν τῇ μονῇ τῶν Καλλιστράτου.)

πέραν ἐν τῷ Καμαριδίῳ, Leontius.

ἐν τῷ Κάμπῳ, Theodote.

ἐν τῷ Καστελλίῳ, Dec. 11 (σύναξις τῶν ἁγίων Τερεντίου, Βικεντίου καὶ Αἰμιλιανοῦ ἐν τῷ Καστελλίῳ.)

ἐν τῷ Κοσμιδίῳ, Thalelaeus, Theodorus.

ἐν τῷ Κονδυλίῳ, Procopius.

ἐν τοῖς Κουράτορος, Maria, Lazarus.

ἐν τοῖς Κριθοπωλίοις, Thecla.

ἐν τῷ Κυπαρισσίῳ, Georgius, Alexander.

ἐν τοῖς Κύρου, Maria; Nov. 20 (τοῦ ἁγίου Θωμᾶ ἐν τοῖς Κύρου πλήσιον τοῦ ἁγίου Μωκίου).

πλησίον τῶν Κωνσταντιανῶν, Stephanus.

πλησίον τῶν Λαύσου, Euphemia.
πέραν ἐν τῶν Λιθοστρότῳ, Michael.
μονὴ τοῦ Μαντινέου, Iul. 27 (Ἀνθούσης τῆς συστησαμένης τὴν εὐαγεστάτην μονὴν τοῦ Μαντινέου).
μονὴ τοῦ Μαξιμίνου, Iun. 9 (σύναξις τῶν ἁγίων Ἀλεξάνδρου καὶ Ἀντωνίνης ἐν τῇ μονῇ τοῦ Μαξιμίνου διακειμένῃ ἐν Κωνσταντινουπόλει ἔνθα τὰ τίμια αὐτῶν κατάκεινται λείψανα.)
πέραν ἐν τοῖς Μαρινακίου, Maria.
τὰ Ματρώνης, Iul. 12 (σύναξις τῶν ἁγίων Πρόκλου καὶ Ἱλαρίου ἐν τῇ μονῇ τῶν Ὑπατείας πλησίον τῶν Ματρώνης.)
ἐν τῇ Μελανδησίᾳ πόρτῃ, Marcianus.
ἐν τοῖς Μιλτιάδου, Blasius, Philippus.
πλησίον τῆς κινστέρνης Μωκησίας, Iohannes Bapt.
ἐν τοῖς Ναρσοῦ, Probus.
ἐν Νύμφαις ταῖς μεγάλαις, Christina.
ἐν τῷ Ξεροκέρκῳ, Theodora; Maii 9 (σύναξις τοῦ ἁγίου Κοδράτου κτλ. πλησίον τῆς Ξηροκέρκου.)
πλησίον τοῦ Ξηρολόφου, Eleutherius.
ἐν τοῖς Ὀλυμβρίου, Euphemia.
ἐν τοῖς Ὀλυμπίου, Iohannes Bapt.
ἐν τοῖς Ὀνειράταις, Maria.
ἐν τῇ Ὀξείᾳ, Lucilianus, Michael, Iohannes Bapt.
ἐν τῷ Ὀρφανοτροφείῳ, Paulus; Iul. 14 (σύναξις τοῦ ἁγ. Ἰούστου).
ἐν τοῖς Οὐρβικίου, Maria.
ἐν τῷ Παγιδίῳ, Maria.
ἐν τῷ Παλατίῳ, Maii 1 (τὰ ἐγκαίνια τῆς νέας ἐκκλησίας τῆς ἐν τῷ Παλατίῳ.)
ἐν τῷ νέῳ Παλατίῳ, Christina.
ἐν τῷ Παραδεισσίῳ, Mocius, Maria.
Πατριαρχεῖον, Oct. 31 (τὰ ἐγκαίνια τῶν εὐκτηρίων τοῦ πατριαρχείου.)
εἰς τὰ Παυλίνου, Cosmas et Damianus.
ἐν τῷ Περιτειχίσματι, Aquilina; πέραν ἐν τῷ Περιτ., Maria.
ἐν τῷ Πετρείῳ, Elias, Euphemia, Iuliana, Laurentius, Pompianus.
ἐν τῇ Πηγῇ, Probus, Maria.
ἔγγιστα τῆς πόρτης τῆς Πηγῆς, Leontius.
πέραν ἐν Πιννουλόφῳ, Maria.
πλησίον τῶν Πλακιδίας, Stephanus.
ἐν τῇ μονῇ τῶν Πρόβου, Thaddaeus.
πλησίον τῶν Προμούντου, Maria; Sept. 28 (σύναξις τοῦ ἁγίου Εὐσταθίου ἐν τοῖς Προμότου.)
τὰ Προτασίου, Maria.
ἐν τῷ Ῥάβδῳ, Aemilianus, Irenarchus.

ἐν τῷ Ῥησίῳ, Theodorus.
ἐν τοῖς Ῥουστικίου, Iacobus Persa.
πέραν ἐν Ῥουφινιαναῖς, Sergius et Bacchus; Iun. 17 (Ὑπατίου τοῦ ἐν Ῥουφινιαναῖς πέραν τῆς θαλάσσης κειμένου.)
ἐν τοῖς Σαλλουστίου, Sept. 4 (σύναξις τοῦ ἁγίου Βαβύλα ἐν τοῖς Σαλλουστίου καὶ ἐν τῇ μονῇ τῇ ἐπιλεγομένῃ τῆς χώρας.)
ἐν τῷ ξενῶνι τοῦ Σαμψών, Iun. 27 (σύναξις τοῦ ἁ. Σαμψὼν ἐν τῷ παρ' αὐτοῦ εὐαγεῖ συσταθέντι ξενῶνι.)
ἐν τῇ Σατύρου μονῇ, Oct. 24 (σύναξις τοῦ ἁγίου Ἰγνατίου ἀρχιεπισκόπου Κωνσταντινουπόλεως ἐν τῇ τοῦ Σατύρου μονῇ.)
ἐν τῷ Σίγματι, Mamas, Maria.
ἐν τῷ Σινάτορος, Michael.
ἐν τοῖς Σολομῶνος, Alphaeus, Cyprianus.
ἐν τοῖς Σπαρακίου (*al.* Σφωρακίου), Iohannes Bapt., Cyrus et Iohannes.
ἐν ταῖς Σοφίαις, Sergius.
ἐν τῷ Στρατηγίῳ, Epiphanius, Philemon, Photius.
πλησίον τοῦ Στροβιλίου, Basileus.
ἐν τοῖς Σφωρακίου, Vid. Σπαρακίου.
ἐν τῷ Σωσθενείῳ, Maria.
πλησίον τοῦ Ταύρου, Iohannes Bapt., Lazarus, Marcus.
ἐν τῷ Τρικόγχῳ, Agatha.
ἐν τοῖς Τρωαδισίου ἐμβόλοις, Hyacinthus.
ἐν τοῖς Φιλοξένου, Aquilina.
πλησίον τῶν Φλορεντίου, Iun. 7 (τῶν ὁσίων πατέρων ἡμῶν Ἀνθύμου πρεσβυτέρου καὶ Στεφάνου τῶν Σπουδαίων πλησίον τῶν Φλορεντίου.)
πλησίον τοῦ Φόρου, Aquilina, Guria, Iulianus, Michael.
πέραν ἐν Χάλδαις, Michael.
ἐν τοῖς Χαλκοπρατίοις, Maria.
πλησίον τοῦ Χαλκοῦ τετραπύλου, Polyeuctus, Theodorus.
ἐν τῷ Χαρσιανῷ, Oct. 24 (Νικηφόρου τοῦ συστησαμένου τὴν ἐν τῷ Χαρσιανῷ σεβασμιωτάτην μονήν.)
πλησίον τῆς Χελώνης, Procopius.
μονὴ τοῦ Χηνολάκκου, Ian. 14 (Στεφάνου τοῦ κτήσαντος τὴν μονὴν τοῦ Χηνολάκκου.)
πλησίον τῆς Χρυσῆς πόρτης, Diomedes.
ἐν τῇ μονῇ τῶν Χρυσοβαλάνου, Iul. 28 (τῆς ὁσίας μητρὸς ἡμῶν Εἰρήνης τῆς ἐκ Καππαδόκων ὁρμωμένης, κειμένης δὲ ἐν τῇ μονῇ τῶν Χρυσοβαλάνου.)
πέραν ἐν Χρυσοπόλει, Maria.

II

UN SYNAXAIRE ITALO-GREC

(J. Rendel Harris. *Further Researches into the Ferrar-Group.* London, C. J. Clay and Sons, 1900, in-4°, 78 pp., fac-similés).

On désigne sous le nom de groupe Ferrar un ensemble de manuscrits des évangiles dont Ferrar a démontré la parenté, dans un travail posthume intitulé *A Collation of four important mss. of the Gospels*, Dublin, 1877. Ces manuscrits sont Evv. 13, 69, 124, 346. On a signalé depuis d'autres exemplaires appartenant à la même famille, et, à l'heure qu'il est, le groupe Ferrar se trouve doublé par l'adjonction des manuscrits 543, 788, 826, 828. Certaines particularités caractéristiques du texte ont servi de base au classement. Nous abandonnons aux spécialistes la question fondamentale, pour nous arrêter à un détail par lequel cette étude se rattache à l'hagiographie.

L'examen des synaxaires placés en tête de quelques-uns des manuscrits cités avait permis à l'abbé Martin (dans la *Revue des sciences ecclésiastiques*, 1886) de déterminer leur pays d'origine. Plusieurs noms de saints dont le culte n'a point pénétré en Orient, figurent dans ces synaxaires. Ils ont donc été écrits en pays italo-grec, à l'usage de quelque église de Calabre ou de Sicile.

M. Rendel Harris, dans le savant ouvrage qu'il vient de consacrer au groupe Ferrar, a repris la question dont il a saisi toute l'importance, et il consacre deux longs chapitres de son travail aux synaxaires des mss. 13 et 346.

Il faut regretter que ni l'abbé Martin, ni M. Harris n'aient songé à publier intégralement les calendriers en question. M. H. s'est contenté de la liste fournie par son prédécesseur, et l'a trouvée suffisamment caractéristique. Elle se compose de cinq commémoraisons tirées du ms. 13 : 11 septembre, S. Élie le Spéléote ; 20 février, S. Léon de Catane ; 3 juin, S. Conus ; 24 juillet, S. Fantinus ; 30 août, translation de S. Fantinus. M. Harris commente chacun des articles de ce petit *proprium sanctorum*. Avant de le suivre, nous donnerons, en abrégeant les formules des commémoraisons les plus usuelles, le synaxaire intégral du ms. 13 (ms. grec 50 de la bibliothèque nationale de Paris) tel du moins qu'il nous est parvenu. Nous le devons à l'obligeante amitié de M. H. Omont, qui voudra bien agréer ici l'expression de notre reconnaissance.

September.

α'. Ἀρχὴ τῆς ἰνδίκτου. — Συμεὼν στυλίτου. — Θεοτόκου ἐν τοῖς Χαλκοπρατίοις.
β'. Παύλου ἐπισκόπου Κωνσταντινουπόλεως. — Μάμαντος.
δ'. Βαβύλα.
ε'. Ζαχαρίου.
ς'. Μιχαήλ.
ζ'. Σώζοντος. — Εὐτυχίου. — Χαρίτωνος.
η'. Γενέσιον τῆς Θεοτόκου.
θ'. Ἰωακεὶμ καὶ Ἄννης.
ι'. Εἰς τὴν προσκύνησιν τῶν τιμίων ξύλων.
ια'. Τῶν τιμίων ξύλων. — Αὐτονόμου. — Καὶ του ὁσίου Ἡλιοῦ τοῦ ἐν τῷ σπηλαίῳ.
ιβ'. Ἀνάγνωσμα γ' εἰς τὴν προσκύνησιν τῶν τιμίων ξύλων.
ιγ'. Ἀνάγνωσμα δ' εἰς τὴν προσκύνησιν τῶν τιμίων ξύλων.
ιδ'. Εἰς τὴν ὕψωσιν τοῦ τιμίου σταυροῦ.
ιε'. Εἰς τὴν μνήμην τῶν ἁγίων πατέρων τῆς ς' συνόδου καὶ τοῦ ἁγίου μάρτυρος Ἀκακίου καὶ Νικήτα (*sic*).
ις'. Εὐφημίας.
ιζ'. Εὐλαμπίου, Παντολέοντος, Δομνήνου, Μύρωνος καὶ τῶν σὺν αὐτῷ.
ιη'. Τροφήμου καὶ τῆς συνοδίας αὐτοῦ.
κ'. Εὐσταθίου.
κγ'. Σύλληψις τῆς ἁγίας Ἐλισάβετ.
κδ'. Θέκλης.
κς'. Ἡ μετάστασις τοῦ ἁγίου Ἰωάννου τοῦ θεολόγου.
κζ'. Καλλιστράτου. — Ἐπιχάρεως.
λ'. Γρηγορίου.

October.

α'. Δομνήνου. — Ἀρέθα. — Ῥωμανοῦ. — Ἀνανίου.
β'. Κυπριανοῦ καὶ Ἰουστίνης.
γ'. Διονυσίου.
ς'. Θωμᾶ.
ζ'. Σεργίου καὶ Βάκχου.
. . . . .

Lacune entre les ff. 164, 165.

Ianuarius.

. . . . .
κα'. Βασιλείου τοῦ νέου.
κβ'. Τιμοθέου. — Ἀναστασίου.
κγ'. Κλήμεντος.
κε'. Γρηγορίου.
κζ'. Ἐπάνοδος τοῦ λειψάνου τοῦ θεολόγου.
κη'. Ἐφραΐμ.
κθ'. Ἰγνατίου.
λ'. Κύρου καὶ Ἰωάννου.

Februarius.

α'. Τρύφωνος.
β'. Ὑπαπαντή.
γ'. Συμεὼν καὶ Ἄννης.
ε'. Ἀγάθης.
ζ'. Θεοδώρου τήρωνος.
ια'. Βλασίου.
ιδ'. Αὐξεντίου.
ις'. Παμφίλου.
κ'. Λέοντος ἐπισκόπου Κατάνης.
κγ'. Πολυκάρπου.
κδ'. Εὕρεσις τῆς κεφαλῆς τοῦ Προδρόμου.

Martius.

α'. Εὐδοκίας.
θ'. Τῶν μ' μαρτύρων ἐν Σεβαστείᾳ.
ιζ'. Ἀλεξίου.
κε'. Εὐαγγελισμὸς τῆς Θεοτόκου.

Aprilis.

α'. Μαρίας τῆς Αἰγυπτίας.
κβ'. Θεοδώρου τοῦ Σικεώτου.
κγ'. Γεωργίου.
κε'. Μάρκου.
λ'. Ἰακώβου υἱοῦ Ζεβεδαίου.

Maius.

α'. Ἱερεμίου. — Μαύρου.
β'. Ἀθανασίου.
ς'. Ἀνανίου.
ζ'. Ἀκακίου.
η'. Ἰωάννου τοῦ θεολόγου.
ι'. Τῆς ὁσίας Σωφροσύνης.
ια'. Μωκίου.
ιβ'. Ἐπιφανίου.
ις'. Ζαχαρίου.
κα'. Κωνσταντίνου καὶ Ἑλήνης.
κε'. Τρίτη εὕρησις τῆς κεφαλῆς τοῦ Προδρόμου.

Iunius.

α'. Ἰουστίνου.
γ'. Τοῦ ἁγίου μάρτυρος Κώνου καὶ τῶν σὺν αὐτῷ.
δ'. Μητροφάνους.
η'. Θεοδώρου τοῦ στρατηλάτου.
ια'. Βαρθολομαίου καὶ Βαρνάβα.
ιβ'. Ὀνουφρίου.
ιδ'. Ἠλιοῦ καὶ Ἐλισσαίου.
ιε'. Τῶν ἁγίων μαρτύρων Βήτου, Μοδέστου καὶ Κρισκεντίας.
ις'. Τύχωνος.
ιη'. Λεοντίου. — Καὶ τοῦ ὁσίου Καλογήρου.
κδ'. Γενέσιον τοῦ Προδρόμου.
κθ'. Πέτρου καὶ Παύλου.
λ'. Τῶν ιβ' ἀποστόλων.

Iulius.

α. Κοσμᾶ καὶ Δαμιανοῦ τῶν ἐν Ῥώμῃ.
β'. Ἐσθῆτος τῆς Θεοτόκου.
ζ'. Κυριακῆς.
η'. Προκοπίου.
θ'. Παγκρατίου.
ια'. Τοῦ ὅρους τῆς συνόδου καὶ τῆς Εὐφημίας.
ιε'. Κύρου καὶ Ἰουλίττης.
ις'. Τῶν ἁγίων χλ' πατέρων τῶν ἐν Χαλχηδόνι καὶ τῶν τιη' τῶν ἐν Νικαίᾳ.
ιζ'. Μαρίνης.
κ'. Ἡ μετάστασις τοῦ προφήτου Ἠλιοῦ.
κβ'. Φωκᾶ. — Μαρίας τῆς Μαγδαληνῆς.
κδ'. Τοῦ ὁσίου Φαντίνου. — Χριστίνης.
κε'. Ἡ μετάστασις τῶν δικαίων Ἰωακεὶμ <καὶ Ἄννης>. — Εὐπραξίας. — Ὀλυμπιάδος.
κς'. Σύναξις τοῦ ἀρχαγγέλου Μιχαὴλ καὶ Συμεῶνος τοῦ στυλίτου.
κζ'. Παντελεήμονος.
λ'. Εἰς τὴν προσκύνησιν τῶν τιμίων ξύλων.

Augustus.

α'. Μακκαβαίων.
β'. Ἀνακομιδὴ Στεφάνου.
ς'. Μεταμόρφωσις τοῦ Κυρίου.
ξ'. Τοῦ ὁσίου πατρὸς ἡμῶν Δονάτου. — Δομετίου.
ι'. Λαυρεντίου.
ιβ'. Εὔπλου.
ιδ'. Εἰς τὴν παννυχ. τῆς κοιμήσεως.

ιε'. Κοίμησις τῆς Θεοτόκου.
ις'. Διομήδους.
ιη'. Φλόρου καὶ Λαύρου.
κβ'. Ἀγαθονίκου.
κε'. Τίτου. — Ἡ κατάθεσις τοῦ ἀποστόλου Βαρθολομαίου εἰς νῆσον τῆς Λυπάρεως.
κς'. Ἀδριανοῦ καὶ Ναταλίας.
κθ'. Ἰωάννου τοῦ προδρόμου.
λ'. Ἡ μετάστασις τοῦ ὁσίου πατρὸς ἡμῶν Φαντίνου.
λα'· Ζώνης τῆς Θεοτόκου. — Ἀλεξάνδρου, Ἰωάννου, Παύλου.

L'examen du synaxaire que nous venons de transcrire montre que la liste des saints italo-grecs dressée par l'abbé Martin laisse à désirer à la fois par excès et par défaut. Voici d'abord l'énumération de toutes les commémoraisons de notre calendrier pouvant se rattacher à l'Italie ou à la Sicile :

1. Ἠλιοῦ (Sept. 11).
2. Ἀγάθης (Feb. 4).
3. Λέοντος (Feb. 20).
4. Μαύρου (Mai 1).
5. Κώνου (Iun. 3).
6. Βίτου κτλ. (Iun. 13).
7. Καλογήρου (Iun. 18).
8. Παγκρατίου (Iul. 8).
9. Φαντίνου (Iul. 24).
10. Δονάτου (Aug. 7).
11. Εὔπλου (Aug. 11).
12. Κατάθεσις Βαρθολομαίου (Aug. 25).
13. Φαντίνου (Aug. 30).

Ces treize commémoraisons se divisent en deux catégories bien distinctes. Les unes sont communes aux calendriers de l'Orient et de l'Occident, et ne peuvent servir à distinguer les italo-grecs de ceux qui sont purement byzantins. Ce sont les n°s 2, 3, 8, 11, 12, 13. Parmi ceux qui restent, il peut y avoir quelque doute pour le n. 10; du moins n'avons-nous pas les éléments pour trancher la question. Quant aux autres, 1, 4, 5, 6, 7, 9 (le premier, le troisième et le dernier sont les seuls qui figurent dans la liste de l'abbé Martin) ils sont nettement caractéristiques, et ne se trouvent que dans les livres calabro-siciliens.

Le n. 1 n'appelle pas de remarques spéciales. L'identité de S. Élie le Spéléote est dûment constatée.

Le martyr S. Maurus n'est pas connu des Byzantins. Sa légende a revêtu des formes diverses que nous avons essayé de classer ici-même (*Anal. Boll.*, XVII, 378). Il a existé de la Passion de S. Maurus de Gallipoli une rédaction grecque (*Acta SS.*, Mai I, 40). On la lisait dans les églises de Calabre le 1er mai.

Il est plus difficile de s'entendre sur S. Conon, du 3 juin. M. Harris a réuni, au prix de grandes recherches, tout ce que les auteurs calabrais et siciliens ont écrit sur ce saint, qu'il identifie avec un moine de Naso, en Sicile, mort en 1236, et principalement honoré dans sa ville natale. On trouve son histoire dans INCUDINE, *Naso illustrata*, 474-76.

Au monastère de Saint-Sauveur à Messine, on avait, au commencement du XIVe siècle, des idées un peu différentes sur le saint célébré à la date du 3 juin. On lisait, ce jour-là, le Μαρτύριον τῶν ἁγίων Κόνου καὶ Κόνωνος μαρτυρησάντων ἐν Ἰκονίῳ. Ce sont les Actes grecs de S. Conon d'Iconium publiés dans les *Acta SS.*, Mai VII, 5-7. La fête de S. Conon de Naso se célèbre le 28 mars (GAETANI, *Vitae SS. Siculorum*, II, 200). Il est vrai que plus tard, à Palerme, on fit sa fête le 3 juin. Mais qui nous dira si la ressemblance des noms n'a pas déterminé cette date, et si le martyr du 3 juin n'a pas été supplanté, dans la suite, par le confesseur homonyme? Cette question n'est pas indifférente. Car on s'est servi du nom de Conon pour trancher un problème qui divisait les paléographes, dont les uns dataient le ms. 13 du XIIe siècle, les autres du XIIIe. Le moine S. Conon étant mort en 1236, le ms. se trouvait fort rajeuni du coup. De plus, dans la persuasion qu'il s'agit d'un moine de Naso, M. Harris est tenté de faire venir l'exemplaire 13 de l'angle N.-E. de la Sicile plutôt que de la terre ferme de Calabre. Mais il semble bien qu'il faille renoncer à la supposition sur laquelle est bâti son raisonnement. Une des raisons qui font croire que le S. Conon du 3 juin n'est pas un saint purement local, dont le culte n'aurait pas passé le détroit, c'est que son nom figure dans le synaxaire de Capoue (TOSCANI, p. 101), dans un calendrier de Tropea (ms. de Grottaferrata Γ. β. III) et dans d'autres. Sa présence dans le synaxaire ne permet donc pas d'indiquer l'origine du ms. 13 avec la précision souhaitée par M. Harris. Mais on peut affirmer avec assurance qu'à la date indiquée, il ne se rencontre pas ailleurs qu'en Calabre et en Sicile.

Les données recueillies par M. Harris sur S. Fantinus montrent clairement qu'ici encore nous nous trouvons en présence de quelque grave confusion dont on voudrait pouvoir expliquer la genèse d'une façon satisfaisante. Nous rencontrons ce nom sous deux dates principales. Le 24 juillet serait celle de la fête du saint, le 30 août celle de la translation. Mais d'abord, la dernière date doit être exclue de la liste des commémoraisons italo-grecques. On la rencontre dans les synaxaires représentant l'usage de Constantinople. Ensuite, il ne s'agit pas ici de *translation,* comme l'a cru l'abbé Martin. Le ms. de Paris porte non pas ἀνακομιδὴ ou κατάθεσις, mais μετάστασις, qui a un sens bien différent, comme on sait, et qui n'apparaît pas moins de quatre fois dans notre synaxaire. La date du 24 juillet est au contraire tout à fait propre

II

au calendrier calabro-sicilien. Il est vraisemblable qu'il y a eu deux saints du même nom, dont l'histoire n'a gardé que des souvenirs fort vagues. L'un serait S. Fantinus de Taurianum, celui-là même, probablement, dont le corps fut trouvé à Seminara; l'autre, celui qui mourut à Thessalonique, d'après sa légende.

Le groupe du 13 juin, τῶν ἁγίων μαρτύρων Βίτου, Μοδέστου καὶ Κρισκεντίας est bien connu par les nombreux textes latins qui le concernent (*BHL*. 3711-23). On ne le rencontre pas dans les manuscrits orientaux. Il en est de même du saint du 18 juin, Καλόγηρος, sur lequel malheureusement on a fort peu de détails. (*Act. SS.*, Iun. III, 589-601).

Il y aurait à parler encore du ms. Ev. 346. M. Harris a vu lui-même que les exemples de l'abbé Martin ne sont pas tous heureusement choisis. Mais il aurait été mieux inspiré, croyons-nous, en abrégeant en conséquence la liste des huit noms de saints italo-grecs relevés dans les synaxaires du groupe Ferrar. Ni S. Grégoire d'Agrigente (24 nov.), ni Léon de Syracuse [lisez Catane] (20 févr.), ni Marcel de Syracuse (4 mars), ni Barthélemi (aug. 25), ni Fantinus (30 août) ne peuvent servir à fixer la provenance d'un ms.

Nous espérons revenir bientôt sur la question, et dresser une liste plus complète destinée à guider les recherches sur ce terrain.

III

LES

MÉNOLOGES GRECS

Nous sommes fort en retard avec les importants travaux de M. Alb. Ehrhard, professeur à l'Université de Wurzbourg, sur l'hagiographie byzantine. Coup sur coup, on a vu paraître l'esquisse de la littérature théologique dans la nouvelle édition du manuel de M. Krumbacher (1), une étude sur la collection de légendes de Syméon Métaphraste (2) et de nouvelles recherches sur l'hagiographie de l'Église grecque (3).

Nous ne pourrions rien ajouter aux éloges unanimes qui ont accueilli, dès son apparition, le chapitre de la théologie dans l'Histoire de la littérature byzantine. Il conviendrait, toutefois, de faire ressortir le mérite de ce travail en ce qui concerne l'hagiographie. L'entreprise était singulièrement hardie. Le manque presque absolu de travaux préparatoires, l'extrême dispersion des matériaux et les lacunes énormes de l'information auraient fait reculer tout autre que M. Ehrhard. Il faut le féliciter autant d'avoir osé que d'avoir réussi. Le livre de chevet des byzantinistes est devenu également celui des hagiographes, grâce à la collaboration du savant professeur de Wurzbourg.

Nous aurions mauvaise grâce de nous arrêter à rechercher les imperfections ou les lacunes qui pourraient être signalées dans un pareil travail. L'auteur, tout le premier, a constaté qu'une question capitale en hagiographie, à peine touchée dans son livre, pouvait être abordée résolument ; et avant même que le nouveau Krumbacher fût entièrement sorti des presses, il s'était mis à étudier les légendes attribuées à Métaphraste. Le premier des deux articles que nous avons cités s'en tient presque exclusivement aux matériaux fournis par notre catalogue des manuscrits grecs de la bibliothèque nationale de Paris. Dans le second, l'auteur s'attache plus spécialement à l'étude des manuscrits de Munich, de Milan et de Moscou.

(1) *Geschichte der byzantinischen Litteratur* von Karl Krumbacher, 2e Auflage unter Mitwirkung von A. Ehrhard und H. Gelzer, München, 1897. Theologie, p. 37-218. (Hagiographie, p. 176-206.) — (2) *Die Legendensammlung des Symeon Metaphrastes.* Festschrift des deutschen Campo Santo in Rom. Freiburg, Herder, 1896, p. 46-82. — (3) *Forschungen zur Hagiographie der griechischen Kirche, vornehmlich auf Grund der hagiographischen Handschriften von Mailand, München und Moskau.* Roma, 1897, 141 pp. Extrait de la Roemische Quartalschrift, t. XI, p. 67-205.

Les collections de Vies de saints peuvent se diviser, dans une première classification, en deux catégories principales : la collection de Métaphraste d'une part, et de l'autre, celles qui lui sont antérieures. Tout le reste doit être considéré comme accessoire en ce moment. M. Ehrhard s'occupe des deux groupes, nous dirons tantôt avec quel succès.

En ce qui concerne le recueil de Métaphraste, il nous sera permis de dire que des recherches indépendantes de celles de M. Ehrhard nous ont conduit à des résultats sensiblement identiques, et que, sauf certains numéros douteux du catalogue de l'œuvre et le principe de la méthode, nous nous étions rencontrés sans le savoir. C'est avec une vive satisfaction que nous avons constaté cette coïncidence ; et lorsqu'il nous arrivera de nous écarter, en certains points, de la voie tracée par le docte professeur, c'est uniquement dans la pensée de tirer du choc des opinions quelque lumière nouvelle dans une des questions les plus obscures de l'hagiographie.

I
La collection de Métaphraste.

Tout le monde sait que l'on ne possède que des renseignements fort vagues sur la personne et sur l'œuvre de Métaphraste. Partout où il y a quelques manuscrits de Vies de saints, on peut être sûr que Métaphraste se trouve, et il est impossible de se tromper sur sa présence. Mais dès qu'on veut le saisir, il se dérobe, et lui qui a tout envahi, occupe à peine une place dans l'histoire littéraire. Je crois utile, pour expliquer le fait et aussi pour l'intelligence de ce qui va suivre, de rappeler par quelle voie la connaissance de Métaphraste a été introduite dans les milieux occidentaux, et quelles ont été les principales recherches scientifiques entreprises pour nous restituer son œuvre.

C'est à l'évêque de Vérone, Aloisi Lipomani, qu'il faut faire remonter l'honneur d'avoir fait connaître Métaphraste, et la responsabilité d'une grande part des erreurs accumulées autour de ce nom. Les trois derniers volumes de son recueil de Vies de saints comprennent des Vies traduites du grec, respectivement pour les mois de novembre, décembre, janvier, février (1), ceux de mai, juin, juillet, août, septembre, octobre (2), enfin, ceux de mars et d'avril (3). Comme l'auteur

(1) *Tomus quintus vitarum sanctorum patrum numero nonaginta trium per Simeonem Metaphrastem auctorem probatissimum conscriptarum et nuper instante R. P. D. Aloysio Lipomani episcopo Veronense latinitate donatarum.* Venetiis, 1556, 4°. — (2) *Tomus sextus vitarum sanctorum priscorum patrum quae instante R. P. D. Aloysio Lipomano episcopo Veronensi nunc primum ex Symeone Metaphraste graeco auctore latinae factae sunt.* Romae, 1558, 4°. — (3) *Septimus tomus vitarum sanctorum patrum quae a R. P. D. Aloysio Lipomano episcopo Veronensi*

s'en explique dans ses préfaces, les traductions ont été faites par Gentien Hervet, Fr. Zino de Vérone, et par Sirlet, sur des manuscrits qui sont d'ordinaire assez clairement désignés pour permettre de les retrouver encore. Pour le tome V, il a employé des manuscrits du Vatican et un manuscrit appartenant à un particulier, probablement, le manuscrit de Vienne, *Hist. gr.* XI, comme nous l'avons montré ailleurs (1). Pour le tome VI, il a en outre puisé à la bibliothèque de Saint-Marc, et pour le tome suivant à celle de Grotta-Ferrata.

Le bon évêque s'imaginait donner à ses lecteurs un Métaphraste complet et authentique. Voici d'ailleurs l'idée qui le guidait dans le choix des manuscrits. *Quascumque vitas sanctorum sine nomine auctoris inscriptas legeris (invenies autem plurimas) non eas tamquam apocryphas abicias (etenim incertas pro certis proponere longe ab instituto nostro alienum est), sed ut vere ab ipso Symeone Metaphraste compositas lubens percurras. Illis namque auctoris ipsius titulum praefigere noluimus, ne te toties repetito eius inscriptionis onere gravaremus* (2). Evidemment, Lipomani avait lu en tête de certains ménologes le nom de Métaphraste, que les Grecs ont inscrit avec si peu de discernement sur la plupart de leurs collections hagiographiques, et il avait cru que toutes les Vies anonymes étaient l'œuvre du logothète. Ainsi, un des manuscrits qu'il a employés, le Venetus S. Marci 359, porte cette mention d'une main postérieure, mais relativement ancienne : αὕτη ὑπάρχει ἡ μετάφρασις τοῦ ἐπισκόπου Νικολάου (3). Or ce ménologe est certainement antérieur à Métaphraste, de même que le manuscrit de Vienne dont il a été question tantôt. Une partie seulement des manuscrits de Lipomani étaient des Métaphrastes véritables. Son recueil représente donc bien mal l'œuvre de celui qu'il appelait *auctorem probatissimum... virum sanctissimum et apud patres beatorum catalogo ascriptum, unde plenissima fides eius scriptis adhiberi possit* (4). C'est pourtant d'après cette compilation que l'on a le plus souvent cité Métaphraste ; et grâce à Lipomani, on lui a fait honneur de plusieurs pièces excellentes, entre autres, de diverses Passions qui n'étaient rien moins que de l'Eusèbe authentique (5). Les citations du bréviaire romain *apud Metaphrastem* sont empruntées à Lipomani, et c'est de lui encore que proviennent les traductions latines que l'on a l'habitude de citer d'après Surius.

On le voit, tout se réunissait pour dérouter les recherches scientifiques : le manque d'information, et la fausse direction imprimée aux études hagiographiques par la publication, si méritoire d'ailleurs, de Lipomani.

ex praeclaris auctoribus graecis latine redditis in hoc volumen collectae sunt. Romae, 1558, 4°. — (1) *Anal. Boll.*, t. XVI, p. 119. — (2) *Tomus sextus*, in praefatione. — (3) *Anal. Boll.*, t. XVI, p. 118. — (4) *Tomus quintus*, Ad lectorem. — (5) *Anal. Boll.*, t. XVI, p. 113-139.

Parmi les travaux critiques du XVIIe siècle ayant pour objet le recueil des métaphrases, on peut se contenter de citer la *Diatribe de Symeonum scriptis* de L. Allatius. Malgré son immense érudition, ce savant a fort peu contribué à éclaircir le problème. Au lieu de s'attacher d'abord à l'étude de la collection qui porte le nom de Métaphraste, il a considéré celui-ci comme un auteur et un styliste, qui n'a point signé ses ouvrages, mais dont on peut désigner à coup sûr certaines œuvres authentiques. Il s'attacha particulièrement à la vie de Ste Théoctiste. Ailleurs, nous avons montré combien ce choix était malheureux (1). Le catalogue d'Allatius n'offre aucune garantie dans les cas particuliers. Il y a réuni toutes les pièces anonymes qu'aucune raison évidente n'obligeait à attribuer à un autre temps ni à un autre milieu.

Les travaux de Hancke (2), de Nessel (3) et de Fabricius (4) ne marquent aucun progrès sérieux sur celui d'Allatius, et il faut arriver aux trois volumes de la Patrologie grecque de Migne, où Mgr Malou, évêque de Bruges, a publié pour la première fois le texte grec d'une série de Vies de saints attribuées à Métaphraste, pour trouver quelques nouveaux matériaux à exploiter. Malheureusement, le choix des pièces de cette utile publication avait été presque uniquement inspiré par les listes d'Allatius et le recueil de Lipomani. Le critère permettant de distinguer à coup sûr une « métaphrase » de toute autre Vie de saint anonyme, manquait toujours.

L'incertitude où l'on était devant chaque Vie en particulier, aurait dû suggérer depuis longtemps une autre méthode. Il fallait étudier tout d'abord la collection, chercher à déterminer sa composition générale et de là descendre aux éléments. C'est ce que M. Ehrhard a fait.

Voici son point de départ. Le manuscrit 382 de Moscou, de l'année 1063, contenant des Vies de saints pour les mois de mai, juin, juillet, août, porte la souscription suivante du calligraphe : Εἴληφε τέλος ἡ ὑστάτη αὕτη δέλτος τῶν δέκα βίβλων τῶν μεταφράσεων τοῦ λογοθέτου, etc. (5). D'après ce texte, le volume appartient donc à la collection de Métaphraste, et c'est le dixième de la série. M. Ehrhard n'a pas de peine à trouver les neuf autres : septembre 1, octobre 2, novembre (en deux parties) 3, 4, décembre 5, 6, janvier 7, 8, février, mars, avril réunis 9. Presque toutes ces parties de ménologe ont été trouvées avec le titre μεταφράστης.

(1) *La Vie de saint Paul le jeune et la chronologie de Métaphraste*, REVUE DES QUESTIONS HISTORIQUES, juillet 1893, p. 79-82. — (2) *De Byzantinarum rerum scriptoribus*, Lipsiae, 1677 ; *P. G.*, t. CXIV, p. 293-300. — (3) *Catalogus codd. graecorum bibliothecae Vindobon.* (Vindobonae, 1690), part VI, p. 108-111 ; *P. G.*, t. CXIV, p. 299-304. — (4) *Bibliotheca graeca*, t. X, Vitae et encomia sanctorum. — (5) VLADIMIR, *Catalogue des manuscrits de la bibliothèque synodale de Moscou* (en russe), t. I (1894), p. 576.

Comment la souscription du manuscrit de Moscou, qui était connue depuis longtemps, puisque Matthiae l'a publiée dans son catalogue, n'a-t-elle pas donné plus tôt la clef du Métaphraste? Serait-ce que personne n'aurait entrevu le parti qu'on pouvait en tirer? Peut-être. Le cas ne serait pas isolé dans l'histoire des lettres. Mais l'explication me paraît plus simple. C'est qu'en effet ce texte n'a pas la portée qu'on vient de lui attribuer. Il ne prouve pas que la collection de Métaphraste ait été divisée en dix livres, et la valeur de son témoignage au sujet de l'attribution à Métaphraste est fort problématique. Ce qui veut dire que si M. Ehrhard a réussi à ouvrir la porte, il s'est servi d'une fausse clef.

Parlons d'abord de la division en dix livres. Il nous paraît peu probable que cette division soit primitive. A en juger par les souscriptions des manuscrits et par les citations, il faudrait plutôt conclure que la collection était partagée en douze mois. Ainsi, le ms. de Paris 1558, porte après les Vies du mois de septembre : Τέλος τοῦ σεπτεμβρίου μηνὸς τῆς μεταφράσεως τοῦ λογοθέτου Συμεών; le ms. 1489 : Τέλος σὺν Θεῷ τοῦ σεπτεμβρίου μηνός; le ms. 1541 : Πίναξ ἄριστος τῶν λόγων νοεμβρίου οὓς ἐγγραφέντας ἔσχεν ἡ πρώτη βίβλος; le ms. 1550 : Μηνὶ δεκεμβρίῳ ιε'· ὧδε πέφηκεν ἀρχὴ τῆς δέλτος τῆς μετάφρασις μηνὸς δεκεμβρίου; le ms. 693 : ὁμοῦ λόγοις τῶν μεταφράσεων τοῦ νοεμβρίου μηνὸς τοῦ δευτέρου βιβλίου ιβ'; le ms. de Moscou 375 : Μεταφράστου ἰαννουάριος μήν. Nous pourrions multiplier ces exemples. Les volumes du ménologe sont désignés par les mois ou par une subdivision du mois : septembre; novembre tome I; novembre tome II. Dans les cas exceptionnels, comme celui du ms. de Moscou, ce ne sont pas les volumes de la collection, mais ceux de l'exemplaire qui sont désignés. Ce nombre de volumes variait suivant le format employé, et d'après la disposition adoptée par le calligraphe. Dans le format moyen, tous les textes des mois de septembre, de même que ceux d'octobre, tiennent sans difficulté dans un seul volume. Les mois de novembre et de décembre, qui renferment des Vies beaucoup plus longues, sont généralement divisés en deux tomes. Le mois de janvier également. Le dernier semestre, qui comprend un petit nombre de textes, ne remplit en tout que deux volumes. Mais, dans les mois divisés, le partage des pièces n'est pas uniforme. Ainsi, le premier volume de novembre contient tantôt les Vies du premier au quinze, tantôt celles du premier au seize; d'autres fois, il va jusqu'au treize seulement. Parfois aussi, un seul volume comprend en entier les mois qui remplissent ordinairement deux volumes. On rencontre réunis deux mois entiers et même tout un trimestre. La division en dix volumes, pour être assez fréquente, n'en est donc pas moins accidentelle; rien ne prouve qu'elle remonte à l'auteur de la collection.

La souscription du ms. de Moscou porte la mention des « métaphrases du logothète ». Peut-on se fier à cette attribution et à d'autres semblables qui n'ont d'autres garants que les scribes du XIe ou du XIIe siècle, pour ne pas parler de témoignages plus récents? Ici encore je crois devoir mettre un grand point d'interrogation. A une époque qu'il est difficile de préciser, mais certainement de bonne heure, on commença à désigner sous le nom de « métaphrases » ou de « métaphrastes » n'importe quels ménologes se rapprochant, pour la disposition extérieure, du célèbre recueil qui finit par supplanter tous les autres. Ce dernier, originairement, était anonyme. En effet, la très grande majorité des exemplaires ne porte point le nom de l'auteur, et dans ceux qui nomment Métaphraste, ou Syméon, ou le Logothète, il règne une telle diversité de formules que l'on ne peut songer à un titre primitif dont elles seraient dérivées.

M. Ehrhard attache plus d'importance encore aux titres isolés de certaines pièces où figure le nom de Syméon Métaphraste (1).

Dans les manuscrits de l'Ambrosienne il a trouvé les attributions suivantes : Vie de Ste Théoctiste de Lesbos (10 novembre). — Miracle de S. Michel à Chonae (6 septembre). — Passion de Ste Catherine (25 novembre. *Inc.* Τοῦ παρανόμου καὶ ἀσεβεστάτου). — Passion de S. Blaise (deux fois ; *Inc.* Βλάσιος ὁ μάρτυς ἄξιον τοῦ τοιοῦδε τέλους τῆς μαρτυρίας). — Hypomnema sur S. Thomas (6 octobre. *Inc.* Πάλαι μὲν κατὰ γῆν διατριβάς). — Vie de Ste Anastasie (28 octobre). — Pièce sur l'Assomption de la Ste Vierge (Κατὰ τὸν καιρὸν τῆς πεντεκοστῆς). — Passion de Ste Eugénie (24 décembre). — Passion de S. Pantaléon (27 juillet). — Hypomnema sur S. Jean-Baptiste (29 août). — Vie de S. Théodore Graptos (27 décembre). Nous regrettons que l'auteur n'ait point songé à transcrire les en-tête de ces pièces, et nous croyons faire œuvre utile de citer quelques textes analogues que nous avons sous la main et qui complètent la liste précédente. Comme dans notre catalogue des manuscrits de Paris, la lettre B renvoie à la *Bibliotheca hagiographica graeca.*

Vatic. 1279, fol. 79. Βίος καὶ πολιτεία τοῦ ἐν ἁγίοις πατρὸς ἡμῶν καὶ ὁμολογητοῦ Ἀθανασίου ἀρχιεπισκόπου γενομένου Ἀλεξανδρείας συγγραφεὶς παρὰ τοῦ Συμεῶνος τοῦ μεταφράστου. = B 1.

Vatic. 800, fol. 61v. Βίος καὶ πολιτεία καὶ μαρτύριον τῆς ἁγίας ὁσιομάρτυρος Ἀναστασίας τῆς Ῥωμαίας. Κυροῦ Συμεὼν τοῦ μεταφράστου. = B 1.

Vatic. 1190, fol. 327. Βίος καὶ πολιτεία τοῦ ἐν ἁγίοις πατρὸς ἡμῶν Ἰωάννου ἀρχιεπισκόπου Κπόλεως τοῦ Χρυσοστόμου συγγραφεὶς παρὰ τοῦ σοφωτάτου κυροῦ Συμεῶνος τοῦ μεταφράστου. = B 4.

(1) *Forschungen*, p. 8.

Paris. 1519, fol. 17. *(Catal. Paris.*, p. 211.) Συμεὼν μαγίστρου καὶ λογοθέτου μετάφρασις ἐγκωμίου τάξιν ἐπέχων εἰς τὸν βίον τοῦ ἐν ἁγίοις πατρὸς ἡμῶν καὶ οἰκουμενικοῦ φωστῆρος Ἰωάννου τοῦ Χρυσοστόμου.

Inc. Ἐβουλόμην μέν, ὦ ἄνδρες, μηδέποτε ἐμαυτὸν εἰς τοῦτον καθεῖναι.

Vatic. 1246, fol. 73. Συμεὼν μαγίστρου καὶ λογοθέτου μαρτύριον τοῦ ἁγίου ἱερομάρτυρος Βλασίου.

Inc. Βλάσιος ὁ ἱερομάρτυς ἄξιον τοῦ τοιοῦδε τέλους.

Vatic. 1246, fol. 83. Συμεὼν μαγίστρου καὶ λογοθέτου λόγος εἰς τὸν ἅγιον μεγαλομάρτυρα Γεώργιον. = B 4.

Paris. 401, fol. 117. *(Catal. Paris.*, p. 6.) Μαρτύριον τοῦ ἁγίου καὶ ἐνδόξου μεγαλομάρτυρος Γεωργίου συγγραφὲν παρὰ Συμεὼν μαγίστρου καὶ λογοθέτου τοῦ δρόμου. = B 5.

Vatic. 567, fol. 143. Λόγος τοῦ μεταφράστου εἰς τὸ μαρτύριον τῶν ἁγίων καὶ ἐνδόξων μαρτύρων Εὐσταθίου καὶ τῆς αὐτοῦ γυναικὸς Θεοπίστης καὶ τῶν τέκνων αὐτῶν Ἀγαπίου καὶ Θεοπίστου. = B 2.

Vatic. 2098, fol. 111. Μαρτύριον τοῦ ἁγίου μάρτυρος Νεοφύτου ὑπὸ Συμεὼν τοῦ μεταφράστου συγγραφέν. = B.

Oxon. Barocc. 197, fol. 544. (Coxe, p. 348.) Μαρτύριον τοῦ ἁγίου καὶ ἐνδόξου μεγαλομάρτυρος Δημητρίου συγγραφὲν παρὰ τοῦ κυροῦ Συμεὼν τοῦ μεταφράστου. = B 2.

Paris. 1021, fol. 169v. *(Catal. Paris.*, p. 63.) Συμεὼν μαΐστρου καὶ λογοθέτου τοῦ δρόμου μετάφρασις τοῦ μαρτυρίου τοῦ ἁγίου μεγαλομάρτυρος κοὶ θαυματουργοῦ Δημητρίου τοῦ μυροβρύτου = B 2.

Oxon. Barocc. 234, fol. 393. (Coxe, p. 403.) Ὑπόμνησις τοῦ μεταφράστου εἰς τὰς εὑρέσεις τῆς τιμίας κεφαλῆς τοῦ Προδρόμου.

Inc. Μοναχοὶ δύο τῆς ἑῴας μὲν ἐξορμώμενοι.

Oxon. Cromwell. 6, fol. 125. (Coxe, p. 422.) Τοῦ λογοθέτου κυροῦ Συμεὼν λόγος διαλαμβάνων τὰ περὶ τῆς γεννήσεως ἀνατροφῆς καὶ ἀποτομῆς τοῦ ἁγίου καὶ ἐνδόξου προφήτου προδρόμου καὶ βαπτιστοῦ Ἰωάννου καὶ περὶ τῆς εὑρέσεως τῆς τιμίας αὐτοῦ κεφαλῆς.

Inc. Ἰωάννης τὸ μέγα κλέος τῆς οἰκουμένης.

Paris. Coisl. 304, fol. 8. *(Catal. Paris.*, p. 313). Συμεῶνος μαγίστρου καὶ λογοθέτου εἰς τὸν βίον καὶ εἰς τὰ μερικὴ θαύματα τοῦ ἐν ἁγίοις πατρὸς ἡμῶν Νικολάου ἐπισκόπου Μύρων τῆς Λυκίας τοῦ θαυματουργοῦ = B 3.

Paris. 146, fol. 151. *(Catal. Paris.*, p. 1.) Συμεὼν μαγίστρου καὶ λογοθέτου λόγος εἰς τὸν ὅσιον Συμεὼν τὸν ἐν τῷ στύλῳ. = B2.

Mosq. 391, fol. 10. (Vladimir, p. 588). Ὑπόμνημα εἰς τὴν ἐπωνυμίαν τῆς ἀχράντου καὶ προσκυνητῆς εἰκόνος τῆς παναμώμου δεσποίνης ἡμῶν Θεοτόκου καὶ ἀειπαρθένου Μαρίας τῆς Ῥωμαΐας συγγραφὲν παρὰ Συμεὼν καὶ *(sic)* λογοθέτου τοῦ μεταφράστου. = B61.

On pourrait ajouter beaucoup d'autres titres de ce genre, en particulier ceux qui indiquent simplement une μετάφρασις, par exemple, le ms. de Paris, 1458, fol. 41, 49 (Ste Barbe, S. Nicolas), et le ms. du Vatican, fol. 47v : Μετάφρασις σὺν ἐγκωμίῳ εἰς τοὺς ἁγίους καὶ ἐνδόξους τοῦ Χριστοῦ ἱερομάρτυρας Νίκανδρον καὶ Ἑρμαῖον.

Pas plus que le titre de « métaphraste » donné à des collections entières, le nom de Syméon placé en tête des pièces que nous venons d'énumérer ne saurait être invoqué comme argument dans la question présente. On peut affirmer avec certitude que, dans le recueil de Métaphraste, les pièces étaient anonymes, et il est probable que ceux qui s'avisèrent, plus tard, d'indiquer le nom de l'auteur, n'avaient, pas plus que nous, le moyen de discerner les œuvres du logothète de tant d'autres productions similaires. Comme elles étaient plus répandues que d'autres, il y eut plus de chance de deviner juste. Mais le hasard ne servit pas toujours à souhait les scribes ou les compilateurs de ménologes. N'a-t-on pas vu les moines du mont Latros se tromper au sujet de la Vie de leur patron principal, écrite sur les lieux mêmes par l'un d'eux, et en faire honneur à Métaphraste (1)? Et pour nous en tenir aux exemples cités plus haut, la Passion de Ste Catherine (cod. Ambros. L. 113 sup.), celles de S. Néophyte (Vatic. 2098), de S. Georges (Paris. 401), les pièces sur S. Jean Chrysostome (Paris. 1519) et sur la Ste Vierge (Mosq. 391) qui sont attribuées expressément à Syméon Métaphraste, n'ont jamais fait partie de sa collection. Il en est de même des trois « métaphrases » que nous avons indiquées.

On nous dira qu'en récusant tous ces textes, nous renversons par la base le système de M. Ehrhard, et que notre procédé tend à replonger la question dans les ténèbres d'où elle semblait définitivement sortie. Pas précisément. Car, si la voie qui a été suivie nous paraît peu sûre, il en est une autre, presque aussi courte, mais par laquelle il ne s'introduit dans la discussion aucun élément étranger, capable de fausser certaines conclusions. Nous allons l'indiquer. Une fois les principes posés, et les volumes de la grande collection nettement désignés, nous

(1) Voir *La Vie de S. Paul le jeune, l. c.*, p. 81-82.

procéderons comme M. Ehrhard pour déterminer la composition de chacun d'eux.

Voici, nous semble-t-il, comment on pourrait raisonner. Il se rencontre dans tous les dépôts de manuscrits grecs des volumes d'un ménologe bien déterminé, qui doit avoir joui d'une très grande vogue. Il a été multiplié à un grand nombre d'exemplaires, dont une bonne partie présente des caractères paléographiques qui les ferait attribuer à une même officine, fonctionnant à Constantinople vers le milieu ou la fin du XIe siècle. Quoi qu'il en soit de l'aspect extérieur des volumes de ce ménologe, la composition des mêmes subdivisions est sensiblement identique. Ce sont les mêmes saints aux mêmes dates, et la même Vie de chaque saint. De plus, chacune de ces pièces présente un texte invariament fixé. Une lecture rapide des Vies qui constituent le recueil permet de constater en outre que la très grande majorité sont des remaniements de pièces plus anciennes, dont un certain nombre existent encore. En d'autres termes, c'est une collection de *métaphrases*, et la collection est si bien caractérisée que l'on ne se trompera pas en la désignant comme l'œuvre la plus considérable et la plus célèbre en ce genre : celle qui est attribuée à Syméon Métaphraste.

Il reste à dresser la liste des pièces qui composaient le recueil primitif. On conçoit, en effet, que, en parlant de l'identité des divers exemplaires, nous l'avons entendue dans la mesure que comportent les collections de ce genre. Les diverses parties du ménologe ont subi des modifications ou des interpolations, dont il n'est pas toujours facile d'indiquer l'origine, mais dont le caractère adventice se reconnaît ordinairement par la comparaison de quelques exemplaires. Nous allons parcourir rapidement les douze grandes divisions du ménologe de Métaphraste. Autant que possible nous renverrons le lecteur à des manuscrits connus qui expriment le mieux le type de chacun des mois.

Septembre. La composition de ce mois est fort bien représentée par le ms. de Paris 1489 (1). On y remarquera l'absence des dates suivantes : 5, 8, 14, 18, 21, 23. Les trois premières se rencontrent quelquefois dans les manuscrits (ms. Paris. 1521), les trois dernières jamais.

Les manuscrits offrent assez souvent des erreurs de date en passant d'un jour à l'autre après une lacune. Cette remarque est à retenir également pour la suite.

Octobre. Représenté par le ms. de Paris 1495 (2). Manquent régulièrement les 5, 9, 11, 17, 27.

(1) *Catal. codd. hag. graec. bibl. nation. Paris.*, p. 172. — (2) *Ibid.*, p. 181-83. La Passion de S. Varus, non datée dans le ms., doit être mise au 19. Celle de Ste Charitina est le plus souvent placée au 4.

NOVEMBRE. Le ms. de Paris 1522 donne exactement toute la suite des pièces du 1er jusqu'au 15 novembre (1). La seconde partie du mois (16-30) se trouve, par exemple, dans le ms. 1513; mais il faut mettre en tête du volume « l'hypomnema » du 16, qui a été accidentellement rejeté à la fin (2). Les dates des 8, 19, 21, 22, 29 sont libres.

Remarque. La Vie de Ste Théoctiste (10 nov.), qui avait paru si importante à Allatius, au point qu'il l'avait prise pour base de sa chronologie de Métaphraste, existe en deux recensions. L'une est attribuée à un certain Nicetas; à l'exception de la préface, l'autre reproduit la première, pour ainsi dire mot pour mot. Il serait souverainement intéressant, à cause des traits personnels à l'auteur de cette pièce, de déterminer laquelle des deux recensions est la primitive, et l'étude de la collection de Métaphraste faisait espérer un bon résultat. Par une exception à peu près unique, cette pièce se trouve précisément représentée dans les manuscrits, tantôt par la seconde, tantôt par la première recension (Paris. ms. 1541, Vatic. 811, Vatic. 1798, Venet. S. Marc. 361). On devine les conséquences de ce fait, qui n'a pas été remarqué par M. Ehrhard.

DÉCEMBRE. Pour la première partie (4-13), voir le ms. de Paris, 1461; pour la seconde le ms. 1533 (3). Dates libres : 1, 2, 3, 9, 16, 23, 26, 30. Il faut ajouter que la Passion de S. Sébastien, au 19, manque très souvent, et qu'en conséquence, il nous paraît douteux qu'elle ait fait primitivement partie de la collection. En revanche, au 27 se trouve fréquemment l'homélie de S. Grégoire de Nysse sur S. Étienne, et je ne voudrais pas nier que le logothète l'ait admise dans son recueil. Remarquons aussi en passant que, au 13, un certain nombre de manuscrits contiennent la Vie de S. Paul ἐν τῷ Λάτρῳ. Nous avons dit ailleurs qu'on avait pris occasion de là pour l'attribuer à Métaphraste (4).

JANVIER. Les pièces contenues dans les manuscrits de Paris 1473 (du 4 au 18) et 1471 (du 20 au 31) appartiennent certainement à la collection (5); ce qui nous donne un mois de janvier avec les lacunes suivantes : 1, 2, 3, 5, 6, 7, 8, 12, 19, 21, 29, 30. Il n'est pas improbable qu'aux deux premières de ces dates, elle comprenait respectivement les Vies de S. Basile (= B 4) et de S. Silvestre (Inc. Ὁ ἡμέτερος ἱστοριογράφος Εὐσέβιος). Les exemplaires qui nous restent de la première moitié de janvier ne permettent pas de trancher la question.

FÉVRIER, MARS, AVRIL. Ces trois mois sont d'ordinaire réunis. Les exemplaires non interpolés sont rares, et il n'y a aucun des manuscrits

(1) *Ibid.*, p. 215-16. Remarquer seulement que la date de S. Joannice n'est pas le 3, mais le 4. — (2) *Ibid.*, p. 203-204. — (3) *Ibid.*, pp. 135-36, 234-35. La première pièce, à la date du 14, est la Passion enregistrée dans la *Bibliotheca hagiographica graeca* sous le nom de *Thyrsus, Leucius et soc.* — (4) *La Vie de S. Paul le jeune*, *l. c.*, p. 83. — (5) *Cat. Paris.*, pp. 152, 153.

de Paris qui donne la série primitive dans sa pureté. Voici les pièces dont elle se composait. Nous mettons avant les noms des saints la date, et après, la subdivision du ms. 1500 de Paris, qui comprend toutes ces Vies, avec quelques autres.

1er février. *Trypho* = 1. — 7. *Parthenius* = 3. — 7. *Lucas iunior* = 4. — 8. *Theodorus stratelates* = 8. — 9. *Nicephorus* = 5. — 11. *Blasius* = 6. — 13. *Martinianus* = 7. — 17. *Theodorus tiro* = 9. — 6 mars. *Martyres XLII* = 11. — 19. *Martyres XL* = 12. — 1er avril. *Maria Aegyptiaca* = 15. — 23. *Georgius* = 16 (quelquefois B 1). — 26. *Basilius Amaseae* = 17.

Il faudrait peut-être y ajouter, entre mars et avril, la Διήγησις ὠφέλιμος... εἰς τὴν ἀκάθιστον (= *Maria Deipara* B 59), qui se trouve dans beaucoup de manuscrits.

Celui du Vatican 1245, qui pour le reste est exactement conforme à la liste ci-dessus, contient également cette pièce.

M. Ehrhard donne plusieurs raisons pour l'exclure (1). La seule qui me paraît avoir un certain poids, c'est qu'elle formerait une exception dans l'ensemble des légendes du ménologe, qui toutes se rapportent à des martyrs et à des saints, et non point à des anniversaires, comme celui de la délivrance de Constantinople. En tout cas, le fait que ce morceau serait d'une époque antérieure à Métaphraste n'est nullement concluant. La collection en renferme plusieurs autres.

S. Georges, à la date du 23, ne manque jamais; mais le texte qui le concerne n'est pas toujours le même. Le cas est analogue à celui de Ste Théoctiste au mois de novembre.

Mai, juin, juillet, aout. Un seul volume, d'ordinaire, réunit ces quatre mois. Le ms. de Paris 1527 est un bon spécimen (2), dont il faut peut-être retrancher le dernier numéro : Ὑπομνήματα τῶν ιβ' προφήτων. Nous disons peut-être, car plusieurs manuscrits se terminent par cette pièce.

Ici, comme dans les mois précédents, on remarquera les grandes lacunes du calendrier. Voici les seuls jours représentés dans le volume : mai 8 ; juin 17, 27, 29 ; juillet 8, 27, 28, 31 ; août 1, 15, 16, 29.

On parvient donc à déterminer dans ses grandes lignes une collection hagiographique très répandue, et suffisamment connue pour qu'on puisse désormais se contenter de l'étudier dans ses éléments incertains. Sans aucun doute, c'est le *Métaphraste*. Mais dans quelle mesure le logothète est-il l'auteur de cette collection? Est-il simple compilateur, ou rédacteur, ou les deux à la fois?

(1) *Forschungen*, p. 21. — (2) *Cat. Paris.*, p. 223-24. Le ms. Chigi R. VII. 50 (ci-dessus, p. 306-8) est également un bon exemplaire de ce volume.

Voici d'abord un point qui n'a pas été suffisamment mis en lumière, et qui est capital dans la question : la collection de Métaphraste contient un certain nombre de textes originaux plus anciens et non remaniés.

La preuve est facile à fournir. Il y a d'abord les Vies qui ont gardé le nom de leurs auteurs (1) : l'histoire des martyrs de Sina et de Raïthu par Nil (14 janvier); la Vie de S. Antoine par S. Athanase (17 janvier) ; la Vie de S. Grégoire de Nazianze par le prêtre Grégoire (25 janvier); la Passion des XLII martyrs par Evodius (6 mars); la Vie de Ste Marie Égyptienne par Sophrone (1er avril); l'histoire de l'image d'Édesse par l'empereur Constantin (16 août). Ajoutez-y la Vie de S. Jean l'aumônier par Jean Moschus et Sophrone (12 novembre) et plusieurs pièces anonymes, par exemple la Passion de S. Eustratius et de ses compagnons (15 décembre), qui se rencontre dans les manuscrits antérieurs à Métaphraste; la Vie de S. Luc le jeune (8 février); probablement la Passion de S. Lucien (15 octobre), et d'autres peut-être, que l'étude fera découvrir.

Quant aux pièces qui ont été visiblement remaniées, ont-elles été empruntées à des recueils préexistants, sont-elles dues à la même plume, ou bien ont-elles été écrites par divers rédacteurs, sous une direction unique? Autant de questions auxquelles on est très embarrassé de répondre, et qui nous avertissent que toutes les difficultés ne sont pas résolues. Dans une seule pièce, la Vie de S. Sampson (27 juin), écrite après le règne de Jean Zimiscès (2), il y a une mention assez distincte d'une entreprise hagiographique : εἰ πολλῶν ἑτέρων ἁγίων τῶν μὲν μαρτύρων, τῶν δὲ καὶ ἄλλως εὐαρεστηκότων Θεῷ τῶν μὲν ἄθλους καὶ πόνους, τῶν δὲ καὶ βίους καὶ πράξεις κατὰ σπουδὴν συνταξάμενοι (préface). C'est bien, semble-t-il, Métaphraste lui-même qui parle, et par le fait, l'opinion qui le place dans la seconde moitié du Xe siècle reçoit un appui sérieux (3). M. Ehrhard (4) n'est pas éloigné d'attribuer à Métaphraste la Vie de S. Luc le Jeune (8 février). Cette attribution nous paraît sans fondement, et nous ne saurions l'admettre que moyennant de bonnes preuves.

M. Ehrhard énumère les pièces de la collection qui sont encore inédites, et exprime l'espoir qu'elles seront bientôt publiées (5). Il ne sera pas inutile peut-être de faire remarquer que plusieurs d'entre elles sont connues par des traductions latines fort bien faites, qui dispensent souvent de recourir à l'original. Ainsi S. Phocas non cité par M. Ehrhard) 22 septembre (Lipomani, t. VI, 274); S. Thomas,

(1) Bien entendu, nous ne garantissons pas l'exactitude de ces attributions. — (2) La conjecture du P. Verhoeven, *Acta SS.*, Iunii t. V, p. 263, n. 12, qui remplace le nom Ἰῶ [= Ἰωάννην] par celui de Κωνσταντῖνον n'est pas soutenable, surtout depuis que l'ancienne chronologie de Métaphraste est fortement ébranlée. — (3) Voir *Die Legendensammlung*, p. 73. — (4) *Ibid.*, p. 66-67. — (5) *Forschungen*, p. 130-31.

6 octobre *(ibid.*, 314); S. Hilarion, 21 octobre *(ibid.*, 360); S. Sabas, 5 décembre *(ibid.*, V, 198); S. Jean Calybite, 15 janvier *(Act. SS.*, Ian. t. I, 1031); fête des chaînes de S. Pierre, 16 janvier (Lipomani, VI, 242); S. Arsène, 8 mai *(ibid.*, VI, 1); Vie de la Ste Vierge, 15 août *(ibid.*, VI, 168); Vie de S. Jean-Baptiste, 29 août *(ibid.*, VI, 199).

II

Ménologes antérieurs à Métaphraste.

Le catalogue des pièces qui composent la collection de Métaphraste débarrasse le terrain de l'hagiographie grecque d'une quantité considérable de matériaux encombrants, et permet de se mouvoir avec plus de liberté au milieu des restes tout autrement importants des monuments plus anciens. Déjà M. Ehrhard est parti en explorateur de ce côté (1), et nous ne demanderions pas mieux que de nous mettre à la suite d'un guide aussi entreprenant. Mais nous l'avouerons bien simplement, le moment ne semble pas encore venu de tenter l'aventure. Trop de matériaux sont encore à exhumer pour qu'une reconstruction puisse être essayée avec quelque chance de succès. Le dépouillement méthodique des manuscrits hagiographiques n'est pas assez avancé, et le nombre de pièces que nous ne connaissons que par un bref *incipit* est si considérable que l'on ne doit espérer pour le moment aucun résultat définitif. Ce n'est point par défaut de méthode, mais par manque de matériaux que M. Ehrhard n'est point parvenu ici à des conclusions aussi certaines et aussi nettes que dans ses recherches sur Métaphraste. Nous ne voudrions pas laisser croire que le savant auteur se fasse illusion à ce sujet. Il présente son travail comme un essai, et il ne nous en voudra pas d'indiquer brièvement quelques parties de la thèse qui nous paraissent moins solidement établies.

D'abord une question de mots. L'auteur parle souvent de *ménologes abrégés,* et il donne à cette expression un sens purement paléographique. Pour éviter toute confusion, nous appellerions plutôt ces exemplaires qui ne contiennent pas toute la série des pièces d'un ménologe, des *ménologes incomplets* ou *fragments de ménologes.* L'autre formule fait trop penser à ces recueils de Vies de saints abrégées dont nous avons ailleurs distingué plusieurs espèces. Cette remarque n'est pas superflue, on le verra.

En effet, nous voudrions que, dans l'étude des ménologes antérieurs à Métaphraste ou indépendants de sa collection, on introduisît dès

(1) Déjà dans son premier travail *(Legendensammlung)*, il y a quelques indications à ce sujet. Dans le second *(Forschungen*, p. 46), l'auteur déclare qu'il ne fait que commencer l'entreprise de reconstitution des ménologes de l'Église grecque.

l'abord une classification, sans laquelle on restera toujours dans le vague. On diviserait les recueils hagiographiques disposés suivant l'ordre du calendrier en trois classes :

1° Les grands ménologes, ou *ménologes* proprement dits. Ce sont les recueils formés d'une série de pièces hagiographiques complètes et développées.

2° Les *ménologes abrégés,* composés de ces βίοι ἐν συντόμῳ, de quelques pages, dont le type est trop connu pour qu'il soit nécessaire de les définir davantage. Ces pièces plus courtes tiennent le milieu entre les grandes Vies des ménologes et les *notices* de la classe suivante.

3° Les *synaxaires,* qui sont une suite de *notices* très condensées, d'une bonne demi-page, en moyenne (1).

1° Grands ménologes.

Les ménologes développés se partageraient naturellement en ménologes *complets* et en ménologes *fragmentaires.* Un type de ménologe complet, serait par exemple le mois de mai dans le ms. de Munich 366, restitué, bien entendu, d'après la table qui le précède (2). Les fragments de ménologe seraient représentés, par exemple, par le ms. de l'Ambrosienne L. 113 sup. (3). Comme la plupart des manuscrits que nous possédons sont postérieurs à l'époque de Métaphraste, il est assez naturel que les recueils incomplets, qui ne renferment qu'un choix de pièces, présentent parfois un peu de mélange, et que les pièces anciennes y côtoient les métaphrases. C'est à la critique de faire le triage. Les ménologes complets ont en général mieux gardé leur pureté.

La division précédente est purement extérieure. Il en est une autre bien plus importante, qui atteint la composition même des recueils. Il faut distinguer entre les ménologes *orientaux* et *occidentaux,* ceux qui proviennent de Constantinople et en général des pays grecs, et ceux qui sont originaires d'Italie. La provenance occidentale se reconnaît souvent au premier coup d'œil à la paléographie des manuscrits. M. Ehrhard n'a pas manqué de remarquer cette particularité (4). Evidemment, il ne suffit point de ce caractère extrinsèque pour classer un ménologe. En Calabre et en Sicile on a souvent copié, sans aucune adaptation, des manuscrits venus de Byzance. D'autre part, il serait à rechercher si des ménologes italo-grecs n'ont pas été importés à Constantinople. Ce qui est certain, c'est qu'il y a eu des échanges réciproques de légendes. L'étude des ménologes occidentaux jettera un grand jour sur cette question. Nous espérons que la publication pro-

(1) Voir *Le Synaxaire de Sirmond,* Anal. Boll., t. XIV (1895), p. 400 suiv. — (2) Ehrhard, *Forschungen,* p. 59-63. — (3) *Ibid.,* p. 101-102. — (4) *Ibid.,* p. 66.

chaine du catalogue des manuscrits hagiographiques de la Vaticane contribuera quelque peu à avancer cette étude.

Faisons remarquer à ce propos, au sujet du ms. de l'Ambrosienne B 1 inf., qui a été écrit à Rossano (1), que M. Ehrhard a parfaitement raison de rayer du rang des hagiographes *Laurentius Ruticnsis*, sous le nom duquel nos prédécesseurs ont publié plusieurs pièces tirées de ce manuscrit (2). Le moine Laurent n'est qu'un scribe, et nullement un rédacteur.

2° Ménologes abrégés

Les ménologes abrégés méritent d'être étudiés à part. Nous n'avons pas actuellement le moyen de décider si ces recueils de βίοι ἐν συντόμῳ, ἐν ἐπιτομῇ dépendent, dans leur ordonnance générale, des grands ménologes préexistants, ou si ce sont des compilations nouvelles dont les éléments ont été cherchés un peu partout. Nous en sommes réduits ici aux conjectures. Il est vraiment regrettable que, pour les manuscrits de Moscou 376 (février et mars), et de Jérusalem 17 (juin, juillet, août), que M. Ehrhard étudie dans son dernier travail (3), il faille se contenter, dans la plupart des cas, d'un maigre *incipit*, et qu'on ne puisse à coup sûr se prononcer sur le caractère des textes. Mais il nous paraît presque certain que ces deux manuscrits ne sont autre chose que des recueils de βίοι ἐν συντόμῳ; et, jusqu'à nouvel ordre, ces collections ne doivent pas être confondues avec les ménologes. L'examen des quelques Vies publiées que nous possédons (4) nous confirme pleinement dans cette idée. Toutes, sans exception, sont des abrégés, et celle de S. Eudocimus (31 juillet), qui a intrigué M. Ehrhard, rentre dans la catégorie.

Il est possible que toutes les pièces des manuscrits en question soient non seulement des Vies brèves, mais de vrais résumés de pièces plus développées. Il se peut même que l'ensemble de ces dernières ait formé un grand ménologe, dont le ménologe abrégé serait la réduction exacte. Les recueils abrégés devront être spécialement étudiés à ce point de vue. Mais pour le moment, nous sommes en présence de pures hypothèses.

M. Ehrhard se pose aussi la question de savoir si les ménologes qu'il analyse, en particulier le ms. de Moscou 376, le ms. de l'Ambrosienne B 1 inf. et le ms. 17 de Jérusalem (mars, juin, juillet, août) ne seraient pas issus de la pensée de compléter le Métaphraste pour les mois où il

(1) Ehrhard, *Forschungen*, p. 64-66. — (2) Voir *Bibliotheca hagiographica graeca*, p. 142. — (3) Ehrhard, *Forschungen*, pp. 54,71. — (4) Outre les Vies que nos prédécesseurs ont tirées du ms. de l'Ambrosienne B 1 inf., il y a celles que M. Papadopoulos-Kerameus vient de publier dans les Ἀνάλεκτα ἱεροσολυμιτικῆς σταχυολογίας, t. IV, Saint-Pétersbourg, 1897.

offre les lacunes considérables signalées plus haut, et il est porté à la résoudre par l'affirmative (3). Ces recueils seraient donc postérieurs à Métaphraste et en dépendraient dans une certaine mesure. M. Ehrhard entrevoit des indices de dépendance et de postériorité dans certaines formules d'*incipit* qui sont communes à ces ménologes et au Métaphraste; la présence d'un certain nombre de textes empruntés à ce dernier ou étroitement apparentés à ceux-ci, marquerait avec plus d'évidence encore les rapports mutuels des collections.

En premier lieu, nous aurions beaucoup à dire sur les prétendus emprunts faits au Métaphraste. De ce qu'un ménologe, transcrit après le Xe siècle, renferme des pièces qui se rencontrent également dans cette collection, on ne doit rien conclure quant à sa composition primitive. D'abord, les interpolations sont possibles, et toutes naturelles. Le ms. de l'Ambrosienne B 1 inf. en offre précisément un exemple. Ce ménologe dérive d'un exemplaire identique au ms. 17 de Jérusalem. Or dans ce dernier manquent tout juste les pièces empruntées au Métaphraste. C'est probablement à Rossano qu'elles ont été introduites dans la série.

Ensuite, la présence d'un texte de Métaphraste ne permet d'attribuer à un ménologe une date postérieure à celui-ci, qu'à la condition d'être l'œuvre personnelle du logothète ou de son entourage. Nous savons, en effet, qu'il a admis dans son recueil des morceaux préexistants, et qu'il faut renoncer, dans l'état actuel de nos connaissances, à désigner l'auteur de la plupart de ces textes anonymes. Ainsi, il est fort probable que la Vie de S. Eudocimus (31 juillet) est une des pièces qui ont été incorporées, sans changement, à la collection. Le βίος ἐν συντόμῳ du ms. de Jérusalem peut, par conséquent, dépendre de la Vie de S. Eudocinus sans être pour cela postérieur à Métaphraste.

Il y a fort peu à tirer aussi des formules initiales dont M. Ehrhard a dressé la liste (1). Je ne veux pas dire qu'il soit inutile de les relever, et qu'elles ne puissent rien nous apprendre sur la composition de certains recueils. Mais il faut remarquer que, dans les ménologes abrégés, la répétition fréquente des mêmes débuts tient à la nature de la collection, tout comme dans les synaxaires. Il n'y a pas cent manières de commencer, *ex abrupto* et sans prologue, une biographie, et rien n'était plus facile pour des auteurs indépendants que de se rencontrer sur ce détail, alors surtout que, certaines tournures un peu frappantes étaient devenues comme des lieux communs de l'hagiographie. En tout cas, pour conclure de la ressemblance des formules de ce genre à une relation de dépendance vis-à-vis de Métaphraste, il faudrait établir que c'est lui qui les a employées le premier. Et il se fait que, dans bien des cas, il les a

(1) *Forschungen*, p. 132-33. — (2) *Ibid.*, p. 75, 132.

prises à d'autres. Ainsi, le fameux Συμεὼν τὸν πάνυ τὸ μέγα κλέος τῆς οἰκουμένης qui ouvre la collection des métaphrases et qui a été si souvent imité, est transcrit littéralement de la notice de Théodoret sur Syméon Stylite (1). Pour nous en tenir au seul Théodoret, voici quelques-uns de ses *incipit* qui ont parfaitement pu servir de modèle et qui montrent combien ces formules sont anciennes : Μαρκιανὸν δὲ τὸν πάνυ πῶς ἂν ἀξίως θαυμάσαιμεν (2); Συμεώνην δὲ τὸν πρεσβύτην εἴ τις ἑκὼν παραλείποι (3); Ρῶσός ἐστι Κιλίκισσα πόλις ἐν δεξιᾷ εἰσπλέοντι τὸν Κιλίκιον κόλπον (4); Ὁ μὲν οὖν μέγας Θεοδόσιος ἀπὸ τῆς Ἀντιοχέων ὁρμώμενος (5); Ζήνωνα τὸν θαυμάσιον οὐ πολλοὶ μὲν γινώσκουσιν (6); Ὁμήρου κώμη τίς ἐστι παρ' ἡμῖν καλουμένη (7); Τιλλίμα κώμη τίς ἐστι παρ' ἡμῖν (8).

L'hagiographie latine, elle aussi, a de ces formules devenues banales, et qui ne donnent généralement aucun indice chronologique. Il est souvent impossible de décider si les auteurs qui débutent par *Religiosorum vita virorum*, *Scripturus vitam beati N.*, *Post passionem et resurrectiorem Domini nostri Iesu Christi*, *Fuit vir venerabilis vitae*, etc. ont puisé directement dans S. Jérôme et dans S. Grégoire, ou s'ils ont imité quelqu'un de leurs obscurs prédécesseurs qui avait déjà transcrit les mêmes textes.

Nous concluons donc que l'hypothèse de M. Ehrhard au sujet des compléments du Métaphraste ne nous paraît pas suffisamment appuyée. Les ménologes de Moscou et de Jérusalem sont plutôt indépendants de cette collection, et, jusqu'à preuve du contraire, de date plus ancienne. A notre avis, c'est un des caractères propres aux ménologes antérieurs d'être plus fournis que celui de Métaphraste. Ce dernier présente les énormes lacunes que l'on sait. On arrivera à démontrer, croyons-nous, qu'auparavant tous les jours du mois étaient représentés dans chacun des douze volumes qui formaient les grands ménologes; on établira même, peut-être, qu'il y a eu plusieurs séries de ce genre, ayant, sans doute, des parties communes, mais aussi d'autres pièces caractéristiques, qui permettront de les grouper par catégories Tout concourt à donner une grande idée des richesses de l'hagiographie antérieure à Métaphraste, et les fragments de ces ménologes sont arrivés jusqu'à nous, et les ménologes abrégés, et plus encore, les grands synaxaires.

3° Synaxaires.

Si l'on pouvait étudier en détail quelques-uns de ceux-ci, on arriverait certainement à éclaircir bien des points obscurs dans le sujet qui nous occupe, et nous espérons fournir une ample matière à la critique

(1) *Hist. relig.*, c. XXVI. — (2) *Ibid.*, c. III. — (3) *Ibid.*, c. VI. — (4) *Ibid.*, c. X. — (5) *Ibid.*, c. XI. — (6) *Ibid.*, c. XII. — (7) *Ibid.*, c. XX. — (8) *Ibid.*, c. XXII.

des ménologes en publiant le synaxaire de Sirmond. Il est impossible de traiter, avec le développement qu'il comporte, le sujet des sources du recueil, avant d'en posséder le texte complet imprimé. Mais nous pouvons dire en général que ce synaxaire et d'autres qui lui sont étroitement apparentés, dérivent en dernière analyse des grands ménologes, et que les collections antérieures à Métaphraste leur ont fourni beaucoup plus d'éléments que Métaphraste lui-même. Une idée que M. Ehrhard défend, non sans une certaine vivacité (1), c'est que, en matière de textes anciens, nos pertes sont moins considérables qu'on ne se l'imagine généralement, et il s'étonne de ce que nous ayons pu attribuer une funeste influence à Syméon Métaphraste (2).

En y réfléchissant bien, nous n'avons trouvé aucune bonne raison de retirer l'épithète de *funestissimus homo* dont on a eu l'air de se formaliser; car nous persistons à croire que, à l'heure qu'il est, nous ne sommes en possession que d'une assez petite fraction de l'œuvre hagiographique recueillie dans les anciens ménologes. Un seul exemple suffira à faire apprécier nos pertes. Plusieurs synaxaires nous apprennent que les ménologes dont ils dérivent, contenaient presque tout entière la rédaction définitive du livre d'Eusèbe sur les Martyrs de Palestine. Le synaxaire de Sirmond ne contient pas moins de vingt-trois résumés de fragments de cette œuvre importante (3). Or, malgré toutes les recherches, trois seulement des Passions originales ont été retrouvées (4). Le reste du livre, et tant d'autres pièces, n'ont laissé d'autres traces que les notices des synaxaires. Il faut bien se rendre à l'évidence, et conclure que, à moins d'une heureuse surprise, nous devons considérer comme perdus la plus grande partie des ménologes antérieurs à Métaphraste.

Qui donc est responsable de la disparition de tous ces textes, si ce n'est le logothète, dont l'œuvre a éclipsé celle de ses prédécesseurs? Loin de nous de songer à une destruction systématique. Syméon Métaphraste n'a vraisemblablement pas eu conscience du résultat auquel son entreprise devait fatalement aboutir. Rien n'est irrésistible comme les caprices de la mode. La multitude des exemplaires de Métaphraste et la rareté des autres ménologes permet d'assister au mouvement que produisit l'apparition du nouveau recueil. Le succès fut énorme; les scribes ne suffirent pas à en multiplier les exemplaires, et l'on ne songea plus, sauf certains cas exceptionnels, à renouveler par la transcription les vieux manuscrits qui tombaient en pièces. C'est ainsi que Lipomani et Surius, au XVIe siècle, supplantèrent

(1) *Die Legendensammlung*, p. 80-81. — (2) *Bibl. hag. graeca*, p. VIII. — (3) VIOLET, *Die Palästinischen Märtyrer des Eusebius*, p. 110-119; cf. *Anal. Boll.*, t. XV, p. 430-32. — (4) Plus haut, p. 113-139.

Mombritius, dont le précieux *Sanctuarium* n'a jamais été réimprimé et est devenu une rareté de premier ordre. Et il ne serait pas permis d'en vouloir quelque peu à l'homme qui nous a privés d'un si grand nombre de textes, qui, sans être tous des monuments historiques d'une grande valeur, n'en ont pas moins une importance considérable au point de vue hagiographique?

De tout ce qui précède, les points suivants sont à retenir :

1° A part trois ou quatre pièces, le catalogue de l'œuvre attribuée à Métaphraste peut être considéré comme définivement fixé.

2° La collection comprend deux éléments principaux : les pièces originales qui lui ont été incorporées intégralement, et les remaniements. Le départ de ce double élément n'est pas entièrement achevé.

3° La plupart des numéros du catalogue sont déjà publiés dans leur texte original ; parmi ceux qui restent, un certain nombre sont connus par des traductions latines ; d'autres, peu nombreux, n'existent qu'en manuscrit.

4° Sur la personne de Métaphraste, sur la part qu'il a prise à l'exécution du recueil qui porte son nom, les dernières recherches n'ont jeté que peu de lumière. Tout au plus possède-t-on quelques indices nouveaux pour rattacher son entreprise à la seconde plutôt qu'à la première moitié du Xe siècle.

5° L'étude des ménologes antérieurs à Métaphraste est trop peu avancée pour donner déjà des résultats bien précis. Tant que l'on ne se mettra pas résolument à tirer des manuscrits les nombreux textes inédits qu'ils renferment, on ne pourra procéder à coup sûr.

6° L'inventaire des documents hagiographiques grecs conservés actuellement dans les bibliothèques d'Europe et d'Orient n'est pas assez complet pour qu'on puisse établir une proportion exacte entre les ménologes antérieurs à Métaphraste arrivés jusqu'à nous et la série complète de ces recueils. Il semble plus probable que notre avoir est notablement dépassé par les pertes.

IV

UN FRAGMENT DE MÉNOLOGE

TROUVÉ A JÉRUSALEM

EDGAR J. GOODSPEED, A martyrological Fragment from Jerusalem, AMERICAN JOURNAL OF PHILOLOGY, *t. XXIII (1902), p. 68-74.*

Le n. 704 des manuscrits provenant du couvent de S. Sabas comprend plusieurs fragments, parmi lesquels deux feuillets de parchemin détachés d'une ancienne reliure, et ayant appartenu primitivement à un manuscrit en onciales, du VIIIe siècle d'après l'ancien catalogue, du IXe, au jugement de M. Papadopoulos-Kerameus (1). *M. J. Rendel Harris en déchiffra une partie, dont il publia neuf lignes* (2), *où il est question du supplice de S. Asteius évêque de Dyrrachium. C'était, pour M. Harris, " a portion of a martyrology ". M. Papadopoulos-Kerameus* (3) *affirma que c'était un fragment d'une Passion de S. Asteius, et, d'après son indication, M. Ehrhard en fit mention dans son ouvrage sur la littérature chrétienne* (4). *J'ai moi-même renvoyé le lecteur à la publication de M. Harris, à propos de la notice de S. Asteius dans le synaxaire de Constantinople* (5). *M. Goodspeed a repris l'étude des feuillets, et a réussi à en déchiffrer à peu près soixante-quinze lignes, qui permettent de se rendre compte de la nature du texte. Voici le résultat de son œuvre de patience.*

Fol. I recto, *33 lignes, commençant par ces mots :* καὶ τῇ μανίᾳ τῶν εἰδώλων ἐκβακχεύων καὶ λυμενόμενος *etc. Les derniers mots sont* τῶν θεῶν θεραπείαν καὶ εἰς εὐεργεσίαν τοῦ ἐμοῦ κράτους ἀνεγείρειν.

Fol. I verso, *6 lignes, où l'on distingue, avec d'autres, les mots suivants :* τοῦ ζῆν τοὺς ἀπειθομένους τῷ νεύματι τοῦ κράτους *etc.*

Fol. II recto, *quatre lignes :* καὶ πρώτη τῆς πόλεώς ἐστιν αὐτή, *des.* οἱ δὲ λέγουσιν αὐτῷ.

Fol. II verso. *Ce fragment est le plus intéressant. Nous le transcrivons intégralement, tel que M. G. l'a publié.*

. . . .

πων καὶ ἦλθον ἐν πόλει Δυ[ρ-
ραχίῳ· καὶ εἰσελθόντες τὴν

(1) Ἱεροσολυμιτικὴ βιβλιοθήκη, t. II, p. 660. — (2) *Haverford College Studies*, n. 1 [1889], p. 13. — (3) Loc. cit. — (4) *Die altchristliche Litteratur und ihre Erforschung von 1884-1900*, p. 543. — (5) *Synax. Eccl. CP.*, c. 1024.

πύλην τῆς πόλεως, εἶδον τὸν ἅγιον Ἀστεῖον τὸν ἐπίσκοπον τῆς αὐτῆς πόλεως κρεμάμενον ἐπὶ στ(αυ)ροῦ μέλιτι χρισμένον καὶ τιτρωσκόμενον ὑπὸ σφικῶν καὶ μυιῶν διὰ τὴν πίστην τοῦ Χ(ριστο)ῦ καὶ δοξάσαντες τὸν Θ(εὸ)ν ἐμακάρισαν τὸν ἅγιον· πᾶσα δὲ ἡ πόλις εἰδωλικὴν ἑορτὴν τοῦ μιαροῦ Διονύσου ἐπετέλει· ἐρωτηθέντες δὲ παρά τινος ταξ(ε)ώτου οἱ ἅγιοι ὡμολόγησαν ἑαυτοὺς Χριστιανοὺς εἶναι καὶ κρατήσαντες αὐτοὺς ἤγαγον πρὸς τὸν ἀνθύπατον Ἀγρικολάον· καὶ ἀναγκασθέντες προσκυνῆσαι τῷ Διονύσῳ, ὡμολόγησαν τῷ Χ(ριστ)ῷ πιστεύειν. Καὶ τούτων βασανισθέντων ἐνέβαλον εἰς πλοῖον καὶ ἐν τῷ. ασα... του... μετὰ τοῦ πλοίου βυθίζουσιν αὐτούς. ὧν ἡ θάλασσα τὰ τίμια λείψανα ἅμα τοῦ πλοίου ἐκρίψασα εἰς τόπον λεγόμενον ἄλλονο τοῦ κεραμέως ἔνθα οἱ κακοῦργοι ἀνηλίσκοντο, κατέχευσεν τῇ ψάμμῳ. ἐτῶν δὲ ἐνενή[κο]ντα παρελθόντων, ἐμφανίζονται οἱ ἅγιοι τῷ ὁσιωτάτῳ ἀρχι-

M. Goodspeed s'étant persuadé de l'idée que les quatre pages appartiennent à un même texte, admet que le martyre de S. Asteius eut lieu sous Dioclétien, qui est cité à la première page, et que la scène se transporte de Jérusalem (Ἐλιαίων πόλεως), *qui s'y trouve également nommée, à Dyrrachium ; puis il discute l'édit de l'empereur dont cette page contient le texte, comme s'il pouvait être question de prendre au sérieux ce lieu commun hagiographique. Je m'étonne que M. G. n'ait pas été amené à constater que le martyre de S. Asteius est toujours daté, dans les textes, du règne de Trajan* (1), *qu'il n'y est point question de Jérusalem, et que son supplice, tel qu'il est raconté dans le fragmen*

(1) *Act. SS.*, Iul. t. II, p. 284.

fol. II verso, *n'apparaît que comme un épisode appartenant à quelque autre récit. En partant de là, il aurait pu identifier comme suit, et sans aucune peine, presque tous les fragments si habilement déchiffrés.*

Fol. I recto. *Emprunté à la Passion de S. Procope, publiée par M. Papadopoulos-Kerameus,* Ἀνάλεκτα, *t. V, p. 1, l. 2 - p. 2, l. 5.*

Fol. I verso. *Même Passion, p. 2, l. 12-16.*

Fol. II recto. *Le texte auquel sont empruntées ces quatre lignes n'a pas été reconnu.*

Fol. II verso. *L'épisode de S. Asteius attaché à la croix, enduit de miel et piqué par les insectes, fait partie de la Passion des saints Peregrinus, Lucianus, Pompeius, Hesychius, Saturninus et Germanus, qui ne nous est connue que par les résumés des synaxaires*(1). *En comparant le fragment de Jérusalem à la notice de ces saints au 7 (ou au 6) juillet, on n'aura pas de peine à le reconnaître.*

Les saints sont originaires d'Italie. Durant la persécution de Trajan, ils s'embarquent, arrivent à Dyrrachium, où ils trouvent S. Asteius crucifié, et ainsi de suite. Il est facile de constater que le récit du manuscrit de Jérusalem, tout en étant fort condensé, est plus développé néanmoins que toutes les notices des synaxaires se rapportant aux mêmes saints.

De tout ceci il faut conclure que les feuillets étudiés par M. G. faisaient partie d'un ménologe du mois de juillet. Ce ménologe, comme tant d'autres que nous connaissons, contenait des pièces hagiographiques de longueur fort inégale. La Passion de S. Procope est un texte developpé; il comprend 27 pages de l'édition de M. Papadopoulos-Kerameus. Celle des SS. Peregrinus, Lucianus etc. rappelle, par sa brièveté, ces récits ἐν συντόμῳ *mêlés aux longues Passions. Aucune des deux pièces ne peut prétendre à prendre rang parmi les* Acta sincera. *Nous ne voulons pas en dire plus de mal pour le moment. Si l'âge du manuscrit était mieux fixé, nous pourrions assigner une date extrême à la composition des deux textes dont il a gardé des fragments. Les paléographes qui l'ont examiné, semblent avoir eu l'impression d'une écriture du IXe siècle. Mais M. Goodspeed n'a pas donné son avis personnel et M. Harris fait précéder son estimation d'un point d'interrogation. Nous ne pouvons mieux faire que d'imiter cette réserve.*

(1) *Synax. Eccl. CP.*, c. 805.

V

SYNOPSIS METAPHRASTICA

DE SYMEONIS LOGOTHETAE MENOLOGIO

Cum iis maxime qui excutiendis codicibus hagiographicis incumbunt haec nostra *Bibliotheca* parata sit, menologii Metaphrastici synopsin, qualem praesentibus adiuti praesidiis delineare potuimus, exprimere visum est, ne exemplaria simillima iterum iterumque recenseantur et iam centies acta agantur. Porro, antequam ad eius effigiem ope librorum manuscriptorum describendam animum convertamus, haec de collectore et de ipsius menologii ratione praemissa sunto.

Pauca sunt et nimium ieiuna quae tradita sunt de vita et operibus viri celeberrimi cuius laudum plena sunt omnium Graecorum ora, ὃν ὑμεῖς ἑκάστοτε ἐν ταῖς ἐκκλησίαις ἀναγινώσκετε, ut Andreas Rhodi archiepiscopus eosdem in Concilio Florentino alloquebatur (1). Adeo etiam incerta visa sunt, ut de Symeone, rarae ubertatis hagiographo et de eius potissimum aetate per quattuor circiter saecula disceptatum fuerit. In diversa doctissimos quosque de Metaphraste disserentes abiisse nemo ignorat, nec multum interest dictinctius ediscere qua ratione singuli erraverint, quod de cetero, qui exoptat, a Bollando nostro (2), ab Allatio (3), ab Ehrhardo illo viro doctissimo, de Symeone nostro optime merito (4), aliisque (5) facile accipiet. In hoc tandem consentiunt recentiores paene omnes ut Symeonem logothetam cuius sub nomine maxime vulgatum prodiit menologium τῶν μεταφράσεων τοῦ Λογοθέτου, saeculo X vixisse contendant, aliis tamen illum

(1) Sessione VII. HARDOUIN, *Acta conciliorum*, t. IX, p. 93; [PITRA], Ἡ ἁγία καὶ οἰκουμενικὴ ἐν Φλωρεντίᾳ σύνοδος (Romae, 1864), p. 81. — (2) *Acta SS.*, Ian. t. I, praefatio generalis, caput I, § III. — (3) *De Symeonum scriptis diatriba* (Parisiis, 1664), 24-220. — (4) *Die Legendensammlung des Symeon Metaphrastes und ihr ursprünglicher Bestand*, FESTSCHRIFT ZUM 1100-JÄHRIGEN JUBILÄUM DES DEUTSCHEN CAMPO SANTO IN ROM, p. 46-82; ID., *Forschungen zur Hagiographie der griechischen Kirche*, RÖMISCHE QUARTALSCHRIFT, t. XI (1897), p. 67-205; ID., *Symeon Metaphrastes und die griechische Hagiographie*, IBID., p. 531-53. — (5) H. DELEHAYE, *La Vie de S. Paul le Jeune et la chronologie de Métaphraste*, REVUE DES QUESTIONS HISTORIQUES, juillet 1893, p. 49-85; ID., *Les ménologes grecs*, ANAL. BOLL., t. XVI, p. 311-29; ID., *Le ménologe de Métaphraste*, ANAL. BOLL., t. XVII, p. 448-452; ID., *Simon Metaphrastes*, AMERICAN ECCLESIASTICAL REVIEW, t. XXIII (1900), p. 113-120; V. G. VASILIEVSKIJ, Синодальный кодексъ Метафраста, Petropoli, 1899; E. VON DOBSCHÜTZ, *Symeon Metaphrastes*, REAL-ENCYCLOPÄDIE FÜR THEOLOGIE UND KIRCHE, 3e Aufl., t. XIX, p. 210-15.

primis huius aevi decenniis, aliis postrema saeculi parte floruisse asserentibus.

Et illis quidem favere videbatur Michael Psellus († cca 1079), qui tum in elogio εἰς τὸν Μεταφράστην κύριον Συμεῶνα, tum in canone officii ecclesiastici in eiusdem commemoratione concinendi (1) uberrima verborum, utinam et rerum copia, Metaphrastem laudibus extulit. Eius quippe dictis decepti Leo Allatius eiusque sequaces Vitam Theoctistae Lesbiae (2) totius rei cardinem existimarunt, hominem illum qui in Paro insula de sanctae feminae gestis se primum audivisse testatur eaque ut scripto mandaret compulsum, ipsum nostrum Symeonem esse rati. Id vero nullo pacto verum esse proindeque e Vita S. Theoctistae nihil pro re nostra colligi posse nos olim demonstrare conati sumus (3), eaque sententia peritorum suffragia tulisse videtur.

Porro, hoc solo fere argumento nitebantur qui Symeonem regnante Leone VI Sapiente nuncupato (886-911) floruisse contendebant. Plurimos enim fugit Nicephori Gregorae († cca 1359) in oratione εἰς τὴν ἁγίαν Θεοφανώ, quae Leonis uxor erat, effatum: Οὐ γὰρ μόνον ὁ βασιλεὺς πολλὰς τῶν ἐτησίων ἑορτῶν καὶ πανηγύρεων οἰκείοις ἐκόσμησε λόγοις καὶ ᾠδαῖς, ἀλλὰ καὶ πολλοὺς τῶν τότε ἐλλογίμων τὰ ὅμοια πράττειν ἐκέλευσεν· ὧν εἷς ἦν καὶ βελτίων, ὃς τά τε ἄλλα μετέφρασε πρὸς τὸ εὐφραδέστερον καὶ τοὺς πλείους τῶν τε τῆς ἀρετῆς ἀσκητῶν καὶ ἀθλητῶν συνεγράψατο βίους (4). Symeonem nostrum certo certius his verbis laudat Gregoras, illumque imperante Leone scripsisse apertissime testatur. Verum hac in re audiendum non esse hominem saeculi XIV qui alienum errorem amplexus sit aperte pronuntiavit qui Gregoram nuper edidit (5); quam sapienter e mox dicendis patebit.

Praeter Psellum alterum habemus Symeonis laudatorem, Marcum Eugenicum († 1451), aetate quidem multo inferiorem, in gestis tamen eius enarrandis multo etiam pressiorem. In synaxario enim quod de Symeone concinnavit (6), vitae eius curriculum dilucide admodum evolvit et valde perspicue temporum rationem statuit. Utinam ad singulos, e quibus singula hauserit, fontes accessus pateret. Psellum procul dubio legit, sed et alios quos non habemus. Quis enim crediderit hominem doctum pleraque illa quae ordine accurate persequitur, ea maxime quae ad annorum computationem spectant, ex ingenio finxisse? Inepte igitur despicias quae his profert: Οὐ πολὺς ὁ

(1) L. Allatii *De Symeonum scriptis diatriba*, p. 221-44. — (2) Supra, n. 1725, 1726. — (3) *Anal. Boll.*, t. XI, p. 181-82; *La Vie de Paul le jeune*, p. 73-85. — (4) Ed. Kurtz, *Zwei griechische Texte über die hl. Theophano*, Mémoires de l'Académie impériale des sciences de Saint-Pétersbourg, VIIIe série, t. III, 2, p. 40. — (5) Kurtz, l. c., p. 63. — (6) Supra, n. 1676.

μεταξὺ χρόνος καὶ συμπροιούσης αὐτῷ τῇ ἡλικίᾳ τῆς ἀρετῆς καὶ παιδεύσεως ἐπὶ τῶν κοινῶν πραγμάτων καθίσταται, καὶ λογοθέτης μέγας χειροτονεῖται, καὶ τοῖς μεταξὺ βασιλεύσασι Φωκᾷ καὶ Ἰωάννῃ σταθερῶς καὶ γνησίως ὑπηρετήσας, ὡς ἔδει, τὸν ἐν ἀταξίᾳ πραγμάτων βεβηκότα καὶ στάσιμον ἐν τῷ μεγαλοφυεῖ τοῦ φρονήματος, τῷ μετ' αὐτοὺς Βασιλείῳ τῷ Πορφυρογεννήτῳ τὴν πατρῴαν τε καὶ παππῴαν ἀρχὴν ἀνασώζει καὶ συγκαθίστησι, καὶ γίνεται τούτῳ τὰ πάντα... Vixerit ergo Symeon logotheta, si Marcum Eugenicum audias, imperantibus Nicephoro Phoca († 969), Ioanne Zimisce († 976) et Basilio Porphyrogeneto (976-1025), extremo proinde saeculo X. Et huc quidem collimare videntur cetera temporis indicia quae, ex ipso potissimum menologio collecta, nunc afferemus.

At primo audiamus expressum testimonium Ioannis seu Iahiae Antiocheni, qui Eutychii Annales ad annum usque 1026 perduxit. His ille utitur verbis : *Anno autem quarto regni Basilii factus est Nicolaus Chrysoberges* [† 995] *patriarcha super Constantinopolim,* <*qui*> *constitit annos duodecim et mortuus est. Intra id tempus claruit Symeon scriptor* ὁ λογοθέτης, *qui concinnavit historias sanctorum eorumdemque festa* (1).

Ex ipso autem menologio haec tria opportune proferuntur. Primum est die 16 augusti legendam proponi Constantini Porphyrogeneti (912-959) narrationem ex variis historiis collectam de imagine Christi non manufacta ad Augarum missa, deque eius translatione in urbem regiam, quae translatio anno 944 peracta est (2). Haec cum Allatiano computo nullatenus congruere vix est cur moneamus.

Alterum notatu dignum est Vitam S. Lucae iunioris, quae diei 8 februarii assignatur, ante annum 961 scribi non potuisse, cum Cretam insulam Sarracenorum tyrannidi ereptam esse iam noverit Lucae discipulus idemque biographus.

Tertia accipitur temporis nota e Vita S. Sampsonis Xenodochi, quae iunii diei 27 ascripta est, in qua narratur Leonem drungarium petiisse a Ioanne, qui tunc imperium obtinebat, ut cura sibi restaurandae Samsonis domus demandaretur (3). Ut patet, haec scripta sunt postquam Ioannes Zimisces e vivis excesserat, proindeque ultimus saltem menologii tomus, qui iunium comprehendit, non ante Basilii II tempora vulgari potuit.

Quantum ex his ponderis ad Iahiae Antiocheni et Marci Eugenici testimonia accedat, Gregorae vero dictis detrahatur apertum atque perspicuum est.

(1) Latine reddidit ex arabico P. Peeters noster, ex ed. V. R. ROSEN, in Записки Императорской Академіи наукъ, t. XLIV (Petropoli, 1883), p. 12. — (2) E. VON DOBSCHÜTZ, *Christusbilder*, TEXTE UND UNTERSUCHUNGEN, t. XVIII, p. 149-69. — (3) *Vita* c. XV, *P.G.*, t. CXV, p. 297. Cf. EHRHARD, *Die Legendensammlung*, p. 73.

Menologium Symeonis nullum sibi a principio auctoris vel collectoris nomen praetulisse pleraque ad nos perlata exemplaria testantur, nec mirum imperitos librarios tot vitas et elogia sub Metaphrastae titulo inscripsisse quae ille nunquam in suos libros accepit (1). Certo tamen, si praecipua tantum eius lineamenta spectes, ab aliis menologiis haud magno negotio discerni concedet quisquis catalogos codicum hagiographicorum a nobis editos vel obiter perlegerit. Etenim, inter tantam librorum varietatem et menologiorum discrepantiam, unum facile segregatur duodecim mensium corpus cuius innumera supersunt volumina, ita quidem comparata ut statis diebus iidem passim sancti colendi proponantur, iidemque eadem sortiantur elogia, quae magnam partem primigenia non sunt sed a vetustioribus mutata phrasi derivata, quod Metaphrastae insigne est.

Plerasque dicimus Vitas illas retractatas esse, non singulas. Triplex enim genus libellorum hagiographicorum in unum collegisse Symeonem certissimum est. Primum eorum est qui scriptoris antiqui sunt eiusque nomine censentur. Ita S. Phocam laudari voluit ab Asterio Amaseno (Sept. 22), S. Gregorium Neocaesariensem a Gregorio Nysseno (Nov. 17), martyres Sinaitas a Nilo monacho (Ian. 14), S. Antonium ab Athanasio Alexandrino (Ian. 17), Macchabaeos a Iosepho (Aug. 1), ut taceam imaginis Edessenae historiam a Constantino imperatore contextam (Aug. 16).

Alia quoque assumpsit quae nullum quidem auctorem praescriptum ferunt nec tamen ipsius Symeonis sunt. Exemplo sint Vita S. Gregorii theologi (Ian. 25), quae ante Metaphrastem sub nomine Gregorii presbyteri ferebatur (2), S. Lucae iunioris (Feb. 8), quae a monacho eius discipulo exarata est. Sintne alia huiusmodi quae intacta assumpserit, haud facile est nunc assequi. Certo certius illae omnes Vitae antiquiores, quas modo adduximus, artissimo vinculo cum Vitis retractatis in codicibus Metaphrasticis conexae sunt, neque casu advectae censeantur oportet.

Et hae tandem Vitae retractatae ceterarum omnium numerum superant, ut ex archetypis adhuc exstantibus necessario colligitur et ex solo stilo persaepe manifestum fit. Huius generis sunt, v. g. Vita S. Symeonis Stylitae (Sept. 1), Passio SS. Sergii et Bacchi (Oct. 7), Passio SS. Galactionis et Epistemes (Nov. 5), Vita S. Eudocimi (Iul. 31) et ita porro. Iam, ab eodem illo homine qui in Vita S. Samsonis πολλῶν ἑτέρων ἁγίων, τῶν μὲν μαρτύρων, τῶν δὲ καὶ ἄλλως εὐαρεστηκότων Θεῷ, τῶν μὲν ἄθλους καὶ πόνους τῶν δὲ καὶ βίους καὶ πράξεις κατὰ σπουδὴν se composuisse testatur (3), ab eodem, inquam,

(1) *Anal. Boll.*, t. XVI, p. 316-18. — (2) J. Compernass, *Gregorios presbyter* (Bonn, 1907), p. 7. — (3) *Vitae* c. i, *P.G.*, t. CXV, p. 277.

singulas hasce Vitas seu laudationes conscriptas esse in medio nunc relinquendum est.

Complura superesse menologii Metaphrastici volumina, adeo ut in nulla paene quae graecos codices habeat bibliotheca penitus desint, omnes satis superque norunt. Singulos autem hos codices puros, integros emendatosque esse quis serio contenderit? Collatis igitur quotquot manu tractare contigerit vel ex indicibus satis perspectos habere, ea omnia eruere aggressi sumus quae menologio suo primum absoluto complexus sit Symeon, quaenam aliunde intrusa et a proposito eius aliena.

Et expedite quidem pleraque adventicia a primigeniis secernuntur, haud ita tamen absolute ut nullum prorsus dubium supersit. Iam vero quicquid anceps et obscurum remanet in principio singulorum mensium apposite expressimus, ut, qui synopsin nostram novis cum codicibus contulerint, statim habeant quo intentionem convertant et dubia solvere satagant. Unum tamen hoc loco notatum velim, ex iis quae dicta sunt in mense novembri de Vita S. Theoctistae (n. 9), in decembri de S. Sebastiano, in aprili de Passione S. Georgii (n. 2), in iulio de Passione S. Procopii (n. 1), in augusto de Vita S. Ioannis Baptistae (n. 4), etc., forsitan colligendum esse menologium Metaphrastis non statim ultimam formam consecutum esse, sed, altera emissa editione, Acta nonnullorum sanctorum secundis curis elaborata in priorum locum successisse, alia primum admissa et nonnulla minoris momenti immutata esse.

Codicum omnium quibus usi sumus seriem contexere omnino superfluum erat. Selectos dedimus, quibus inspectis synopseos nostrae rationem lector facile assequetur, e sequentibus bibliothecis et librorum indicibus.

Ambros. A. Martini-D. Bassi, *Catalogus codicum graecorum bibliothecae Ambrosianae,* Mediolani, 1906.

Angelic. G. Muccio-P. Franchi de' Cavalieri, *Index codicum graecorum bibliothecae Angelicae,* Studi italiani di filologia classica, IV (1896), 7-184.

Barberin. *Catalogus codicum hagiographicorum graecorum bibliothecae Barberinianae de Urbe,* Anal. Boll., XIX, 81-118. — Barberiniani codices nunc sunt in bibliotheca Vaticana.

Chalcen. I. Boyens, *Catalogus codicum hagiographicorum graecorum bibliothecae monasterii Deiparae in Chalce insula,* Anal. Boll., XX, 45-70.

Chisian. *Catalogus codicum hagiographicorum graecorum bibliothecae Chisianae de Urbe,* Anal. Boll., XVI, 297-310.

V

Coislin. Vid. *Paris.*

Ferrar. E. MARTINI, *Catalogo di manoscritti greci esistenti nelle biblioteche Italiane,* I, 2 (Milano, 1896), 329-63.

Genov. A. EHRHARD, *Die Griechischen Handschriften von Genua,* CENTRALBLATT FÜR BIBLIOTHEKSWESEN, 1893, 1-30.

Hierosol. A. PAPADOPOULOS-KERAMEUS, Ἱεροσολυμιτικὴ βιβλιοθήκη, Petropoli, 1891-1899. 4 tomi in-8° (I. Codices patriarchici; II. Codices S. Sabae; III. Codices S. Crucis; IV. Codices metochii S. Sepulchri).

Holkham. *Catalogus codicum hagiographicorum graecorum bibliothecae comitis de Leicester Holkhamiae in Anglia,* ANAL. BOLL., XXV, 451-77.

Marcian. *Catalogus codicum hagiographicorum graecorum bibliothecae D. Marci Venetiarum,* ANAL. BOLL., XXV, 169-256.

Medic.-Laurent. A. M. BANDINI, *Catalogus codicum manuscriptorum bibliothecae Mediceae Laurentianae.* Florentiae, 1764, 2 tomi in-fol.

Matrit. *Catalogus codicum hagiographicorum graecorum bibliothecae nationalis Matritensis,* edendus in ANAL. BOLL.

Messan. *Catalogus codicum hagiographicorum graecorum Monasterii S. Salvatoris nunc bibliothecae Universitatis Messanensis,* ANAL. BOLL., XXIII, 19-75.

Monac. I. HARDT, *Catalogus codicum manuscriptorum graecorum bibliothecae regiae Bavaricae,* Monachii, 1806-1812, 5 tomi in-4°.

Mosquen. VLADIMIR, Систематическое описаніе рукописей Московской синодальной Библіотеки, Mosquae, 1894.

Mus. Britann. *Catalogus codicum hagiographicorum graecorum musei Britannici,* edendus in ANAL. BOLL.

Neapol. *Catalogus codicum hagiographicorum graecorum bibliothecae nationalis Neapolitanae,* ANAL. BOLL., XXI, 381-400.

Ottobon. Vid. *Vatic.*

Oxon. H. O. COXE, *Catalogi codicum manuscriptorum bibliothecae Bodleianae pars prima,* Oxonii, 1853.

Palat. Vid. *Vatic.*

Paris. *Catalogus codicum hagiographicorum graecorum bibliothecae nationalis Parisiensis* ediderunt HAGIOGRAPHI BOLLANDIANI et HENRICUS OMONT. Bruxellis, 1896.

Regin. Vid. *Vatic.*

Rossian. C. VAN DE VORST, *Verzeichniss der griechischen Handschriften der Bibliotheca Rossiana,* CENTRALBLATT FÜR BIBLIOTHEKSWESEN, 1906, 492-508, 537-550.

Scorialen. *Catalogus codicum hagiographicorum bibliothecae regii monasterii S. Laurentii Scorialensis,* ANAL. BOLL. XXVIII, fasc. 3-4.

Taurin. I. PASINUS, *Codices manuscripti bibliothecae regii Taurinensis Athenaei,* I, Taurini, 1749.

Vallicell. E. MARTINI, *Catalogo di manoscritti greci esistenti nelle biblioteche Italiane,* II, Milano, 1902.

Vatic. *Catalogus codicum hagiographicorum graecorum bibliothecae Vaticanae* ediderunt HAGIOGRAPHI BOLLANDIANI et PIUS FRANCHI DE' CAVALIERI, Bruxellis, 1899. — *Supplementum ad catalogum....* ANAL. BOLL., XXI, 5-22.

Vindob. LAMBECIUS-KOLLARIUS, *Commentariorum de augustissima bibliotheca Caesarea Vindobonensi libri VIII,* Vindobonae, 1766-1782, 8 tomi in-fol.

SYNOPSIS

SEPTEMBER

CODICES SELECTI. *Ambros.* F. 135 sup., B. 13 inf. — *Chisian.* R. VIII. 48. — *Chalcen.* 8. — *Holkham.* 89. II. — *Marcian.* 347, 586, VII. 24. — *Medic.-Laurent.* XI. 20. — *Messan.* 25, 31, 41. — *Monac.* 443. — *Mosquen.* 356, 357, 359, 360. — *Ottobon.* 421. — *Palat.* 1. — *Paris.* 1479, 1489, 1492, 1515, 1521, 1523, 1526, 1558, 1607. — *Scorialen.* y. II. 5, 8, 9. — *Vatic.* 794, 795, 796, 1643, 2044, 2047. — *Vindob.* Hist. gr. 16.

In codicibus nonnullis S. Eudoxio et sociis (n. 6) assignatur dies 7 (v. g. *Vatic.* 795, 2047; *Ottobon.* 421; *Paris.* 1479, 1607; *Vindob.* Hist. gr. 16); S. Sozonti (n. 7) dies 8 (v. g. *Vatic.* 795, *Paris.* 1479, 1607); S. Trophimo et soc. (n. 16) dies 18 (*Paris.* 1479, 1523, *Vindob.* Hist. gr. 16.)

1. Βίος καὶ πολιτεία τοῦ ὁσίου πατρὸς ἡμῶν Συμεὼν τοῦ ἐν τῇ Μάνδρᾳ. Sept. 1.

Inc. Συμεὼν τὸν πάνυ τὸ μέγα θαῦμα τῆς οἰκουμένης ἴσασι μὲν πάντες [1686-1687].

2. Ἄθλησις τοῦ ἁγίου καὶ ἐνδόξου μάρτυρος Μάμαντος. Sept. 2.

Inc. Μάμας ὁ μέγας οὗτος τοῦ Χριστοῦ μάρτυς καὶ περιβόητος πατρίδα μὲν ἔσχε [1018].

3. Ἄθλησις τοῦ ἐν ἁγίοις πατρὸς ἡμῶν καὶ ἱερομάρτυρος Ἀνθίμου ἐπισκόπου Νικομηδείας. Sept. 3.

Inc. Τίς οὐκ οἶδε τὴν Νικομήδους ὅπως μὲν θέσεως [135].

4. Ἄθλησις τοῦ ἐν ἁγίοις πατρὸς ἡμῶν Βαβύλα ἀρχιεπισκόπου Ἀντιοχείας. Sept. 4.

Inc. Νουμεριανοῦ τὰ Ῥωμαίων σκῆπτρα παρὰ πατέρων ἐκδεξαμένου [206].

5. Διήγησις μερικὴ περὶ τοῦ γενομένου θαύματος παρὰ τοῦ πανενδόξου Μιχαὴλ τοῦ ἀρχιστρατήγου ἐν ταῖς Χώναις. Sept. 6.

Inc. Καὶ τὸ περὶ τῶν ἄλλων ἁγίων διεξιέναι καὶ διὰ μνήμης τὰ ἐκείνων ποιεῖν [1284].

6. Μαρτύριον τῶν ἁγίων καὶ ἐνδόξων τοῦ Χριστοῦ μαρτύρων Εὐδοξίου, Ῥωμύλου, Ζήνωνος καὶ Μακαρίου. Sept. 6.

Inc. Τραϊανοῦ τοῦ δυσσεβοῦς βασιλέως πολλὴν μὲν πρόνοιαν καὶ σπουδὴν [1604].

7. Ἄθλησις τοῦ ἁγίου καὶ ἐνδόξου μάρτυρος Σώζοντος. Sept. 7.

Inc. Μαξιμιανοῦ τῆς Κιλικίας ἡγεμονεύοντος καὶ τὰ τῆς ἀσεβείας αὔξειν [1644].

8. Μαρτύριον τοῦ ἁγίου μεγαλομάρτυρος Σευηριανοῦ. Sept. 9.

Inc. Λικιννίου τοῦ δυσσεβοῦς βασιλεύοντος, Λυσίας τὸ τηνικαῦτα δοὺξ ὢν [1627].

9. Μαρτύριον τῶν ἁγίων γυναικῶν Μηνοδώρας, Μητροδώρας καὶ Νυμφοδώρας. Sept. 10.

Inc. Οὐδὲν γυναιξὶν οὐδὲ κόραις τὸ τῆς μαρτυρίας ἀποκέκλεισται στάδιον [1273].

10. Βίος καὶ πολιτεία καὶ ἀγῶνες τῆς ὁσίας καὶ μακαρίας μητρὸς ἡμῶν Θεοδώρας τῆς ἐν Ἀλεξανδρείᾳ. Sept. 11.

Inc. Ζήνων μὲν ἤδη τὴν αὐτοκράτορα Ῥωμαίοις διεῖπεν ἀρχὴν [1730].

11. Ἄθλησις τοῦ ἁγίου καὶ ἐνδόξου μάρτυρος Αὐτονόμου. Sept. 12.

Inc. Τῆς ἴσης ἀτοπίας εἶναι νομίζω τό τε φθέγγεσθαι τὰ μὴ δέοντα [198].

12. Πρᾶξις καὶ τελείωσις τοῦ ἁγίου Κορνηλίου τοῦ ἑκατοντάρχου. Sept. 13.

Inc. Μετὰ τὴν σωτήριον ἐπὶ γῆς τοῦ Λόγου ἐπιδημίαν τὸν ἑκούσιόν τε σταυρὸν [371].

13. Μαρτύριον τοῦ ἁγίου μεγαλομάρτυρος Νικήτα. Sept. 15.

Inc. Νικητικοὺς ἀγῶνας τοῦ μάρτυρος Νικήτα πανηγυρίζομεν σήμερον [1340].

14. Μαρτύριον τῆς ἁγίας καὶ πανευφήμου μάρτυρος Εὐφημίας. Sept. 16.

Inc. Διοκλητιανοῦ τὰ Ῥωμαίων σκῆπτρα διέποντος Πρίσκου τε περὶ τὴν Ἀσίαν ἀνθυπατεύοντος [620].

15. Μαρτύριον τῶν ἁγίων γυναικῶν Σοφίας καὶ τῶν θυγατέρων αὐτῆς Πίστεως, Ἐλπίδος καὶ Ἀγάπης. Sept. 17.

Inc. Μετὰ τὸ διαγγελθῆναι πανταχοῦ τὸ σωτήριον κήρυγμα πληρωθῆναί τε τὰ πάντα [1638].

16. Μαρτύριον τῶν ἁγίων μαρτύρων Τροφίμου, Σαββατίου καὶ Δορυμέδοντος. Sept. 19.

Inc. Πρόβου τοῦ δυσσεβοῦς τὸ βασίλειον σκῆπτρον Ῥωμαίοις διέποντος τὴν τῶν βικαρίων ἀρχὴν [1854].

17. Μαρτύριον τοῦ ἁγίου καὶ ἐνδόξου μεγαλομάρτυρος Εὐσταθίου καὶ Θεοπίστης καὶ τῶν δύο τέκνων αὐτῶν Ἀγαπίου καὶ Θεοπίστου. Sept. 20.

Inc. Τραϊανοῦ τὰ Ῥωμαίων σκῆπτρα διέποντος καὶ τῆς εἰδωλικῆς λύσσης [642].

18. Ἀστερίου ἐπισκόπου Ἀμασείας ἐγκώμιον εἰς τὸν ἅγιον ἱερομάρτυρα Φωκᾶν. Sept. 22.

Inc. Ἱερὸς μὲν καὶ θεσπέσιος ἅπας ὁ τῶν γενναίων μαρτύρων κατάλογος [1539, 1540].

19. Ἄθλησις τῆς ἁγίας καὶ ἐνδόξου καὶ καλλινίκου πρωτομάρτυρος Θέκλης τῆς ἐν Ἰκονίῳ. Sept. 24.

Inc. Ἄρτι τοῦ μεγάλου τῆς ἀληθείας εὐαγγελιστοῦ τε καὶ κήρυκος Παύλου [1719].

20. Βίος καὶ πολιτεία καὶ ἀγῶνες τῆς ἁγίας μητρὸς ἡμῶν Εὐφροσύνης τῆς ἐν Ἀλεξανδρείᾳ. Sept. 25.

Inc. Ἄρτι τὰ Ῥωμαίων σκῆπτρα Θεοδοσίου τοῦ παιδὸς Ἀρκαδίου εὐσεβῶς διϊθύνοντος [626].

21. Ὑπόμνημα εἰς τὸν ἅγιον καὶ ἔνδοξον ἀπόστολον καὶ εὐαγγελιστὴν Ἰωάννην τὸν θεολόγον. Sept. 26.

Inc. Ὅτι μὴ πολὺ τῶν ἀγγέλων ἀφέστηκεν ἄνθρωπος καὶ ὅτι δυνατὸν αὐτῷ [919].

22. Μαρτύριον τοῦ ἁγίου μάρτυρος Καλλιστράτου καὶ τῶν σὺν αὐτῷ ἀθλησάντων. Sept. 27.

Inc. Τὴν τοῦ κυρίου ποίμνην ὅσαι ἡμέραι πληθυνομένην ὁ δυσμενὴς καθορῶν [291].

23. Βίος καὶ πολιτεία καὶ ἀγῶνες τοῦ ὁσίου πατρὸς ἡμῶν καὶ ὁμολογητοῦ Χαρίτωνος. Sept. 28.

Inc. Πολλὰ τῆς διδασκαλίας τῶν εὖ καὶ ὡς Θεῷ φίλον βεβιωκότων τὰ ὑποδείγματα [301].

24. Βίος καὶ πολιτεία καὶ ἀγῶνες τοῦ ὁσίου πατρὸς ἡμῶν Κυριακοῦ τοῦ ἀναχωρητοῦ. Sept. 29.

Inc. Τοὺς εὐλογοῦντάς σε, φησὶ πρὸς τὸν Ἀβραὰμ ὁ Θεός, εὐλογήσω [464].

25. Βίος καὶ πολιτεία καὶ μαρτύριον τοῦ ἁγίου ἱερομάρτυρος Γρηγορίου τῆς μεγάλης Ἀρμενίας. Sept. 30.

Inc. Τῆς τῶν Περσῶν ἀρχῆς εἰς Πάρθους διαλυθείσης καὶ τῆς τῶν Πάρθων ἐπικρατείας [713].

OCTOBER

Codices selecti. *Ambros.* B. 25 inf., A. 180 sup. — *Coislin.* 145. — *Marcian.* 343. — *Monac.* 443. — *Mosquen.* 358, 359, 360. — *Ottobon.* 339. — *Paris.* 1480, 1484, 1486, 1494, 1495, 1503, 1512, 1524, 1543, 1547, 1558. — *Regin.* 56. — *Scorialen.* y. II. 3. — *Vatic.* 798, 799, 801, 802, 1679, 2042, 2047. — *Vindob.* Hist. gr. 16, 17, 18.

In codicibus haud paucis (v. g. *Paris.* 1484, 1503, 1512, 1524, 1543; *Vatic.* 1679; *Regin.* 56; *Vindob.* Hist. gr. 16) S. Charitinae (n. 4) assignatur dies 4; in nonnullis (ut *Paris.* 1480, 1484; *Vindob.* Hist. gr. 16, 17, 18) S. Anastasiae (n. 24) dies 28; SS. Zenobio et Zenobiae (n. 26) dies 29 (*Vatic.* 799, 801, 2042; *Paris.* 1484).

1. Μαρτύριον τοῦ ἁγίου καὶ ἐνδόξου ἀποστόλου Ἀνανίου. Oct. 1.

Inc. Λουκιανοῦ τοῦ δυσσεβοῦς κατὰ τὴν τῆς ἑῴας μέρη ἐν Βηθαγαυρεῖ τῆς Ἐλευθεροπόλεως [76].

2. Βίος καὶ μαρτύριον τῶν ἁγίων Κυπριανοῦ καὶ Ἰουστίνης. Oct. 2.

Inc. Πολλὰ καὶ μεγάλα με τὰ τὴν Ἀντιόχου θαυμάζειν παρακαλοῦσιν [456].

3. Μαρτύριον τοῦ ἁγίου ἱερομάρτυρος Διονυσίου τοῦ Ἀρεοπαγίτου. Oct. 3.

Inc. Πάλαι μὲν ἐν τύποις ἦν τὰ τῆς πίστεως καὶ αἰνίγμασι καὶ τὸ τῆς ἀληθείας [555].

4. Μαρτύριον τῆς ἁγίας μάρτυρος Χαριτίνης. Oct. 5.

Inc. Ἐκράτει ποτὲ τὰ τῆς ἀσεβείας καὶ βασιλεῖς ἐπὶ τοὺς τὰ χριστιανῶν φρονοῦντας [300].

5. Ὑπόμνημα εἰς τὸν ἅγιον ἀπόστολον τοῦ Χριστοῦ Θωμᾶν. Oct. 6.

Inc. Πάλαι μὲν τὰς κατὰ γῆν διατριβὰς ἀνύοντες οἱ ἀπόστολοι [1835].

6. Μαρτύριον τῶν ἁγίων μαρτύρων Σεργίου καὶ Βάκχου. Oct. 7.

Inc. Μαξιμιανοῦ βασιλεύοντος τοῦ τυράννου καὶ τῆς οἰκουμένης σχεδὸν ἁπάσης [1625].

7. Βίος καὶ πολιτεία τῆς ὁσίας Πελαγίας τῆς ἐν Ἀντιοχείᾳ. Oct. 8.

Inc. Γυναικείαν ἀρετὴν τῆς τῶν ἀνδρῶν οὐδὲν ἀπολειφθεῖσαν πᾶσι διεξιέναι [1479].

8. Μαρτύριον τῶν ἁγίων μαρτύρων Εὐλαμπίου καὶ Εὐλαμπίας. Oct. 10.

Inc. Ἄρτι τῆς θεογνωσίας εἰς πάντα κόσμον διατρεχούσης [617].

9. Μαρτύριον τῶν ἁγίων μαρτύρων Πρόβου, Ταράχου καὶ Ἀνδρονίκου. Oct. 12.

Inc. Διοκλητιανὸς τὴν αὐτοκράτορα Ῥωμαίοις διέπων ἀρχὴν [1575].

10. Μαρτύριον τῶν ἁγίων μαρτύρων Κάρπου καὶ Παπύλου. Oct. 13.

Inc. Μεμνῆσθαι τῶν ὑπὲρ Χριστοῦ παθόντων εἴπερ ἄλλο τι λυσιτελές [295].

11. Πολιτεία καὶ ἄθλησις τῶν ἁγίων μαρτύρων Ναζαρίου, Γερβασίου, Προτασίου καὶ Κελσίου. Oct. 14.

Inc. Νέρωνος ἄρτι τὰ Ῥωμαίων σκῆπτρα διέποντος, ὁ θαυμαστὸς Ναζάριος [1324].

12. Βίος καὶ μαρτύριον τοῦ ἁγίου ἱερομάρτυρος Λουκιανοῦ. Oct. 15.

Inc. Σαμόσατα πόλις τῆς Συρίας ἐστίν, Εὐφράτης τῇ πόλει παραρρεῖ [997].

13. Μαρτύριον τοῦ ἁγίου Λογγίνου τοῦ ἑκατοντάρχου. Oct. 16.

Inc. Τοῦ Θεοῦ Λόγου διὰ τὴν ἐκ τῆς παρακοῆς ἐπενεχθεῖσαν ἡμῖν [989].

14. Ὑπόμνημα εἰς τὸν ἅγιον ἀπόστολον καὶ εὐαγγελιστὴν Λουκᾶν. Oct. 18.

Inc. Εἰ καὶ δικαίου μνήμην μετ' ἐγκωμίων τελεῖσθαι θεῖός τις ἀνήρ [991].

15. Μαρτύριον τοῦ ἁγίου μάρτυρος Οὐάρου καὶ τῶν σὺν αὐτῷ. Oct. 19

Inc. Μαξιμιανοῦ τοῦ τυράννου τὸ δυσσεβὲς ἀνὰ πᾶσαν σχεδὸν τὴ οἰκουμένην [1863].

16. Μαρτύριον τοῦ ἁγίου ὁσιομάρτυρος Ἀνδρέου τοῦ ἐν τῇ Κρίσει. Oct. 19.

Inc. Πολλὴ κατὰ τῶν τοῦ Χριστοῦ μαρτύρων τοῦ διαβόλου ἡ κακουργία [112].

17. Μαρτύριον τοῦ ἁγίου μεγαλομάρτυρος Ἀρτεμίου. Oct. 20.

Inc. Μετὰ τὴν τοῦ κυρίου καὶ σωτῆρος ἡμῶν εἰς οὐρανοὺς ἀνάληψιν [172].

18. Βίος καὶ πολιτεία τοῦ ὁσίου πατρὸς ἡμῶν Ἱλαρίωνος. Oct. 21.

Inc. Ἐν Παλαιστίνῃ πόλις ἐστὶν οὐκ ἔλαττον ἢ πέντε καὶ τεσσαράκοντα σταδίους [755].

19. Βίος καὶ πολιτεία τοῦ ἐν ἁγίοις πατρὸς ἡμῶν Ἀβερκίου ἐπισκόπου Ἱεραπόλεως. Oct. 22.

Inc. Μάρκου Ἀντωνίνου καὶ Λευκίου Βήρου τὴν αὐτοκράτορα Ῥωμαίοις διεπόντων ἀρχήν [4].

20. Ὑπόμνημα εἰς τὸν ἅγιον Ἰάκωβον τὸν ἀπόστολον καὶ ἀδελφόθεον. Oct. 23.

Inc. Οὐχ οὕτως ἡδύ τι τῷ φιλαρέτῳ καὶ κόρῳ μηδενὶ λυμαινόμενον [764].

21. Μαρτύριον τοῦ ἁγίου μεγαλομάρτυρος Ἀρέθα καὶ τῶν σὺν αὐτῷ ἀθλησάντων ἁγίων μαρτύρων καὶ ἱστορία τῶν κατὰ χώρας τότε πραχθέντων. Oct. 24.

Inc. Ἔτος μὲν ἤδη πέμπτον ἐνειστήκει τῷ εὐσεβεῖ Ἰουστίνῳ [167].

22. Μαρτύριον τῶν ἁγίων μαρτύρων Μαρκιανοῦ καὶ Μαρτυρίου τῶν νοταρίων. Oct. 25.

Inc. Ἐπεχωρίαζε μὲν καὶ πρότερον ἤδη τὸ τῶν Ἀρειανῶν δόγμα τῇ Ῥωμαίων ἐπικρατείᾳ [1029].

23. Μαρτύριον τοῦ ἁγίου μεγαλομάρτυρος Δημητρίου. Oct. 26.

Inc. Εἶχε μὲν τὰ Ῥωμαίων σκῆπτρα Μαξιμιανὸς ὁ Ἑρκούλιος πολὺς κατὰ χριστιανῶν [498].

24. Βίος καὶ πολιτεία καὶ μαρτύριον τῆς ἁγίας ὁσιομάρτυρος Ἀναστασίας τῆς Ῥωμαίας. Oct. 29.

Inc. Διττὰς ἡμῖν ὁ λόγος Ἀναστασίας οἶδε γνωρίζειν ἐπιφανεῖς μὲν ἄμφω [77].

25. Βίος καὶ πολιτεία τοῦ ὁσίου πατρὸς ἡμῶν Ἀβραμίου. Oct. 29.

Inc. Ἀνδρῶν φιλαρέτων βίος καὶ ἡ τῆς αὐτῶν πολιτείας διήγησις [8].

26. Μαρτύριον τοῦ ἁγίου ἱερομάρτυρος Ζηνοβίου καὶ Ζηνοβίας τῆς ἀδελφῆς αὐτοῦ. Oct. 30.

Inc. Αἰγαὶ πόλις ἐστὶν ἐπὶ κόλπῳ μὲν τῷ Ἰωνίῳ κειμένη, ὑπὸ Κιλίκων δὲ οἰκουμένη [1885].

27. Μαρτύριον τοῦ ἁγίου μάρτυρος Ἐπιμάχου. Oct. 31.

Inc. Ἄρτι μὲν ἡ τῆς εὐσεβείας ἀχλὺς ἀνὰ πᾶσαν διεχεῖτο τὴν οἰκουμένην [594].

NOVEMBER

Codices selecti. *Ambros.* A. 180 sup. (dies 1-30), 213 inf. (17-30), B. 25 inf. (1-12). — *Angelic.* 126 (1-15). — *Barberin.* V. 20 (16-30). — *Chalcen.* 129 (1-15). — *Genov.* 36 (7-30). — *Holkham.* 89. III (3-27); 89. IV (14-30). — *Marcian.* 350 (17-30), 351 (1-13), 352 (17-30), 353 (17-30), 361 (2-15), 584 (1-5), VII. 53 (5-30). — *Medic.-Laurent.* XI. 1 (1-13). — *Messan.* 28 (2-16); 48 (4-28); 61 (2-13); 69 (17-30); 70 (1-16).—*Monac.* 364 (1-13).—*Mosquen.* 361 (1-30), 362 (1-30), 363 (2-17), 364 (16-30), 365 (17-30). — *Neapol.* II. c. 29 (1-17). — *Ottobon.* 427 (1-18), 429 (1-13). — *Paris.* 579 (17-30), 580 (17-25), 693 (17-30), 774 (1-30), 1020 (1-17), 1481 (1-15), 1482 (18-23), 1487 (1-13), 1497 (1-13). 1513 (17-30), 1522 (1-15), 1525 (1-30), 1530 (14-30), 1541 (1-16), 1545 (13-30), 1549 (2-28), 1552 (1-13), 1554 (23-30). — *Taurin.* 14 (1-15), 69 (15-30). — *Vatic.* 804 (1-16), 805 (17-30), 806 (14-30), 810 (1-16), 811 (1-15), 1596 (14-30), 1798 (3-15), 1801 (17-30), 2037 (1-16), 2039 (17-28).

Ex his constat rarius unico, duplici plerumque tomo mensem novembrem comprehendi, quorum prior post diem 13 saepius absolvitur.

In nonnullis codicibus (*Angelic.* 126, *Marcian.* 361, *Paris.* 1541, *Vatic.* 811, 1798) legitur n. 9, Vita altera S. Theoctistae quae inc. Ἐπαινεῖν μὲν τὰ χρηστά (= n. 1723).

Est ubi ad diem 15, Passio SS. Guriae et sociorum (n. 14) in partes duas (Μαρτύριον τῶν ἁγίων Σαμωνᾶ, Γουρία καὶ 'Αβίβου, et "Αθλησις τοῦ ἁγίου 'Αβίβου), vel etiam tres (addito tertio lemmate Θαῦμα τῶν ἁγίων ὁμολογητῶν Γουρία, Σαμωνᾶ καὶ 'Αβίβου) dividatur, ad diem vero 25 ab epitome Clementina (n. 21) Passio Clementis sub distincto lemmate Μαρτύριον τοῦ ἁγίου Κλήμεντος seiungatur.

Diem 8 mensis S. Matronae (n. 8) aliquando assignatum reperimus (v. g. *Paris.* 774, 1549, *Neapol.* II. c. 29, *Vatic.* 811). Intra dies 18 et 27 non levis est in ordine rerum codicum discrepantia. Sanctus enim Amphilochius (n. 18), qui plerumque die 23 occurrit, etiam diebus 19 (*Paris.* 1530, *Vatic.* 805) et 20 (*Holkham.* 89. IV, *Marcian.* 353, *Paris.* 693, 1513, 1545, 1584), rarius 22 (*Taurin.* 69) celebrandus notatur. S. Gregorius Agrigentinus (n. 19) tum die 24 tum etiam die 23 (*Holkham.* 89. IV, *Paris.* 693, 1554, 1549, 1513, *Taurin.* 69, *Vatic.* 806); S. Aecaterina (n. 20) non raro die 25 (*Paris.* 1554, *Barberin.* V. 20, *Marcian.* 353, *Messan.* 48, 69, *Vatic.* 1596, 1801); S. Mercurius (n. 23) plerumque die 25, sed et die 26 (*Holkham.* 89. IV, *Marcian.* 353, *Paris.* 693, 1513, 1554, *Taurin.* 69, *Vatic.* 805).

1. Βίος καὶ πολιτεία καὶ ἀνάπαυσις τῶν ἁγίων καὶ θαυματουργῶν ἀναργύρων Κοσμᾶ καὶ Δαμιανοῦ. Nov. 1.

Inc. Ἄρτι τῆς εὐσεβείας ἀναλαμπούσης καὶ τοῦ εὐαγγελικοῦ κηρύγματος [374].

2. Μαρτύριον τῶν ἁγίων μαρτύρων 'Ακινδύνου, Πηγασίου, 'Ανεμποδίστου, 'Αφθονίου καὶ 'Ελπιδιφόρου. Nov. 2.

Inc. Εἰ καὶ πρῶτοι Πέρσαι Χριστὸν ἐκ παρθένου γεννώμενον προσεκύνησαν [23].

3. Μαρτύριον τῶν ἁγίων μαρτύρων 'Ακεψιμᾶ, 'Ιωσὴφ καὶ 'Αειθαλᾶ. Nov. 3.

Inc. 'Ελύττα κατὰ χριστιανῶν Σαβώριος ὁ Περσῶν βασιλεύς [20.]

4. Βίος καὶ πολιτεία τοῦ ὁσίου πατρὸς ἡμῶν 'Ιωαννικίου. Nov. 4.

Inc. Τὴν πρὸς ἀρετὴν ὁδὸν φέρουσαν τραχεῖαν εἶναι καὶ ἀνάντη καὶ δυσχερῆ [937].

5. Βίος καὶ πολιτεία καὶ μαρτύριον τῶν ἁγίων καὶ ἐνδόξων μαρτύρων Γαλακτίωνος καὶ 'Επιστήμης. Nov. 5.

Inc. Τῆς πρὸς τῷ Λιβάνῳ ὄρει Φοινίκης πολλαὶ μὲν πόλεις [666].

6. Βίος καὶ πολιτεία τοῦ ὁσίου πατρὸς ἡμῶν Παύλου τοῦ ὁμολογητοῦ. Nov. 6.

Inc. 'Ηνίκα Κωνστάντιος ὁ τοῦ μεγάλου Κωνσταντίνου τρίτος υἱὸς τὰ τῆς 'Ρωμαϊκῆς ἀρχῆς [1473].

7. Μαρτύριον τοῦ ἁγίου μεγαλομάρτυρος 'Ιέρωνος καὶ τῶν σὺν αὐτῷ ἁγίων τῶν ἐν Μελιτινῇ ἀθλησάντων. Nov. 7.

Inc. Ἱέρωνι τῷ γενναίῳ πατρὶς μὲν ἡ δευτέρα τῶν Καππαδοκῶν, πόλις δὲ Τύανα [750].

8. Βίος καὶ πολιτεία τῆς ὁσίας Ματρώνης. Nov. 9.

Inc. Τοὺς σώφρονας τὸν βίον καὶ φιλαρέτους κατὰ δύναμιν ἐπαινεῖν ὅσιον [1222].

9. Βίος καὶ πολιτεία τῆς ὁσίας καὶ ἀειμνήστου Θεοκτίστης τῆς Λεσβίας. Nov. 10.

Inc. Εἰκόνες καὶ στῆλαι καὶ ἀνδριάντες διὰ τοῦτο [1725, 1726].

10. Μαρτύριον τοῦ ἁγίου καὶ ἐνδόξου μεγαλομάρτυρος τοῦ Χριστοῦ Μηνᾶ τοῦ Αἰγυπτίου τοῦ ἐν τῷ Κοτυαείῳ μαρτυρήσαντος. Nov. 11.

Inc. Βασιλεύοντος Διοκλητιανοῦ τε καὶ Μαξιμιανοῦ τῶν τοῦ ἀληθοῦς βασιλέως πολεμίων [1250].

11. Βίος καὶ πολιτεία τοῦ ὁσίου πατρὸς ἡμῶν Ἰωάννου ἀρχιεπισκόπου Ἀλεξανδρείας τοῦ ἐλεήμονος. Nov. 12.

Inc. Τὰς τῶν ἀγαθῶν ἀνδρῶν ἀναγράπτους τιθέναι πράξεις [888].

12. Βίος καὶ πολιτεία τοῦ ἐν ἁγίοις πατρὸς ἡμῶν Ἰωάννου ἀρχιεπισκόπου Κωνσταντινουπόλεως τοῦ Χρυσοστόμου. Nov. 13.

Inc. Καὶ πάντων μὲν τῶν κατὰ Θεὸν πολιτευσαμένων ὁ βίος τοῖς εὐσεβέσιν ὠφελιμώτατος [875].

13. Ὑπόμνημα εἰς τὸν ἅγιον ἀπόστολον Φίλιππον. Nov. 14.

Inc. Ὁ τοῦ Θεοῦ λόγος ἀϊδίως συνὼν τῷ πατρὶ καὶ ἄχρονος [1527].

14. Μαρτύριον τῶν ἁγίων ὁμολογητῶν Γουρία Σαμωνᾶ καὶ Ἀβίβου. Nov. 15.

Inc. Ἔτος μὲν ἀπὸ τῆς Ἀλεξάνδρου τοῦ Μακεδόνος ἀρχῆς ἑξακοσιοστὸν ἦν [736, 737, 738].

15. Ὑπόμνημα εἰς τὸν ἅγιον Ματθαῖον τὸν ἀπόστολον καὶ εὐαγγελιστήν. Nov. 16.

Inc. Ἤδη μὲν τὴν παρὰ τοῦ πλάσαντος ἡμᾶς δοθεῖσαν φυλάττοντες ἐντολήν [1226].

16. Βίος καὶ πολιτεία τοῦ ἐν ἁγίοις πατρὸς ἡμῶν Γρηγορίου ἐπισκόπου Νεοκαισαρείας τοῦ θαυματουργοῦ συγγραφεὶς ὑπὸ τοῦ ἁγίου Γρηγορίου Νύσης. Nov. 17.

Inc. Ὁ μὲν σκοπὸς εἷς ἐστι τοῦ τε ἡμετέρου λόγου καὶ τοῦ παρόντος ἡμῶν συλλόγου [715].

17. Μαρτύριον τοῦ ἁγίου μεγαλομάρτυρος Πλάτωνος. Nov. 18.

Inc. Οὐ ξένα Γαλατῶν τὰ παρόντα οὐδὲ ὁμολογητοῦ τῆς ἀληθείας ἀλλότρια [1551, 1552].

18. Βίος καὶ πολιτεία τοῦ ὁσίου πατρὸς ἡμῶν Ἀμφιλοχίου ἐπισκόπου Ἰκονίου. Nov. 23.

Inc. Καὶ τί τῶν καλῶν ἔσται τις τῇ μνήμῃ παραδιδοὺς εἰ τὸν τοῦ Ἀμφιλοχίου παρέλθοι [72].

19. Βίος καὶ πολιτεία τοῦ ὁσίου πατρὸς ἡμῶν Γρηγορίου ἐπισκόπου Ἀκραγαντίνων. Nov. 24.

Inc. Κάλλιστόν τι χρῆμα ἡ ἀρετὴ καὶ δόξαν ὅσην ἐγκόσμιόν τε καὶ ὑπερκόσμιον [708].

20. Μαρτύριον τῆς ἁγίας μεγαλομάρτυρος Αἰκατερίνας. Nov. 24.

Inc. Βασιλεύοντος τοῦ ἀσεβεστάτου Μαξεντίου πᾶσα ἡ τῶν Ῥωμαίων ἀρχὴ [32].

21. Κλήμεντος τῶν Πέτρου ἐπιδημιῶν κηρυγμάτων ἐπιτομή. Nov. 25.

Inc. Κλήμης Ἰακώβῳ — Γνώριμον ἔστω σοι, κύριέ μου, ὅτι ἐγὼ Κλήμης Ῥωμαίων πολίτης ὢν... λογισμόν τε δεξάμενος οὐκ οἶδα πόθεν [345, 346, 347].

22. Μαρτύριον τοῦ ἁγίου ἱερομάρτυρος Πέτρου ἀρχιεπισκόπου Ἀλεξανδρείας. Nov. 25.

Inc. Εἶχε μὲν ἡ ἐπιφανὴς Νικομήδεια ἄνδρα τὴν βασίλειαν ἀρχὴν διϊθύνοντα [1503].

23. Μαρτύριον τοῦ ἁγίου μεγαλομάρτυρος Μερκουρίου. Nov. 25.

Inc. Δέκιος ἡνίκα καὶ Βαλεριανὸς ὁ μὲν ἐπὶ τῶν τῆς Ῥώμης σκήπτρων ἦν [1276].

24. Βίος καὶ πολιτεία τοῦ ὁσίου πατρὸς ἡμῶν Ἀλυπίου. Nov. 26.

Inc. Καλοὶ μὲν καὶ οἱ τῶν μαρτύρων ἆθλοι καὶ πολλὴν δυνάμενοι τοῖς φιλαρέτοις [64].

25. Μαρτύριον τοῦ ἁγίου Ἰακώβου τοῦ Πέρσου. Nov. 27.

Inc. Ἀρκαδίου τὰ Ῥωμαίων διέποντος σκῆπτρα, ᾧ πατὴρ μὲν ἦν Θεοδόσιος [773].

26. Βίος καὶ πολιτεία τοῦ ὁσίου πατρὸς ἡμῶν καὶ ὁμολογητοῦ Στεφάνου τοῦ νέου. Nov. 28.

Inc. Θεῖόν τι χρῆμα ἡ ἀρετὴ καὶ πολλῶν ἀξία τῶν ἐγκωμίων [1667].

27. Ὑπόμνημα εἰς τὸν ἅγιον τοῦ Χριστοῦ ἀπόστολον Ἀνδρέαν τὸν πρωτόκλητον. Nov. 30.

Inc. Ἄρτι τοῦ παιδὸς Ζαχαρίου, Ἰωάννου φημὶ τοῦ πάνυ τὰς ἐρήμους ἀπολιπόντος [101].

DECEMBER

Codices selecti. *Ambros.* E. 89 inf. (dies 5-14). — *Chalcen.* 6 (4-14), 19 (14-31), 20 (4-13). — *Coislin.* 147 (4-31), 148 (14-31). — *Genov.* 37 (14-31). — *Hierosol.* Patr. 7 (4-31); Sab. 224 (5-28); S. Crucis 6 (17-31). — *Holkham.* 89. V. (1-30). — *Marcian.* 354 (4-13), 355 (14-31), 356 (14-31). — *Matrit.* 4648 (5-31). — *Medic.-Laurent.* XI. 10 (4-15), XI. 11. (4-15). — *Messan.* 5 (14-31), 37 (4-13). — *Monac.* 132 (17-31). — *Mosquen.* 369 (1-13), 370 (14-31), 371 (14-31), 372 (14-31). —

V

Palat. 3 (14-31), 349 (6-22). — *Paris.* 1461 (4-13), 1462 (5-13), 1466 (4-29) 1469 (6-13), 1490 (14-31), 1496 (4-31), 1498 (7-21), 1501 (4-15), 1509 (4-13), 1518 (4-13), 1531 (5-31), 1535 (4-31), 1550 (4-31), 1553 (5-31), 1559 (4-31), *suppl.* 563 (5-31). — *Vatic.* 555 (6-27), 812 (4-13), 813 (4-20), 814 (4-13), 815 (15-29), 816 (21-31), 1615 (4-13), 1645 (4-28), 2038 (4-14), 2040 (15-31). — *Scorialen.* y. II. 2 (4-13); y. II. 13 (19-31). — *Taurin.* 68 (6-15), 72 (5-13).

Nunc uno, nunc duobus tomis constat mensis december, quorum prior in die 13 plerumque sistit.

Acta S. Sebastiani et soc. (n. 14) in nonnullis codicibus desunt (*Hieros.* 7, *Monac.* 132, *Paris.* 1466, 1496, 1531, 1559, *Vatic.* 815, 1645); in iisdem autem legitur ad diem 27 oratio de S. Stephano, Gregorio Nysseno ascripta, quae incipit Ὡς καλὴ τῶν ἀγαθῶν ἡ ἀκολουθία (= n. 1654). Haec vero oratio raro in iis codicibus reperitur qui S. Sebastiani Acta habent (*Holkham.* 89. V, *Paris.* 1490, *Vatic.* 1645). Est et ubi Passio S. Bonifatii (n. 13) locum cum Passione S. Sebastiani commutet, atque ideo diei 19 non vero 18 ascribatur (v. g. *Coislin.* 147, *Paris.* 1550, 1559, *suppl.* 563, *Vatic.* 813); hinc inde etiam, ubi omittitur S. Sebastianus, S. Bonifatius die 19 celebratur (*Hierosol.* 7, *Monac.* 132, *Paris.* 1559, *Vatic.* 555, 815).

1. Μαρτύριον τῆς ἁγίας μεγαλομάρτυρος τοῦ Χριστοῦ Βαρβάρας. Dec. 4.

Inc. Μαξιμιανῷ τῷ δυσσεβεῖ βασιλεῖ πολλὴν περὶ τὴν τῶν εἰδώλων πλάνην [216].

2. Βίος καὶ πολιτεία τοῦ ὁσίου πατρὸς ἡμῶν Σάβα. Dec. 5.

Inc. Οὐδὲν οὕτω κινῆσαι ψυχὴν εἰς ἀρετῆς ἐπιθυμίαν ἀνυσιμώτατον ὡς ἀνδρῶν βίος ἀρίστων [1609].

3. Βίος καὶ πολιτεία τοῦ ὁσίου πατρὸς ἡμῶν Νικολάου. Dec. 6.

Inc. Σοφόν τι χρῆμα ζωγράφων χεὶρ καὶ δεινὴ μὲν μιμήσασθαι τὴν ἀλήθειαν [1349].

4. Βίος καὶ πολιτεία τοῦ ὁσίου πατρὸς ἡμῶν Ἀμβροσίου ἐπισκόπου Μεδιολάνων. Dec. 7.

Inc. Οὐαλεντινιανοῦ μετὰ τελευτὴν Ἰοβιανοῦ τὰ σκῆπτρα τῆς βασιλείας δεξαμένου [69].

5. Βίος καὶ πολιτεία τοῦ ὁσίου πατρὸς ἡμῶν Παταπίου. Dec. 8.

Inc. Οὐ πολλοὺς Αἴγυπτος, ἐπὰν δὲ τέκῃ, μέγαν τίκτει [1424].

6. Μαρτύριον τῶν ἁγίων μαρτύρων Μηνᾶ, Ἑρμογένους καὶ Εὐγράφου. Dec. 10.

Inc. Μετὰ τὴν ἐπὶ γῆς τοῦ σωτῆρος Χριστοῦ παρουσίαν πολλοὶ μὲν καὶ ἄλλοι [1271].

7. Βίος καὶ πολιτεία τοῦ ὁσίου πατρὸς ἡμῶν Δανιὴλ τοῦ στυλίτου. Dec. 11.

Inc. Ὥσπερ ἐπὶ τῶν ἀριστέων ὁπόταν περὶ πολέμων καὶ ἀγώνων [490].

8. Βίος καὶ πολιτεία τοῦ ὁσίου πατρὸς ἡμῶν Σπυρίδωνος ἐπισκόπου Τριμιθοῦντος. Dec. 12.

Inc. Μέγιστον εἰς ψυχῆς ὠφέλειαν βίος γενναίων καὶ φιλοθέων ἀνδρῶν καὶ πολὺν τὸν πλοῦτον [1648].

9. Ἄθλησις τῶν ἁγίων μαρτύρων Εὐστρατίου, Αὐξεντίου, Εὐγενίου, Μαρδαρίου καὶ Ὀρέστου. Dec. 13.

Inc. Βασιλεύοντος Διοκλητιανοῦ καὶ Μαξιμιανοῦ πᾶσα ἡ τῶν Ῥωμαίων ἀρχή [646].

10. Μαρτύριον τῶν ἁγίων μαρτύρων Θύρσου, Λουκίου, Καλλινίκου, Φιλήμονος καὶ Ἀπολλωνίου. Dec. 14.

Inc. Τοῦ κυρίου ἡμῶν Ἰησοῦ Χριστοῦ κοινωνίᾳ σαρκὸς ὅ φησι Παῦλος ἐπὶ γῆς φιλανθρώπως ἐπιδημήσαντος [1845, 1846].

11. Μαρτύριον τοῦ ἁγίου ἱερομάρτυρος Ἐλευθερίου. Dec. 15.

Inc. Αἰλίου Ἀδριανοῦ Ῥωμαίων μὲν βασιλεύοντος δαίμοσι δὲ καὶ εἰδώλοις ἐπιμελῶς δουλεύοντος [571].

12. Ὑπόμνημα εἰς τὸν ἅγιον προφήτην Δανιὴλ καὶ εἰς τοὺς ἁγίους τρεῖς παῖδας. Dec. 17.

Inc. Ἄρτι Ναβουχοδονόσορ ὁ βασιλεὺς Ἀσσυρίων τὴν Ἱερουσαλὴμ πολέμῳ κατακτησάμενος [485].

13. Μαρτύριον τοῦ ἁγίου μάρτυρος Βονιφατίου. Dec. 18.

Inc. Καὶ τὰ τῶν ἄλλων τοῦ Χριστοῦ μαρτύρων ἆθλα πόλυ τε καὶ μέγα τοῖς σπουδαίοις [281, 282].

14. Μαρτύριον τοῦ ἁγίου μάρτυρος Σεβαστιανοῦ καὶ τῆς συνοδίας αὐτοῦ Ζωῆς, Τραγκυλίνου, Νικοστράτου, Κλαυδίου, Κάστορος, Τιβουρτίου, Καστούλου, Μαρκελλίνου καὶ Μάρκου. Dec. 19.

Inc. Πολλῶν κατὰ διαφόρους καιροὺς κατὰ Χριστοῦ καὶ τῶν ἐκείνου μανέντων θεραπευτῶν [1620].

15. Μαρτύριον τοῦ ἁγίου ἱερομάρτυρος Ἰγνατίου τοῦ θεοφόρου. Dec. 20.

Inc. Ἄρτι Τραϊανοῦ τὰ τῆς Ῥωμαίων βασιλείας σκῆπτρα παραλαβόντος [815].

16. Μαρτύριον τῆς ἁγίας μάρτυρος Ἰουλιανῆς. Dec. 21.

Inc. Καὶ καλλίστη τῶν πόλεων ἡ Νικομήδους φημὶ Μαξιμιανοῦ τοῦ δυσσέβοῦς ἄρξαντος [963].

17. Μαρτύριον τῆς ἁγίας μάρτυρος Ἀναστασίας. Dec. 22.

Inc. Ἀναστασία γυναικῶν ἡ καλλίστη, Ῥώμης μὲν τῆς περιδόξου φυτόν [82].

18. Μαρτύριον τῶν ἁγίων δέκα μαρτύρων τῶν ἐν Κρήτῃ. Dec. 23.

Inc Ἄλλος μὲν ἄλλο τι τῆς θρυλουμένης διεξιέτω Κρήτης, ὁ μὲν τὸ κάλλος [1197].

V

19. Μαρτύριον τῆς ἁγίας μάρτυρος Εὐγενίας. Dec. 24.

Inc. Κομόδου μετὰ Μάρκον τὸν αὐτοῦ πατέρα τὸ Ῥωμαϊκὸν σκῆπτρον ἔχοντος [608].

20. Τοῦ ἐν ἁγίοις πατρὸς ἡμῶν Γρηγορίου Νύσσης ἐγκώμιον εἰς τὸν ἅγιον πρωτομάρτυρα Στέφανον. Dec. 27.

Inc. Ὡς καλὴ τῶν ἀγαθῶν ἡ ἀκολουθία ὡς γλυκεία τῆς εὐφροσύνης ἡ διαδοχή [1654].

21. Βίος καὶ πολιτεία τοῦ ὁσίου πατρὸς ἡμῶν Θεοδώρου τοῦ γραπτοῦ καὶ Θεοφάνους τοῦ ἀδελφοῦ αὐτοῦ. Dec. 27.

Inc. Τῶν ὑπὲρ Χριστοῦ τὴν ἄθλησιν ἑλομένων οἱ μὲν ὑπὲρ εὐσεβείας ἁπλῶς [1746].

22. Μαρτύριον τῶν ἁγίων μαρτύρων Ἴνδη καὶ Δόμνας καὶ τοῦ πλήθους τῶν δισμυρίων τῶν ἐν Νικομηδείᾳ μαρτυρησάντων. Dec. 28.

Inc. Ἄρτι Μαξιμιανοῦ δεύτερον ἔτος ἄγοντος ἐν τῇ Ῥωμαίων ἀρχῇ [823].

23. Βίος καὶ πολιτεία τοῦ ὁσίου πατρὸς ἡμῶν καὶ ἀρχιμανδρίτου Μαρκέλλου μονῆς τῶν ἀκοιμήτων. Dec. 29.

Inc. Ἔννοιά μοι πολλάκις γέγονε, τί δή ποτε μυρίοι ποιηταί [1028].

24. Βίος καὶ πολιτεία τῆς ὁσίας Μελάνης τῆς Ῥωμαίας. Dec. 31.

Inc. Ἦν ἄρα καὶ τοῦτο τῆς μεγίστης τῶν πάλαι καὶ περιφανεστάτης ἐν πόλεσι [1242].

IANUARIUS

Codices selecti. *Ambros.* A. 149 sup. (dies 9-18). — *Chalcen.* 17 (6-31), 18 (4-31). — *Chisian.* R. VII. 49 (2-18). — *Hierosol.* Patr. 9 (1-16); S. Crucis 5 (11-31). — *Marcian.* 357 (9-22); 358 (20-30), 585 (9-24), VII. 27 (2-18), VII. 28 (5-18), VII. 30 (2-31), VII. 32 (20-31). — *Medic.-Laurent.* XI. 2 (17-26), XI. 21 (5-17). — *Messan.* 23 (20-31). — *Mosquen.* 372 (9-17), 373 (5-18), 374 (18-31). — *Mus. Britt.* Add. 36.635 (9-17). — *Neapol.* II. c. 28 (1-17). — *Ottobon.* 88 (5-17). — *Oxon.* Barocc. 183 (1-26). — *Palat.* 308 (20-31). — *Paris.* 1448 (2-17), 1455 (20-30), 1464 (13-20), 1465 (20-25), 1467 (1-31), 1472 (4-17), 1473 (4-18), 1493 (4-18), 1508 (1-31), 1520 (9-16), 1557 (1-31), 1457 (20-31), 1460 (20-31), 1471 (20-21), 1507 (20-31), 1536 (4-26). — *Rossian.* IX. 159 (4-31). — *Scorialen.* y. II. 1 (20-27), 4 (1-17), 10 (9-18). — *Vatic.* 453 (18-31), 817 (5-17), 818 (9-31), 1790 (4-18), 1806 (14-17).

Primo loco, seu die 5 (hinc inde etiam 4, ut in codicibus *Paris.* 1473, 1493) plerumque legitur Vita S. Pauli Thebaei; in codicibus non paucis haec eadem ad diem 15 transfertur, ut in *Chisian.* R. VII. 49; *Hierosol.* S. Crucis 5; *Marcian.* 357, VII. 27, 30; *Mosquen.* 372, 375; *Mus. Britt.* 36.635; *Paris.* 1467, 1508, 1520, 1557; *Vatic.* 818.

Praeter alia quibus ianuarii exemplaria passim permixta sunt, notanda est Vita S. Silvestri ad diem 2, illa saepius quae inc. Ὁ ἡμέτερος ἱστοριογράφος Εὐσέβιος ἡνίκα τὴν ἐκκλησιαστικὴν ἔγραφεν ἱστορίαν [1631, 1632], ut in codicibus *Chisian.* R. VII. 49, *Marcian.* VII. 27, 30, *Paris.* 1448, 1508, *Scorialen.* y. II. 4, rarius altera quae inc. Εὐσέβιος ὁ Παμφίλου τὴν ἐκκλησιαστικὴν συγγράφων ἱστορίαν [1628-30], quamque habent codices *Oxon.* Barocc. 183, *Paris.* 1467.

1. Βίος καὶ πολιτεία τοῦ ὁσίου πατρὸς ἡμῶν Παύλου τοῦ Θηβαίου. Ian. 5.

Inc. Καὶ ζωγράφοις τῶν ἀρχετύπων ἐκεῖνα πρὸς μίμησιν αἱρετώτερα [1468].

2. Μαρτύριον τοῦ ἁγίου μεγαλομάρτυρος Πολυεύκτου. Ian. 9.

Inc. Εἴπερ τις ἄλλη καὶ καλλίστη τῶν διηγήσεων καὶ ἡ τοῦ θαυμαστοῦ μάρτυρος Πολυεύκτου [1568].

3. Βίος καὶ πολιτεία τοῦ ὁσίου πατρὸς ἡμῶν Μαρκιανοῦ πρεσβυτέρου καὶ οἰκονόμου τῆς μεγάλης ἐκκλησίας. Ian. 10.

Inc. Πολλὰ μὲν καὶ ἄλλα τὰ τὴν βασιλίδα ταύτην σεμνύναντα πόλιν [1034].

4. Βίος καὶ πολιτεία τοῦ ὁσίου πατρὸς ἡμῶν Θεοδοσίου τοῦ κοινοβιάρχου. Ian. 11.

Inc. Ἥδιστον μὲν ἔαρ ἐν ὥραις, κάλλιστον δὲ ἐν ἄστρασιν ἥλιος [1778].

5. Μαρτύριον τῶν ἁγίων μαρτύρων Ἑρμύλου καὶ Στρατονίκου. Ian. 13.

Inc. Βασιλεύοντος Λικινίου τοῦ δυσσεβοῦς πολλήν τε περὶ τὰ εἴδωλα τὴν σπουδὴν ποιουμένου [745].

6. Νείλου μοναχοῦ εἰς τὴν ἀναίρεσιν τῶν ἁγίων πατέρων τῶν ἐν Σινᾶ καὶ Ῥαϊθοῦ. Ian. 14.

Inc. Ἀλώμενος ἐγὼ μετὰ τὴν ἔφοδον τῶν βαρβάρων ἦλθον εἰς Φαρὰν [1301-07].

7. Βίος καὶ πολιτεία τοῦ ὁσίου πατρὸς ἡμῶν Ἰωάννου τοῦ διὰ Χριστὸν πτωχοῦ. Ian. 15.

Inc. Τυραννικόν τι χρῆμα τεκόντων στοργὴ καὶ δεσμὰ φύσεως ἄφυκτα [869].

8. Λόγος εἰς τὴν προσκύνησιν τῆς τιμίας ἁλύσεως τοῦ ἁγίου καὶ κορυφαίου τῶν ἀποστόλων Πέτρου. Ian. 16.

Inc. Ὅσοι τῷ τοῦ κορυφαίου τῶν ἀποστόλων θείῳ ἔρωτι γενόμενοι κάτοχοι [1486].

9. Βίος καὶ πολιτεία τοῦ ὁσίου πατρὸς ἡμῶν Ἀντωνίου συγγραφεὶς καὶ ἀποσταλεὶς πρὸς τοὺς ἐν τῇ ξένῃ μοναχοὺς παρὰ τοῦ ἐν ἁγίοις πατρὸς ἡμῶν Ἀθανασίου ἐπισκόπου Ἀλεξανδρείας. Ian. 17.

Inc. Ἀγαθὴν ἅμιλλαν ἐνεστήσασθε πρὸς τοὺς ἐν Αἰγύπτῳ μοναχούς [140].

10. Βίος καὶ πολιτεία τοῦ ἐν ἁγίοις πατρὸς ἡμῶν Ἀθανασίου ἀρχιεπισκόπου γενομένου Ἀλεξανδρείας. Ian. 18.

Inc. Ἄλλοι μὲν ἄλλα τῶν μακαρίων ἀνδρῶν [183].

11. Βίος καὶ πολιτεία τοῦ ὁσίου πατρὸς ἡμῶν Εὐθυμίου τοῦ μεγάλου. Ian. 20.

Inc. Καὶ παντὸς μὲν ἄλλου πράγματος ἄσκησις ὑποδείγματος ἄνευ [649].

12. Ὑπόμνημα εἰς τὸν ἅγιον ἀπόστολον τοῦ Χριστοῦ Τιμόθεον. Ian. 22.

Inc. Τιμόθεον τὸν μέγαν ἤνεγκε μὲν ἡ Λυκαόνων, ἐθρέψατο δὲ καὶ ἤσκησεν [1848].

13. Μαρτύριον τοῦ ἁγίου καὶ ἐνδόξου μεγαλομάρτυρος τοῦ Χριστοῦ Ἀναστασίου. Ian. 22.

Inc. Τῆς μεγάλης πόλεως Ἱεροσολύμων ὑπὸ τῶν Περσῶν [85].

14. Ἄθλησις τοῦ ἁγίου ἱερομάρτυρος Κλήμεντος Ἀγκύρας. Ian. 23.

Inc. Μετὰ διακοσιοστὸν καὶ πεντηκοστὸν ἔτος τῆς τοῦ κυρίου ἡμῶν Ἰησοῦ Χριστοῦ πρὸς οὐρανοὺς ἀναλήψεως [353].

15. Βίος καὶ πολιτεία τῆς ὁσίας Εὐσεβείας τῆς μετονομασθείσης Ξένης. Ian. 24.

Inc. Ὁ καινὸς καὶ ξένος τῆς θαυμασίας Ξένης βίος βραχεῖαν μέν [634].

16. Βίος τοῦ ἐν ἁγίοις πατρὸς ἡμῶν Γρηγορίου τοῦ θεολόγου. Ian. 25.

Inc. Συγκαλεῖ μὲν ἡμᾶς, ὦ ἄνδρες, Γρηγόριος ὁ πάνυ, ὁ τῆς θεολογίας ἐπώνυμος [723].

17. Βίος καὶ πολιτεία τοῦ ὁσίου Ξενοφῶντος καὶ τῶν αὐτοῦ τέκνων Ἰωάννου καὶ Ἀρκαδίου. Ian. 26.

Inc. Ξενοφῶν ὁ θαυμάσιος ἔφυ μὲν ἐκ ταύτης τῶν πόλεων ἢ πασῶν τῶν ἄλλων κάλλει [1878].

18. Ὑπόμνημα εἰς τὴν ἀνακομιδὴν τοῦ λειψάνου τοῦ ἐν ἁγίοις πατρὸς ἡμῶν Ἰωάννου τοῦ Χρυσοστόμου. Ian. 27.

Inc. Ἀλλὰ πῶς ἄν τις αἰτίας καὶ μώμων ἡμᾶς ἀπαλλάξοι τὸ ἱερὸν οὕτως ἐν ὑπερορίᾳ σῶμα [877].

19. Βίος καὶ πολιτεία τοῦ ὁσίου πατρὸς ἡμῶν Ἐφραὶμ τοῦ Σύρου. Ian. 28.

Inc. Ἐφραὶμ ὁ θαυμάσιος ἔφυ μὲν ἐκ τῆς Σύρων γῆς ἑλόμενος δὲ τὴν ἀρετὴν ἐκ νηπίου [584].

20. Βίος καὶ μαρτύριον τῶν ἁγίων καὶ θαυματουργῶν ἀναργύρων Κύρου καὶ Ἰωάννου. Ian. 31.

Inc. Κῦρος ὁ περιφανὴς τῶν μαρτύρων ἀστὴρ πόλεως μὲν καὶ αὐτῆς ἐτύγχανε [471].

FEBRUARIUS

Codices selecti. *Angelic.* 40. — *Chisian.* R. V. 34. — *Coislin.* 307. — *Ferrar.* 321. — *Holkham.* 89, I. — *Messan.* 27. — *Paris.* 1450, 1500, 1529. — *Scorial.* y. II. 7. — *Vallicell.* B. 14. — *Vatic.* 1245, 1993.

Menses tres, februarium, martium, aprilem, unus plerumque codex complectitur.

In Passione utriusque S. Theodori, ducis videlicet et tironis (nn. 3, 8) legitur historia trucidati draconis, iisdem plane verbis concepta, in codicibus *Paris.* 1450, 1500; in *Coislin.* 307 narratur eadem de solo duce (n. 3), in *Vatic.* 1245 de solo tirone; in *Scorial.* y. II. 7 legitur de duce, Passio autem tironis omissa est; in *Paris.* 1529 non legitur de tirone, sed Passio ducis deest. De his dixi in libro *Les Légendes grecques des saints militaires* (Paris, 1909), pp. 26, 32.

1. Μαρτύριον τοῦ ἁγίου καὶ ἐνδόξου μεγαλομάρτυρος Τρύφωνος. Feb. 1.

Inc. Τοῦ κυρίου καὶ Θεοῦ καὶ σωτῆρος ἡμῶν Ἰησοῦ Χριστοῦ μετὰ τὴν θεανδρικὴν [1857].

2. Βίος καὶ πολιτεία καὶ μερικὴ θαυμάτων διήγησις τοῦ ἐν ἁγίοις πατρὸς ἡμῶν Παρθενίου ἐπισκόπου γενομένου Λαμψάκου. Feb. 7.

Inc. Τὰ κατὰ τὸν μέγαν Παρθένιον εἰδέναι μὲν ἀκριβῶς [1423].

3. Μαρτύριον τοῦ ἁγίου καὶ ἐνδόξου μεγαλομάρτυρος τοῦ Χριστοῦ Θεοδώρου τοῦ στρατηλάτου. Feb. 7.

Inc. Λικινίῳ τῷ βασιλεῖ πολλῇ κεχρημένῳ περὶ τὰ εἴδωλα [1752].

4. Βίος καὶ πολιτεία καὶ μερικὴ θαυμάτων διήγησις τοῦ ὁσίου πατρὸς ἡμῶν καὶ θαυματουργοῦ Λουκᾶ τοῦ νέου τοῦ ἐν Ἑλλάδι κειμένου. Feb. 8.

Inc. Οὐ χρόνος ἦν ἀληθῶς ὁ τοῦ καλοῦ βίου καὶ τῆς περὶ τὴν ἀρετὴν σπουδῆς [994].

5. Μαρτύριον τοῦ ἁγίου μεγαλομάρτυρος Νικηφόρου. Feb. 9.

Inc. Οὐδὲν ἔοικεν ἀγάπης εἶναι μακαριώτερον, ὥσπερ οὖν καὶ μίσους [1332].

6. Μαρτύριον τοῦ ἁγίου ἱερομάρτυρος Βλασίου. Feb. 11.

Inc. Βλάσιος ὁ μάρτυς ἄξιον τοῦ τοιοῦδε τέλους τῆς μαρτυρίας [277].

7. Βίος καὶ πολιτεία τοῦ ὁσίου πατρὸς ἡμῶν Μαρτινιανοῦ. Feb. 13.

Inc. Ὃν τρόπον αἱ τῶν προλαβόντων νόσοι σωματικαὶ καὶ πηρώσεις [1178, 1179].

8. Μαρτύριον τοῦ ἁγίου μεγαλομάρτυρος Θεοδώρου τοῦ τήρωνος. Feb. 17.

Inc. Μαξιμιανῷ καὶ Μαξιμίνῳ τοῖς βασιλεῦσι, πολλή τις καὶ ἄσχετος ἡ ὁρμὴ [1763].

V

MARTIUS

Solet in uno codice legi cum februario et aprili.

1. Μαρτύριον τῶν ἁγίων καὶ ἐνδόξων τοῦ Χριστοῦ μαρτύρων τεσσαράκοντα δύο συγγραφὲν ὑπὸ Εὐωδίου. Mart. 6.

Inc. Φαιδρὰ μὲν τῆς παρούσης πανηγύρεως ἡ ὑπόθεσις, Χριστοῦ γὰρ μαρτύρων [1214].

2. Μαρτύριον τῶν ἁγίων τεσσαράκοντα τοῦ Χριστοῦ μαρτύρων. Mart. 9.

Inc. Εἶχε μὲν τὰ Ῥωμαίων σκῆπτρα Λικίννιος ὁ βασιλέων τῶν πάλαι παρανομώτατος [1202].

3. Διήγησις ὠφελιμὸς ἐκ παλαιᾶς ἱστορίας συλλεγεῖσα καὶ ἀνάμνησιν δηλοῦσα τοῦ παραδόξως γεγονότος θαύματος, ἡνίκα Πέρσαι καὶ βάρβαροι τὴν βασιλίδα ταύτην τῶν πόλεων περιεκύκλωσαν, οἱ καὶ ἀπώλοντο θείας δίκης πειραθέντες· ἡ δὲ πόλις ἀσινὴς συντηρηθεῖσα πρεσβείαις τῆς Θεοτόκου ὅθεν καὶ ἔκτοτε ἐτησίως ᾄδει τῇ Θεοτόκῳ εὐχαριστήριον ὕμνον, ἀκάθιστον τὴν ἡμέραν κατονομάζουσα.

Inc. Ἐν τοῖς χρόνοις Ἡρακλείου τοῦ τῶν Ῥωμαίων βασιλέως, Χοσρόης ὁ τῶν Περσῶν ἀρχὴν ἔχων [1060].

APRILIS

Legi solet in uno codice cum februario et martio.

Passio S. Georgii (n. 2) in nonnullis codicibus (*Paris.* 1500, *Vatic.* 1245) ea est quae inc. Ἄρτι τοῦ τῆς εἰδωλομανίας νέφους τὴν οἰκουμένην διαλαβόντος [677].

1. Βίος τῆς ὁσίας Μαρίας τῆς Αἰγυπτίας συγγραφεὶς παρὰ Σωφρονίου ἀρχιεπισκόπου Ἱεροσολύμων. April. 1.

Inc. Μυστήριον βασιλέως κρύπτειν καλόν, τὰ δὲ ἔργα τοῦ Θεοῦ ἀνακηρύττειν ἔνδοξον [1042].

2. Μαρτύριον τοῦ ἁγίου ἐνδόξου μεγαλομάρτυρος καὶ τροπαιοφόρου Γεωργίου. April. 23.

Inc. Διοκλητιανὸς ὁ Ῥωμαίων αὐτοκράτωρ ἀναξίως τῶν σκήπτρων λαβόμενος [676].

3. Ἐγκώμιον εἰς τὸν ἅγιον ἱερομάρτυρα Βασιλέα ἐπίσκοπον Ἀμασείας. April. 26.

Inc. Οἱ τὸ ἐπίγειον κράτος λαχόντες καὶ τῶν βασιλικῶν [240].

MAIUS

Codices selecti. *Ambros.* C. 186. — *Chisian.* R. VII. 50. — *Messan.* 27, 49. — *Mosq.* 377, 382, 383, 389. — *Ottobon.* 87. — *Paris.* 1474, 1475, 1516, 1527, 1528, 1548. — *Scorial.* y. II. 11. — *Taurin.* 104, 138. — *Vallicell.* B. 14. — *Vatic.* 822, 823, 2043.

Uno solent codice comprehendi maius, iunius, iulius, augustus.

1. Βίος καὶ πολιτεία τοῦ ὁσίου πατρὸς ἡμῶν Ἀρσενίου. Maii 8.

Inc. Ἀλλὰ τῶν σπουδαίων ἄρα καὶ φιλαρέτων ἀνδρῶν αἱ πράξεις [168].

IUNIUS

In uno saepius codice cum maio, iulio, augusto.

1. Μαρτύριον τῶν ἁγίων καὶ ἐνδόξων μαρτύρων Μανουήλ, Σαβὲλ καὶ Ἰσμαήλ. Iun. 17.

Inc. Οἱ μὲν ἄλλοι διῶκται καὶ τύραννοι εἰ καὶ τοῖς εἰδώλοις προστετηκότες ἐτύγχανον [1024].

2. Βίος τοῦ ὁσίου πατρὸς ἡμῶν Σαμψὼν τοῦ ξενοδόχου. Iun. 27.

Inc. Ἀλλὰ μὴν χάριτος ἔργον καὶ θεραπείας τῆς πρὸς τὸν μέγαν Σαμψὼν ἐκπληροῦντες [1615].

3. Ὑπόμνημα διαλαμβάνον μερικῶς τοὺς ἀγῶνας καὶ ἆθλα καὶ ἀποδημίας καὶ τελείωσιν τῶν ἁγίων καὶ κορυφαίων ἀποστόλων Πέτρου καὶ Παύλου. Iun. 29.

Inc. Καὶ τῶν τεχνῶν οὐ μόνον τοὺς ἐξ ἀρχῆς πατέρας ἀποδεχόμεθα [1493].

IULIUS

Uno plerumque in codice cum maio, iunio, augusto.

Passio S. Procopii (n. 1) hinc inde illa est quae inc. Διοκλητιανοῦ καὶ Μαξιμιανοῦ τὴν αὐτοκράτορα Ῥωμαίοις διεπόντων ἀρχήν [1578], v. g. in codicibus *Paris.* 1474, 1516, *Vatic.* 823.

1. Μαρτύριον τοῦ ἁγίου καὶ ἐνδόξου μεγαλομάρτυρος Προκοπίου. Iul. 8.

Inc. Διοκλητιανοῦ καὶ Μαξιμιανοῦ τὴν βασιλείαν ἰθυνόντων ἀρχήν, δεινός τις καὶ ἄγριος [1579].

2. Μαρτύριον τοῦ ἁγίου μεγαλομάρτυρος Παντελεήμονος. Iul. 27.

Inc. Τῆς εἰδωλικῆς ἀχλύος κατὰ πάσης διασκεδασθείσης τῆς οἰκουμένης [1414].

3. Ἄθλησις τοῦ ἁγίου μάρτυρος Καλλινίκου. Iul. 29.

Inc. Τῆς εἰδωλικῆς μανίας ἐπικρατούσης καὶ πάντα ἐπινεμομένης καὶ διαφθειρούσης [287].

4. Βίος καὶ πολιτεία τοῦ ὁσίου πατρὸς ἡμῶν καὶ δικαίου Εὐδοκίμου. Iul. 31.

Inc. Εὐδοκίμου τοῦ κατὰ Θεὸν φερωνύμως εὐδοκιμήσαντος τὸν βίον ἐξηγεῖσθαι καλόν [607].

AUGUSTUS

Plerumque in uno codice cum maio, iunio, iulio.

Vitae S. Ioannis Baptistae (n. 4) non ubique ea clausula est quam dedimus; in codicibus nonnullis (v. g. *Paris.* 1474, 1516, *Vatic.* 822, 823) ita absolvitur : κατατίθεται μὲν ἐν τῇ τῶν Ἐμεσηνῶν πόλει ἐν τῷ οἰκείῳ ναῷ· ἀνευρίσκεται δὲ κατὰ τὴν εἰκάδα τετάρτην φεβρουαρίου τῆς ἕκτης ἰνδικτιῶνος, εἰς δόξαν... ἀμήν [836].

Haud ita raro librum concludunt Ὑπομνήματα τῶν ιβ' προφητῶν [1591], v. g. codices *Mosq.* 383, *Ottobon.* 87, *Paris.* 1475, 1527, 1528, *Taurin.* 104, *Vallic.* B. 14.

1. Διήγησις Ἰωσήππου εἰς τὸ μαρτύριον τῶν ἁγίων Μακκαβαίων. Aug. 1.

Inc. Φιλοσοφώτατον λόγον ἐπιδείκνυσθαι μέλλων εἰ αὐτοδέσποτός ἐστι τῶν παθῶν [1006].

2. Λόγος διαλαμβάνων τὰ ἀπὸ τῆς σεβασμίας γεννήσεως καὶ ἀνατροφῆς τῆς ὑπεραγίας δεσποίνης ἡμῶν Θεοτόκου τῆς θεοπρεποῦς τε γεννήσεως Χριστοῦ τοῦ Θεοῦ ἡμῶν καὶ ὅσα μέχρι τῆς ζωηφόρου αὐτῆς συνέδραμε τελευτῆς προσέτι καὶ περὶ τῆς φανερώσεως τιμίας αὐτῆς ἐσθῆτος καὶ ὅπως ὁ μέγας πλοῦτος οὗτος χριστιανοῖς τεθησαύρισται. Aug. 15.

Inc. Ἐχρῆν ἀληθῶς τὴν παρθένον ὥσπερ αὕτη Θεοῦ πρὸς ἀνθρώπους ἐπιφοιτᾶν μέλλοντος [1047, 1048].

3. Κωνσταντίνου ἐν Χριστῷ βασιλέως Ῥωμαίων διήγησις ἀπὸ διαφόρων ἀθροισθεῖσα ἱστοριῶν περὶ τῆς πρὸς Αὔγαρον ἀποσταλείσης ἀχειροποιήτου θείας εἰκόνος Χριστοῦ τοῦ Θεοῦ ἡμῶν καὶ ὡς ἐξ Ἐδέσης μετεκομίσθη πρὸς τὴν πανευδαίμονα ταύτην καὶ βασιλίδα τῶν πόλεων Κωνσταντινούπολιν. Aug. 16.

Inc. Οὐκ ἄρα μόνος αὐτὸς ἀκατάληπτος ἦν ὁ συναΐδιος τῷ πατρὶ Θεὸς λόγος [794, 795].

4. Λόγος διαλαμβάνων τὰ ἀπὸ τῆς γεννήσεως ἀνατροφῆς καὶ ἀποτομῆς τοῦ ἁγίου καὶ ἐνδόξου καὶ βαπτιστοῦ Ἰωάννου τοῦ προδρόμου καὶ περὶ τῆς τιμίας αὐτοῦ κεφαλῆς. Aug. 29.

Inc. Ἰωάννην τὸ μέγα κλέος τῆς οἰκουμένης τὸν βαπτιστὴν — Des. οὗ καὶ τὴν ἑορτὴν ἄγομεν σήμερον τῷ ἀθανάτῳ βασιλεῖ παρασταίημεν αἰωνίως ἀγαλλιώμενοι· ὅτι αὐτῷ... ἀμήν [835, 837].

VI

DEUX
TYPICA BYZANTINS
DE
L'ÉPOQUE DES PALÉOLOGUES

INTRODUCTION

On sait que le nom de Typicon s'applique à une double catégorie de livres usités dans l'Église grecque. Il sert à désigner ou bien un livre liturgique réglant, pour chaque jour, l'ordre de l'office divin, l'équivalent de l'*ordinarius* latin; ou bien un livre qui tient à la fois de la règle monastique et de la charte de fondation. De là, le nom spécifique de τυπικὸν κτητορικὸν qu'on réserve à ce dernier. Nous abandonnons aux liturgistes toute la première série [1]. Les deux documents dont nous allons nous occuper appartiennent à la classe des τυπικὰ κτητορικά, dont l'importance au point de vue de l'histoire, du droit, de l'économie sociale, de la topographie et de la langue est reconnue depuis longtemps [2].

---

(1) Voir L. ALLATIUS, *De libris ecclesiasticis graecorum*, pp. 5-14.
(2) J. VON ZHISHMAN, *Das Stifterrecht* (τὸ κτητορικὸν δίκαιον), Wien, 1888, p. 24; W. NISSEN, *Die Diataxis des Michael Attaleiates von 1077* (Jena, 1894), pp. 2-5.

Le nombre des typica dont il nous reste des exemplaires est très restreint, eu égard à la multitude des fondations monastiques répandues sur le sol byzantin. Il en reste pourtant assez pour permettre de se faire une juste idée de l'organisation des monastères, de l'esprit qui y régnait, des conditions matérielles de leur existence (1). Quelques-uns de ces règlements sont restés manuscrits; le plus grand nombre, semble-t-il, ont été publiés intégralement ou par extraits, ou sont tout au moins connus par des analyses détaillées. Parmi ceux dont les travaux des savants byzantinistes permettent de se faire une idée suffisante, nous citerons les suivants, en nous bornant aux textes grecs (2) :

1° Typicon de Saint-Sabas de Jérusalem. Fréquemment transcrit, il a subi, dans des milieux assez divers, des adaptations qui rendent très problématique la reconstitution de sa forme primitive. Le texte qui semble s'en rapprocher le plus a été publié il n'y a pas longtemps (3). Le typicon de Saint-Sabas a servi de base à un grand nombre de règles particulières.

2° Typicon de saint Théodore Studite († 826) pour son couvent de Saint-Jean-Baptiste τῶν Στουδίου, à Constantinople (4). Avec le précédent, c'est un de ceux qui ont exercé la plus grande influence sur la rédaction des règlements monastiques des époques suivantes.

3° Typicon ou testament de saint Paul le Jeune († 955) pour le monastère fondé par lui au Mont Latros (Latmos), près de Milet. Le texte en a été inséré dans un long panégyrique du saint, sous le nom de νομοθεσία (5). On en a trouvé un texte

---

(1) Énumération des typica connus dans NISSEN, t. c., pp. 5-21, et KRUMBACHER, *Geschichte der byzantinischen Literatur*, 2e Aufl., pp. 314-319. Depuis la publication de cet ouvrage, en 1907, le nombre des textes accessibles s'est notablement accru.

(2) Il en existe en d'autres langues. Les plus importants sont celui de Chilandar, au mont Athos, et celui de Studenica, tous les deux rédigés en vieux serbe.

(3) ED. KURTZ, dans *Byzantinische Zeitschrift*, t. III, pp. 168-170. Cf. *Échos d'Orient*, t. II, pp. 2 et 3.

(4) *P. G.*, t. XCIX, p. 1073; DMITRIEVSKY, *Typica* (Kiev, 1895), p. 224.

(5) Nous avons publié le texte de ce panégyrique dans WIEGAND, *Milet*, t. III (Berlin, 1913), pp. 136-157. Le règlement, pp. 152 et 153.

séparé, plus développé, et d'une rédaction un peu différente, avec le titre de τελευταία νομοθεσία καὶ διαθήκη τοῦ ὁσίου πατρὸς ἡμῶν καὶ θαυματουργοῦ Παύλου (1).

4° Typicon de saint Athanase du Mont-Athos pour le couvent de Lavra (vers 970). Il faut y ajouter le testament du saint, et l'hypotyposis (2).

5° Typicon de l'empereur Jean Tzimiscès pour le Mont-Athos, 972 (3).

6° Typicon de l'empereur Constantin Monomaque pour le Mont-Athos, 1045 (4).

7° Typicon du monastère de la Sainte-Vierge τῆς Εὐεργέτιδος à Constantinople, rédigé peu après la mort du fondateur Paul (1054) par son frère Timothée (5). Cette règle a été souvent mise à contribution par d'autres fondateurs de monastères.

8° Typicon de Michel l'Attaliate pour l'hospice et le monastère fondés par lui en 1077 (6), respectivement à Rodosto et à Constantinople.

9° Typicon de Grégoire Pacourianos pour le couvent géorgien de Pétritzos (Bačkovo), en Bulgarie, 1083 (7).

10° Typicon du monastère de Notre-Dame τῆς Ἐλεούσης à Stroumnitza, en Macédoine. Il a été composé entre les

---

(1) Publié par Sp. P. Lampros, dans Νέος Ἑλληνομνήμων, t. XII (Athènes, 1915), pp. 199-203.

(2) Ph. Meyer, *Die Haupturkunden für die Geschichte der Athosklöster*. (Leipzig, 1894), pp. 102-140.)

(3) Idem, t. c., pp. 141-151.

(4) Idem, t. c., pp. 151-162.

(5) Dmitrievsky, *Typica*, pp. 615-655. Cf. Pargoire, *Le couvent de l'Évergétis*, dans *Échos d'Orient*, t. IX (1906), pp. 228-232; pp. 366-373; t. X, pp. 259-263.

(6) Publié d'abord par C. Sathas, il a été reproduit dans Miklosich-Müller, *Acta et Diplomata*, t. V, pp. 293-327; Nissen, *Die Diataxis des Michael Attaleiates*, en a publié un excellent commentaire.

(7) L. Petit, *Typicon de Grégoire Pacourianos*, supplément aux Βυζαντινὰ Χρονικά, t. XI, 1904. Musaeos en avait publié une traduction en grec moderne dans les *Dissertationes philologae Ienenses*, t. IV, pp. 135-210.

années 1085-1106, par le moine Manuel, devenu évêque de Tibériopolis (1).

11° Typicon de saint Christodule pour le monastère de Saint-Jean-l'Évangéliste, à Patmos, en 1091 (2).

12° Typicon de l'impératrice Irène pour le monastère de Notre-Dame τῆς Κεχαριτωμένης à Constantinople, vers 1118 (3).

13° Typicon du monastère τοῦ Παντοκράτορος, fondé à Constantinople par l'empereur Jean Comnène, en 1136 (4).

14° Typicon du monastère de Notre-Dame à Aeria, non loin de Nauplie, fondé par Léon, évêque de Nauplie et d'Argos, en 1143 (5).

15° Typicon du monastère de Notre-Dame τῆς Κοσμοσωτείρας, près d'Aenos, fondé en 1152 par le sébastocrator Isaac Comnène, troisième fils de l'empereur Alexis Ier (6).

16° Typicon du monastère de Saint-Mamas, à Constantinople, donné en 1159 par l'abbé Athanase, ὁ Φιλανθρωπηνός, au nom du second fondateur, le mystique Georges de Cappadoce (7).

17° Typicon du monastère de Saint-Nicolas τῶν Κασούλων, en Calabre, donné par l'higoumène Nicolas en 1160 (8).

---

(1) L. Petit, *Le monastère de Notre-Dame de Pitié,* dans *Bulletin de l'Institut russe à Constantinople,* t. VI (1900), pp. 1-153.

(2) Il en existe plusieurs éditions. La dernière dans Miklosich-Müller, *Acta et Diplomata,* t. VI, pp. 59-80.

(3) Publié d'après Montfaucon, *Analecta graeca,* pp. 129-298, par Miklosich-Müller, *Acta et Diplomata,* t. V, pp. 327-391. Sur la date, J. Seger, *Byzantinische Historiker des X und XI Jahrhundert,* I (München, 1888), p. 24, et surtout E. Kurtz, dans *Byzantinische Zeitschrift,* t. XVI, p. 95. Analyse dans Diehl, *Figures byzantines,* 2e série, pp. 67-85, et dans L. Oeconomos, *La vie religieuse dans l'empire byzantin au temps des Comnènes et des Anges* (Paris, 1918), pp. 169-192.

(4) Dmitrievsky, *Typica,* pp. 656-702. Extraits publiés par Bezobrazov, dans *Journal du Ministère de l'Instruction publique,* novembre, 1887.

(5) Miklosich-Müller, *Acta et Diplomata,* t. V, pp. 178-190.

(6) L. Petit, *Typicon du monastère de la Kosmosotira,* dans *Bulletin de l'Institut russe à Constantinople,* t. XIII (1908), pp. 17-75. Sur la date, voir Éd. Kurtz, dans *Byzantinische Zeitschrift,* t. XVI (1907), p. 104.

(7) Extraits par Th. Ouspensky, dans les *Annales de l'Université d'Odessa,* section byzantine, t. II, pp. 29-84.

(8) Dmitrievsky, *Typica,* pp. 818-823; *Novae Patrum bibliothecae ab* A. Maio *collectae* t. X (Romae, 1905), 2e partie, pp. 155-166.

18° Typicon du monastère de Notre-Dame τῶν Ἡλίου Βωμῶν ἤτοι τῶν Ἐλεγμῶν, en Bithynie, par Nicéphore le Mystique, en 1162. (1).

19° Typicon du monastère de Saint-Sauveur de Messine, donné vers 1175 par saint Luc, premier archimandrite (2).

20° Typicon de saint Sabas, archevêque de Serbie, pour le petit couvent de Caryès, au Mont-Athos, vers 1195 (3).

21° Typicon de Néophyte le Reclus pour le monastère τῆς Ἐγκλείστρας, dans l'île de Chypre, vers 1205 (4).

22° Typicon du monastère de Notre-Dame τοῦ Μαχαιρᾶ, dans l'île de Chypre, fondé par le moine Nil, higoumène du monastère, 1210 (5).

23° Typicon du monastère de Saint-Michel, au Mont-Saint-Auxence (Kaïsh-Dagh) en Bithynie, fondé par l'empereur Michel Paléologue, 1280 (6).

24° Typicon du monastère de Saint-Démétrius τῶν Κελλιβάρων, au Mont-Latros, près de Milet, fondé par l'empereur Michel Paléologue, 1282 (7).

25° Typicon du monastère du Sauveur, τοῦ Φιλανθρώπου Σωτῆρος Χριστοῦ, donné par l'impératrice Irène Lascarine Paléologue, fin du XIII° siècle (8).

---

(1) DMITRIEVSKY, *Typica*, pp. 715-769.

(2) Extrait dans *Novae Patrum bibliothecae ab* A. MAIO *collectae* t. X, 2° partie, pp. 121-130. Sur la date de saint Luc, voir *Acta SS.*, septembris t. VIII, pp. 796, 809 et 810.

(3) MEYER, *Die Haupturkunden für die Geschichte der Athosklöster*, pp. 184-187.

(4) Il en existe trois éditions : celle de KYPRIANOS, Venise, 1779, celle de F.-E. WARREN, dans *Archaeologia*, t. XLVII (1882), pp. 1-36, et celle de J.-C. HATZIJOANNES, Ἱστορία καὶ ἔργα Νεοφύτου πρεσβυτέρου μοναχοῦ καὶ ἐγκλείστου, Alexandrie, 1914.

(5) MIKLOSICH-MÜLLER, *Acta et Diplomata*, t. V, p. 392-432; Cf. p. 473.

(6) DMITRIEVSKY, *Typica*, pp. 769-794.

(7) Publié en partie par J. TROITZKI, *Imperatoris Michaelis Palaeologi de vita sua opusculum nec non regulae quam ipse monasterio S. Demetrii praescripsit fragmentum*. Saint-Pétersbourg, 1885. Fragment publié par PH. MEYER, dans *Byzantinische Zeitschrift*, t. IV, pp. 45-48.

(8) Fragment publié par MEYER, t. c., pp. 48 et 49.

26° Typicon du monastère de Saint-Jean-Baptiste, dans la montagne τοῦ Μενοικέως, près de Serres, fondé par Joachim, métropolite de Zichna, 1324 (1).

27° Typicon de Nil Damilas, pour le monastère de femmes de Bæonia en Crète, 1400 (2).

Les textes actuellement accessibles se répartissent sur six siècles environ. Le XIe, le XIIe et le XIIIe en ont fourni le plus grand nombre. Sauf trois, ce sont des règles de monastères d'hommes, et des trois typica se rapportant à des couvents de femmes, celui d'Irène, pour la Κεχαριτωμένη, est le seul important; celui de Nil Damilas est très peu développé, et il ne reste qu'un fragment du typicon de l'autre Irène pour le monastère τοῦ Φιλανθρώπου Σωτῆρος. Les deux constitutions que nous nous proposons de faire connaître doublent le nombre des établissements féminins représentés dans la série des typica. En effet, le monastère de la Vierge τῆς Βεβαίας Ἐλπίδος et celui de Constantin Lips sont des couvents de religieuses. Il faut y ajouter celui des Saints-Cosme-et-Damien dont le typicon est donné en appendice d'un des deux volumes que nous allons analyser.

Nous ne sortirons pas de la littérature des typica en publiant, en supplément, le testament du moine Jean, dit l'Étranger, fondateur de plusieurs monastères.

---

(1) Fragment dans MIKLOSICH-MÜLLER, *Acta et Diplomata*, t. V, pp. 432-439.

(2) Publié par S. PETRIDÈS, dans *Bulletin de l'Institut archéologique russe à Constantinople*, t. XV (1911), pp. 95-109.

CHAPITRE I

LES MANUSCRITS

Les typica des monastères étaient ordinairement transcrits à plusieurs exemplaires. Dans celui de l'impératrice Irène, il est stipulé qu'on en fera trois sur parchemin, dont le premier sera déposé aux archives de la Grande Église, c'est-à-dire de Sainte-Sophie; le second sera remis à la personne qui exerce le droit de patronage; le troisième doit reposer aux archives du monastère. Un quatrième exemplaire, non plus comme les précédents σωματῶον mais βαμβύκινον, est réservé à l'usage journalier (1).

On ne sait si tous les volumes étaient revêtus de la signature du fondateur. A tout le moins l'un d'eux devait porter cette marque d'authenticité, et il nous est parvenu des typica avec la signature autographe ou ce qui en tient lieu. Irène, usant de la prérogative impériale, trace au cinabre son nom et son titre : Εἰρήνη ἐν Χριστῷ τῷ Θεῷ πιστὴ βασίλισσα Ῥωμαίων ἡ Δούκαινα (2). Néophyte le Reclus appose de sa main une croix (3) : Νεόφυτος εὐτελὴς μοναχὸς πρεσβύτερος ἔγκλειστος τὸν τίμιον σταυρὸν τῆσδε τῆς τυπικῆς μου διαθήκης οἰκείᾳ χειρὶ προέταξα ✝.

Dans les manuscrits des typica de Notre-Dame-de-Bonne-Espérance et du monastère de Constantin Lips, il n'y a point

---

(1) *Typicon Irenes Augustae*, c. 77.

(2) Manuscrit de la Bibliothèque nationale de Paris, grec 384. La signature se trouve à la fin du chapitre 78.

(3) WARREN, dans *Archaeologia*, t. XLVII, p. 9.

de signature. Le second a perdu trop de feuillets pour qu'il soit possible de tirer de ce fait n'importe quelle conclusion. L'autre, à peu près complet, n'est point écrit d'une seule main; il renferme des additions et présente quelques lacunes qui ne permettent guère de le regarder comme un original. C'est probablement un de ces exemplaires manuels qui circulaient dans le monastère.

Le typicon a pour complément le dénombrement des possessions du monastère et l'inventaire, βρέβιον, des biens meubles. Le βρέβιον forme souvent un volume séparé. C'est ainsi que la fondatrice du monastère τῆς Κεχαριτωμένης parle toujours du typicon et du βρέβιον comme de deux livres distincts : τρία τυπικὰ καὶ τρία βρέβια... τὰ μέντοι ἕτερα δύο τεύχη ὧν τὸ μὲν εἰς τυπικοῦ τάξιν γέγονε τὸ δὲ ἕτερον εἰς βρεβίου (1). Plusieurs de ces inventaires détachés ont été publiés (2). Il arrive qu'une sorte d'inventaire se combine avec le nécrologe, l'anniversaire des bienfaiteurs fournissant l'occasion d'énumérer leurs libéralités. Dans les cas qui nous occupent le βρέβιον semble faire corps avec le typicon. Il est question du mobilier de l'église et notamment des icones dans les chapitres consacrés aux obits. Ceci n'empêcherait pas qu'il n'y eût en outre un inventaire indépendant. Il n'en est resté aucune trace.

Voici les manuscrits qui nous ont fourni la matière du présent travail :

A. — Manuscrit de Lincoln College, à Oxford, grec 35, actuellement à la Bodléienne. Grâce à l'obligeance des conservateurs de cette bibliothèque et des autorités du Collège de Lincoln, nous avons pu étudier ce manuscrit à la bibliothèque des Bollandistes. Il a été acheté à Athènes par Georges Wheler, qui accompagna Spon en Orient pendant les années 1675-1676. Une description sommaire du manuscrit, de la main de Spon, a

---

(1) *Typicon Irenes Augustae*, c. 77.

(2) Sur tout ceci, voir L. Petit, dans *Bulletin de l'Institut archéologique russe de Constantinople*, t. VI, pp. 126 et 127.

été trouvée parmi les papiers de Du Cange, dans le manuscrit français 9467 (1). L'illustre érudit s'en est servi, et l'on en rencontre la trace dans son *Glossaire* (2). Le manuscrit a été décrit par Coxe, avec quelques inexactitudes (3), et mieux par M. Omont (4), qui en a publié d'intéressants extraits.

C'est un manuscrit sur parchemin, de 163 feuillets, mesurant 0m235 × 0m17, à longues lignes, écriture du XIVe siècle. Les feuillets 1-142 sont de première main. L'écriture change aux feuillets 158, 160v, 161, 162, 162v. A la fin du volume on constate de légères lacunes, et l'ordre des feuillets est brouillé. Il faut le rétablir comme suit :

Fol. 142, 158, 143-147, 159, lacune;

Fol. 156-157, 155, 148-153, lacune;

Fol. 154, lacune;

Fol. 160-163.

Les lacunes n'entament pas le texte du typicon proprement dit. Comme on le verra par l'analyse du manuscrit, elles tombent toutes dans les compléments. Voici comment se compose le volume :

1° Fol. 1-12 : Portraits et miniatures avec légendes.

2° Fol. 14-15v : Πίναξ ou table des chapitres du typicon.

3° Fol. 16-142v : Typicon du monastère de la Vierge τῆς Βεβαίας Ἐλπίδος, donné par la fondatrice.

4° Fol. 158, 143-159v : Obituaire des parents de la fondatrice.

5° Fol. 156-157v : Limites du terrain occupé par le monastère.

6° Fol. 155, 143-154v : Typicon donné par la fille de la fondatrice.

7° Fol. 160-161 : Donations diverses.

8° Fol. 161-162 : Donation de l'an 1397.

---

(1) H. Omont, dans *Revue des Études grecques*, t. XVII (1904), p. 361-363.

(2) Dans l'appendice, s. v. ἐκτήτωρ.

(3) *Catalogus codicum manuscriptorum qui in collegiis aulisque Oxoniensibus hodie adservantur*, t. I, pp. 18-19.

(4) *Revue des Études grecques*, t. c., pp. 361-373.

9° Fol. 162-162v : Donation de l'an 1398 et autres.

10° Fol. 162v-163 : Donation de l'an 1402.

Le détail de la première partie mérite de nous arrêter un instant. Alors que certains fondateurs de monastères défendent expressément et sous les terribles anathèmes dont les Byzantins abusaient si étrangement, de faire leur portrait (1), la fondatrice de Notre-Dame-de-Bonne-Espérance n'a pas jugé à propos de prendre des garanties à cet égard. Les douze premiers feuillets du manuscrit contiennent deux portraits de la fondatrice du monastère et ceux d'un certain nombre de membres de sa famille. Ils sont représentés deux par deux, l'image du Christ ou de la Vierge occupant le milieu. La dernière miniature (fol. 12) représente les religieuses du monastère, au nombre de trente-deux. Tous les personnages se détachent sur fond d'or. « Ils sont habillés de riches étoffes de pourpre brochées d'or, à l'exception du grand connétable (fol. 3) et du protosébaste (fol. 6), dont les costumes sont de couleur verte, et de la fondatrice, de son mari et de l'une de leurs filles (fol. 7, 11), revêtus de l'habit monastique de couleur noire (2). » Au folio 10v, la Vierge debout, tenant l'enfant sur ses bras ; c'est la Vierge titulaire du monastère, comme l'indique la légende : Μήτηρ Θεοῦ, Ἰησοῦς Χριστός, Ἡ βεβαία ἐλπίς. Cette inscription figure aussi au folio 1v et au folio 7. Le buste du Christ aux folios 3, 4, 5 et 6 est accompagné du nom : Ἰησοῦς Χριστός.

Voici les légendes qui désignent les personnages figurés sur les autres peintures. Nous respectons l'orthographe, mais nous suppléons souvent les accents, pour la plupart peu lisibles :

Fol. 1v : Κωνσταντῖνος Κομνηνὸς Παλαιολόγος ὁ παντυχέστατος σεβαστοκράτωρ καὶ πατὴρ τῆς ἐκτητορίσης.

Εἰρήνη Κομνηνὴ Βράνενα Παλαιολογίνα ἡ σεβαστοκρατόρισα καὶ μήτηρ τῆς ἐκτητορίσης.

(1) Ainsi le fondateur du monastère de Kosmosotira. *Typicon*, ch. 77, Petit, p. 59.

(2) Omont, *l. c.*, p. 364.

Fol. 2 : Ἰωάννης Κομνηνὸς Δούκας Συναδηνὸς καὶ μέγας στρατοπεδάρχης καὶ κτήτωρ.

Θεόδωρα . . . .

. . . σύμβιος . . . . ἡ ἐκτητόρισα.

Fol. 3 : Ἰωάννης Κομνηνὸς Δούκας Συναδηνὸς ὁ μέγας κονοσταῦλος καὶ υἱὸς τῶν ἐκτητόρων.

Ἠρήνη Λασκαρίνα Κομνηνὴ Δούκαινα Παλαιολογήνα ἡ μεγάλη κονοσταύλισα καὶ νήμφη τῆς κτητορίσης.

Fol. 4 : Μιχαὴλ Κομνηνὸς Λάσκαρις Βριένηος ὁ Φιλανθρωπηνὸς καὶ γαμρὸς τῆς κτητορίσης.

Ἄννα Καντακουζηνὴ Κομνηνὴ Παλαιολογίνα Βριένησα ἡ Φιλανθρωπηνὴ καὶ ἐγκόνη τῆς κτητορίσης.

Fol. 5 : Μανουὴλ Κομνηνὸς Ῥαοὺλ Ἀσάνης καὶ μέγας πριμικήριος καὶ γαμπρὸς τῆς κτητορίσης.

Ἄννα Κομνηνὴ Δούκαινα Παλαιολογίνα < Ἀ > σάνηνα ἡ μεγ < άλη > . . . . . (1) καὶ ἐγκόνη τῆς κτητορίσης.

Fol. 6 : Κωνσταντίνος Κομνηνὸς Ῥαοὺλ ὁ Παλαιολόγος ὁ πρωτοσεβαστὸς καὶ γαμπρὸς τῆς κτητορίσης.

Εὐφροσύνη Δούκαινα Παλαιολογίνα ἡ πρωτοσεβαστὴ καὶ ἐγκόνη τῆς κτητορίσης.

Fol. 7 : Ἰωακεὶμ μοναχὸς ὁ κτήτωρ.

θυγάτηρ (2) τῶν ἐκτητόρων.

Fol. 8 : Θεόδωρος Κομνηνὸς Δούκας Συναδηνὸς ὁ πρωτοστράτωρ καὶ υἱὸς τῶν ἐκτητόρων.

Εὐδοκία Δούκαινα Κομνηνὴ Συναδηνὴ Παλαιολογήνα ἡ πρωτο < στρατό > ρισα καὶ νήμφη τῆς κτητορίσης.

Fol. 9ᵛ : Μιχαὴλ Κομνηνὸς Τορνήκης Ἀσάνης (3) Παλαιολόγος καὶ γαμπρὸς τῆς κτητορίσης.

Εἰρήνη Κομνηνὴ Καντακουζηνὴ Παλαιολογίνα Ἄσαννα καὶ ἐγκόνη τῆς κτητορίσης.

---

(1) On croit reconnaître les vestiges des lettres : ηκηρησα. Il faut lire peut-être : πριμηκήρησα.

(2) Le nom propre n'a jamais été écrit.

(3) Cette leçon n'est pas absolument claire, mais très probable.

Fol. 11 : Θεοδούλι μοναχὴ καὶ ἐκτητόρισα.

Εὐφροσύνη μοναχὴ Κομνηνὴ Δούκαινα Παλαιογίνα καὶ θυγάτηρ τῶν ἐκτητόρων.

Nous avons suppléé aux lacunes de ces textes lorsqu'il a été possible de le faire à coup sûr. On pourrait, par conjecture, rétablir au folio 2 les noms et titres de Théodora. Mais il règne quelque incertitude en cette matière. Il en est de même du nom de la fille du fondateur (fol. 7). Nous verrons (fol. 3) qu'une erreur pourrait avoir été commise, et qu'au lieu de Ἡρήνι, il faudrait lire Θωμαΐς.

Les portraits mériteraient une étude spéciale, dont quelque habile connaisseur de l'iconographie et de la technique byzantine devra se charger. Il examinera et résoudra peut-être la question de savoir si ces peintures reproduisent les traits des personnages qu'ils prétendent représenter, ou s'ils expriment simplement des types (1). Nous n'entendons pas nous prononcer sur le degré de réalisme que l'artiste s'est efforcé d'atteindre.

B. — Manuscrit du British Museum Addit. 22748, acquis le 26 mars 1859, *purchased of M. P. Lambros of Athens.*

Manuscrit sur parchemin, de 121 feuillets, mesurant $0^m26 \times 0^m195$, à longues lignes, écriture du XIVe siècle. Les titres des chapitres sont en lettres d'or. Il manque un grand nombre de feuillets, et ceux qui restent ont été assemblés dans le plus complet désordre. Voici comment il faut rétablir la série :

Fol. 115-117, 119-121, lacune;

Fol. 75-114, lacune;

Fol. 9-12, lacune;

Fol. 1-8, 13-30, lacune;

Fol. 57-60, 31-33, 43-48, 42, 34-41, 49-56, 61-74, 118, lacune.

---

(1) Voir sur cette question G. MILLET, *Art byzantin,* dans A. MICHEL, *Histoire de l'Art*, t. I, p. 178; MILLET, *Portraits byzantins,* dans *Revue de l'Art chrétien,* t. LXI (1911), pp. 445-451.

Le titre et la table des matières font défaut. On constate que, malgré les lacunes, aucun chapitre ne manque entièrement. Le tableau suivant indique comment on peut recomposer le volume par chapitres et fragments de chapitres :

1° Fol. 115-117v, 119-121v : Chapitre I.
2° Fol. 75-78 : Chapitre II.
3° Fol. 78v-80 : Chapitre III.
4° Fol. 80-86 : Chapitre IV.
5° Fol. 86-89v : Chapitre V.
6° Fol. 89v-94 : Chapitre VI.
7° Fol. 94v-96 : Chapitre VII.
8° Fol. 96-100 : Chapitre VIII.
9° Fol. 100-104 : Chapitre IX.
10° Fol. 104v-105 : Chapitre X.
11° Fol. 105-105v : Chapitre XI.
12° Fol. 105v-111v : Chapitre XII.
13° Fol. 112-114v, 9-12, 1-8v, 13-23v : Chapitre XIII.
14° Fol. 24-26 : Chapitre XIV.
15° Fol. 26-30v : Chapitre XV.
16° Fol. 57-59 : Chapitre XVI.
17° Fol. 59-60,31-32v : Chapitre XVII.
18° Fol. 32v-33v, 43-43v : Chapitre XVIII.
19° Fol. 43v-48v, 42-42v, 34-40 : Chapitre XIX.
20° Fol. 40-41v, 49-50 : Chapitre XX.
21° Fol. 50-56v : Chapitre XXI.
22° Fol. 61-74v, 118-118v : Appendice relatif au monastère τῶν Ἀναργύρων.

L'analogie avec les typica connus permet d'affirmer que le chapitre XXI : εὐχὴ καὶ πρὸς ταύτῃ παραινετικὴ συμβουλὴ πρὸς τὰς μοναχάς, est le dernier. Il est impossible de décider si entre le typicon proprement dit et l'appendice il y avait quelque autre chapitre complémentaire ou quelque document.

Dans ce qui nous reste du volume, le nom du monastère n'est pas nommé une seule fois. Il était dédié à la Mère de Dieu et avait pour second patron saint Jean-Baptiste. Ces indices sont insuffisants pour l'identifier. Mais il y en a d'autres qui, comme nous le montrerons, ne peuvent laisser aucun doute, et permettent de reconnaître dans notre document le typicon du monastère τῆς ὑπεραγίας Θεοτόκου τοῦ Λιβός.

C. — Manuscrit de la bibliothèque Bodléienne d'Oxford, Canonici 19.

Manuscrit sur papier, de 315 feuillets, mesure 0m195×0m135, écriture du XVe siècle, sauf les premiers feuillets

C'est un volume de mélanges, formé surtout de sermons et de Vies de saints. On y trouve (fol. 278v-283v) une pièce qui, d'après le titre, appartiendrait à la littérature hagiographique, mais qui en réalité se rattache à la branche spéciale des typica : Βίος καὶ πολιτεία τοῦ ὁσίου πατρὸς ἡμῶν Ἰωάννου τοῦ ἐρημίτου τοῦ τῇ ἐπωνυμίᾳ Ξέννου (1). Nous croyons faire œuvre utile en publiant, en appendice à ce travail sur les typica, le curieux document.

La tradition du texte, dans les manuscrits *A* et *B* est excellente, en général, et nous n'avons guère dû recourir à la conjecture pour l'améliorer. Nous corrigeons les fautes de copiste, et quelques détails d'orthographe, ces derniers sans en faire mention (2). La division en paragraphes numérotés a été introduite par nous (3). Le texte du manuscrit *C* se présente dans des conditions très particulières. Un bon nombre, on pourrait dire

(1) H. Coxe, *Catalogus codd. manuscriptorum bibliothecae Bodleianae*, t. III, p. 28; Van de Vorst-Delehaye, *Catalogus codicum hagiographicorum graecorum Germaniae Belgii Angliae*, p. 360.

(2) M. Éd. Kurtz, de Riga, a bien voulu relire ces textes et m'aider de ses conseils. Il a notamment rétabli l'ordre des feuillets. Les leçons suivies de la lettre K ont été suggérées par lui. Qu'il veuille bien agréer ici l'expression de ma vive gratitude.

(3) Nous citerons les deux documents *Typ. A*, *Typ. B*, en ajoutant le chiffre du paragraphe.

la plupart des incorrections qu'on y relève, semblent en devoir être attribuées à l'auteur plutôt qu'au copiste. Nous lui avons donc gardé sa physionomie, et alors même que nous avons cru pouvoir toucher à l'orthographe, la forme du manuscrit a été signalée en note.

La chronologie exigerait que le typicon *B* fut placé avant le typicon *A*, et le document du manuscrit *C* est plus ancien que les deux autres. Des raisons d'ordre pratique justifient l'ordre que nous avons adopté.

CHAPITRE II

LES TEXTES

A. — Le typicon du monastère de Notre-Dame τῆς Βεβαίας Ἐλπίδος.

< ΤΥΠΙΚΟΝ >

|f. 14| Πίναξ σὺν Θεῷ τοῦ παρόντος τυπικοῦ ἐν εἰκοσιτέσσαρσι κεφαλαίοις ποσουμένου.

Περὶ τοῦ ἐλευθέραν καὶ αὐτοδέσποτον εἶναι καὶ τὴν ἡμετέραν ταύτην μονήν.

Περὶ τῆς ἐφορείας καὶ ἐπικουρίας τῆς μονῆς καὶ τίς ἂν γένοιτο ταύτῃ ἔφορος καὶ ἐπίκουρος.

Περὶ τῆς ποσότητος τῶν παρθένων καὶ ὁποία τις ὀφείλει εἶναι ἡ ἀφηγησομένη αὐτῶν καὶ πῶς εἰς τὸ ἀφηγεῖσθαι αὐτὴ προβληθήσεται.

Πρὸς τὴν ἀφηγουμένην ὑπομνηστική τις καὶ συμβουλευτικὴ διαλαλιά.

Πρὸς πάσας τὰς παρθένους παραίνεσις παρακλητικὴ καὶ διεγερτικὴ πρὸς ὑπακοήν.

Τίς ἡ τοῦ ἐκκλησιαρχείου ἐπιστάτις τε καὶ διάκονος καὶ ὁποῖον τὸ ἔργον αὐτῆς.

Τίς ἡ τῆς κοινῆς οἰκονομίας διάκονός τε καὶ ἐπιστάτις καὶ τί τὸ |14v| ἔργον αὐτῆς.

Πῶς ὀφείλουσιν αἱ ἐκκλησιαστικαὶ τὰς ἐκκλησιαστικὰς συνάξεις ἀποπληροῦν ἐν τῇ ἐκκλησίᾳ συναθροιζόμεναι καὶ τί ποτε ἄρα τὸ ἔργον αὐτῶν.

Πῶς καὶ αἱ ἐκτὸς τῆς ἐκκλησίας ἐν ταῖς ἄλλαις διακονίαις τεταγμέναι τῶν ἀδελφῶν περὶ τὰς καθημερινὰς τῆς ἐκκλησίας συνάξεις διατεθήσονται καὶ πῶς ἐν αὐταῖς ἀπαντήσουσιν.

Πῶς μετελεύσεται ἡ ἀφηγουμένη τὰς ἀμελεῖς καὶ διὰ τίνος τῶν ἀδελφῶν τὴν ἀδιαφορίαν ἐκ τοῦ μέσου ποιήσασθαι ἀγωνίσεται.

Τίς ἡ διάκονος τοῦ κοινοῦ δοχείου καὶ ἐπιστάτις καὶ τί ποτέ ἐστι τὸ ἔργον αὐτῆς.

Τίς ἡ διάκονος τοῦ κελλαρίου καὶ ἐπιστάτις καὶ τί ποτέ ἐστι τὸ ἔργον τῆς διακονίας αὐτῆς.

Τίς ἡ φρουρὸς τοῦ μοναστηρίου καὶ πυλωρὸς καὶ τί ποτέ ἐστι τὸ ἔργον αὐτῆς.

Πῶς ὀφείλει γίνεσθαι ἡ ἐκλογὴ τῶν τοιούτων διακονητριῶν.

Πῶς ὄψονται τοὺς οἰκείους συγγενεῖς καὶ τοῦτο κατ' ἀνάγκην |15| αἱ τῶν ἀδελφῶν ἀτελεῖς τε καὶ ἀσθενεῖς.

Ὅτι κατὰ τὸ Ἱεροσολυμιτικὸν τυπικὸν ἐκτελεῖν δεῖ τὰς εἰς Θεὸν ἁπάσας δοξολογίας καὶ τὰς ἀγρυπνίας καὶ τὰς νηστείας καὶ τὰς γονυκλισίας.

Ὅτι ἰσότητι τὰς πάσας ἐν τῇ καθημερινῇ διαίτῃ χρῆσθαι χρεών.

Πῶς ὀφείλει ἡ ἀφηγουμένη διακεῖσθαι περὶ τῶν ἀρρωστουσῶν ἀδελφῶν καὶ τίνος ἐπιμελείας αὐτὰς ἀξιοῦν.

Ὅτι δεῖ ἐργάζεσθαι πάσας τὰς ἀδελφὰς κοινὰ καὶ οὐκ ἴδια καὶ πῶς ἐνδύεσθαι χρὴ καὶ πόθεν ἐνδύεσθαι.

Ὅτι καθ' ἡμέραν χρῆσθαι τῇ ἐξομολογήσει χρεών.

Πῶς δεῖ τὴν ἑορτὴν τῆς Θεοτόκου καθ' ἕκαστον ἔτος ἐπιτελεῖν.

Πῶς δεῖ ἐκτελεῖσθαι τὰ μνημόσυνα τῶν ἀειμνήστων γονέων τῆς κτητορίσσης ἔτι τε καὶ τοῦ μακαρίτου κτήτορος τῆς ἱερᾶς ταύτης μονῆς καὶ μὴν καὶ τῆς κτητορίσσης αὐτῆς.

Τίνα εἰσὶν ἅπερ ἀφιεροῦνται τῇ Θεοτόκῳ ὑπὲρ οἰκονομίας καὶ διατροφῆς τῶν |15^{v}| θεραπαινίδων αὐτῆς.

---

7. ἡ *bis scriptum in cod.* | 18. ἐκτελει *cod.*

Πρὸς πάσας τὰς ἀδελφὰς καὶ αὐτὴν δὲ τὴν ἡγουμένην ἐπιλογικά τε ἅμα καὶ προτρεπτικὰ πρὸς τὴν φυλακὴν τοῦ τύπου καὶ τὸ μηδ' ὅλως < αὐτὸν > παραβαίνεσθαι.

|16| 1. Πολλῶν καὶ καλῶν καὶ μεγάλων ὄντων οὐμενοῦν εἴποιμι ἂν ἡλίκων καὶ ὅσων ἃ τὴν καθαρὰν ἡμῶν περὶ τὸν πλάστην ἀγάπην καὶ τὸν πρὸς ἐκεῖνον διάπυρον παρίστησιν ἔρωτα, οὐδὲν οὕτως οἶμαι τοσοῦτον, ὁπόσον ἄρα τὸ θεῖα τεμένη καὶ οἴκους ἱεροὺς ἀνεγείρειν ἐκ βάθρων ἐκείνῳ καὶ τὸ περὶ ταῦτα ἐπιμελὲς καὶ σύντονον καὶ φιλότιμον ὅλῃ ψυχῇ καὶ χειρὶ φειδομένους μηδὲν μηδενὸς ἐπιδείκνυσθαι. Εἰ δέ που πρὸς τούτοις καὶ σεμνεῖα εὐαγῆ τινα |16ᵛ| εἰς ψυχῶν κατὰ Θεὸν ἑλομένων βιοῦν σωτηρίαν ἐποικοδομηθείη καὶ ἀρετῆς ἐργαστήρια, ἔτι ἐπὶ μᾶλλον καὶ τοῦτο σαφεστάτη ἐκείνου παράστασις, ἀμφοτέροις δὴ τούτοις τῶν μεγίστων κατορθουμένων καὶ τῶν ὄντων τῶν ἄλλων καλῶν ἁπάντων ἐπέκεινα.

2. Ἐκείνως μὲν γὰρ ἡ πρώτη πάντως καὶ μεγίστη τῶν ἐντολῶν κατορθοῦται· οὕτω δὲ πάλιν ἡ δευτέρα τῇ τάξει καὶ ὁμοία τῇ πρώτῃ κατὰ τὴν δύναμιν, ἣ δὴ καὶ τὸν πλησίον ὡς ἑαυτὸν ἀγαπᾶν δηλονότι τοῖς γνησίοις ἑαυτῆς μαθηταῖς καθαρῶς ἐγκελεύεται· πανταχοῦ γὰρ ἐπισυνάπτονται παρά γε τοῦ νομοθέτου νόμου καὶ προφητῶν τὸ κεφάλαιον οὖσαι καὶ ἀλλήλων |17| ἔχονται αὗται καὶ ἀλλήλας ἑκάτεραι συνιστῶσι καὶ ἀλλήλας ἑκάτεραι εἰσφέρουσι· τῆς μὲν γὰρ δευτέρας ἀρχή τε ἡ πρώτη καὶ ῥίζα, καὶ τῆς πρώτης ἡ δευτέρα φυσικῶς ὡς ἰδίας αἰτίας ἐξήρτηται· τὴν δὲ πρώτην αὖθις συμπληροῖ σαφῶς ἡ δευτέρα· καί γε τὸ εἶναι τελείαν τὴν πρώτην ἡ δευτέρα λόγῳ τινὶ θειοτέρῳ παρέχεται· καὶ διὰ μὲν τῆς πρώτης τὴν δευτέραν οἱ σπουδαῖοι ἐξ ἅπαντος κατορθοῦσι, διὰ δὲ τῆς δευτέρας ἐπὶ τὴν πρώτην πάλιν θαυμασιώτατα ἐπανέρχονται, ἐπειδή τοι καὶ ὁ τὸν Θεὸν ἀληθῶς ἀγαπῶν καὶ τὸν πλησίον ὄντως κατὰ τὸ ἀκόλουθον ἀγαπᾷ. Ὁ γὰρ

---

16. Matth. 22, 38, 39. — 31. Ioh. 14, 15. — 32. Ioh. 15, 12.

3. αὐτὸν *suppl.*, *om. cod.* | 27. ἐξάπαντος *cod.*

ἀγα|17v|πῶν με, εἴρηκεν ὁ Χριστός, τὰς ἐντολάς μου τηρήσει· αὕτη δέ ἐστιν ἡ ἐμὴ ἐντολή, ἵνα ἀγαπᾶτε ἀλλήλους καθὼς ἐγὼ ἠγάπησα ὑμᾶς. Ἀλλὰ καὶ ὁ τὸν πλησίον ἀψευδῶς ἀγαπῶν καὶ τὴν εἰς τὸ θεῖον ἀγάπην ἀναμφιβόλως ὁ τοιοῦτος δύναται ἐκπληροῦν, ὅτι καὶ εἰς ἑαυτὸν ὁ Θεὸς τὴν χάριν ταύτην μετατιθεὶς ἀποδέχεται καὶ λογίζεται· ἐφ' ὅσον γὰρ ἐποιήσατε ἑνὶ τούτων τῶν ἀδελφῶν μου, πεινῶντα τουτονὶ καὶ διψῶντα γυμνόν τε καὶ ξένον καὶ ἄρρωστον ὄντα καὶ ἔμφρουρον θρέψαντες, ποτίσαντες, περιβαλόμενοι, συνεισαγαγόντες, ἐπισκεψάμενοί τε καὶ τούτῳ διακονήσαντες, ἐμοί, φησὶν ὁ Κύριος, ἐποιήσατε.

3. Ὥστε ὁ τῇ πρώτῃ τῶν ἐντολῶν καὶ μεγίστῃ |18| καὶ τὴν δευτέραν οὕτως συγκατορθῶν οὐ φιλόθεος εἶναι μόνον, ἀλλά γε δὴ καὶ φιλάδελφος, ἀλλά γε δὴ καὶ φιλάνθρωπος ἀποδείκνυται· μᾶλλον δὲ κατὰ τὸν τῆς ἀνεπισφαλοῦς καὶ ἀκριβεστάτης γνώσεως λόγον, ἐπανερχομένης τῆς δευτέρας ἐπὶ τὴν πρώτην, ἐξ ἀναγκαίου, ὡς εἴρηται, τὸ ὅλον φιλόθεος ὁ φιλόθεος καὶ φιλάδελφος εἶναι συνάγεται φυσικαῖς τισιν ὁλκαῖς καὶ σχέσεσιν ἀπορρήτοις ὡς ποίημα τοῦ ποιητοῦ ἐξαρτώμενος καὶ πρὸς ἐκεῖνον ἀνατεινόμενος ἀδιδάκτως ἀεὶ καὶ ἐρωτικῶς ἐκείνου ἐχόμενος καὶ δυνάμενος μετὰ τῆς ἁγίας ᾄδειν γραφῆς ὅτι τετρωμένος ἀγάπης ἐγώ εἰμι καὶ ἐκολλήθη ἡ ψυχή μου ὀπίσω σου· καὶ |18v| ἐδίψησέ σε καὶ ἐπεπόθησε πρὸς σὲ ἡ ψυχή μου τὸν Θεὸν τὸν ζῶντα, ὃν τρόπον καὶ ἐπὶ τὰς πηγὰς ὑδάτων ἐπιποθοῦσιν αἱ δίψους σφοδροτάτῳ φλογμῷ διακαιόμεναι ἔλαφοι· ἐρωτικῶς δὲ ἔχεται ὁ φιλόθεος οὕτω τοῦ θείου, οὐχ ὅτι μόνον ἐκεῖθεν τὴν ἀρχὴν ἐκ τοῦ μὴ ὄντος εἰς τὸ εἶναι παρήχθη, ἀλλ' ὅτι καὶ ἐκεῖθεν παραχθεὶς συντηρεῖται καὶ ἐκεῖθεν συνέχεται. Ταύτῃ τοι καὶ τοῖς ὑψηλοῖς θεολόγοις καὶ τῶν ἱερῶν λογίων ἐκφάντορσιν οὐ μόνον ὡς ποιητικὸν τῶν ὅλων καὶ συνεκτικὸν αἴτιον ἐπῆλθεν ἐξυμνῆσαι τὸ θεῖον, ὡς δεδιδάγμεθα, ἀλλὰ καὶ ὡς

6. Matth. 25, 40. — 8. Cf. Matth. 25, 35, 36. — 15. Matth. 22, 40. — 21. Cant. 2, 5; Ps. 62, 9. — 22. Ps. 41, 3. — 23. Ps. 41, 2.

6. ἐφόσον *cod.* | 8. παραβαλλόμενοι *cod.* | 13. γε *corr. supra lin.* δὴ *corr.* | 30. ὡς *in ras.*

ἐφετὸν ἔσχατον, ἀλλὰ καὶ ὡς πάντων ὀρεκτῶν τὸ ἀκρότατον, οὗ δὴ λογικὴ πᾶσα φύσις ἐφίεται καὶ πρὸς ὃ μόνον ὅ γε τοῦ τελείου νοῦς βλέπων ἀναγω|19|γικῶς ἀνατείνεται καὶ οὗ γενομένοις τοῖς ἐρασταῖς, κατὰ τὸν θεολόγον φάναι Γρηγόριον, πάσης ἄλλης θεωρίας ἀνάπαυσις.

4. Τοῦτον οὖν τὸν ὄντως καλὸν καὶ σεμνὸν καὶ θεῖον ἔρωτά τε καὶ πόθον ἀμυδρῶς πως κἀγὼ ἐν γαστρὶ καρδίας καὶ συλλαβοῦσα καὶ ὠδινήσασα, σκοπὸν κατ' ἐμαυτὴν ἐθέμην ἐκ πλείονος οἶκον ἱερὸν τῇ πανάγνῳ μου δεσποίνῃ καὶ θεομήτορι ἀνεγεῖραι καὶ μέντοι καὶ φροντιστήριον ἐξ αὐτῶν ἀνοικοδομῆσαι τῶν θεμελίων πρὸς τούτῳ, τοῦτο μὲν γυναιξὶ πολιτείαν ἀνῃρημέναις ἀσκητικὴν ἀσφαλὲς ἐσόμενον καταγώγιον, τοῦτο δὲ κἀμὲ μεθ' ἅμα τῆς ἐμοὶ φιλτάτης καὶ |19ᵛ| γνησιωτάτης ἐμοὶ θυγατρός, ἣν καὶ ἀφιέρωσα μόνον οὐκ ἐκ σπαργάνων, ἣν καὶ ἀπ' αὐτῆς σχεδὸν τῆς γεννήσεως τῇ παναγίᾳ παρθένῳ καὶ Θεοτόκῳ μου ἀνατέθεικα καὶ δι' αὐτῆς αὐτῷ γε τῷ τῶν ὅλων Θεῷ, ὡς ἡ Ἄννα πάλαι τὸν Σαμουὴλ πρὸ γεννήσεως, τὰς τοῦ κόσμου τρικυμίας καὶ τοὺς τούτου κλύδωνας ὀψέ ποτε φεύγουσαν λιμένος τρόπον εὐαγκάλου τινὸς ἐκδεξόμενον· ὃ δὴ καὶ πεπλήρωκα ἤδη καὶ εἰς φῶς καὶ ἔργον τὸν ἐγκάρδιον καὶ ἀρχαῖόν μου πόθον ἐκεῖνον ἐξήνεγκα· καὶ τῇ ἐμῇ μεγάλῃ ἐλπίδι καὶ προστασίᾳ, τῇ κοινῇ καὶ μόνῃ τῶν ἁπάντων δεσποίνῃ, τὸν θεῖον τοῦτον ἐπεσκευασάμην |20| καὶ ἀνεκαίνισα οἶκον τὸ ἱερόν τε φρονηστήριον τοὐθ' ὡς ἰσχύος εἶχον ἐν τῷ τόπῳ τούτῳ συνεστησάμην ἐξ αὐτῶν τῶν κρηπίδων εἰς πλείονα δόξαν αὐτῆς κατά γε τὸ ἐμοὶ προηγούμενον.

5. Καὶ τοῦτο ποιησαμένη καὶ εἰς ὀλίγην τοῦ πολλοῦ μου χρέους ἀντέκτισιν, ἀνθ' ὧν τὰ μεγάλα οὕτω καὶ πέρα παντὸς καὶ λόγου καὶ ἀριθμοῦ τὸν ἀεί μου χρόνον πεφύλαγμαι παρ' ἐκείνης καὶ εὐεργέτημαι· αὐτίκα γάρ, ἵνα τἄλλα τῶν εὐεργεσιῶν αὐτῆς ὑπὲρ ψάμμον ὄντα θαλάσσης ἐκεῖνα καὶ σταγόνας ὑετοῦ παραδράμοιμι, σφόδρα περιφανεῖς ἐμοὶ ἐξ ἀρχῆς εὐθύς, |20ᵛ|

---

3. ἐφίεται *partim in ras.* | 11. ἀνῃρημέναις *partim in ras.*

εὐεργετούσης ἐκείνης, καὶ ἀπόβλεπτοι ἐγένοντο οἱ γονεῖς λαμπρότητι γένους, μεγαλειότητι δόξης, ὕψει ἀξιωμάτων, πλούτῳ πολυταλάντῳ, σωμάτων ἀνδρείᾳ καὶ ὥρᾳ ἀσυγκρίτῳ, ψυχῶν ἀρετῇ, εἰλικρινεστάτῃ πρὸς Θεὸν εὐσεβείᾳ καὶ πᾶσιν ἄλλοις οἷς εὐδαιμονίζεται ἄνθρωπος, τῶν καθ' ἑαυτοὺς ἁπάντων κρατοῦντες καὶ τὰ πρῶτα ἐν ἅπασι φέροντες καὶ οὐχ ἧττον ἢ ὁ φαιδρότατος ἥλιος οὗτος ἐν πᾶσιν τοῖς ἄστρασιν.

6. Ὧν ὁ μὲν πατὴρ τοῦ πανευγενεστάτου μὲν τῶν Παλαιολόγων γένους ἐτύγχανεν ὤν, τῇ δὲ τοῦ σεβαστοκράτορος μεγάλῃ τιμῇ καὶ ἀξίᾳ παρὰ τοῦ ἀδελφοῦ τε καὶ βασιλέως ἄγαν καὶ τετίμηται καὶ δεδόξασται· οὗ δὴ καὶ τὰς περι|21|φανεῖς στρατηγίας καὶ ἀριστείας ὅσα τε ἐκεῖνος μετὰ τῆς ἄνωθεν τοῦ κρείττονος ἀκαταμαχήτου ἰσχύος, τὰς Ῥωμαϊκὰς δυνάμεις κατὰ τῶν πολεμίων κινῶν καὶ ἐξάγων, πρὸς ἕω τε καὶ δύσιν ἀνεστήσατο τρόπαια, πᾶν τὸ δυσμενὲς καὶ ἐχθραῖνον ἀνὰ κράτος ἡττῶν καὶ ἡβηδὸν αὐτοὺς κατασφάττων, ἄλλοι λεγόντων οἷς σχολή τε καὶ ἄδεια περὶ τῶν τοιούτων λέγειν ἐστί· τὸ συγγενὲς γὰρ ἐμὲ καὶ ἡ πρὸς τὸν πατέρα τοῦτον δὴ τὸν ἐμὸν φυσικὴ καὶ πολλὴ οἰκειότης καὶ πλέον τὰ σεμνὰ τοῦ ἡμετέρου σχήματος τοῦδε καὶ ἡ εὐλάβεια σιγᾶν εἰς τέλος ἀλλ' οὐ λέγειν μᾶλλον προτρέπεται. Πλὴν ἀλλ' ὁ μὲν πατὴρ τοιοῦτος καὶ ἐκ τοιούτων.

7. Ἡ μήτηρ δὲ εὐγενεστάτη μὲν ἦν καὶ αὐτὴ καὶ περιφανεστάτη ἐν πάσαις, ἐκ τῶν Βρανῶν, τῶν ἄγαν ἐνδόξων καὶ |21v| διαβοήτων ἐκείνων, ἕλκουσα τὴν τοῦ γένους χρυσέαν σειράν· ἅπαντα δ' ἀνάλογα τῇ τοῦ γένους μεγαλοπρεπείᾳ τοῦ ὁμοζύγου ἐπλούτει καὶ εἶχε καὶ ἅπαντα ἰσοτάλαντα· τοσοῦτόν τε τὰς κατ' ἐκεῖνο καιροῦ περιφανεῖς ἐν γυναιξὶ καὶ μεγάλας εἰς ἅπαντα ὑπερέσχεν, ὁπόσον δῆτα καὶ ὁ πατὴρ τὸ τῶν τότε ἀνδρῶν ὑπερέχον καὶ διαφέρον πολλῷ τῷ μέσῳ ὑπερενίκησεν.

8. Ἀλλὰ τοὺς γονέας ἔγωγε τούτους ἀμφοτέρους ἐπὶ πάνυ νεαζούσῃ τῇ ἡλικίᾳ θανάτῳ οἴμοι ζημιωθεῖσα, πολλῆς ευθὺς τῇ τῆς Θεοτόκου προνοίᾳ ὑπὸ τοῦ θείου καὶ βασιλέως ἀξιοῦμαι

---

3. (καὶ — εἰλικ.) *in ras.* | 5. εὐδ. ἄνθ. τῶν καθ *partim in ras.* | 15. ἀνακράτος *cod.*

προνοίας τε καὶ φροντίδος · καὶ ἀνδρὶ συνάπτομαι μετ' ὀλίγον περιφανεῖ μὲν ὄντι καὶ ἄλλως τὰ ἔξω πάντα καὶ ὅσα τοῦ σώματος καὶ οὐδενὸς τῶν ἐν τέλει δευτέρῳ ἐν τούτοις |22| εἶναι ἀνεχομένῳ, περιφανεστέρῳ δὲ τὰ ἔνδον πολλῷ καὶ ὅσα γε τὴν ψυχὴν αὐτὴν κοσμοῦσι καὶ ὡραΐζουσιν. Οὗτος εἰς Κομνηνοὺς μὲν καὶ Συναδηνοὺς σαφῶς τὸ γένος ἀνέφερε, τῷ τοῦ μεγάλου δὲ στρατοπεδάρχου καὶ πρό γε τῶν γάμων πρὸς τοῦ βασιλέως ὑψώθη λαμπρῶς ἀξιώματι. Ὅπως δὲ καὶ ὁ πατὴρ ὁ ἐμὸς παρὰ τοῦ πανοικτίρμονος καὶ παντοδυνάμου θείου τε καὶ βασιλέως καὶ ἠλέηται καὶ τετόνωται καὶ δεδόξασται ὁποίας τε ἔτυχεν ἐκεῖθεν τῆς συμμαχίας, ὑπὲρ τοῦ ὁμοφύλου γένους καὶ τῶν Ῥωμαίων ὁπόσαι ἡμέραι καὶ πρὸ τοῦ ἀξιώματος καὶ μετὰ τὸ ἀξίωμα στρατηγῶν κατὰ παντὸς ἐχθροῦ καὶ γενναίως μαχόμενος, τί χρὴ καὶ λέγειν ἐμὲ πανταχόθεν κωλυομένην καὶ σιγᾶν ἀναγκαζομένην |22v| καὶ νῦν, ὑφ' ὧν καὶ τὸ πρότερον, ἡνίκα μικρὰ ἄττα ἐγενόμην διηγουμένη περὶ τῶν πατέρων δὴ τῶν ἐμῶν; ἴσασι πάντες οἵ γε ἐκεῖνον καὶ τὰ ἐκείνου πάντα μετ' ἀκριβείας εἰδότες, ὅτι πολλῶν καὶ τῶν διηγουμένων οὐμενοῦν δέονται. Πλὴν ἀλλ' ὡς καὶ τὸν ἐμὸν ὁμόζυγον τοῦτον θανάτου νόμῳ ἀπεβαλόμην ἐγώ, οἷα τὰ τοῦ Θεοῦ ἀθεώρητα κρίματα, καὶ μόνη κατελείφθην τῷ βίῳ, ἐπὶ μιᾷ θυγατρί, ταύτῃ δὴ τῇ ἐξόχως καὶ ὑπὲρ πάντας μοι στεργομένῃ καὶ δυσὶ νηπίοις υἱοῖς τὰς ἐλπίδας σαλεύουσα, οὐκ ἔγνων δεῖν ἐπὶ πλέον παραμένειν τῷ κόσμῳ οὐδὲ κατὰ κόσμον βιοῦν οὐδὲ τοῖς ὀνείροις ἔτι τούτου προσέχειν οὐδὲ ταῖς σκιαῖς αὐτοῦ καὶ ταῖς φαντασίαις ἀνόνητα ἀπομάχεσθαι, ῥαγῆναι δὲ μᾶλλον κόσμου Θεοῦ βοηθείαις |23| καὶ νεκρωθῆναι βίῳ παντί, τὸν μονάδα τε τοῦτον ζυγὸν ἐπελθεῖν καὶ ζῆσαι τὴν ἐν Χριστῷ κεκρυμμένην ἐνταῦθα ζωὴν ταῖς μεγάλαις ὁδηγίαις καὶ συνεργίαις τοῦ πνεύματος.

9. Καὶ γοῦν πάντων ὑπεριδοῦσα τερπνῶν πάντα τε ἡδέα θέλγοντα, πάντα ὅσα τοῦ ἀπολαυστικοῦ τούτου βίου καὶ ἐνηδόνου χαίρειν ἐκ καρδίας καταλιποῦσα, φέρουσα ἐμαυτήν, φέρουσα

---

5. ὗτος *cod.* | 9. μὲν *supra lin. cod.* | 9. Κ, θεοῦ *cod.* | 10. ὁποίαν *cod.* | 18. πολλῆς *cod.* | 24. ἔτι *in ras.*

καὶ τὴν μόνην ἐμοὶ καὶ τὰ πάντ' ἀγαθὴν καὶ καλὴν θυγατέρα, τὸ ἡδὺ καὶ ἐπίχαρι φῶς τῶν ἐμῶν ὀφθαλμῶν, τὸ ἐμὸν γλυκύτατον σπλάγχνον, τῆς ἐμῆς καρδίας τὴν καῦσιν, τὴν ἐμὴν πνοὴν καὶ ζωήν, τὴν ἐμὴν γηροκόμον ἐλπίδα, την ἐμὴν ἀναψυχήν, τὸ ἐμὸν παρηγόρημα, τὸ ἐμὸν παραμύθιον, αὐτῇ τῇ θεομήτορι χαιρούσῃ καὶ σκιρτώσῃ ψυχῇ ἀνατέθεικα καὶ δι' αὐτῆς αὐτῷ τῷ Χριστῷ, τῷ μονογενεῖ |23v| ταύτης υἱῷ καὶ Θεῷ τῶν ὅλων καὶ βασιλεῖ, ᾧ καὶ ὡς ἔφην τὸ ἐμὸν τουτὶ καλλιέρημα καὶ δοῦναι καὶ ἀναθεῖναι ὁλοκαρδίως φθάσασα πάλαι ἐπηγγειλάμην, ᾧ καὶ ταύτην τὴν ἐμοὶ πεποθημένην κόρην τὴν ἐμὴν καὶ τοῦ γένους παντὸς καλλονὴν ὁλοψύχως πάλαι ηὐξάμην καὶ νυμφεύσασθαι καὶ ἁρμόσασθαι ὡραίῳ κάλλει παρὰ πάντας υἱοὺς ἀνθρώπων καὶ καθαρωτάτῳ ὄντι νυμφίῳ καὶ ἀληθινῷ τε καὶ μόνῳ καὶ τὰς ἐρώσας καὶ ἐρωμένας τούτου ψυχὰς γνησιώτατα καὶ φιλοῦντι καὶ στέργοντι ὑπὸ πολλῆς εὐσπλαγχνίας καὶ ἀνεικάστου χρηστότητος· εἰ δὲ καὶ εἰς ἀρέσκειαν, εἰ δὲ καὶ εἰς εὐαρέστησιν, εἰ δὲ καὶ εἰς ἀνάπαυσιν ἀποβαίη τοῦ νυμφίου ἡ τούτῳ μυστικῶς νυμφευθεῖσα, τοῦτο κατά γε τὰς ἐμὰς εὐχὰς καὶ ἐλπίδας τῆς |24| Θεοτόκου μέγα μοι ἔλεος ἔσεται, τοῦτο τῶν εἰς ἡμᾶς ἐκείνης εὐεργεσιῶν τὸ κεφάλαιον, τοῦτο ὁ κολοφὼν τῶν ἐκείνης μεγάλων καὶ πολλῶν ἀντιλήψεων.

10. Οὐ μόνον δὲ οὕτω Θεῷ ἀνατέθεικα φέρουσα ἐμαυτήν, φέρουσα καὶ τὴν ἐμοὶ ἐπιπόθητον θυγατέρα, ἀλλὰ καὶ τῷ μοναστηρίῳ τούτῳ σὺν ὀλίγαις παρθένοις, τὸν αὐτὸν ἡμῖν ἐχούσαις κατὰ πάντα σκοπὸν τῷ αὐτῷ τε πόθῳ καὶ ἔρωτι τὰς ψυχὰς τετρωμέναις καί γε σὺν ἡμῖν ἀεὶ διαζῆν συνθεμέναις ἐπὶ μάρτυσι Θεῷ καὶ ἀγγέλοις καὶ τῇ ἐκκλησίᾳ, ἐμπεριέκλεισα, πάντας λογισμούς, πάσας ἐλπίδας ὅλην τε τὴν φροντίδα, ὅλην τὴν μέριμναν ἡμῶν καὶ τῶν ἀπωρφανισμένων μου τέκνων ἐπιρρίψασα ἐπὶ Κύριον, τῶν ὀρφανῶν τὸν πατέρα, τὸν τῶν ἀπροστατεύτων προστάτην, τὴν τῶν ἀπηλπισμένων μεγάλην ἐλπίδα τε καὶ ἀντίληψιν, |24v| παρ' οὗ καὶ πᾶν ἀγαθὸν καὶ δώρημα πᾶν τοῖς

31. Iac. 1, 17.

1. ἀγαθὰ *cod.* | 26. Θ. κ. ἀγγ. *in ras.*

ἀνθρώποις καὶ χάρισμα καὶ ὃς διανοίγνυσι φιλανθρώπως ἄγαν τὴν χεῖρα καὶ πάντα εὐδοκίας ἐμπίπλησι καὶ χρηστότητος.

11. Ἀλλ' οὕτω μὲν καὶ διὰ ταῦτα τῇ Θεοτόκῳ συνάμα τῷ θείῳ τῷδε ναῷ ἀνηγέρθη ἐκ βάθρων καὶ συνέστη ἅπαν τὸ μοναστήριον. Γένοιτο δὲ ταῖς δυναταῖς ἐκείνης πρεσβείαις καὶ προστασίαις ὥσπερ ἄμπελόν τινα τοῦτο καρποφόρον ὑπάρξαι, καθαπερεί τινα κλήματα εὐθαλῆ τε καὶ ἔγκαρπα κεκτημένον τὰς ἐν τούτῳ παρθένους καὶ ἀσκητρίας, πολλοῖς καὶ μεγάλοις καὶ ἐναρέτοις βρυούσας τοῖς βότρυσιν, ὁμοῦ μὲν εἰς δόξαν αὐτοῦ τοῦ Χριστοῦ, ὁμοῦ δὲ εἰς δόξαν καὶ τῆς τούτου παναχράντου μητρός, ὁμοῦ δὲ καὶ εἰς ἐξάλειψιν τῶν ἐμῶν ἀμυθήτων κακῶν, ἅπερ ὡς ἄνθρωπος κἀγὼ καὶ τῆς τρεπτῆς πάντως |25| οὖσα φύσεως καὶ πταιστῆς εἰργασάμην καὶ τὸν ἐμὸν ποιητὴν διὰ τοῦτ' εἰς ὀργὴν ἀνῆψα καὶ παρεπίκρανα, ὡς μήποτε ὄφελον. Ὅπως μὲν οὖν καὶ ὅτου χάριν τὴν ἀρχὴν συνέστη τὸ μοναστήριον, ἀρκούντως μοι εἴρηται ὡς δοκῶ.

12. Καιρὸς δὲ ἤδη λοιπὸν καὶ πρὸς τὸν ἐμόν, πρὸς ὃν καὶ ἠπειγόμην, μεταβῆναι σκοπόν· ὅ δέ ἐστι περὶ τοῦ μοναστηρίου με τούτου τυπικήν τινα ἐκθεῖναι διάταξιν, πάσης τῆς ἐν τούτῳ πολιτείας καὶ καταστάσεως ὑφηγουμένην ἀκρίβειαν ἔννομον καὶ ἔνθεσμον παρατήρησιν, ἣν ἄνωθεν ἀπὸ πρεσβυτέρων οἱ ἡμέτεροι παραλαβόντες διδάσκαλοι, αὐτοί τε καλῶς καὶ ὡς εὐαρεστεῖται τὸ θεῖον δι' ἑαυτῶν συνετήρησαν καὶ τοῖς μετ' ἐκείνους ὡς γοῦν προσῆκε καὶ λόγοις |25ᵛ| καὶ ἔργοις παρέδοσαν ἐς ἀκρίβειαν, καὶ παρέδοσαν οὐ μᾶλλον ἢ οἱ ταῖς περιβοήτοις τῶν πόλεων τοὺς ἐγχωρίους τῶν νόμων καὶ ἰθαγενεῖς αὐτόχθονας, εἰ βούλει δὲ οἱ τῶν μεγάλων ἐθνάρχαι ἐθνῶν τὰ τούτοις ἐγγενῆ τε καὶ πάτρια. Καθ' ἣν ἄρα διάταξίν τε καὶ ὑποτύπωσιν ὑμεῖς, ὦ φίλαι, πολιτευόμεναι καὶ διάγουσαι, πρῶτα μὲν εὖ οἶδ' ὅτι τὰ κατ' εὐδοκίαν καὶ βούλησιν τῇ πανυμνήτῳ δεσποίνῃ μου πράξετε, ἔπειτα δὲ καὶ τὰ κατ' εὐχὰς ἐμὰς καὶ ὅσα ἐγὼ ποιοῦμαι καὶ ἄγω διὰ πλείστης σπουδῆς καὶ ἐφέσεως τὸ δὲ ἐντεῦθεν ἕξετε μὲν ἄνωθεν παρὰ

---

9. βρυούσθαι *cod.* | 31. τὰ *in ras.*

τοῦ Θεοῦ πολλήν τε καὶ μεγάλην τὴν μισθαποδοσίαν, ἕξετε δὲ καὶ παρὰ τῶν ἀνθρώπων ἄφατον τὸν μακαρισμὸν καὶ ὁπόσα τῆς ἐπαινετῆς ἀναρρή|26|σεως, ἀνθ' ὅτου κατὰ Θεὸν οὕτω προείλεσθε ζῆν καὶ καλὸν ὑπόδειγμα ἀρετῆς ταῖς μεθ' ὑμᾶς ἑαυτὰς προθεῖναι τὸν πάντα χρόνον διαγωνίζεσθε, οὐκ ἐξίτηλον ταῖς ἀμελείαις καὶ ταῖς εἰς τὸ ἀγαθὸν καθημεριναῖς ὑστερήσεσι τὴν ἀγγελικὴν ὑμῶν ταύτην ποιούμεναι πολιτείαν, ἀνανεούμεναι δὲ μᾶλλον καὶ λόγοις καὶ ἔργοις αὐτὴν ἀγαθοῖς κἀν τῇ ὑμετέρᾳ ἠκριβωμένῃ διαγωγῇ τὸ καθαρώτατον φέγγος αὐτῆς ἐξαστράπτειν πλουσίως παρασκευάζουσαι.

13. Ἔσεται δὲ ἡ ὑποτύπωσις καὶ διάταξις αὕτη τῇ μὲν ἀφηγουμένῃ καὶ κοινῇ διδασκάλῳ ποιμαντικῆς οἱονεί τις ὑπόμνησις οἰκονομίας καὶ κυβερ|26ᵛ|νήσεως, ταῖς δ' ὑπὸ ταύτην μαθητρίαις αὐτῆς νόμος ὑπακοῆς ἀνοθεύτου καὶ ἀμιγοῦς ὑποταγῆς διδασκάλιον, αὐτῆς προϊσταμένης τοῦ τῆς ὑποτυπώσεως λόγου τῆς Θεοτόκου καὶ ὡς οἶδεν ἐκείνη πανσόφως τὰ πρὸς καταρτισμὸν ἐμπνεούσης καὶ ὅσα πρὸς τὴν ἐπηγγελμένην ὁδηγεῖ τε καὶ φέρει μακαριότητα.

<α'>

Περὶ τοῦ ἐλευθέραν καὶ αὐτοδέσποτον εἶναι καὶ τὴν ἡμετέραν ταύτην μονήν.

14. Πρὸ πάντων μὲν οὖν τῶν ἄλλων κυρίαν βουλόμεθα τὴν παρ' ἡμῶν ἀνεγερθεῖσαν ταύτην τῇ Θεοτόκῳ μονὴν καὶ ἐλευθέραν πάντῃ καὶ ἀκαταδούλωτον εἶναί τε καὶ μένειν παντὶ χρόνῳ τῆς κάτω δυναστείας καὶ αὐθεντίας· οὐ γὰρ δίκαιον οὐδὲ μὴν εὐσεβὲς οὐδὲ ὅσιον τὴν ἱερὸν ἀνάθημα καθάπαξ καὶ |27| κτῆμα τῇ δεσποίνῃ γενομένην τῶν ὅλων καὶ δι' αὐτῆς αὐτῷ τῷ αἰωνίῳ καὶ ἀφθάρτῳ βασιλεῖ καὶ Θεῷ ὑφ' ἑτέραν ἀρχὴν ἀνθρωπίνην καὶ φθαρτὴν ἐξουσίαν καὶ δυναστείαν παρερχομένην γενέσθαι ποτὲ καὶ κυρίους ἔχειν ἀνθρώπους τὴν ἕνα κύριον ἔχειν καὶ δεσπότην ὁλοκλήρως ἀνατεθεῖσαν,

---

3. ἀνθότου *cod.*

τὸν ὄντως δεσπότην καὶ κύριον. Πολλῆς γὰρ ζημίας καὶ ἀφάτου κινδύνου, ἵνα μὴ καὶ θανάτου λέγοιμι ψυχικοῦ, τοῖς γε κατὰ τῶν ἱερῶν καὶ ἀψαύστων τολμῶσι τοῦτο παραίτιον γίνεται · εἰ γὰρ ὁ τῇ κάτω καὶ ἐπικήρῳ ταύτῃ ἀρχῇ τε καὶ βασιλείᾳ θρασείᾳ ψυχῇ καὶ χειρὶ τολμηρᾷ ἐπιθέμενος καί γε τὰ μόνῃ ταύτῃ ἀνατεθειμένα ὡς ἰδιαίτατα ἐπιχειρήσας κακῶς ἰδιοποιήσασθαι καὶ κακῶς ὡς ἰδίοις ἑαυτοῦ |27ᵛ| χρήσασθαι, θανάτου παρά τε τοῖς νόμοις καὶ αὐτῇ τῇ ἀληθείᾳ κριταῖς καταλογίζεται ἄνθρωπος, καὶ ὡς δύσνους καὶ ὡς ἐπίβουλος τὴν ἐπὶ θανάτῳ δραμεῖν ἐξ αὐτῆς κατακρίνεται, πῶς οὐ καὶ αὐτοῦ θανάτου ἐπέκεινα καταψηφισθεὶς εἰσπραχθήσεται δίκας λόγῳ δικαίῳ ὁ χεῖρας ἄντικρυς θεομάχους ἀνταίρων καὶ μόνον οὐ τὸν Θεὸν αὐτὸν τυραννεῖν ἐπιτρέχων, τὸ αὐτῷ γε μόνῳ προσαφιερωμένον καὶ μόνῳ αὐτῷ ἀνακείμενον ἀνοσίως ἕλκων πρὸς ἑαυτὸν καὶ δοῦλον ποιεῖν ἑαυτῷ τὸ ὄντως ἐλεύθερον ἐπιεικῶς προθυμούμενος;

15. Αὐτοδέσποτος ἄρα καὶ αὐτεξούσιος ἔσεται ἡ μονὴ καθ' ὃν εἰρήκαμεν λόγον, τὴν ἐξ ἀνθρώπων δουλείαν παντάπασιν ἀρνουμένη καὶ τοὺς κάτω δεσπότας οὐδ' ὅλως ἐπιγινώσκουσα · οὕτω γὰρ τηρη|28|θήσεται ἀκατάλυτον πάντως καὶ τό · ἀπόδοτε τὰ Καίσαρος Καίσαρι καὶ τὰ τοῦ Θεοῦ τῷ Θεῷ. Διὰ τοῦτο καὶ οὐδὲ ἕξει τις τὸ σύνολον ἐπ' ἀδείας ὅ γε ὡς ἀληθῶς δεδιὼς καὶ φρίττων Θεὸν τυραννικὰς ἐπιβαλεῖν αὐτῇ χεῖρας οὐδὲ καταδυναστεύσει ταύτην ἐν μηδενί, οὐχ ἑαυτῷ, οὐχ ἑτέρῳ ἢ αὐτὴν ἤ τι τῶν ταύτης ὑποθεῖναι καὶ ὑποτάξαι σπουδάσει ποτέ, οὐ προσθήσει, οὐ συνάψει, οὐ τοῖς κατὰ σάρκα ζῶσι προσώποις, οὐ τοῖς ἐν πνεύματι, ἀλλ' οὐδὲ μονῇ ἑτέρᾳ, οὐχ ἱερῷ οἴκῳ, οὐ ξενῶνι, οὐ γηροκομείῳ, οὐδενὶ τῶν ἁπάντων ἑτέρῳ, ἀλλ' ἔσται καθ' ἑαυτὴν αὐτὴ σῳζομένη καὶ ἄρξει αὐτὴ ἑαυτῆς καὶ αὐτὴ κυβερνήσει καὶ αὐτὴ διοικήσει καὶ ἑαυτὴν καὶ πάντα τὰ ἑαυτῆς · καί γε κυβερνήσει καί γε διοικήσει οὐκ ἄλλως ἢ κατὰ τὰ νῦν παρ' ἡμῶν |28ᵛ| ἐν τῇ βίβλῳ ταύτῃ διατυπούμενα, ἃ δὴ καὶ ἀγαπήσει καὶ τιμήσει καὶ στέρξει ἀπαράλειπτά τε διαφυλάξει πάντα τὸν βίον ὑποθήσει τε τούτοις ἑαυτὴν ἐκ καρδίας καὶ ἀδιακρίτως τούτοις ὑποταγήσεται, τῷ Θεῷ μόνῳ δουλεύειν καὶ τούτῳ μόνῳ λατρεύειν ἐκθύμως ἄγαν σπουδάζουσα, ὃ μόνον ἐλευθεροῦν κατ' ἀλήθειαν οἶδε τὸν ὄντως εὐγενῆ καὶ κατὰ φύσιν ἐλεύθερον ἄνθρωπον.

---

18. Matth. 22, 21.

16. Καὶ αὐτὸς δὲ ὁ κατὰ καιροὺς ἁγιώτατος πατριάρχης ἐκεῖνα μόνα λαμβάνων, ἃ λαμβάνειν παρὰ τῶν ἱερῶν κανόνων ἐφεῖται αὐτῷ, τούτοις μόνοις δὴ ἀγαπήσει καὶ τῶν ἄλλων ἀφέξεται ἀναγκαίως, ὅσα μὴ εἰς οἰκοδομὴν μηδ' εἰς σύστασιν δηλαδὴ ἀφορᾷ, εἰς δ' ἀνατροπὴν καὶ κατάλυσιν· ὃ ἔργον οἶδεν ὁ λόγος τῆς ἀληθείας |29| οὐ τῶν ἑκουσίως ἢ τυραννικῶς μᾶλλον καὶ ἀναγκαστῶς καὶ αἰσχροκερδῶς ποιμαινόντων τοῦ ἀρχιποίμενος Χριστοῦ τὰ ποίμνια. Πλὴν ἀλλ' ἡμεῖς μὲν οὕτως αὐτοδέσποτον, οὕτω πρωτότυπον τὴν ἱερὰν μονὴν ἡμῶν ταύτην εἶναι βουλόμεθά τε καὶ πρό γε τῶν ἄλλων τοῦτ' ἐνταῦθα διαταττόμεθα· καὶ εἴη γε οὕτω συντηρεῖσθαι ταύτην ἐς διηνέκειαν καὶ μηδέποτ' ἐν ἀνθρώποις εὑρεθείη μηδεὶς τὸ ἐλεύθερον αὐτῆς τυραννικαῖς καὶ βιαίαις χερσὶν ἀφαιρούμενος.

17. Εἰ δέ τις πρὸς τοῦτο χωρῆσαι τολμήσειε, βάσκανος ὢν καὶ πλεονέκτης τῷ ὄντι καὶ ἄδικος ἄνθρωπος, καί γε τὰς ἐμὰς ἀκυρῶσαι ταύτας καὶ ἀνατρέψαι διατάξεις θελήσειεν, ἴστω ἀκριβῶς ὁ τοιοῦτος, ὁποῖος ἄρα καὶ εἴη, ὡς μέγιστον κρίμα βαστάσει καὶ |29v| ἀσυγχώρητον καὶ μεγίσταις ἐντεῦθεν ὑποπεσεῖται ἀραῖς καὶ τὰ μέγιστα τὸ θεῖον ἐκπολεμώσει καθ' ἑαυτοῦ καὶ αὐτὴν ἀντίδικον εὑρήσει τὴν Θεοτόκον, αὐτὴν τιμωρὸν τῆς τοσαύτης ἀδικίας καὶ τῆς θρασύτητος· κἀκεῖνα ἔσεται πάσχων καὶ τιμωρούμενος εἰς τοὺς ἀτελευτήτους αἰῶνας, ἅπερ ἰδίως τὸ τῶν χριστομάχων πείσεται γένος καὶ οἵτινες ἀνοσίως τὸν κύριον τῆς δόξης ἐσταύρωσαν καὶ τοῦ σώματος αὐτοῦ τοῦ φρικτοῦ καὶ τοῦ αἵματος αὐτοῦ ἐγεγόνεισαν ἔνοχοι, ὅτι προδήλως τὰ ἱερὰ συλῆσαι οὐκ ἔφριξε καὶ τὰ τοῦ Θεοῦ σφετερίσασθαι ἀναίδην οὕτω πως ἀπετόλμησεν.

β'.

|30| Περὶ τῆς ἐφορείας καὶ ἐπικουρίας τῆς μονῆς καὶ τίς ἂν γένοιτο ταύτῃ ἔφορος καὶ ἐπίκουρος.

18. Ἐπεὶ δὲ καὶ τῆς ἐξ ἀνθρώπων ἐφορείας καὶ ἐπικουρίας ἔστιν ὅτε καὶ μᾶλλον ἡ ἀσθενὴς φύσις χρῄζει καὶ γυναικεία, ἡμεῖς, ὡς ἂν διὰ τούτου τοὺς ἐπηρεαστὰς τῶν ἀνθρώπων καὶ

πλεονέκτας κατὰ καιροὺς ἐπιφύεσθαι εἰωθότας φθόνῳ καὶ λύττῃ καὶ συνεργίᾳ τοῦ δαίμονος ἐγκοτοῦντος ἀεὶ τοῖς ἀγαθοῖς καὶ βασκαίνοντος ὡς δυνατὸν ἀποκρούηται καὶ τῶν ἐντεῦθεν σχληρῶν καὶ ἀνιαρῶν ἀπηλλαγμένη τελείως ὁρῷτο, οὐδὲ τοῦθ' ἡμεῖς ἐν ταύτῃ δὴ τῇ ἡμετέρᾳ μονῇ γενέσθαι ἀπαγορεύομεν, μᾶλλον μὲν οὖν καὶ ἐπινεύομεν καὶ τοῦτ' αὐτὸ προτρεπόμεθα, τὸ ἀνενόχλητον καὶ ἐν τούτῳ |30^{v}| καὶ ἀνεπηρέαστον πάντῃ περιποιούμεναι τῇ μονῇ καὶ τὸ τελείως ἀδούλωτον.

19. Ἀλλὰ τίς ἂν γένοιτο ἔφορος τῇ μονῇ, τίς ἐπίκουρος γνησιώτατα πρὸς αὐτὴν διακείμενος, τίς δὲ ἕτερος ἢ ὅστις καὶ πρὸς ἡμᾶς ἐστι πάντως οἰκειότερος καὶ ἐγγύτερος τῶν ἡμετέρων θ' ὑπερπονεῖ καὶ ὑπὲρ τούτων ὅλῃ καρδίᾳ διαγωνίζεται; οἰκειότερος δὲ καὶ ἐγγύτερος καὶ οὕτως ὡς ἔφαμεν πρὸς ἡμᾶς διαθέσεως ἔχων τίς ἕτερος πλὴν τῶν ἐμῶν ἐπιποθήτων υἱῶν, κληρονόμων καὶ διαδόχων ὄντων ὥσπερ τοῦ γένους αὐτοῦ καὶ τῶν ἄλλων, οὕτω δὴ καὶ τῶν ὅσαπερ εἰς δόξαν Θεοῦ καὶ ὑπὲρ σωτηρίας ψυχῶν ἡμεῖς ἐφροντίσαμεν καὶ ἐδράμομεν; Ὁ πρῶτος τοιγαροῦν τῶν υἱῶν ἔστω δὴ τῶν ἐμῶν ἔφορος πρῶτος |31| καὶ πρῶτος ἐπίκουρος· ἔπειτα μετὰ τοῦτον ὅ γε μετὰ τοῦτον δεύτερος· εἶτα ὅστις ἂν γένοιτο μετ' αὐτοὺς ἐξ αὐτῶν τῆς ἄνωθεν χάριτος καὶ προνοίας καὶ ἀντιλήψεως πλουσίως ἄγαν ἐπαπολαύων καὶ διὰ τοῦτο τοὺς ἄλλους κατὰ γένος ὄντας οἰκείους αὐτῷ μακρῷ ὑπερβάλλων τῷ πήχει ἔν τε δυναστείαις καὶ ἀξιώμασι καὶ πᾶσιν ἑτέροις τρόποις εὐδαιμονίας εὐδοκιμώτερος καὶ ὀνομαστότερος παρὰ πολὺ τῶν ἄλλων φαινόμενος.

20. Ὁ μὲν οὖν ἔφορος τῆς μονῆς οὗτος ἔσεται πάντως, ὃν ἡμεῖς εἰς τὴν ἐφορείαν καὶ ἐπικουρίαν αὐτῆς δηλονότι προεστησάμεθα· πλὴν ἐκεῖνα μόνα ἔσται πράττων ὑπὲρ αὐτῆς, ἅπερ δὴ καὶ ἡμεῖς, καὶ οὕτω γνησίως ὑπὲρ τῆς μονῆς ὁ ἔφορος οὗτος |31^{v}| διατεθήσεται, ὥσπερ οὖν καὶ ἡμεῖς, μᾶλλον δὲ ὡς τὸ βιβλίον τοῦτο τῆς διατάξεως πατρικῶς καὶ ἐκκλησιαστικῶς εἰσηγεῖται καὶ ὑποτίθησι, πρὸ τῶν ἄλλων πάντων αὐτὸς αὐτὸ διὰ σεβάσματος ἄγων καὶ

---

6. τὸ *in ras* | 12. ὑπερπονεῖ *partim in ras.* | 24. παραπολὺ *cod.*

πρός γε τὴν τούτου σπεύδων πρῶτος ἐκπλήρωσιν, καὶ νῦν μὲν τὰς ἐν τῷ μοναστηρίῳ κατὰ Θεὸν διαζῆν σπουδαζούσας ἐλέους καὶ συμπαθείας, ὡς ἡ χεὶρ εὐπορεῖ τε καὶ δίδωσιν, ἀξιῶν, ἐκ τῶν ἐνόντων αὐταῖς χαριζόμενος καὶ οὕτω διὰ τῶν φευγόντων καὶ φθειρομένων τὰ ἑστῶτα καὶ ἄφθαρτα ἐξωνούμενος, νῦν δὲ αὖ πάλιν τρόπον ἕτερον αὐτῶν προϊστάμενος καὶ τοῦτο μὲν τοὺς ἀδικεῖν αὐτὰς βουλομένους εἰσάπαν ἀποσοβῶν, τοῦτο δὲ καὶ τοὺς ἄλλως ἐκ σατα|32|νικῆς ἐπηρείας καὶ ἐπιθέσεως ἴσως ἐπανισταμένους αὐταῖς προθύμῳ γνώμῃ ἀποκρουόμενος, τοῦθ' ἓν ἀντὶ πάντων πραγματευόμενος ἑαυτῷ, ὥστε προστάτιν ἔχειν καὶ πρέσβιν τὴν Θεοτόκον ἐν πᾶσιν ἀμειβομένην καὶ ἀντιδωρουμένην τὰ μείζω καὶ τελεώτερα τά τε ἄλλα τῶν αἰτημάτων αὐτῷ ἐκπληροῦσαν καὶ τὴν τῆς ψυχῆς σωτηρίαν, πρό γε τῶν ἄλλων πάντων παρέχουσαν ὃ δὴ καὶ κρεῖττόν ἐστι τῶν ἁπάντων ἡμῖν καὶ οὗ τὸ τυχεῖν τῆς ἀνωτάτω καὶ πρώτης ἔργον εὐχῆς οὐκ ἀδόκιμον.

γ'

Περὶ τῆς ποσότητος τῶν παρθένων καὶ ὁποία τις ὀφείλει εἶναι ἡ ἀφηγησομένη αὐτῶν καὶ πῶς εἰς τὸ ἀφηγεῖσθαι αὐτὴ προβληθήσεται.

21. Λεκτέον δ' ἂν εἴη τοῦ λοιποῦ μετά γε τὰ εἰρημένα περὶ τῆς ποσότητος αὐτῆς τῶν παρθένων καὶ εἰς ὅσον αὗται ποσὸν προχωρήσουσιν |32ᵛ| ἀριθμούμεναι, ὁποία τε ἔσται ἥτις ἄρα τούτων καὶ ἀφηγήσεται καὶ καθ' ὁποῖον ἐκλεγήσεται τρόπον καὶ πῶς ἐπὶ τὸ ὕψος τῆς ἀρχῆς καὶ τῆς προστασίας διὰ τῆς πατριαρχικῆς εὐλογίας καὶ προχειρίσεως ἀναβήσεται.

22. Ἡ μὲν οὖν τῶν ἐνοικεῖν μελλουσῶν τῷ μοναστηρίῳ παρθένων ποσότης οὐκ ἀόριστος ἔσεται οὐδὲ ἄδηλόν τινα ἕξει τὸν ἑαυτῆς ἀριθμόν · οὔτε γὰρ καλῶς ἕξει τὰ κατ' αὐτὰς ἀτάκτως οὕτω πως

---

22. εἴη *scripsi*, ἢ *cod.*

ἔχοντα καὶ ἀκόσμως, ἐπειδὴ τῷ ἀορίστῳ καὶ ταῦτ' ἐκ τοῦ πλείονος ἕπεται καὶ οὐκ ὀλίγον τοῦ εἰκότος καὶ ὀφειλομένου παρὰ τοῦτο ἀποσφαλήσεται, νῦν μὲν εἰς ἄχρηστον ἐκτεινομένων τῆς χρείας εἰς ἀνόνητόν τε καὶ περιττὸν ἀριθμόν, νῦν δὲ αὖθις εἰς ὑστεροῦντα συστελ|33|λομένων καὶ παρὰ πολὺ τοῦ δέοντος ἀποπίπτοντα. Τῷτοι καὶ βεβαίᾳ τινὶ καὶ διωρισμένῃ ποσότητι περιληπτέον ἂν εἴη τὴν ἅπασαν τῶν παρθένων συνάθροισιν, ὡς ἄν γε ἐκ τούτου αὐτό τε τὸ εὔτακτον αὐτό τε τὸ κόσμιον καὶ τρίτον αὐτὸ τὸ μὴ πλημμελῶς περιττεύειν μηδὲ ἐν ταῖς ἀναγκαίαις χρείαις καὶ τοῖς καθήκουσιν ὑστερεῖν κάλλιστά τε καὶ ὠφελιμώτατα ἕποιτο.

23. Εἰς δεκάδα τοίνυν τριπλῆν πᾶν τὸ τῶν παρθένων ποσωθήσεται σύνταγμα, καὶ τριάκοντα αἱ πᾶσαι ἔσονται αὗται · καὶ οὔτε ποτὲ τοῦθ' ὑπερταθήσεται τοῦ ἀριθμοῦ τὸ ποσὸν οὔτ' εἰς τὸ ἔλαττον πάλιν ὑποχωρήσει καὶ ὑπαχθήσεται· ἀρκέσει γὰρ οὗτος ταῖς τοῦ κοινοβίου χρείαις ὁ ἀριθμὸς καὶ τὸ πλεῖον ὡς περιττόν, ὡς ἀχρή|33ᵛ|σιμον ἀπαιτεῖν παραιτήσεται. Πλὴν αἱ μὲν αὐτῶν ἐν ταῖς ἐκκλησιαστικαῖς συνάξεσι καὶ ὑπηρεσίαις πανευλαβῶς λειτουργήσουσιν, ἑκάστη ὡς ἔχει καὶ γνώσεως καὶ χρόνου καὶ εὐλαβείας καὶ τάξεως, μίαν ἐφ' ἑαυτῶν κεκτημέναι καὶ πρώτην καὶ ἄρχουσαν · ἡ δὲ πρὸς τὸ φρονίμως ὁμοῦ καὶ πιστῶς οἰκονομεῖν ταχθήσεται τὰ κοινὰ καὶ τὰς κατ' ἀνάγκην χρείας τούτου τοῦ σώματος, τῇ δὲ τὸ δοχεῖον ἔσται λειτούργημα ἀναγκαῖον, τὰς δὲ ἄλλας εἰς ἄλλην ὑπηρεσίαν τῆς κοινῆς ἕνεκα ὠφελείας σὺν πολλῇ προσοχῇ καὶ βασάνῳ ἡ ἀφηγουμένη τάξει ἐγκαταστήσασα, κοινωνοὺς καὶ ξυμβούλους ἔχουσα καὶ τὰς προεχούσας τῶν ἀδελφῶν καὶ τὰς κρείττους κἀνταῦθα, ἵνα μὴ λέγω καὶ πάσας, ὥσπερ οὖν |34| καὶ οἱ πατέρες ἀνέκαθεν ἡμῖν καὶ τοῦθ' οὕτω παραδεδώκασι γίνεσθαι.

24. Καὶ τοσαῦται μὲν ἔσονται τὸν ἀριθμὸν ἐν τῇ μονῇ αἱ παρθένοι· τήν γε μὴν ἀφηγησομένην τούτων ἱκανὴν εἶναι προσῆκε τὰ σεμνὰ τῆς κατὰ Θεὸν φιλοσοφίας διδάγματα παραδιδόναι ταῖς ἄλλαις κἂν τοῖς κρείττοσιν ἔργοις αὐτὰς ὁδηγεῖν καὶ διὰ τῆς πορείας ἄγειν τῶν ἀρετῶν, πείθουσαν, οὐ βιάζουσαν καὶ βραχέα μὲν λόγῳ

---

33 καὶ βρ. μὲν *in ras.*

περὶ ἀρετῆς, πολλὰ δὲ ταῖς καλαῖς ἐργασίαις διδάσκουσαν, ἔργοις τοὺς λόγους ἁρμόζουσαν θαυμασίως καὶ οὕτως ἀπλανῶς πρὸς τὴν σωτηρίαν ὑποδηγοῦσαν τὰς ἐφεπομένας καὶ φέρουσαν · ὃ δὴ καὶ τέχνην εἶναι τεχνῶν καὶ ἐπιστημῶν ἐπιστήμην τῶν τις ἁγίων ὡρίσατο μάλιστα, ἄνθρωπον ἄγειν |34v| καὶ ὁδηγεῖν πρὸς Θεὸν δηλονότι τὸ πολυτροπώτατον τοῦτο ζῷον καὶ ποικιλώτατον.

25. Τοιαύτην εἶναι τὴν προστησομένην τῶν ἄλλων ἀνάγκη · τοιαύτην δῆτα καὶ ὑμεῖς ἐν ὑμῖν αὐταῖς αἱ πᾶσαι καὶ ζητήσετε καὶ ἐκλέξεσθε, δυναμένην ὡς ἔφην καὶ λόγῳ καὶ ἔργῳ τὸν ἑστῶτα λόγον ἐκπαιδεύειν τῆς ἀληθείας τὰς μαθητρίας καὶ τὰ ἱερὰ τῆς εὐλαβείας μαθήματα ζῆλόν τε ἐμβάλλειν τοῦ ὄντως καλοῦ καὶ πρὸς τὸν καλὸν ἔρωτα τούτου τὰς ὑμετέρας ἀνακάειν ψυχὰς καὶ οὕτω τοῦ σπουδαζομένου μηδ' ὁτιοῦν ἀστοχεῖν, ὑπόδειγμα καὶ τύπον αὐτὴν ὑμῖν τἀγαθοῦ προτιθεῖσαν καὶ φθεγγομένην οὕτω καὶ σιωπῶσαν ὑμῖν ἑαυτὴν παρα|35|δεικνῦσαν παραίνεσιν · καὶ γὰρ καὶ τὴν ζήτησιν αὐτὴν τῆς προστησομένης καὶ τὴν ἐκλογὴν δ' ὁμοίως αὐτὴν οὐ παρ' ἄλλων ἢ παρ' ὑμῶν αὐτῶν διαταττόμεθα γίνεσθαι, ταῖς πατρικαῖς ἡμεῖς παραδόσεσι καὶ ἐν τούτῳ καὶ προσέχουσαι καὶ πειθόμεναι.

26. Τὸν τρόπον δὲ τοῦτον ταύτην ποιήσετε · εἰσελεύσεσθε εἰς τὸν ἱερὸν οἶκον τῶν προσευχῶν αἱ πᾶσαι ὁμοῦ · εἶτα πρὸς προσευχὴν τραπεῖσαι ἐγκάρδιον κοινῇ αἱ πᾶσαι, ὥστε ἕξειν καὶ Θεὸν εἰς τὸ προκείμενόν τε καὶ σπουδαζόμενον ἔργον συλλήπτορα, ταῖς μεσιτείαις τῆς Θεοτόκου καὶ ἀντιλήψεσιν, ἐκλέξεσθε μετὰ τὴν ἱκεσίαν τὴν ἐν πᾶσι τῶν λοιπῶν διαφέρουσαν καὶ τὴν ἐκ τοῦ |35v| καλῶς ὑποταγῆναι καὶ καλῶς ἀναχθῆναι καλῶς εἰδυῖαν καὶ ἄρχειν καὶ ὑποτάττειν τὰς ἄλλας, πολλὰ παρασχομένην ἐν τῷ παρεληλυθότι τοῦ χρόνου τῆς οἰκείας εὐλαβείας καὶ μετριοφροσύνης καὶ τῆς πρὸς τὸ ἄρξαι ἐπιτηδειότητος τὰ τεκμήρια · καὶ οὕτως αὐτὴν σὺν Θεῷ ἐκλεξάμεναι λήψεσθε τοῦ λοιποῦ καὶ πρὸς τὸν κατὰ καιροὺς ἁγιώτατον πατριάρχην ἀφίξεσθε · καὶ ἀφίξεται καὶ αὐτὴ μεθ' ὑμῶν · εἶτα παρ' αὐτοῦ δεξαμένης αὐτῆς τὴν τῆς ἀρχῆς καὶ εὐλογίαν καὶ χάριν ναὶ μὴν καὶ τὴν ποιμαντικὴν βακτηρίαν, καθάπερ ἔθος ἐν τοῖς τοιούτοις τὸν πατριάρχην ποιεῖν, ἐπανήξετε ἐπὶ τὴν μονὴν μετὰ πολλῆς εὐθυμίας

---

4. **Gregorii M. Reg. pastor. 1, P. L. 77, 14.**

καὶ διαχύσεως |36| καὶ τὰ ἐφειμένα, Θεοῦ συμπράττοντος, πρὸς ἀλλήλας ἔσεσθε πράττουσαι. Καὶ αὐτὴ μὲν κατ' ἐντολὴν διδάξει καὶ εἰσηγήσεται ὅσα καταρτίζειν καὶ πρὸς Θεὸν ἀνάγειν καθιστάνειν τε τὸν Χριστὸν ἐν καρδίᾳ ἔνοικον δύναται, ὑμεῖς δὲ πάλιν κατὰ τοσοῦτον ὑποταγήσεσθε, καθ' ὅσον καὶ τοῖς οἰκείοις ἑαυτῶν δεσπόταις τὰ ὑποζύγια, εἴδ' οὖν τῷ τεχνίτῃ τὰ πρὸς ὑπουργίαν τῆς τέχνης ἄψυχα ὄργανα· οὕτω γὰρ ἂν πάντως καὶ τὸ ὑπήκοον ἀμώμητον ὑμεῖς καὶ ἀπρόσκοπον ἐπιδείξετε καὶ τὸν μισθὸν τῆς ὑπακοῆς παρὰ Θεοῦ ἀποίσεσθε τέλειον.

δ'.

Πρὸς τὴν ἀφηγουμένην ὑπομνηστική τις καὶ συμβουλευτικὴ διαλαλιά.

27. |36v| Καὶ τοίνυν ἡ τιμιωτάτη σὺ καὶ Θεῷ κεχαρισμένη ἀφηγουμένη, ἡ οὕτω μὲν προκριθεῖσα τῶν ἄλλων, οὕτω δέ γε καὶ προβληθεῖσα ἐνθέσμως, ἐπείπερ εἰς τόδε τὸ μέγα καὶ ὄντως ἐργῶδες ἐτέθης λειτούργημα, ὥστε ψυχαῖς ἐπιστατεῖν δηλαδὴ ἀνθρωπίναις καὶ κόσμου ταύτας ἁρπάζειν καὶ διδόναι καὶ προσοικειοῦν τῷ Θεῷ εἰσοικίζειν τε τὸν Χριστὸν ἐν αὐταῖς διὰ θεωρίας καὶ πράξεως καὶ ἑνὶ μόνῳ τούτῳ ὡς καθαρωτάτῳ νυμφίῳ ἁρμόζειν καὶ νύμφας ἁγνάς τε καὶ ἱερὰς καὶ ἀφθόρους παρθένους παριστάνειν αὐτῷ μετὰ Παύλου τοῦ μεγάλου τῆς ἐκκλησίας νυμφαγωγοῦ· δεῦρο ἐξεγείρου, ἐξεγείρου, δεῦρο ἔνδυσαι |37| τὴν ἰσχὺν τοῦ βραχίονός σου, παρὰ τῆς θείας ταῦτα διδασκομένη γραφῆς· καὶ τῆς τοῦ θήλεος ἐνταῦθα καὶ ἡμετέρας ἀσθενείας ἐπιλαθομένη τῷ πλείονι μέρει ζῶσαι τὴν ὀσφύν σου, εἰ καὶ μὴ ὡς ἀνὴρ ἀλλ' ἀνδρείως· καὶ ἀρρενωπὸν ἀναλαβοῦσα φρόνημα καὶ ἀνδρεῖον, τόνωσον ὁπόσον ἄρα καὶ δύνῃ σαυτήν· καὶ μὴ μόνον οἷς κατ' ἐντολὴν διδάξεις καὶ ὑποθήσεις τὰ δέοντα καὶ σωτήρια εἰσηγοῦ, ἀλλὰ καὶ οἷς ἐνεργήσεις καὶ πράξεις· τῶν ἄλλων κατ' ἀρετὴν προηγοῦ, πίστεις καὶ ἀσφαλείας ἐντεῦθεν ταῖς ἐφεπομέναις διδοῦσα βεβαίας, ὡς οὐμενοῦν ἀδύνατος ἡ τῆς ἀρετῆς καὶ τῶν κρειττόνων ἐστὶ κατόρθωσις, καὶ θαρροῦσα λέγειν ταῖς ὑπὸ σὲ μετὰ παρρησίας·

---

20. 2 Cor. 11, 2. — 21. Isai. 521. — 24. Iob. 38, 3.

15. ἐργῶδες *in ras.* 30. *corr. prius* ἀδύνατον?

ἀπ' ἐμοῦ ὄψεσθε καὶ οὕτω ποιήσετε. Οὐκ ἔ|37v|στιν ἡμῖν ἡ πάλη πρὸς αἷμα καὶ σάρκα, φησὶν ὁ θεῖος ἀπόστολος, ἀλλὰ πρὸς τὰς ἀρχάς, ἀλλὰ πρὸς τὰς ἐξουσίας, ἀλλὰ πρὸς τοὺς κοσμοκράτορας τοῦ σκότους τοῦ αἰῶνος τούτου, ἀλλὰ πρὸς τὰ πνευματικὰ τῆς πονηρίας ἐν τοῖς ἐπουρανίοις καὶ διὰ τὰ ἐπουράνια.

28. Σὺ οὖν μοι, μῆτερ πνευματική, μὴ μόνον τὰ περὶ τοῦ πολέμου τούτου τοῦ φοβεροῦ τὰς ὑπὸ σὲ τὸν πάντα χρόνον ἐκδιδάσκειν καὶ ἐκπαιδεύειν δι' ἀγῶνος ποιοῦ καὶ ἀσφαλῶς ἐφοπλίζουσα καὶ περιφράττουσα πανταχόθεν αὐτὰς πρὸς τὴν κατὰ τῶν δαιμόνων ἄγριαν ἔξαγε μάχην, ἀλλὰ καὶ προμάχεσθαι τούτων, ἀλλὰ προΐστασθαι, ἀλλὰ καὶ προασπίζειν μάλιστα σπούδαζε καὶ ἔρ|38|γον τοῦτο τῶν ἀναγκαιοτάτων ποιοῦ, βάλλουσα τούτους τοὺς ἀφανεῖς καὶ χαλεποὺς πολεμίους ὅσα καὶ βέλεσιν ἐν χειρὶ δυνατοῦ πεμπομένοις ταῖς ψαλμῳδίαις, ταῖς προσευχαῖς, ταῖς ἀγρυπνίαις, τῇ ἐγκρατείᾳ, τῇ κατανύξει, τοῖς δάκρυσι, πᾶσι τοῖς ἄλλοις ὅπλοις τοῦ πνεύματος κἀντεῦθεν τοὺς μὲν ἐχθροὺς ἀνὰ κράτος ἡττῶσα καὶ τούτους ὁλοσχερῶς ἀνατρέπουσα, τὰς δ' ὑπὸ σὲ ἀνωτέρας τῶν ἀπὸ τῶν τοξευμάτων τραυμάτων ποιοῦσα καὶ τελείως ἐξάντεις ταύτας ποιοῦσα καὶ τῶν κινδύνων οὕτω τελείως ἐξαίρουσα.

29. Πολλὴ μὲν οὖν ἡ ἀνατεθεῖσά σοι αὕτη διακονία καὶ μεγάλη τῷ ὄντι ἡ προστασία · πολλῆς σοι διὰ τοῦτο δεῖ καὶ τῆς ἀγωνίας, πολλῆς τῆς |38v| ἐπιμελείας, πολλῆς σοι συντονίας, πολλοῦ τοῦ καμάτου, πολλῆς τῆς σπουδῆς, πολλῆς σοι τῆς ἀγρυπνίας, πολλῆς σοι τῆς νήψεως, μὴ καὶ λαθὼν ὁ ἐχθρὸς ἐπιπέσοι ἐξαίφνης ὠρυομένου λέοντος τρόπον καὶ τὸ οἰκεῖον εἰς ἔργον ἀγάγῃ καὶ τὸ αἷμα τῆς ἀπολλυμένης ψυχῆς ἀπὸ τῶν τῆς προεστώσης ἐκζητηθείη χειρῶν, μήτε προειπούσης τὸ δικαίωμα τοῦ Θεοῦ καὶ τὸ κρίμα μήτ' εἰσηγησαμένης μετὰ τὴν πτῶσιν τὸν τρόπον τῆς μεταμελείας καὶ διορθώσεως.

30. Καὶ σὺ μὲν πάντως, καθάπερ γραφεὺς εὐφυής τις καὶ ἄριστος πρὸς τοὺς βίους τῶν μακαριωτάτων ἐκείνων καὶ ἁγίων μητέρων ἡμῶν |39| ὡς πρὸς εἰκόνας ἐμψύχους καὶ ἀγάλματα ἔμπρακτα καὶ

---

1. Ephes. 6, 2. — 13. Psalm. 126, 4. — 25. 1 Petr. 5, 8. — 26. Luc. 11, 50.

16. ἀνακράτος *cod.* | 30. υἱοὺς *cod.*

κινούμενα πυκνὰ πυκνὰ ἀποβλέψεις καὶ καθαρώτατα ἐκείνοις ἐνατενίσεις, καὶ οὕτω σὺν ἀκριβείᾳ τὸν σὸν μεταγράψεις βίον ἐκεῖθεν καὶ τρόπον καὶ κοσμήσεις πᾶσι τοῖς τῶν ἀρετῶν ἀμαραντίνοις ἄνθεσί τε καὶ χρώμασι, καὶ οὕτω τὸ ἐκείνων καλὸν καὶ οὕτω τὸ ὡραῖον κάλλος ἐκείνων καὶ σὸν ποιήσεις διὰ τῆς ἀκριβοῦς ἐκμιμήσεως.

31. Αἱ ὑπὸ σὲ δὲ πάλιν ὡς πρὸς ἀρχέτυπον κάλλιστον τὸ σὸν εὐκατάστατον καὶ κόσμιον ἦθος καὶ τὴν σὴν σεμνὴν πολιτείαν κατὰ τὸ ὅμοιον ἀποβλέψουσι καὶ ἐνατενίσουσι τρόπον καὶ τὰ ἑαυτῶν μεταμορφώσουσι πρὸς ἀκρίβειαν ἤθη καὶ πρὸς τὸν πρω|39v|τότυπον χαρακτῆρα τῆς σῆς καλοκἀγαθίας καὶ τῆς σῆς ἀρετῆς τὰς οἰκείας εἰκόνας μιμητικῶς μεταγράψουσι· καὶ οὕτω τὰ πολλὰ καὶ διάφορα ἤθη πρὸς ἄλληλα ἕξει ὁμοίως, καὶ οὕτως ὁ ἀγαθὸς τοῦ βίου χαρακτὴρ ὁμοίως ἐπιλάμψει παντὶ τῷ τῆς ἀδελφότητος σώματι, ὥσπερ ἄν, εἰ καὶ ζωγράφοι πλείονες ἑνός τινος παραδείγματος γράφοιεν χαρακτῆρα, αἱ εἰκόνες παραπλησίως πρὸς ἀλλήλας ἕξουσιν ἅπασαι· ὁποῖον γὰρ ἂν ᾖ τὸ ἐπιστατοῦν τε καὶ ἄρχον, τοιοῦτον ὡς τὰ πολλὰ καὶ τὸ ἀρχόμενον εἴωθε γίνεσθαι καὶ ὡς ὁ κριτής φησι τοῦ λαοῦ, οὕτω καὶ οἱ αὐτοῦ λειτουργοὶ καὶ κατὰ τὸν ἡγούμενον τῆς πόλεως πάντες |40| οἱ κατοικοῦντες αὐτήν.

32. Ἐπίστηθι εὐκαίρως, ἀκαίρως, ὁ ἱερὸς ἀπόστολος εἴρηκεν· ἔλεγξον, ἐπιτίμησον, παρακάλεσον ἐν πάσῃ μακροθυμίᾳ καὶ διδαχῇ. Ἐλέγξεις μὲν οὖν καὶ αὐτὴ κατὰ πάντα καιρὸν καὶ τρόπον ἐφισταμένη τὰς ἐξεταζομένας καὶ ἁλισκομένας ἐν πταίσμασιν, ἀλλὰ μετὰ μακροθυμίας, ἀλλ' ἐν διδασκαλίᾳ, ἀλλ' ἐν σπλάγχνοις Χριστοῦ, ἀλλ' ἐν πραότητος πνεύματι· οὐκ ἐλέγξεις δὲ μόνον, ἀλλά γε καὶ ἐπιτιμήσεις πρὸς τὸ ξυμφέρον, ἀλλὰ καὶ ἐπιπλήξεις ὡσαύτως, πλὴν ἡμέρως, πλὴν συμπαθῶς, πλὴν ἐν ἀγάπῃ, πλὴν μετὰ παρακλήσεως, πλὴν ἀπαθῶς· τὸ γὰρ ἐμπαθῶς σε τὰ φάρμακα ταῦτα προσάγειν |40v| ταῖς ἀρρωστούσαις καὶ ὀργῆς καὶ θυμοῦ ἡττωμένην οὐχὶ τῆς ἀρρωστίας ἐλευθερῶσαι ἔστιν ἐκείνας, σεαυτὴν δ' ἑτέρῳ καὶ ἴσως χαλεπωτέρῳ περιβαλεῖν ἀρρωστήματι· ἐν γὰρ πραότητι παιδεύειν τοὺς ἀντιδιατιθεμένους τῇ διδαχῇ καὶ ταῖς ἐντολαῖς τοῦ Χριστοῦ, ἀλλ'

---

17. Eccli. 10, 1 — 20. 2 Tim. 4, 2. — 31. 2 Tim. 2, 25.

8. τρόπον ... ἑαυτῶν μετα... *in ras.*

οὐκ ἐν ὀργῇ τινι καὶ θυμῷ δεδιδάγμεθα καὶ διδάσκεσθαι τοὺς ἀγνοοῦντας καὶ πλανωμένους, ἀλλ' οὐ κολάζεσθαι παρελάβομεν, ὥσπερ δὴ καὶ τυφλοὺς χειραγωγοῦμεν μᾶλλον, ἀλλ' οὐδαμῶς τιμωρούμεθα· καὶ μέντοι καὶ ἀγανακτήσεις καὶ ὀργισθήσῃ μηδ' ὅλως ἀγανακτοῦσα, μηδ' ὅλως ἔνδον ὀργιζομένη. Οὐ μὴν δὲ ἀλλὰ καὶ παραβλέ|41|ψεις εὐφυῶς ἁμαρτίας καὶ ἀφήσεις καὶ συγχωρήσεις, ὁπόσα ἐφεῖταί σοι ἀφιέναι καὶ συγχωρεῖν· ἐφεῖται δὲ ὅσα καὶ ἀνιέρῳ ἡγουμένῳ ἐφεῖται ἀφιέναι καὶ συγχωρεῖν· ἀφήσεις δὲ μετριοπαθοῦσα καὶ τὰ τῆς ἀνθρωπίνης φύσεως μέτρα εἰδυῖα καὶ παρὰ τοῦτο συγκαμπτομένη πρὸς τὰς ἕξεις καὶ ἀσθενείας ἔτι τε διαφορὰς καὶ ποιότητας τῶν προσώπων καὶ οὔ μηδεμία τις βλάβη οὔτε σοὶ τῇ ἀφηγουμένῃ προσπίπτει οὔτε τῇ πταιούσῃ αὐτῇ.

33. Καὶ ζηλώσεις μὲν ὑπὲρ τῆς τοῦ Θεοῦ δόξης, διὰ τῆς τῶν ἐντολῶν αὐτοῦ παραβάσεως ἀτιμαζομένου αὐτοῦ, φιλαδελφίας δὲ εὐσπλαγχνίαν ὑπὲρ τῆς σωτηρίας τῆς οὕτως |41^v| ἀτιμαζούσης Θεὸν ἐπιδείξεις γνησίως· καὶ μέντοι γε καὶ στενάξεις ὁμοῦ καὶ θρηνήσεις, πρὸς δὲ καὶ δάκρυα τῶν σῶν ὀφθαλμῶν ἀπορρεύσεις ὑπὲρ αὐτῆς ἐν τῇ ἁμαρτίᾳ κινδυνευούσης, εἴτουν ἀποθνησκούσης πικρῶς, ὅτι καὶ ψυχὴ ἁμαρτάνουσα αὐτὴ ἀποθανεῖται, φησὶν ἡ γραφή. Καὶ τὰς τῶν ἐμπαθῶν δὲ αὖ διορθώσεις οὐκ ἄλλως πάντως ἢ κατὰ τὸν λόγον προσάξεις τῆς ἰατρικῆς ἐπιστήμονος, οὐκ ὀργιζομένη ταῖς νόσῳ καμνούσαις, τῇ δὲ νόσῳ μόνῃ μαχομένη αὐτὴ καὶ πρὸς τὰς τῶν νοσημάτων αἰτίας καὶ ῥίζας ἱσταμένη ἀπ' ἐναντίας καὶ οὕτω τὰ πάσχοντα μέλη τῆς ἀδελφότητος θεραπεύουσα |42| τὰ γὰρ ἐναντία καὶ παῖδές φασιν ἰατρῶν τῶν ἐναντίων ἰάματα. Οἷον τυχὸν τὴν κενοδοξίαν διορθώσεται τοῖς ἐπιτάγμασι τῶν τῆς ταπεινοφροσύνης ἐπιτηδευμάτων, τὴν ἀργολογίαν τῇ σιωπῇ, τὸν ἄμετρον ὕπνον διὰ τῆς ἐν ψαλμῳδίαις καὶ προσευχαῖς ἀγρυπνίας, διὰ τῶν κόπων τὴν ἀργίαν τοῦ σώματος, τὴν ἀπρεπῆ βρῶσιν διὰ τῆς ἀσιτίας, τὸν γογγυσμὸν διὰ τοῦ ἐξῶσαι τὴν γογγύσασαν πρὸς ἡμέρας ἀπό τε τῆς ἐκκλησίας καὶ τῆς κοινῆς τραπέζης τῶν εὐχαρίστων, καὶ συνελόντα εἰπεῖν, πᾶσαν ἁμαρτίαν διὰ τῆς ἐναντιουμένης αὐτῇ πολιτείας διορθώσεται ἡ διδάσκαλος.

---

19. Ezech. 18, 4.

5. ἔνδον *in ras.* | 24 ἐναν... *in ras.*

34. |42ᵛ| Πολὺς μὲν οὖν ὁ τῆς ἀρχῆς ὄγκος καὶ ὑψηλὸν τὸ τῆς ἡγεμονίας ἀξίωμα. Ἀλλά σε μηδαμῶς ἐπαιρέτω οὗτος ὁ ὄγκος μηδὲ ὑψούτω σε τὸ ἀξίωμα· τὸ γὰρ οὕτως ἐπαίρεσθαι καὶ οὕτως ὑψοῦσθαι ἐκπίπτειν μὲν καὶ τοῦ τῆς ταπεινοφροσύνης μακαρισμοῦ παρασκευάζει τὴν οὕτως ὑψοῦσαν ἑαυτήν, τὴν οὕτως ἐπαίρουσαν, ἐμπίπτειν δὲ καὶ ἄλλως εἰς κρίμα ταύτην καὶ παγίδα τοῦ διαβόλου διὰ τὸν τύφον ποιεῖ καὶ τὴν ἔπαρσιν· διὰ τοῦτο τῇ μὲν τῆς καρδίας προθέσει καὶ τῷ ἀφανεῖ τῆς ψυχῆς ὑπηρέτιν ἀχρείαν καὶ δούλην ἐσχάτην σεαυτὴν λογιῇ, δοθεῖσαν εἰς αὐτό γε τοῦτο παρὰ Θεοῦ ταῖς θεραπαινίσι καὶ θυγατράσι καὶ νύμφαις αὐτοῦ |43| τοῦ Χριστοῦ, τῷ δ᾽ἔξωθεν τοῦ σώματος σχήματι καὶ τῇ φαινομένῃ ἐπιφανείᾳ τὸ διάφορον δείξεις τῆς δεσποτείας ἁπάσης, ἣν ἔχεις ἐπὶ τῶν ὅλων καὶ κυριότητος τὸ σεμνόν τε πάντοτε περὶ σεαυτὴν καὶ τὸ φοβερὸν τηρήσεις καὶ τὸ αἰδέσιμον, ἵνα μήθ᾽ ὑπεροπτικῶς πρὸς τῶν ὑπὸ σὲ περιφρονουμένη σου ἡ ἀρχὴ καταπαίζηται καὶ ἡ ταπεινοφροσύνη καλῶς τιμωμένη παρὰ τῆς σῆς ἐπαινετῆς καταστάσεως ἐκδιδάσκηται.

35. Πεπεισμένη δὲ καὶ ἄλλως, ὡς ἡ τῶν πλειόνων ἀρχὴ καὶ τῶν πλειόνων ἡ ἐπιμέλεια πλειόνων σε μᾶλλον δούλην καὶ ὑπηρέτιν μᾶλλον ποιεῖ καὶ ὡς ὑπὲρ τῶν πλειόνων καὶ πλείονα λόγον ἀποδώσεις Θεῷ, οὔτε ἐπάρσεως ἀφορμὴν τὸ τοιοῦτον |43ᵛ| ποιήσεις καὶ πολλῆς ἀγωνίας καὶ φόβου καὶ τρόμου ἀφάτου θήσεις γέμουσαν τὴν καρδίαν σου, μὴ τὰ ὑψηλὰ φρονοῦσα τῆς ἀρχῆς ἕνεκα, τοῖς δὲ ταπεινοῖς συναπαγομένη διὰ τὴν μεγάλην τῆς ἀπολογίας φροντίδα καὶ ἔννοιαν. Οὐ ταπεινοφροσύνης δὲ μόνης οὕτω καλὸν σεαυτὴν ταῖς ὑποτεταγμέναις προθήσεις παράδειγμα, ἀλλὰ δὴ καὶ ἀγάπης, ἀγάπης τῆς ὄντως ὑψηλῆς καὶ τῶν ἄλλων οὔσης ἁπασῶν ἀρετῶν τὸ κεφάλαιον· προθήσεις δὲ ἐπ᾽ ἴσης τὴν ἅπασαν τῶν ἀδελφῶν συνοδίαν ὡς ἴδια σπλάγχνα τὸν τῶν μελῶν τρόπον καὶ ἀγαπῶσα καὶ στέργουσα· τῆς μὲν γὰρ τιμῆς τὸ πλέον ταῖς χρησιμωτέραις |44| καὶ διαφερούσαις τῶν ἄλλων παρέξεις κατὰ τὸ εὔλογον· τὴν δὲ ἀγαπητικήν σου σχέσιν καὶ τὴν συμπαθητικήν σου διάθεσιν κατὰ τὰς ἡλιακὰς ἀκτῖνας ἰσότητος ἐκπέμψεις διανομαῖς, οὐ κατὰ τὸ μᾶλλον καὶ ἔλαττον, ἐπειδή τοι καὶ

---

16. παρὰ *in ras.* | 27. ἐπίσης *cod.*

ταῦτα τὰ μέλη τοῦ σώματος ἐξ ἴσης μὲν οἴδαμεν ἐκ φύσεως ἀγαπᾶν, ὅμως δὲ ἑτέρων ἕτερα ἔχομέν τε καὶ ἄγομεν τιμιώτερα· ὀφθαλμοὶ γὰρ καὶ πόδες κατ' ἴσον μὲν ἡμῖν ἀγαπῶνται, οὐ τῆς αὐτῆς δὲ τιμῆς ἀξιοῦνται ἀμφότεσοι οὐδ' ὁμοίως παρ' ἡμῖν φυλάττονται καὶ ἀμφότεροι, κἂν ἡμῶν ὁμοίως ὁ πόνος καὶ ἀμφοτέρων αὐτῶν ἅπτηται. Τῷ τοι καὶ κατὰ τὸν λόγον τοῦτον τοῦ θεωρήματος ὡς μήτηρ γνησία θυγατέρων ἐπιμελουμένη γνησίων |44^v| καὶ ὅσα καὶ μελῶν ἰδίων καὶ σπλάγχνων φροντίζουσα τούτων, τὴν χρείαν ἑκάστης τῶν ὑπὸ σὲ ἐπισκέψῃ εὐσπλάγχνως καὶ κατὰ τὸ τῆς χρείας ἀνῆκον ἀπαραιτήτως τὴν θεραπείαν εἰσοίσεις καὶ τὸ ὡς ἀληθῶς ἠρρωστηκός σου μέλος τῆς συνοδίας μετὰ τῆς μητρὶ πρεπούσης εὐνοίας διαβαστάσεις καὶ ἐνισχύσεις καὶ ἀναψύξεις ὡς δύναμις.

36. Πλὴν ἀλλ' ἡ μὲν προεστῶσα σὺ καὶ διδάσκαλος τὸν τρόπον τοῦτον, ὃν καὶ ὁ λόγος ἡμῖν διὰ βραχέων ὑπέθετο τὰ πλείω παραλιπὼν ἅτε τὸ ἐπιδείκνυσθαι φεύγων καὶ ἅμα φεύγων τὸ μῆκος διὰ τὴν ἀηδίαν τοῦ κόρου οὕτω τὴν προστασίαν μεταχειριεῖς καὶ οὕτω πως ἀφηγήσῃ τῶν ἀδελφῶν, |45| τὴν ἄνωθεν ἰσχὺν τοῦ νυμφίου νοεραῖς τε καὶ ἀσιγήτοις φωναῖς ἐπιβοωμένη, ὡς ἂν ἐνισχύῃ σε αὕτη ἐν πᾶσι, τά τε τῆς διακονίας ἐπικουφίζουσα δι' οἰκείαν χρηστότητα βάρη καὶ τὸν τοσοῦτον αὐτῆς συνδιαφέρουσα κάματόν τε καὶ πόνον, εἴγε μέλει σοι τὸν τοῦ ἐπαγγέλματος πρὸς ἀξίαν ἐκπληρῶσαι σκοπὸν καὶ μηδὲ μάτην, μὴ παρ' ἀξίαν, οὕτω τῷ τῆς ἡγουμενείας κεκλῆσθαι ὀνόματι.

ε'.

Πρὸς πάσας τὰς παρθένους παραίνεσις παρακλητικὴ καὶ διεγερτικὴ πρὸς ὑπακοήν.

37. Αὖ γε δὲ καὶ ὑμεῖς, ὦ φίλαι κόραι καὶ παρθένοι καὶ νύμφαι Χριστοῦ, αἵτινές μοι καὶ χαρὰ καὶ στέφανός ἐστε καὶ δόξα καὶ καύχημα, μεμνημέναι καθ' ὥραν σχεδόν, ὅπως τε ὑμεῖς |45^v| ἐκλή-

---

3. κατίσον *cod.* | 16. ἀιδίαν *cod.* | 19. δι' οἰκείαν χρηστότητα *in ras.* | 27. ἡμεῖς *cod.* | 29. καθώραν *cod.*

θητε ἢ προσελήφθητε πρὸς Θεοῦ, τίνα τέ ἐστιν ἃ καὶ ὑμεῖς μετὰ τὴν κλῆσιν ταύτην καὶ πρόσληψιν ἐπηγγείλασθε τῷ Θεῷ, τίσι τε ἀπετάξασθε καὶ τίνι ἐμνηστεύσασθε καὶ τίνι συνέθεσθε καὶ τίνι ἀπορρήτως ὡς νυμφίῳ συναφθῆναι καὶ πιστεύετε καὶ ἐλπίζετε, μετὰ πάσης ἡδονῆς καὶ χαρᾶς βαστάσατε πάντα πόνον καὶ κόπον πᾶσάν τε δυσχέρειαν ἄλλην τοῦ ἀσκητικοῦ ὑμῶν εἴτουν ἀγγελικοῦ πολιτεύματος· καὶ βαστάσατε διὰ τὰς κοινὰς καὶ μεγάλας ἐλπίδας ὑμῶν, διὰ τὸν καθαρόν τε καὶ ἀρρύπαρον ἔρωτα καὶ πόθον ὑμῶν, ὃν καὶ ὀφείλετε τὸν ἀεὶ χρόνον |46| ἐν καρδίᾳ ἐκτρέφειν καὶ περιθάλπειν εἰς τὸν κύριον ἡμῶν Ἰησοῦν Χριστὸν καὶ Θεὸν τὸν ἀληθινὸν ἐραστὴν ὑμῶν καὶ ἐρώμενον, δι' ὃν καὶ τὰ πάντα ἐζημιώθητε ἑκουσίως καὶ ἡγήσασθε τὰ πάντα σκύβαλα κατὰ τὸν ἀπόστολον εἶναι, ἵν' ἐκεῖνον τὸν πολυπόθητον, τὸν ὄντως ἀγαπητόν, τὸν ὄντως ἀκόρεστον κερδήσητε κύριον· πρὸ δέ γε πάντων τὸν μέγαν ἆθλον τῆς μακαρίας τῷ ὄντι ὑποταγῆς καὶ ὑπακοῆς εὐψυχότατα ὑπομένουσαι διαθλήσατε, ὡς αὐτῷ τῷ ὑμετέρῳ καὶ δεσπότῃ καὶ νυμφίῳ καὶ σωτῆρι Χριστῷ τῇ ὑμετέρᾳ ταύτῃ καθηγουμένῃ ἐν πᾶσιν ἀδιακρίτως καὶ |46ᵛ| πειθόμεναι καὶ ὑπείκουσαι· ὁ γὰρ δεχόμενος ὑμᾶς ἐμὲ δέχεται, ἐκεῖνος ἐν εὐαγγελίοις φησί· πείθεσθε τοῖς ἡγουμένοις ὑμῶν καὶ ὑπείκετε· αὐτοὶ γὰρ ἀγρυπνοῦσιν ὑπὲρ τῶν ψυχῶν ὑμῶν, ὡς λόγον ἀποδώσοντες, πᾶσιν ἐμβοῶν παραινεῖ ὁ μέγας ἀπόστολος.

38. Πείθεσθε οὖν καὶ ὑμεῖς, ὡς ἔφην, τῇ ὁδηγῷ τε καὶ διδασκάλῳ ὑμῶν καὶ ὑπείκετε καὶ πείθεσθε, ἐν μηδενὶ μηδ' ὁτιοῦν ἀντιλέγουσαι ταύτῃ, ἐν μηδενὶ μηδ' ὅλως τὰς ἐπιταγὰς αὐτῆς ἐξετάζουσαι, ἐν μηδενὶ μηδ' ὅλως αὐτὰς παραλύουσαι. Πείθεσθε τῇ ἡγουμένῃ ὑμῶν, καὶ πείθεσθε ὅσα καὶ μητρὶ γνησίᾳ γνήσιαι θυγα|47|τέρες ἢ ὡς ἀνυπόκριτοι δοῦλαι καὶ ἀχρεῖαι παιδίσκαι κυρίᾳ καὶ δεσποίνῃ ἀληθινῇ, μᾶλλον δὲ καθάπερ ἄλογα τῷ ἰδίῳ ποιμένι, ταύτῃ τρεπόμενα οὗ ἂν εἴη ἡ ὁρμὴ τοῦ ποιμαίνοντος. Πείθεσθε τῇ ἡγουμένῃ ὑμῶν, ὅτι καὶ εἰς τοῦτο ἐκλήθητε, εἰς ὑπακοὴν δηλαδή, εἰς εὐπείθειαν, εἰς ἄρνησιν, εἰς ἀθέτησιν παντελῆ τοῦ οἰκείου θελήματος· καὶ πείθεσθε ἐν φόβῳ Θεοῦ, ἐν εὐλαβείᾳ πολλῇ, ἐν ψυχῆς συντριβῇ, ἐν πνεύματι

---

11. Phil. 3, 8, 9. — 18. Matth. 10, 40. — 19. Hebr. 13, 17.

ταπεινώσεως, πάντοτε αἴρειν σπουδάζουσαι τὸν χρηστὸν καὶ γλυκὺν ζυγὸν τῆς ὑπακοῆς ἐφ' ὑμᾶς, πάντοτε τοὺς ἰδίους αὐχένας ταῖς ἱεραῖς τῆς |47v| διδασκάλου χερσὶν ὑποκλίνουσαι · αὐτὴ γὰρ ὑπὲρ τῶν ὑμετέρων ἀγρυπνήσει ψυχῶν, αὐτὴ τὰ ὑμέτερα βαστάσει φορτία, αὐτὴ κριτὴς ἔσται τῶν ὑμετέρων, ὁδηγὸς αὐτή, παιδαγωγὸς αὐτή, διορθωτὴς αὐτή, αὐτὴ οἰκονόμος, αὐτὴ φροντιστής, τὰ πάντα αὐτή, αὐτὴ καὶ ἀντὶ πατρός, αὐτὴ καὶ ἀντὶ μητρὸς καὶ ἀντὶ ἀδελφῶν αὐτὴ καὶ ἀντὶ ἄλλων συγγενῶν καὶ συνήθων καὶ φίλων αὐτή, ἀλλὰ καὶ ἀντὶ πάντων τῶν ἄλλων αὐτή, αὐτὴ διδάσκαλος, αὐτὴ σύμβουλος, αὐτὴ ἰατρός, αὐτὴ παρήγορος, αὐτὴ παράκλησις, αὐτὴ θεραπεία, αὐτὴ ἀναψυχή, αὐτὴ παραμύθιον, μᾶλλον δὲ ἵν' εἴποιμι |48| τὰ μείζω καὶ τελεώτερα, αὐτὴ τὴν ἑαυτῆς ψυχὴν χριστομιμήτως θήσει ὑπὲρ ὑμῶν καὶ αὐτὴ ἀποδώσει τὸν λόγον ὑπὲρ ὑμῶν ἐν τῷ τῆς δικαιοκρισίας καιρῷ τῷ πάντ' ἀδεκάστως κρινοῦντι Χριστῷ τὰ ἡμέτερα.

39. Οὐδενὸς ὑμῖν ἡ ὑπακοὴ ἐναντίου, οὐδενὸς ἐπιβλαβοῦς, οὐδενὸς ἐπιζημίου πρόξενος ἔσεται, μάλιστα μὲν οὖν καὶ παντὸς καλοῦ καὶ παντὸς ἀγαθοῦ σωτηριώδης ὑπόθεσις. Τίνων δὴ τούτων; Ἀφέσεως, ἐλευθερίας, πνευματικῆς συγγενείας, ἀθανασίας, ζωῆς. Ἀφέσεως μέν, ὅτι καθάπαξ ἀφήσει πάσας ὑμῖν τὰς ἁμαρτίας ὑμῶν, εἴπερ ἀληθεύει ὁ ψάλλων · ἴδε τὴν |48v| ταπείνωσίν μου καὶ τὸν κόπον μου καὶ ἄφες πάσας τὰς ἁμαρτίας μου. Ἐλευθερίας δέ, ὅτι ἀπολύσει τελείως καὶ ἀπαλλάξει τῆς τῶν παθῶν πικροτάτης δουλείας ὑμᾶς. Πνευματικῆς συγγενείας, ὅτι χάριτος θείας ἀξιώσει ὑμᾶς, ὅτι γνησίως θυγατροποιήσει ὑμᾶς τῷ Θεῷ. Ἀθανασίας δὲ καὶ ζωῆς πάλιν, ὅτι ἀθανασίαν παρέξει ὑμῖν, παρέξει καὶ ζωὴν ἀτελεύτητον.

40. Καὶ τοῦ λόγου μοι μάρτυς ὁ πολὺς τὴν ὑπακοὴν ἐκεῖνος καὶ μέγας Ἀκάκιος. Ἄνθρωπος γὰρ ἐργάτης ὑπακοῆς ἀληθὴς (ἐρωτηθεὶς καὶ θανὼν οὗτος εἶπεν ἀπὸ τοῦ τάφου λαλήσας) οὐδ' ὅλως τεθνήξεται. Διὰ τῆς ὑπακοῆς εἰς |49| παράδεισον, ὅθεν ἐκ παρακοῆς τὴν ἀρχὴν ἐκπεπτώκαμεν, ῥᾳδίως πάλιν ὑμεῖς εἰσαχθήσεσθε, μᾶλλον δὲ καὶ εἰς

---

4. Hebr. 13, 17. — 21. Psalm. 24, 18. — 28. Iohannis Climaci Scala Parad. 4, P. G. 88, 720.

8. αὐτὴ *in ras.*

αὐτοὺς τοὺς οὐρανοὺς ἀναχθήσεσθε,, ὅτι καὶ τὸ πολίτευμα ἡμῶν ἐν οὐρανοῖς ἐστιν, ὡς ἠκούσαμεν· οὗ γὰρ αὐτὸς ὁ Χριστός, ἐκεῖσε ἀνάγκη καὶ αἱ καθ' ὑμᾶς αὐτῷ κατακολουθοῦσαι καὶ τὴν ἐκείνου ἀψευδῶς καὶ ὑπακοὴν καὶ ταπείνωσιν ἐκμιμούμεναι. Ἐάν τις γὰρ ἐμοὶ διακονῇ, τὰ ἱερά φησιν εὐαγγέλια, ἐμοὶ ἀκολουθείτω, καὶ ὅπου εἰμὶ ἐγώ, ἐκεῖ καὶ ὁ διάκονος ὁ ἐμὸς ἔσται.

41. Διὰ τῆς ὑπακοῆς καὶ τὸ ἀρχαῖον τῆς ἡμετέρας φύσεως ἀγαθὸν καὶ ἡ ἐκείνης εὐγένεια καὶ ἐν |49v| ὑμῖν αὐταῖς ἀνακληθήσεται πάλιν, καὶ τῆς προμήτορος ἡμῶν Εὔας ἡ διὰ τὴν παρακοὴν ἁμαρτία δι' ὑμῶν πάλιν συγκαλυφθήσεται διὰ τὴν ὑπακοήν· καὶ τοῦ σωτῆρος ἡμῶν καὶ Θεοῦ ὑμεῖς ἔσεσθε μαθήτριαι ἀψευδεῖς καὶ τὴν ἐν σαρκὶ πολιτείαν ἐκείνου καὶ τῶν ἀποστόλων ἐκείνου ζηλώσετε ὑμεῖς εἰς ἀλήθειαν, τοῦ μὲν σωτῆρος, ὅτι ἐκεῖνος μέχρι θανάτου ὑπήκουσε τῷ ἰδίῳ πατρί, τῶν δὲ ἀποστόλων πάλιν, ὅτι καὶ οὗτοι κατὰ τὸν αὐτὸν ὑπετάγησαν τρόπον αὐτῷ τῷ Χριστῷ καὶ τὸν ἐκείνου ὑπὲρ ἡμῶν ἐπονείδιστον ἐμιμήσαντο θάνατον.

42. Αὕτη ἡ πανάρετος καὶ πανοσία ὑπακοὴ καὶ μαρ|50|τύριον καὶ ὁμολογία παρὰ τοῖς ἀρχαιοτέροις τῶν πατέρων ὠνόμασται· διὰ τοῦτο καὶ ὡς μάρτυρας ὑμᾶς αὐτὴ στεφανώσει καὶ τῆς δόξης τῶν ὁμολογητῶν ἀξιώσει· ἐῶ λέγειν, ὅτι καὶ τὴν τῶν ἀγγέλων ὑμῖν αὐτὴ προξενήσει λαμπρότητα. Ἀληθῆ δὲ καὶ τελείαν ὑπακοὴν πρὸς τὴν ὑμετέραν διδάσκαλον ὑμεῖς ἐν τούτῳ δὴ ἐπιδείξετε, ἐν τῷ μὴ μόνα τὰ ἄτοπα καὶ τῷ θείῳ νόμῳ παντάπασιν ἀπηγορευμένα κατὰ τὴν συμβουλὴν αὐτῆς ἀπαρνεῖσθαι καὶ ὑποθήκην, ἀλλὰ μηδὲ αὐτὰ τὰ εὐάρεστα καὶ φίλα Θεῷ δίχα τῆς προτροπῆς καὶ γνώμης ἐκείνης ποιεῖν· ἡ γὰρ καὶ ἐν τούτοις, φημὶ δὴ |50v| τοῖς εὐαρέστοις Θεῷ, παραινούσῃ μὴ πειθομένη τῇ διδασκάλῳ μηδ' ὑπακούειν ἀνεχομένη ἄντικρυς εἰς Θεὸν πλημμελεῖ· καί γε δεινῶς πλημμελεῖ καὶ οὕτω δεινῶς, ὥστε καὶ ὡς ἀντιτασσομένη Θεῷ παρὰ τῷ Θεῷ δικαίως λογίζεσθαι. Ὁ γὰρ ἀντιτασσόμενος τῇ ἐξουσίᾳ, φησὶν ὁ ἀπόστολος, τῇ διαταγῇ ἀνθέστηκε τοῦ Θεοῦ· οἱ δὲ ἀνθεστηκότες ἑαυτοῖς κρίμα λήψονται· εἴ τις ἔρχεται πρός με, ἀπαρνησάσθω ἑαυτόν, φησὶν ὁ Χριστός.

---

1. Phil. 3, 20. — 5. Ioh. 12, 26. — 30. Rom. 13, 2. — 32. Matth. 16, 24.

43. Τοῦτο δὲ (τοῦτ' ἔστι τὸ ἀπαρνήσασθαι ἑαυτοὺς) οὐκ ἄλλως ἂν κατορθῶσαι δυνήσησθε, εἰ μή τοι γε τῆς προτέρας καὶ κοσμικῆς συνηθείας ὑμῶν, |51| εἰ μὴ τῶν οἰκείων θελημάτων ὑμῶν ὑμεῖς καθάπαξ ἀλλότριοι γένοισθε· τὸ γὰρ ἐξακολουθεῖν τινα ἀφ' ὑμῶν τοῖς ἰδίοις θελήμασι καὶ τῇ προτέρᾳ συνηθείᾳ χρωμένην τὰς ἑαυτῆς ὀρέξεις τε καὶ ἀρέσκειαν πληροῦν, τοῦτο παρὰ τοῖς πατράσι καὶ διδασκάλοις τέλεον ἀπηγόρευται· ἐν γὰρ παντὶ πράγματι τὸ κατ' ἰδίαν θέλησιν ποιεῖν τι τὴν ἐν ὑποταγῇ οὖσαν οὐ μόνον ἁπλῶς οὐ καλὸν τῇ ἀληθείᾳ δοκεῖ, ἀλλὰ καὶ ψυχοβλαβές, ἀλλὰ καὶ ὀλέθριον, ἐπειδή τοι καὶ προδήλως ἄγαν τῇ διδασκαλίᾳ Χριστοῦ ἀντιδιατίθεται τοῦ εἰπόντος· καταβέβηκα ἐκ τοῦ οὐρανοῦ |51^{v}| οὐχ ἵνα ποιῶ τὸ θέλημα τὸ ἐμὸν ἀλλὰ τὸ θέλημα τοῦ πέμψαντός με πατρός· ὡς δὲ καὶ τοῦ ἀποστόλου εἰρηκότος καὶ τούτου, ἵνα μὴ ἃ ἂν θέλοιτε ταῦτα ποιῆτε.

44. Ἡ γοῦν ἐξ ἰδίας ἀρεσκείας καὶ αὐθεντίας κινουμένη τι πράττειν ὑψηλοφροσύνης πάθος νοσεῖ, τὸ δὲ ἐν ἀνθρώποις ὑψηλὸν (τὸ ἱερόν φησι λόγιον) βδέλυγμά ἐστιν ἐνώπιον τοῦ Θεοῦ· εἰ δὲ τὸ ὅλως ἑαυτῷ ἐπιτρέπειν κατάκριτον ὡς ὑπεύθυνον, εὔδηλον, ὡς πᾶν τὸ παρὰ τῆς διδασκάλου ἐγκεκριμένον καὶ ἐντεταλμένον, κἂν ἴσως δοκῇ ἐπιλήψιμον, ἀκατάκριτον παντελῶς ὡς ἀνεύθυνον. Οὐ πρά|52|ξετε οὖν τι ὅλως τῆς διδασκάλου μὴ βουλομένης μηδὲ ἐπιτρεπούσης ὑμεῖς, ὅτι τοι μηδὲ ὄργανον πάντως, ἠρεμοῦντος τοῦ τεχνίτου καὶ ἀπρακτοῦντος, εἰς ἐργασίαν ἀφ' ἑαυτοῦ τινα κινηθήσεται, ἀλλ' οὐδέ τι μέλος τοῦ σώματος, μὴ τῆς ἐνοικούσης τῷ σώματι τούτῳ ψυχῆς πρὸς τὴν κίνησιν ἐκεῖνο παρορμώσης τὸ μέλος, κινηθείη ἂν παρά γε τὸ ἐκείνῃ δοκοῦν.

45. Πρὸς μὲν οὖν τὴν πνευματικῶς προϊσταμένην ὑμῶν καὶ διδάσκαλον οὕτως ὑμεῖς γε διατεθήσεσθε καὶ οὕτω ταύτῃ ὑποταγήσεσθε, ὡς ὁ λόγος φθάσας ὡρίσατο. Πῶς δὲ πάλιν καὶ πρὸς ἀλλήλας διατεθήσεσθε; |52^{v}| ὡς ἐδίδαξε σαφῶς ὁ μακάριος καὶ μέγας ἀπόστολος, τῇ τιμῇ ἀλλήλας προηγούμεναι δηλονότι καὶ διὰ τῆς ἀγάπης τοῦ πνεύματος ἀλλήλαις ὑπηρετοῦσαι καὶ ἀλλήλαις δουλεύουσαι,

---

11. Ioh. 6, 38. — 13. Gal. 5, 17. — 15. Luc. 16, 15. — 30. Rom. 12, 11.

7. θέλησιν *in ras.* | 9 ἄγαν *in ras.*

ἄντικρυς τὸ εὐαγγελικὸν ἐκεῖνο δι' ἔργων τηροῦσαι τὸ ὁ θέλων ἐν ὑμῖν εἶναι μέγας ἔστω πάντων δοῦλος καὶ πάντων ἔσχατος καὶ πάντων διάκονος · καὶ γὰρ ὁ υἱὸς τοῦ ἀνθρώπου οὐκ ἦλθε διακονηθῆναι ἀλλὰ διακονῆσαι καὶ δοῦναι τὴν ψυχὴν αὐτοῦ λύτρον ἀντὶ πολλῶν · τῇ φιλαδελφίᾳ τε εἰς ἀλλήλας φιλόστοργοι οὖσαι καὶ λυπούμεναι μὲν |53| καὶ θρηνοῦσαι ἐφ' οἷς τινες ἀπὸ τῶν φιλουμένων ὑμῖν καὶ τῶν στεργομένων ἁμαρτάνουσιν ἀδελφῶν καὶ τὰς ἰδίας ἑαυτῶν ψυχὰς ἔν τισι καταβλάπτουσιν, ὧν καὶ ὁ κίνδυνος φρίκης ταῖς ἀληθείαις μεστός, χαίρουσαι δὲ καὶ εὐφραινόμεναι πάλιν, εἴ τινές εἰσιν ἐν ὑμῖν κατορθοῦσαι τὰς καλὰς ἐργασίας τῆς ἀρετῆς, ὧν καὶ τὸ κέρδος πάντως ἀσύγκριτον κατὰ τὴν κλαίειν μετὰ κλαιόντων καὶ χαίρειν μετὰ χαιρόντων κελεύουσαν ἐντολήν, καὶ κατὰ τό · εἰ πάσχοι ἓν μέλος, συμπάσχει πάντα τὰ μέλη |53v| τῷ λόγῳ πάντως τῆς ἐν Χριστῷ ἀγάπης καὶ τῆς πνευματικῆς διαθέσεως, καὶ εἰ δοξάζεται ἓν μέλος, τὰ εἰς εὐαρέστησιν πρᾶττον δηλαδὴ τοῦ Θεοῦ, συγχαίρει πάντα τὰ μέλη · εἰ γὰρ μὴ πρὸς ἀλλήλας οὕτω συνδιατεθείητε καθαρώτατα, ἐλεγχθήσεσθε πᾶν τοὐναντίον οὖσαι ἀλλ' οὐ φιλάδελφοι.

46. Καὶ πᾶσαν μὲν φιλονεικίαν καὶ ἔριν ψιθυρισμούς τε καὶ καταλαλιὰς καὶ ζηλοτυπίας καὶ ὅσα τῆς βασκανίας καὶ ὅσα τῆς ἔχθρας γεννήματα κάκιστα ἐκποδὼν ἑστάναι ποιοῦσαι καὶ κοινωνίαν βίου τελειοτάτην μετὰ πολλῆς ἀσφαλείας φυλάτ|54|τουσαι, ἐν ᾗ πᾶσα μὲν κτῆσις ἐξορισθήσεται ἰδιάζουσα, πᾶσα δὲ γνώμης ἀπελαθήσεται ἐναντίωσις μερικαί τε ἀργήσουσιν ἑταιρίαι, ἀργήσει τὸ ἐμὸν καὶ τὸ σόν, πᾶν ἰδιάζον ἀργήσει, πᾶν ἰδιόκτητον, κρατήσει δὲ μετὰ πολλῆς τῆς περιουσίας μᾶλλον τὸ εἶναι πάντα κοινὰ ἐν ὑμῖν, ψυχάς, φρονήματα, σώματα, ὅσοις τὰ σώματα τρέφεται καὶ ὅσοις ἄλλοις αὐτὰ θεραπεύεται · τὸ δὲ δὴ μέγιστον, κοινὸν αὐτὸν τὸν Θεόν, κοινὰ τὰ τῆς σωτηρίας, κοινοὺς τοὺς ἀγῶνας, κοινοὺς τοὺς ἱδρῶτας, κοινὰ τὰ σκάμματα, κοινὰ τὰ κα|54v|τορθώματα, κοινὴν τὴν νίκην, τὰ ἔπαθλα κοινά, τὰ βραβεῖα κοινά, κοινοὺς τοὺς μισθούς, κοινὴν τὴν δόξαν, τοὺς στεφάνους κοινούς. Πολλὰ μὲν καὶ διῃρημένα ἔσται τὰ σώματα ἐν ὑμῖν, ἀλλὰ ψυχὴ μία ἐν πάσαις, ἀλλὰ ψυχὴ ἀδιαίρετος · πολλὰ μὲν σώματα, ἀλλὰ γνώμης τῆς αὐτῆς τὰ σώματα ὄργανα.

---

1. Matth. 9, 35. — 3. Matth. 20, 28. — 11. Rom. 12, 15. — 12. 1 Cor. 12, 26.

47. Εἰ οὕτω συνδιατεθείητε πρὸς ἀλλήλας, εἰ οὕτω διαβιώητε, ὄντως ἔσται κατὰ Χριστὸν ὑμῖν τὸ πολίτευμα, ὄντως ἔσεσθε παρεμβολὴ Θεοῦ ὑμεῖς καὶ παράταξις, ὄντως ἐγκάνονος Χριστοῦ ἐκκλησία, ὄντως |55| αὐτὴν ζηλώσετε τὴν τῶν ἀγγέλων ζωήν, καὶ τὴν ἐνάρετον ταύτην πολιτείαν καὶ κοινωνίαν ὑμῶν ὄντως ἀκριβὲς εἶναι μίμημα τῆς ἐλπιζομένης ἡμῖν ἐν τῷ μέλλοντι διαγωγῆς τε καὶ καταστάσεως παραστήσετε. Τοῦτον μετὰ ἀκριβείας τῆς εὐσεβείας καὶ ὁσιότητος ὑμεῖς μετιοῦσαι τὸν βίον οὕτω τε πρὸς τὴν διδάσκαλον καὶ πρὸς ἀλλήλας διαθέσεως ἔχουσαι καὶ στοργῆς, φανήσεσθε μὲν καὶ πᾶσιν, ὅτι τὴν ἄκραν ἀρετὴν ἐζηλώκατε, καὶ μακαρισθήσεσθε παρὰ πᾶσιν ἐν τούτῳ, κληρονομήσετε δὲ καὶ τῆς τῶν οὐρανῶν |55v| βασιλείας τὸ τελευταῖον, ἀξιωθήσεσθε δὲ καὶ τῶν βασιλικῶν παστάδων καὶ ἀϊδίων, τῶν ἀκαταλύτων θαλάμων, τῶν ἀκηράτων νυμφώνων καὶ τῶν ἀγαθῶν ἐκείνων, ἃ ὀφθαλμὸς οὐκ εἶδε, κατὰ τὸ γεγραμμένον, καὶ οὖς οὐκ ἤκουσε, καὶ ἐπὶ καρδίαν ἀνθρώπου οὐκ ἀνέβη, ἃ καὶ ἡτοίμασεν ὁ Θεὸς ταῖς καθαραῖς αὐτοῦ παρθένοις καὶ ἱεραῖς καὶ ὅσαι τὸν ἀληθῆ καὶ καλὸν νυμφίον ὑμῶν ἐκ ψυχῆς ἠγαπήκασιν.

ϛʹ.

Τίς ἡ τοῦ ἐκκλησιαρχείου ἐπιστάτις τε καὶ διάκονος καὶ ὁποῖον τὸ ἔργον αὐτῆς.

48. Ἐπεὶ δὲ πᾶν τὸ τῆς ὑμετέρας ἀδελφότητος πλήρωμα με|56|θ' ἅμα τῆς προκαθημένης ὑμῶν ἐν Χριστῷ ὁλοκλήρῳ σώματι ἔοικεν, ἔκ τε κεφαλῆς καὶ διαφόρων συγκειμένῳ τε καὶ ἀπηρτισμένῳ μελῶν, διάφορον καὶ τὴν δύναμιν ἐχόντων καὶ τὴν ἐνέργειαν, καὶ χρὴ κἀνταῦθα ἐν τῇ ὑμετέρᾳ δὴ ταύτῃ συναφείᾳ καὶ ἁρμονίᾳ φημὶ κατὰ τὸν λόγον τῶν μελῶν τοῦ σώματος τούτου μιᾷ ἑκάστῃ ὑμῶν τὸ κατ' ἀξίαν καὶ ἀνάλογον ἀπονεμηθῆναι τῆς τάξεως, ὥστε καὶ τὴν μέν τινα ὀφθαλμοῦ δύναμιν καὶ τάξιν ἐπέχειν, τὴν δὲ ἀκοῆς, τὴν δὲ στόματος, ἄλλην χειρός, ἑτέραν |56v| ποδὸς καὶ ἑκάστην ἑκάστου,

---

14. 1 Cor. 2, 9.

25. ... α δὴ *in ras.*

ὡς ἂν ὁμοῦ μὲν πᾶσαι κατ' ἀναλογίαν καὶ ὡς ἡ χρεία τοῦ κοινοῦ σώματος ἀπαιτήσειε τὰς ὑμετέρας δυνάμεις καὶ ἐνεργείας ἐν τοῖς ἐπιβάλλουσιν ἀφθόνως καὶ ἀρραθύμως πρὸς τὴν κοινὴν παρέχητε λυσιτέλειαν, ὁμοῦ δὲ καὶ τὸ εὔσχημον ἐν τῇ ὑμετέρᾳ διαγωγῇ δεικνύητε καὶ τὸ εὔτακτον κατὰ τὸν λόγον τοῦ ἀποστόλου <τοῦ> λέγοντος· πάντα εὐσχημόνως καὶ κατὰ τάξιν γινέσθω, ἀκόλουθον ἂν εἴη μετά γε τὰ εἰρημένα καὶ περὶ τῶν ἄλλων παρθένων καὶ διακόνων καὶ τῶν κατ' αὐτὰς διακονιῶν διαλαβεῖν με καὶ τάξαν |37| ἰδιαζόντως, ὡς ἂν χορηγήσῃ κἀν τούτοις Θεός.

49. Καὶ πρό γε τῶν ἄλλων περὶ τῆς ἀναδεξομένης ἐν πάσαις ταῖς ἱεραῖς τῆς ἐκκλησίας συνάξεσι τὴν προστασίαν καὶ τὴν ἀρχήν. Εἶτα δὲ καὶ περὶ τῆς δευτέρας καὶ μετ' αὐτήν, ἥτις δὴ καὶ τῆς κοινῆς οἰκονομίας τῶν ὅλων ἐπιστατεῖν καὶ ἐκλεγήσεται καὶ ταχθήσεται, ἐπειδή τοι καὶ αὗται μετὰ τὴν κοινὴν μητέρα καὶ προεστῶσαν τῶν λοιπῶν ὑπερέχουσι καὶ προέχουσιν, ἐπειδή τοι καὶ αὗται μᾶλλον τῶν ἄλλων τῇ κοινῇ διδασκάλῳ καὶ ὁδηγῷ προσεγγίζουσιν, ἡ μὲν ἐν τοῖς πνευματικωτέροις καὶ ὅσα οἶδεν |37ᵛ| εἰς αὐτὴν τὴν ψυχὴν διαβαίνειν καὶ ἀναφέρεσθαι, ἡ δὲ εἰς τὸ οἰκονομεῖν τεταγμένη, ἐν οἷς διοικεῖσθαι τὸ σῶμα τῆς ταπεινώσεως πέφυκε τοῦτο τὸ ὑλικὸν καὶ φθειρόμενον.

50. Καὶ γοῦν εἰς τὸ ἐξάρχειν τῶν ἐκκλησιαστικῶν ἁπασῶν ἐκλεγήσεται παρά τε τῆς ἀφηγουμένης αὐτῆς παρά τε τῶν λοιπῶν ἀδελφῶν ἡ κρείττων καὶ διαφέρουσα κατά τε σύνεσιν καὶ εὐλάβειαν, κατά τε ἠθικὴν κοσμιότητα καὶ εὐστάθειαν καὶ μάλιστα τὴν ἔνδον τῆς ψυχῆς ἁγνείαν καὶ καθαρότητα, ἐμμελέστερόν τε καὶ ἐπιστημονικώτερον μελῳδεῖν καὶ ψάλ|38|λειν εἰδυῖα καὶ τὸν ἐκκλησιαστικὸν ἐπισταμένη κανόνα καὶ τύπον τῶν ἄλλων παρὰ πολὺ ἀκριβέστερον, ἔτι γε μὴν καὶ περὶ τοὺς ἱεροὺς ὕμνους καὶ τὰς θείας δοξολογίας καρτερική τις καὶ φιλόπονος οὖσα καὶ τῷ πνεύματι πεπυρωμένη καὶ ζέουσα, τὸ μὲν ἵνα καὶ τὰς ἄλλας ὅσαι τῆς ἐκκλησίας, ἑαυτὴν ὑπόδειγμα τοῦ ἔργου τοῦ καλοῦ προτιθεῖσα, πρὸς τὸν ὅμοιον καὶ ἔνθεον ζῆλον ἀνάπτῃ καὶ διεγείρῃ καὶ πείθειν ἔχῃ ἀφ' ἑαυτῆς μὴ

---

6. 1 Cor. 14, 40.

5. τοῦ *suppl. om. cod.* | 14. τοι καὶ αὗται μετὰ τὴν κοινὴν *in ras.*

ὄκνῳ εἴκειν, μὴ ἀκηδίᾳ, μὴ νυσταγμῷ, μηδέ τινι ῥᾳθυμίᾳ |58v| ὅλως περὶ τὰς καθ' ἑκάστην προσάγεσθαι ὀφειλομένας ὑμνῳδίας Θεῷ, μετὰ σπουδῆς δὲ μάλιστα θερμοτάτης καὶ ἐγρηγόρσεως πλείστης καὶ ἀρχομένας καὶ τελευτώσας τούτων ἐξέχεσθαι, τὸ δὲ ἵνα καὶ μηδέν τι τῶν ἀνηκόντων διὰ τὴν ἀπειρίαν ἐκείνης καὶ ἄγνοιαν ἐν ταῖς τεταγμέναις ἄνωθεν προσευχαῖς τε καὶ ψαλμῳδίαις παραλιμπάνηται μηδέ τις τρόπος δοξολογίας παραλύηται καὶ συγχέηται, ὃ καὶ τοῦ τελείως παραλιπεῖν οὐκ ἔλαττον τέως ἔγωγε τίθεμαι, εἴπερ ὄχημα ὀνομάζεται τῶν δαιμόνων ψαλμοῦ τε |59| διάλυσις ἡ σύγχυσις πέφυκεν, ὥς τινες τῶν πατέρων ταῦθ' οὕτως εἰρήκασι.

51. Καὶ μὴν καὶ ἑκάστη τῶν ἐκκλησιαστικῶν αὐτὴ τὴν ἀξίαν χώραν καὶ στάσιν παρέξει, πλὴν εἰδυίας καὶ τῆς προεστώσης καὶ ἅμα προτρεπούσης καὶ τοῦτο αὐτῆς.

52. Τὴν εὐπρέπειάν τε τοῦ ἁγίου σκηνώματος τοῦ Θεοῦ καὶ τὴν ἐκείνου καθαρειότητα ἀγαπήσει καὶ πᾶσαν περὶ τὸ μέρος τοῦτο σπουδὴν εἰσοίσει καὶ ἐπιμέλειαν, ὡς ἂν καὶ ἐνταῦθα μηδὲν ἀπρεπές, μηδὲν ἀκόσμητον εἴη, μηδέν τι τὸ σύνολον ἀτημέλητον.

53. Τὰς τεταγμένας δύο φωταγωγοὺς νύκτωρ καὶ |59v| μεθ' ἡμέραν ἀνάπτεσθαι ἀγρύπνως εἰς δόξαν Θεοῦ πολλὴν πρόνοιαν ποιήσεται, ἀνάπτειν καὶ ἔχειν πάντοτε ἀκοιμήτους αὐτάς, καθὼς ἡμεῖς καὶ διετυπώσαμεν καὶ διεταξάμεθα · φροντίσει τε τοῦ μηδεμίαν φιλονεικίαν, μηδένα θόρυβον ἐν ταῖς ἐκκλησιαστικαῖς καὶ ἁγίαις συνάξεσι γίνεσθαι μηδέ τι τῶν ψιθυριστικῶν καὶ ἀργῶν λόγων ἐν ταύταις λαλεῖσθαι, ἀλλὰ μόνα ὁπόσα δόξαν προσφέρειν καὶ αἶνον πλέκειν δύναται τῷ Θεῷ ψυχήν τε φωτίζει καὶ ταύτην εἰς Θεὸν ἀνάγει κἀκεῖσε δι' ὅλου παρασκευάζει ἀνίπτασθαι · ὡς ἂν δὲ |60| οὕτως εὐτάκτως, οὕτως εὐκόσμως, οὕτως ἀπαραλείπτως γίνηται ταῦτα, γίνηται δὲ καὶ τῆς κανοναρχίας ἡ ὑπηρεσία μετ' εὐσχημοσύνης ἁπάσης καὶ τάξεως, ὑποκείσονται ταύτῃ καὶ ὑπακούειν ταύτῃ ταχθήσονται καὶ ὁπόσαι τῶν νεανίδων εἰς μόνον τὸ ψάλλειν καὶ ὥστε τὰ γράμματα ἐκπαιδεύεσθαι μόνα τὴν ἅπασαν ἄγουσι σχολὴν καὶ τὸ σπούδασμα.

14. Psalm. 25, 8.

15. καθαρειότητα *partim in ras.* 20. πρόνοιαν ποι... *in ras.* | 27. γίνεται *cod.*

ζʹ.

Τίς ἡ τῆς κοινῆς οἰκονομίας διάκονός τε καὶ ἐπιστάτις καὶ τί τὸ ἔργον αὐτῆς.

54. Ἡ μὲν οὖν τῶν ἐκκλησιαστικῶν ἐξάρχουσα καὶ πρωτεύουσα τοιαύτη τε ἔσται ὑμῖν καὶ τοιοῦτον τὸ |60v| ταύτης ἱερὸν διακόνημα καὶ λειτούργημα. Δεῖ δὲ καὶ τὴν εἰς τὴν κοινὴν οἰκονομίαν ταχθησομένην τοιαύτην ἐκλεγῆναι ὁμοιοτρόπως, ὁποίαν ἄντικρυς ἡ τοιαύτη διακονία ζητεῖ καὶ τὰ πράγματα, παραδραμοῦσαν μὲν καὶ τὸ νεάζον δηλονότι καὶ ἀκμαῖον τῆς ἡλικίας ἐν πρώτοις καὶ οὖσαν μὲν ἤδη γηραιάν, οὐ τοσοῦτον τὸν χρόνον, ὅσον τὴν σύνεσιν αὐτὴν καὶ τοὺς τρόπους καὶ τὸ εἰλικρινὲς τοῦ βίου καὶ ἀκηλίδωτον, οὖσαν δὲ καὶ ἄλλως τοῖς ἀσκητικοῖς καμάτοις καὶ πόνοις οὐκ ὀλίγον ἐγγεγυμνασμένην, προσέτι δὲ καὶ πολλὴν ἐμπειρίαν |61| τῷ χρόνῳ ἀθροισαμένην καὶ μέντοι καὶ ἔχουσαν ἐν τοῖς πράγμασι · τοιαύτη γὰρ οὖσα οὔτε ὀκλάσει πάντως μικροψυχήσασα ἐν τοῖς πόνοις, ὑπὲρ τὰς ἄλλας διὰ τὴν χρείαν ἀναγκαζομένη πονεῖν, οὔτε δι' ἀνάγκην καὶ βίαν ἴσως ποτὲ τῆς μονῆς ἐξιοῦσα, τοῦ ἐπισκέψασθαι τὰ τῆς μονῆς ἕνεκα πείσεταί τι τῶν ἀβουλήτων καὶ ἃ ψυχὴν ζημιοῦν μέμψιν τε προστρίβειν αὐτῇ καὶ κατάγνωσιν δύναται · καὶ πεῖραν δὲ ἔχουσα ὡς εἴρηκα τῶν πραγμάτων τοιαύτην, οὐδ' ὅλως ἀνέξεται τὰ τοῦ μοναστηρίου πεσεῖν εἰς ἐλάττωσίν τε καὶ ὕφεσιν, |61v| μὴ καλῶς μηδ' ὡς χρὴ διοικούμενα.

55. Καὶ γοῦν ἡ τοιαύτη οὐ τῶν ἐντὸς ἐπιμελήσεται μόνων οὐδὲ ταῦτα μόνα ὡς αὐτῇ ἰδίως ἀνήκοντα διοικήσει μετὰ πίστεως πολλῆς καὶ φρονήσεως, ἀλλά γε καὶ περὶ τῶν εἰσόδων καὶ τῆς ἐπικαρπίας καὶ τῶν γεννημάτων τῶν ἔξω κτημάτων αὐτὴ ἐξετάσει, αὐτὴ καὶ πρὸς ἀκρίβειαν γνώσεται · καὶ παρ' ἑκάστου δὲ τῶν ἐνεργούντων ταῦτα καὶ διοικούντων, ἐν τῇ μονῇ δηλαδὴ ἁπαντώντων, ἐξ ἀναγκαίου αὐτὴ ἀπαιτήσει τοὺς λόγους · καὶ ἃ μὲν ὡς γοῦν ἔδει προέβη, ταῦτα δὴ καὶ βεβαιώσει, ταῦτα δὴ καὶ ὡς καθηκόντως προβάντα ἐς

---

30. δὴ *in ras.*

τὰ μάλιστα ἀσφαλίσεται· |62| ἃ δὲ πάλιν μὴ καθηκόντως προέβη, ἐκεῖνα δὴ διορθώσεως ἀξιώσει τῆς προσηκούσης, ἐκεῖνα καὶ τῆς κρείττονος εἶναι μοίρας ἐν τοῖς μετὰ ταῦτα ποιήσεται. Ἃ δὴ καὶ πάντα αὐτὴ παραλαβοῦσα καὶ ἤδη ἔχουσα ἐν χερσί, τοὺς μὲν καρποὺς καὶ ὅσα ἄλλα τοιαῦτα, ἐν τοῖς ἰδίοις αὐτῶν ἀποθήσει ταμείοις, μετὰ πολλῆς ἀκριβείας ταῖς ἐφισταμέναις ἐν τούτοις παραδιδοῦσα τῶν ἀδελφῶν. Τοὺς δὲ λόγους ἅπαντας αὐτῇ ἀναθήσει τῇ ἡγουμένῃ καὶ ταῖς κρείττοσι μετ' αὐτῆς· οὐ μὴν δὲ ἀλλὰ καὶ εἴ τι περ ἕτερον ἐν χρυσῷ καὶ ἀργύρῳ ὁρᾶται, καὶ τοῦτ' |62v| αὐτῇ ἀποδώσει καὶ ἐγχειρίσει· καὶ αὐτὴ δὲ πάλιν ἡ ἡγουμένη μετὰ καὶ τῆς εἰδήσεως τῶν κρειττόνων ἐκεῖσε εἰσαγαγοῦσα φυλάξει, ἔνθα καὶ τὰ τοιαῦτα θησαυρίζεσθαί τε καὶ ἀσφαλίζεσθαι εἴωθεν.

η'.

Πῶς ὀφείλουσιν αἱ ἐκκλησιαστικαὶ τὰς ἐκκλησιαστικὰς συνάξεις ἀποπληροῦν ἐν τῇ ἐκκλησίᾳ συναθροιζόμεναι καὶ τί ποτε ἄρα τὸ ἔργον αὐτῶν.

56. Αἵ γε μὴν αὐταὶ αἱ ἐκκλησιαστικαὶ καὶ τὰς ἐπιτελουμένας ἐν τῇ ἐκκλησίᾳ συνάξεις ἔργον ἄσχολον ἔχουσαι μόνον καὶ τοῦθ' ὡς λειτουργίαν ἰδίως ἀνατεθειμένην αὐταῖς ἐκπληροῦσαι, πάσης μὲν ἑτέρας διακονίας καὶ ὑπηρεσίας ἀφέξονται, ἑνὸς δὲ μόνου τούτου τοῦ μείζονος ἔργου γενήσονται. Διὰ τοῦ|63|το καὶ τοῦ ξύλου τῶν συνάξεων κρουομένου καὶ τὰς μὴ ἐνασχολουμένας ἐργασίαις ἑτέραις εἰς τὸν θεῖον σηκὸν ἀπαντᾶν συγκαλοῦντος, πρῶται μὲν αὐταὶ ἀπαντήσουσι, πρώτας δὲ καὶ τὴν σπουδὴν καὶ τὴν προθυμίαν καὶ τῷ τῆς ψυχῆς νηφαλίῳ ἐν ταῖς θείαις ὑμνολογίαις τῶν ἱερῶν συναθροίσεων ἑαυτὰς ἐπιδείξουσι, πάντα πόνον σωματικὸν καὶ πᾶσαν ἀσθένειαν φυσικὴν παρορῶσαι τῇ τῆς ψυχῆς ἀνδρείᾳ καὶ γενναιότητι, μετὰ φόβου τε παριστάμεναι καὶ δουλεύουσαι πολλοῦ τῷ κυρίῳ καὶ τοῦτον ἐν πόθῳ αἰνοῦσαι καὶ τούτῳ ἐν τρόμῳ σὺν ἀγαλλιάσει καρδίας |63v|

5. ταμείοις μετὰ πολλῆς *in ras.* | 25. δὲ *in ras.*

ἀμέτρῳ λατρεύουσαι, οὐ μὴν δὲ ἀλλὰ καὶ τὸν νοῦν αὐτῶν ἐπὶ τὰ ἔξωθεν ὡς τὰ πολλὰ σκεδαννύμενον καὶ διαχεόμενον εἰς ἑαυτὸν ἐπανιέναι πάλιν ποιοῦσαι καὶ τῇ διανοίᾳ μόνῃ ἐφιστῶσαι τῶν ᾀδομένων καὶ ψαλλομένων, δι' ὧνπερ ἐκεῖνος εἰς τὴν περὶ Θεοῦ ἔννοιαν καλῶς ἀναβαίνειν καὶ τῷ ἐκεῖθεν ἐποπαλλομένῳ λαμπροτάτῳ φωτὶ περιλάμπεσθαι καὶ ἐλλάμπεσθαι καὶ γλυκαίνεσθαι καὶ ἡδύνεσθαι δύναται. Εἰ γὰρ μὴ οὕτως ἐνταῦθα αἱ τῆς ἐκκλησίας ὑμεῖς παρασταίητε τῷ βασιλεῖ καὶ Θεῷ ἡμῶν, πῶς ἀκούειν δυνήσεσθε ὡς καὶ πρὸς ὑμᾶς εἶναι ἁρμόζον καὶ πρὸς ὑμᾶς ἔχον |64| οἰκείως τό· ψάλατε τῷ Θεῷ ἡμῶν, ψάλατε· ψάλατε τῷ βασιλεῖ ἡμῶν, ψάλατε· ψάλατε συνετῶς.

57. Πῶς δὲ καὶ ὡς γλυκέα τῷ λάρυγγι ὑμῶν καὶ ὑπὲρ μέλι καὶ κηρίον τὰ τοῦ κυρίου μου λόγια ἔσονται; πῶς δὲ πάλιν καὶ ἐπιθυμητὰ ὑπὲρ χρυσίον καὶ λίθον τίμιον πολὺν καὶ ὑπὲρ χρυσίον καὶ τοπάζιον καὶ ὑπὲρ χιλιάδας ὑμῖν ταῦτα χρυσίου καὶ ἀργυρίου ἀληθῶς λογισθήσονται; πῶς δὲ ἐπακούσεται ὑμῶν ὁ Θεὸς καὶ πληρώσει τὰς αἰτήσεις ὑμῖν, αἰχμαλωτιζομένων οὕτω καὶ μετεωριζομένων καὶ ἄλλα μὲν φθεγγομένων ἐν γλώσσαις, |64ᵛ| ἕτερα δ' ἐν καρδίαις, καὶ διὰ τοῦτο μηδὲ αἰσθανομένων ὑμῶν, ᾧτινι καὶ παρίστασθε καὶ ᾧτινι ὁμιλεῖτε, μηδὲ τίνα εἰσὶν ἃ ὁμιλεῖτε καὶ ἅτινα ψάλλετε;

58. Πῶς δὲ καὶ ταῖς ἐξυπηρετούσαις καὶ διακονούσαις ὑμῖν ἀδελφαῖς καί γε διὰ τὴν ὑμετέραν ἀνάπαυσιν περισπωμέναις οὕτω καὶ φροντιζούσαις καὶ τῶν κοινῶν παρὰ τοῦτο συνάξεων καὶ εὐχῶν ἀπολιμπανομέναις ἐπαμῦναι δυνήσεσθε καὶ ἄφεσιν ἐκείναις τῶν οἰκείων ἀγνοημάτων παρὰ Θεοῦ ἐξαιτήσεσθέ τε καὶ λήψεσθε; Πῶς δὲ καὶ πᾶσι τοῖς ἄλλοις, ὅσοι δή φημι τὰς |65| ὑμετέρας εὐχὰς ὡς ἁγίων εὐχὰς εἰς οἰκείαν βοήθειαν ἐξαιτοῦνται, καὶ σωτηρίαν ἐπαμυνεῖτε κατά γε τὰς ἐλπίδας ἐκείνων καὶ βοηθήσετε; Μᾶλλον δὲ πῶς οὐ παροξυνοῦμεν Θεόν, πῶς οὐχὶ καὶ καθ' ἑαυτῶν εἰς ὀργὴν ἐκεῖνον ἐξεγεροῦμεν καὶ ἀγανάκτησιν, εἰ μὴ οὕτως, ὡς εἶπον, ἀλλ' ἠμελημένως ἄγαν τῶν τετυπωμένων ὕμνων ἐφάπτοισθε, ὅτι καὶ « ἐπικα-

9. Psalm. 46, 7. — 12. Psalm. 118, 103; 18, 11. — 13. Psalm. 18, 11.

7. ἐκκλησίαις *cod.* | 9. φάλλατε *cod.*

τάρατος πᾶς ὁ ποιῶν τὸ ἔργον τοῦ κυρίου αὐτοῦ ἀμελῶς » τῆς ἱερᾶς γραφῆς λεγούσης ἀκούομεν.

59. Ἵν' οὖν μὴ οὕτως ὑμῖν γένηται ταῦτα, γένηται δὲ μᾶλλον ὥστε καὶ τὴν ἄνωθεν τοῦ κρείττονος χάριν |65v| ὑπὲρ ἑαυτῶν ἑλκύσαι καὶ τῶν ὑμετέρων μελῶν τε καὶ ἀδελφῶν, ὅσαι δηλαδὴ διακονοῦσαι ὑπὲρ ὑμῶν καὶ τὴν ἑαυτῶν σωτηρίαν τῶν ὑμετέρων ἐξαρτήσασαι καὶ ἀνάψασαι προσευχῶν ἅπαντα ὑποφέρουσι πόνον καὶ κάματον δι' ὑμᾶς, διανοίξητε δὲ καὶ τὰ θεῖα καὶ μεγάλα σπλάγχνα καὶ ἄλλοις ὑπὲρ ὧν καὶ τὰς ἱκεσίας καὶ τὰς ἐντεύξεις καθ' ἑκάστην προσφέρετε πανευλαβῶς, νηφαλίως τε καὶ ἀνδρείως, ὡς ἔγωγε φθάσασα εἴρηκα, τὰς νενομισμένας ἐκτελεῖτε συνάξεις καὶ τῆς εἰς τὸ θεῖον δοξολογίας καὶ ὑ|66|μνολογίας οὕτως ἐξέχεσθε, στρέφουσαι ὅλον τὸν νοῦν ἀπὸ τῆς εἰς τὰ ἔξω παριπλανήσεως ἐπὶ τὰ ἔνδον τῆς καρδίας ταμεῖα καὶ τὸν Θεὸν ἐκεῖσε διὰ καθαρᾶς προσευχῆς καὶ ἀδιακόπου μόνον οὐκ ἀναπνέουσαι καὶ οὕτως ἑαυταῖς τε καὶ ταῖς ἑαυτῶν ἀδελφαῖς τὰ μέγιστα χαριζόμεναι καὶ τὴν σωτηρίαν ἐμπόνως οὕτως ὑμῶν τε καὶ αὐτῶν ἐργαζόμεναι.

θ

Πῶς καὶ αἱ ἐκτὸς τῆς ἐκκλησίας ἐν ταῖς ἄλλαις διακονίαις τεταγμέναι τῶν ἀδελφῶν περὶ τὰς καθημερινὰς τῆς ἐκκλησίας συνάξεις διατεθήσονται καὶ πῶς ἐν αὐταῖς ἀπαντήσουσιν.

60. Αἱ μὲν οὖν ἐκκλησιαστικαὶ αὗται οὕτως ἄρα τὰ ἑαυτῶν ἐκτελέσουσι καὶ οὕτω πως τῆς καθαρᾶς καὶ ἱερᾶς διακονίας ταύτης |66v ἀνθέξονται. Ὑμεῖς δὲ αἱ ἐν ταῖς σωματικωτέραις πάλιν οὖσαι διακονίαις καὶ ταύταις τῷ πλείονι μέρει τοῦ χρόνου προσασχολούμεναι οὐκ ἀεὶ διὰ τοῦθ' ἑαυτὰς τῶν διατετυπωμένων συνάξεων ἀποστήσετε οὐδὲ πόρρωθεν μόνον τοῦ κυρίου τὸν ἅγιον οἶκον καὶ τὰς θείας αὐλὰς αὐτοῦ ὄψεσθε οὐδὲ πόρρωθεν μόνον τῶν ἱερῶν ᾀδομένων

1. Ierem. 31, 10.

22. ἀπατήσουσιν *cod.* | 28. (τοῦ — πόρρωθεν) *add. corr. supra lin.*

ὕμνων ἐπακροάσεσθε · ἀλλ' ἡνίκα μὲν ταῖς ὑμετέραις καιρὸς προσασχολεῖσθαι διακονίαις, τοῦτ' αὐτὸ ποιήσετε παντὸς προτιμότερον, τὸ ὑμέτερον ἔργον, τὸ ὑμέτερόν φημι διακόνημα · πλὴν καὶ τότε τὰς μὲν χεῖρας εἰς τὴν ἐργασίαν τῶν ἔργων κινήσετε, |67| τὸν δὲ νοῦν ὑμῶν ἰδίως εἰς εὐχάς τινας τρέψετε καὶ ταύταις δὴ ταῖς εὐχαῖς ὥσπερ ἅλατι τὰς ἐργασίας ὑμῶν παραρτύσετε, αὐτὰ δὲ ὑμῖν ἐπὶ λέξεως τῶν εὐχῶν τούτων τὰ ῥήματα ἔστωσαν · « Κύριε Ἰησοῦ Χριστέ, υἱὲ τοῦ Θεοῦ, ἱλάσθητί μοι τῇ ἁμαρτωλῷ · ἤ · Κύριε Ἰησοῦ Χριστέ, υἱὲ τοῦ Θεοῦ, ἐλέησόν με τὴν ἁμαρτωλόν · ἤ · Κύριε Ἰησοῦ Χριστέ, υἱὲ τοῦ Θεοῦ, βοήθησόν μοι τῇ ταλαιπώρῳ καὶ ἀσθενεῖ. » Ταῦτα βραχέα μὲν καὶ συνήθη τὰ ῥήματα, πολυωφελῆ δὲ ἄλλως καὶ πολυδύναμα καὶ σχεδὸν ἁπασῶν τῶν εὐχῶν τὴν δύναμιν ἐν ἑαυτοῖς περιφέροντα. Ταῦτα καὶ πάντες διὰ παντὸς προσεύχεσθαι τὰ ῥήματα χρήζουσιν ἄνθρωποι, κἂν |67v| ἁμαρτωλοὶ εἶεν οὗτοι κἂν δίκαιοι, ὅτι καὶ πάντες τοῦ θείου ἐλέους δεόμεθα, ὅτι καὶ πάντες ὡς ἐπιδεεῖς τῶν θείων καὶ ἄποροι τῆς ἄνωθεν χάριτος ἀναγκαιότατα χρῄζομεν. Καὶ οὕτω μὲν ποιήσετε καὶ οὕτω διατεθήσεσθε ὑμεῖς, τὰ ἔργα ἔχουσαι ἐν χεροῖν.

61. Ἡνίκα δὲ πάλιν σχολὴν ἄγοιτε καὶ ἐκεχειρίαν ἀπὸ τῶν ἔργων ὑμῶν παντελῆ, καὶ σύναξις ἀπαντήσειε καὶ τὸ τῆς ἱερᾶς συνάξεως ξύλον κρουσθείη, τὰς ἀδελφὰς μετακαλούμενον εἰς τὴν σύναξιν, τότε δὴ τότε, καθαπερεί τινες ἔλαφοι διψητικαὶ καὶ ὑμεῖς ὡς ἐπὶ καθαρὰς ὑδάτων πηγὰς καὶ ποτίμους ἐπὶ τὰς θείας φθάσαι αὐλὰς ὅτι τάχος |68| ἐπείγεσθε, ψάλλουσαι καθ' ἑαυτὰς ἐν ὁδῷ καὶ τὰς δαυϊτικὰς ἐκείνας καὶ ἁγίας φωνάς · ηὐφράνθην ἐπὶ τοῖς εἰρηκόσι μοι · εἰς οἶκον κυρίου πορευσώμεθα · ἐγὼ δὲ ἐν τῷ πλήθει τοῦ ἐλέους σου εἰσελεύσομαι εἰς τὸν οἶκόν σου · προσκυνήσω πρὸς ναὸν ἅγιόν σου ἐν φόβῳ σου · ὡς ἀγαπητὰ τὰ σκηνώματά σου, κύριε τῶν δυνάμεων, ἐπιποθεῖ καὶ ἐκλείπει ἡ ψυχή μου εἰς τὰς αὐλὰς τοῦ κυρίου · ἡ καρδία μου καὶ ἡ σάρξ μου, ἠγαλλιάσαντο ἐπὶ Θεὸν ζῶντα. Ἐξελεξάμην παραρριπτεῖσθαι ἐν τῷ οἴκῳ τοῦ Θεοῦ μου μᾶλλον ἢ οἰκεῖν με ἐν σκηνώμασιν ἁμαρτωλῶν

---

22. Psalm. 41, 2, 3. — 25. Psalm. 121, 1. — 26. Psalm. 5, 8. — 27. Psalm. 83, 2, 3. — 30. Psalm. 83, 11.

8. μοι *corr. supra lin.* | 27. φο *in marg. corr.*

καὶ |68ᵛ| κρείσσων ἡμέρα μία ἐν ταῖς αὐλαῖς σου ὑπὲρ χιλιάδας, και ὅσαπερ οἴδατε ἄλλα τοιαῦτα.

62. Φθάνουσαι δὲ οὕτως εἰς τὸ μέγα καὶ ἅγιον τέμενος τοῦ Θεοῦ καὶ μετὰ τῆς λοιπῆς συνοδίας ἐκεῖσε ἱστάμεναι, ὡς τὸν Θεὸν αὐτὸν ὁρῶσαι πρὸ ὀφθαλμῶν, οὕτως ἀγωνίζεσθε· ἵστασθε μετὰ φρίκης καὶ τρόμου πολλοῦ δηλαδὴ συντριβόμεναι, ἐπὶ ταῖς ὑμετέραις ἁμαρτίαις κατανυσσόμεναι καὶ δακρύουσαι δι' ἅσπερ δὴ καὶ ὑμεῖς ὡς ἄνθρωποι καὶ τοῖς ἀνθρωπίνοις πάθεσιν ὑποκείμεναι αὐτῷ προσκεκρούκατε· κἂν μὲν γινώσκουσαι γράμματα τύχητε, ᾄσετε |69| καὶ καρδίᾳ καὶ στόματι, ψαλμοῖς καὶ ὕμνοις καὶ ᾠδαῖς πνευματικαῖς τὸν ἑαυτῶν καὶ δεσπότην καὶ πλάστην καὶ νυμφίον γεραίρουσαι· εἰ δὲ γραμμάτων ἄπειροι παντάπασιν εἴητε, προσεύξεσθε καὶ οὕτως ὑμεῖς ἐξ ἀνάγκης τὰ βραχυσύλλαβα ἐκεῖνα καὶ μεγαλοδύναμα προσευχόμεναι ῥήματα, ἃ δὴ καὶ ἀντὶ πάσης ἄλλης εὐχῆς, μᾶλλον δὲ καὶ ὑπὲρ πᾶσαν ἄλλην εὐχήν, εὖ οἶδ' ὅτι παρὰ τῷ Θεῷ λογισθήσεται· μόνον, εἰ καιρὸν ἀδείας ἔχουσαι ταῖς ἄλλαις ὑμῶν ἀδελφαῖς καὶ ὑμεῖς ὡς εἴρηκα συνεπείγοισθε καὶ ἐκείναις ὁμοίως |69ᵛ| τῷ Θεῷ παριστάνοιτε, μηδέν τι ὅλως ἐν τοῖς τοιούτοις καιροῖς διὰ τῶν χειρῶν ἐργαζόμεναι· ἀδιαλείπτως μὲν γὰρ προσεύχεσθαι κατὰ τὴν μεγάλην τοῦ ἀποστόλου παραίνεσιν καὶ ἐργαζομένας καὶ μὴ ἐργαζομένας κατὰ πάντα τε καιρὸν καὶ ἐν τόπῳ παντὶ διὰ προσευχῆς προσομιλεῖν ὑμᾶς τῷ Θεῷ καὶ πάντα ποιεῖν ἐν τῷ ὀνόματι τοῦ Χριστοῦ, καθὼς καὶ τοῦτο ποιεῖν παρελάβομεν, ἄριστον καὶ σωτηριωδέστατον καὶ ἡμεῖς οὕτω καὶ ἐν ὑμῖν ἀεὶ γίνεσθαι ἐπιτρέπομεν.

63. Ἐργάζεσθαι δὲ καὶ ἐν ταῖς ἀνατεθειμέναις καὶ ἀφιερωμέναις ὥραις ἰδικῶς τῷ Θεῷ καὶ συμμερίζειν καὶ ταύτας τοῖς σαρκικοῖς |70| καὶ δυσὶ κυρίοις δουλεύειν πειρᾶσθαι, Θεῷ τε ἅμα καὶ ἐργοχείρῳ, ταὐτὸν δ' εἰπεῖν Θεῷ τε ἅμα καὶ μαμωνᾷ, τοῦτο οὔτε σωτήριον οὔθ' ἡμεῖς οὐδ' ὁτιοῦν ἐπιτρέπομεν, μᾶλλον μὲν οὖν καὶ παντάπασιν ἀφ' ὑμῶν ἀποτρέπουσαι ὅλῃ τῇ χειρὶ ἀποπέμπομεν· πῶς γὰρ ἂν ὑμεῖς τότε καθαρῶς προσεύξεσθε τῷ Θεῷ; πῶς προσέξετε τοῖς ψαλλομένοις

1. Psalm. 83, 11. — 19. 1 Thess. 5, 17. — 27. Matth. 6, 24.

22. τοῦτο *partim in ras.* | 23. ὑμεῖς *cod.*

καὶ τοῖς ᾀδομένοις τὸν νοῦν, τοῦτον ἔχουσαι τῇ τῶν χειρῶν ἐργασίᾳ προσέχοντα; πῶς δὲ καὶ τὰς χεῖρας εἰς Θεὸν ἀνατεῖναι δυνήσεσθε, τοῦ ἐκκλησιαστικοῦ τύπου κελεύοντος τοῦτο |70v| ποιεῖν, ἀναγκαίως τῷ ἐργοχείρῳ κατέχουσαι ταύτας ἐνδεδεμένας καὶ στερρῶς γε ταύτας κατέχουσαι; Διὰ τοῦτο οὐδ' ὁτιοῦν ὑμεῖς ποτε ἐν τῇ ἐκκλησιαστικῇ συνάξει ἐργάσεσθε, ταῖς προσευχαῖς δὲ μόναις καὶ ταῖς ψαλμῳδίαις ἀμετεωρίστως προσέξετε.

64. Εἰ ταῦτα πράττοιτε, εἰ οὕτω καθ' ἡμέραν διάγοιτε, ἕξετε μὲν ἀοράτως, εὖ ἴστε, κἂν ἀπῆτε τῷ σώματι, καὶ τὸν ἀπὸ τῶν ἱερῶν συνάξεων τούτων ἁγιασμὸν καὶ τὴν χάριν, ἃ δὴ καὶ ἀδιστάκτως παρὰ Θεοῦ ἄνωθεν τοῖς μετὰ πόθου καὶ φόβου πολλοῦ παραβάλλουσιν ἐν τοῖς ἱεροῖς καὶ θείοις |71| ναοῖς καταπέμπεται, συμμερίσετε δ' ἅμα ταῖς ὑμετέραις ἀδελφαῖς καὶ τὸν ἐκεῖθεν ἐκείνων οὐκ ὀλίγον μισθὸν καὶ τὴν ἐκεῖθεν ἐκείνων μεγάλην ὠφέλειαν· εἰ δὲ μὴ οὕτω διάγοιτε ὡς εἰρήκαμεν, μάτην δὲ μᾶλλον ἀναλίσκουσαι τὸν καιρὸν τῆς ἀδείας ἠμελημένως ἀνάκεισθε ματαίαις τε πρόσκεισθε ἀσχολίαις καὶ λογισμοῖς ἐπιβλαβέσι σχολάζοιτε, καὶ ταῦθ' ὑγιαίνουσαι καὶ ταῦτ' ἐκτὸς τῶν ἔργων τῶν κοινῶν εὑρισκόμεναι, ὃ καὶ πασῶν ἀπείη ὑμῶν, οὐκ οἶδα πῶς τῶν ἀγαθῶν ἐκείνων ταῖς ἀδελφαῖς ὑμῶν δικαίως ὑμεῖς συμμεθέξετε.

ι'.

|71v| Πῶς μετελεύσεται ἡ ἀφηγουμένη τὰς ἀμελεῖς καὶ διὰ τίνος τῶν ἀδελφῶν τὴν ἀδιαφορίαν ἐκ τοῦ μέσου ποιήσασθαι ἀγωνίσεται.

65. Ἀλλ' ἐπειδὴ τὸ οὕτως ἠμελημένως ἀδιαφόρως τε καὶ ἀτάκτως τινὰς διάγειν ἐν μέσῃ τῇ ἀδελφότητι οὐκ εἰς οἰκοδομὴν ἀλλ' εἰς σκάνδαλον, οὐκ ἀκίνδυνον ἔσται τῇ προεστώσῃ, τὸν περὶ τῶν ὅλων λόγον ἀποδοῦναι ἐνεχομένῃ, καὶ μάλιστα εἰ, τῆς ἀδιαφορίας πραττούσης τὰ ἑαυτῆς, σιγῴη ἐκείνη, οὐμενοῦν κατ' ἄγνοιαν ἀλλ' ὅτι κολακείας λόγῳ συμπεριφέρεται τοῖς ἑκάστης κακοῖς ὑπὲρ τοῦ πραεῖα τις τάχα καὶ

11. πόθ *in ras.* | 14. ἰδε *cod.* | 18. ἀπήει *cod.*

κεχαρισμένη φαίνεσθαι |72| πάσαις, ἀναγκαιοτάτα φροντιεῖ ταύτην δὴ τὴν ἀδιαφορίαν εἴτουν ἀταξίαν τὸν ὄκνον θ' ὁμοῦ καὶ τὴν ῥαθυμίαν ὡς ἐνῆν διορθώσασθαι, διορθώσεται δέ, ἐὰν μὴ παρερχομένη καὶ παρορῶσα παρόψηται καὶ παρέλθῃ ἀτιμωρήτους τὰς τούτοις καθ' ἑαυτῶν τοῖς παθήμασι, λέγω δὴ τῇ ἀμελείᾳ αὐτῇ καὶ τῷ ὄκνῳ χρωμένας τῶν ἀδελφῶν, ἀλλὰ νῦν μὲν γονυκλισίαις, νῦν δ' αὖ ἀσιτίᾳ, νῦν δὲ ὑδροποσίᾳ μόνῃ, ἔστι δ' ὅτε καὶ ἀγρυπνίᾳ ὁμοῦ δὲ καὶ στάσει καὶ ἄλλοτε ἄλλοις καταλλήλοις τοῖς πταίσμασι φαρμάκοις χρωμένη, καὶ τοῦτο εὐσπλάγχνως, καὶ τοῦτο μετὰ μητρικῆς διαθέσεως, ἐκείνας παιδεύσῃ |72ᵛ| καὶ τιμωρήσηται· οὐ τὰς ἀμελεῖς δὲ καὶ ῥαθυμίᾳ συνεχομένας μόνας οὕτως ἡ τὴν κοινὴν φροντίδα τῶν ὅλων πεπιστευμένη ξυμφερόντως παιδεύσει καὶ τιμωρήσεται, ἀλλὰ δὴ καὶ τὰς ἄλλας πάσας, ὅσαι δηλαδὴ εἰς ἀκαίρους ὁμοῦ καὶ ἀτόπους ὁμιλίας ἀλλήλαις συνίασι κἀκεῖνα τὰ ἀργὰ καὶ ἀνόνητα προάγονται προσομιλεῖν καὶ προσλαλεῖν, ἃ ταῖς ἐκείνων ψυχαῖς πολλῆς καὶ μεγάλης ζημίας καὶ βλάβης παραίτια γίνονται.

66. Ταύτῃ τοι καὶ οὐχ ἕξει τις τὸ παράπαν ἐξουσίαν καὶ ἄδειαν ἐν ὑμῖν, οὐδὲ μίαν ἀπὸ τῶν ἐν χερσὶν |73| ἀργίαν ἄγουσα ἔργων, ἀκαίρως καὶ χρείας ἐκτὸς καὶ γνώμης δίχα τῆς διδασκάλου συνελθεῖν εἰς ὁμιλίαν ἔξω τῆς κέλλης ἑτέρᾳ καὶ λαλεῖν περὶ τῶν μὴ ἀνηκόντων αὐταῖς ἢ παραβαλεῖν ἑτέρᾳ, ἴσως ἑαυτῇ προσεχούσῃ μόνῃ καὶ τῷ Θεῷ κατὰ τὴν κέλλαν αὐτῆς, κἀντεῦθεν ἀπασχολῆσαι ταύτην ἀπὸ τῆς ἐπαινετῆς ἐργασίας αὐτῆς, ἀλλ' οὐδὲ βαδίζειν ἐν τῷ μέσῳ παρὰ τὴν χρείαν ἢ ἵστασθαι ἢ καθέζεσθαι δίχα τῆς χρείας κατὰ τὸ μέσον ἤ τι ἄλλο τῶν μὴ χρησίμων μηδ' ὠφελούντων ποιεῖν |73ᵛ| καὶ βλάπτειν μὲν ἑαυτὴν τὰ μεγάλα, σκανδαλίζειν δ' ἀκαίρως καὶ τὴν ἑαυτῇ νηφαλίως προσέχουσαν· ἀλλ' ἑκάστη μὴ ἔχουσα ἐν χερσὶ τὸ ἀνακείμενον ἔργον τῆς ἰδίας διακονίας, τῷ οἰκείῳ μόνῳ σχολάσει καὶ προσέξει κελλίῳ κἀκεῖσε οὖσα καὶ ἡσύχως ἐν ἑαυτῆς ἱσταμένη ἢ προσεύξεται ἢ ψαλμῳδήσει ἢ ἀναγνώσεται γραμμάτων ἔχουσα πεῖραν ἢ καὶ ἐργάσεται, πλήν τι κοινὸν ἐργάσεται, ἀλλ' οὐκ ἴδιον· οὐ γὰρ ἐφεῖται οὐδὲ μέχρι τῆς ἐρίου σειρᾶς αὐτῆς τοῦτό γε οὐδὲ μιᾷ ποιεῖν,

---

9. τοῦτο *partim in ras.*

ὁπηνίκα καὶ τὰς |74| μὲν χεῖρας τῆς ἐργαζομένης ἡ ποίησις ἕξει πάντως τοῦ ἔργου, τὴν δ' ἔννοιαν ταύτης πάλιν ἡ προσευχή.

67. Ταῦτα παράδοσις ἄνωθεν πατρική, ταῦτα κανὼν τῆς ἀκριβείας καὶ τῆς σεμνότητος ἀτεχνῶς τοῦ σχήματος ἡμῶν καὶ τοῦ ἐπαγγέλματος· καὶ εἴ τινες ὑμῶν τῷ κανόνι προσέχουσαι τούτῳ στοιχήσουσι, πᾶσαι δὲ στοιχοῦσαι καὶ προσέχουσαι γένοισθε, εἰρήνη ὄντως ἐπ' αὐτὰς καὶ Θεοῦ εὐλογία καὶ χάρις καὶ ἔλεος ἔσεται· ταῦτα δὲ οὕτως ἔσεται πάντως καὶ ἐξωσθήσεται μὲν τοῦ μέσου ὑμῶν |74^v| ἡ ἀδιαφορία τελείως, ἐπανακληθήσεται δὲ πάλιν ἡ τοῦ σχήματος ἡμῶν σεμνότης καὶ ἡ εὐλάβεια, ἐὰν μία τις ἀφ' ὑμῶν ἐκλεγῇ παρὰ τῆς προεστώσης καὶ τῶν κρειττόνων αὐτῶν ἢ καὶ πασῶν, οὐ μόνον εὐλαβείας εἴπερ τινὸς ἀντιποιουμένη καὶ τῇ ἰδίᾳ σωτηρίᾳ προσέχουσα, ἀλλὰ καὶ πρὸς αὐτὸ τὸ γῆρας παραγγέλλουσα ἤδη, καὶ ἐκλεγεῖσα ἡ τοιαύτη τοῦτον τὸν τρόπον εἰς αὐτό γε τοῦτο τεθῇ, εἰς τὸ ἔχειν πάντως ἔμμονον ἔργον καὶ ἀγρύπνως τούτου φροντίζειν, ὥστε ἐπιτηρεῖν καὶ προσέχειν |75| παντοίως καὶ νυκτὸς ἐπισκοπεῖν καὶ ἡμέρας, ποῦ τε καὶ ὅπως ἑκάστη τῶν ἀτελεστέρων καὶ τῶν προσοχῆς καὶ ἀσφαλείας πλείονος μάλιστα δεομένων τὴν ἑαυτῶν σωτηρίαν ἐργάζονται· ἥτις καὶ ἃ μὲν δύναται διορθοῦν, καὶ ἀφ' ἑαυτῆς διορθώσεται, ἃ δὲ μὴ δύναται, τῇ κοινῇ διδασκάλῳ τῶν ὅλων ἐκεῖνα ἀναγγελεῖ· κἀκείνη πάντως μελήσει, πῶς ποτε καὶ κεράσει καὶ προσοίσει τῇ ἀρρωστούσῃ τὰ σωτήρια τῆς διορθώσεως φάρμακα· οὐ γὰρ περιόψεται πάσχουσαν ταύτην μήτηρ οὖσα ἐκείνη ἐν πνεύματι, ὅτι μηδὲ μήτηρ ἡ κατὰ σάρκα |75^v| περιορᾶν τὸ ἑαυτῆς ἀνέχεται τέκνον, μέλλον ἤδη κατολισθαίνειν εἰς βόθυνον ἢ κατολισθῆσαν ἐναφιέναι τῷ ὀλισθήματι· πῶς δὲ καὶ ἄλλως περιόψεσθαι τὴν ἀσθενοῦσαν ἀνέξεται ἡ διδάσκαλος, ἥτις ὁμειρομένη αὐτῆς ἀποστολικῶς εὐδοκεῖ μεταδοῦναι οὐ μόνον τὸν λόγον καὶ τὸ εὐαγγέλιον τοῦ Θεοῦ, ἀλλὰ καὶ αὐτὴν τὴν ἰδίαν ψυχήν; καὶ τούτων μὲν ἅλις.

---

27. 1 Thess. 2, 8.

6. προσέχουσαι *partim in ras.* | 15. εἰς τὸ *in ras.*

ια'.

Τίς ἡ διάκονος τοῦ κοινοῦ δοχείου καὶ ἐπιστάτις καὶ τί ποτέ ἐστι τὸ ἔργον αὐτῆς.

68. Ὥρα δ' ἂν εἴη λοιπὸν καὶ περὶ τῶν |76| ἐπιλοίπων διακόνων καὶ τῶν κατ' αὐτὰς διακονιῶν διατυπῶσαι καὶ διατάξασθαι, ἵνα μηδέν τι τῶν ἀτάκτων εἴη ἐν τῇ μονῇ, μηδὲν ἀτύπωτον, μηδὲν ἀκανόνιστον. Καὶ τοίνυν ἔσεται τῇ μονῇ καὶ ἑτέρα χρειώδης καὶ ἀναγκαίως χρειώδης διάκονος, ἥτις δηλαδὴ τὸ κοινὸν διοικήσει φρονίμως ἐπιστατοῦσα δοχεῖον, ὁμοῦ μὲν θεοφιλὴς καὶ τὸν κύριον φοβουμένη, ὁμοῦ δὲ καὶ ἡμερότητι καὶ ταπεινοφροσύνῃ πολλῇ τὸ ἦθος ἔχουσα κεκραμένον εὐόμιλός τε οὖσα ὡς τὰ πολλὰ καὶ τοῖς πᾶσιν εὐπρόσιτος, ὁμοῦ δὲ |76ᵛ| καὶ τὰ ἐμπεπιστευμένα σὺν πολλῇ συνέσει καὶ ἀσφαλείᾳ φυλάττουσα· αὕτη δέξεται μὲν περιβόλαια καὶ χιτώνια πάντα, ὁμοῦ δὲ καὶ ὑποδήσεις τὰς πάσας, δέξεται δὲ καὶ σκεπάσματα καὶ τὰς ὑποστρώσεις αὐτῶν, δέξεται καὶ πᾶσαν ἑτέραν ὕλην, ἧς ἐν χρείᾳ πάντως ὑμεῖς ἔσεσθε· καὶ τὰς ὀπώρας δὲ πάσας αὐτὴ δέξεται. Ταῦτα δέξεται μὲν ἡ τοιαύτη τὰ πάντα, ὅταν ἔξωθέν ποθεν ἥκοντα καταλάβῃ ἐκεῖνα, καὶ τηρήσειε δεξαμένη τὰ πάντα μετ' ἀκριβείας, συνειδυίας μὲν καὶ τῆς ἀφηγουμένης, συνειδότος δὲ καὶ τοῦ χοροῦ τῶν κρειττόνων ὑμῶν· χορηγήσει δὲ |77| οὐκ ἄλλως ἢ ὡς ἡ κοινὴ διακρινεῖ καὶ προστάξει διδάσκαλος. Καὶ τοιαύτη μέν, ἥτις τοῦ κοινοῦ δοχείου ἐπιστατήσει.

ιβ'.

Τίς ἡ διάκονος τοῦ κελλαρίου καὶ ἐπιστάτις καὶ τί ποτέ ἐστι τὸ ἔργον τῆς διακονίας αὐτῆς.

69. Τοιαύτη δὲ παραπλησίως τὰ ἤθη τε καὶ τοὺς τρόπους καὶ ἡ τοῦ κελλαρίου ἔσεται ἐπιστάτις, φυλάττουσα μὲν καὶ ὁπόσα ὑμῖν εἰς βρῶσιν προτίθεται, φυλάττουσα δὲ ἡ αὐτὴ καὶ τὸν οἶνον, εἰ τύχοι ὑμῖν· ἥτις δῆτα καὶ ἀπὸ τούτων καθ' ἡμέραν πάντως ταῖς

ἀδελφαῖς ἀναλόγως καὶ ὡς ὁ καιρὸς ἀπαιτεῖ κοσμήσει |77v| καὶ ἑτοιμάσει καὶ παραθήσει τῆς κοινῆς τραπέζης τὴν δίαιταν. Ταύτῃ καὶ ἕτεραι τῶν ἀδελφῶν συμπαροῦσαι συνεργοὶ ἔσονται εἰς τὴν διακονίαν αὐτῆς· συνεργήσουσι δὲ ἐξ ἀνάγκης ἥ γε ἐν τῇ τραπέζῃ παρισταμένη καὶ ἐξυπηρετοῦσα ταῖς ἀδελφαῖς καὶ τὰ μὲν παρατιθεμένη, τὰ δὲ πάλιν ἀναλαμβάνουσα τἄλλα τε δρῶσα, ὅσα εἰς τὴν τῶν καθημένων ἐν τῇ τραπέζῃ καὶ εὐαρέστησίν ἐστι καὶ ἀνάπαυσιν.

70. Οὐκ αὐτὴ δὲ μόνη συνεργὸς συμπαρέσται, ἀλλὰ καὶ ὅσαις ἔργον τὸν κοινὸν ἄρτον οἰκονομεῖν καὶ ποιεῖν· οὐ μὴν δὲ ἀλλὰ καὶ ἥτις |78| τῷ τοῦ μαγειρείου προσανέχει διακονήματι· ὧν αἱ μὲν τὸν σῖτον, ἡ δὲ τὰ ἐδώδιμα ἀπὸ τῆς ἐν τῷ κελλαρίῳ ἐπιστατούσης πρὸς τὴν χρείαν λαβοῦσαι συνήθως καὶ πᾶν τὸ ἀναγκαῖον ἐπ' αὐτοῖς ποιησάμεναι καὶ προσῆκον πάλιν τῇ αὐτῇ ἀποδώσουσι τὰ ληφθέντα καὶ ἕτοιμα καὶ ἀζήμια. Ἡ ἐπὶ τοῦ κελλαρίου δὲ αὕτη πολλὴν ποιήσεται πρόνοιαν, ὥστε φυλάξαι πρὸς πάσας ἐξ ἴσου τὸ εὔσπλαγχνον καὶ μακρόθυμον καὶ ὥστε μηδέν τι κατὰ φιλονεικίας πάθος ποιῆσαι ἢ κατὰ πρόσκλισιν εἴτουν |78v| προσπάθειαν, ὡς τὰς μὲν τῆς χρείας ἀποστερεῖν πρὸς ἅσπερ ἂν φιλονείκως ἔχοι τῆς ἀναγκαίας, ταῖς δὲ προστιθέναι καὶ τῆς ἀναγκαίας χρείας ἐπέκεινα, αἷς ἂν ᾖ δηλονότι προσκλίνουσα καὶ προσπάσχουσα· ὧν τὸ μὲν μισαδελφίας, τὸ δὲ προσπαθείας πάλιν τῆς μάλιστα ἀπηγορευμένης ἔργον ἐστίν, ἐξ ὧν ὁ μὲν τῆς ἀγάπης καὶ τῆς συμπνοίας σύνδεσμος ἀποτέμνεται, ὑπόνοιαι δὲ πονηραὶ καὶ ζῆλοι καὶ ἔριδες καὶ πρὸς τὰς ἐργασίας ἀμέλειαι ἀντεισέρχονται· οὐ τοῦτο δὲ μόνον διὰ φροντίδος |79| ὅτι πολλῆς καὶ προνοίας ποιήσεται, ἀλλ' ὥστε καὶ ἑαυτῇ τηρῆσαι τὸ περὶ τὴν δίαιταν ἐγκρατὲς καὶ ὥστε ἰσότητος νόμῳ καὶ τῷ ὄψῳ εἰς βρῶσιν καὶ τῷ οἴνῳ εἰς πόσιν ὁμοίως ταῖς πάσαις ὑμῖν χρήσασθαι, ἀλλὰ μὴ μᾶλλον τὸ πλέον καὶ τὸ κρεῖττον ἐν τούτοις ἑαυτῇ οὐ φρονίμως χαρίσασθαι.

71. Τοῦτο δὲ οὐκ ἄλλως οὔτ' αὐτὴ οὔτ' ἄλλη τις διάκονος ἐν ὑμῖν κατορθώσει, ὀφειλουσῶν κατορθῶσαι ἀπαραιτήτως ὑμῶν γε τοῦτ' αὐτὸ ἁπασῶν, εἰ μὴ τοιαύτην διάθεσιν καὶ |79v| τοιαύτην αἱ πᾶσαι

---

15. ἐξίσου *cod.* | 30. οὔτ' αὐτὴ *bis scriptum cod.*

ἀναλάβοιεν ἔννοιαν, ὥστε λογίζεσθαι μὴ ἀνθρώποις μᾶλλον ἐξυπηρετεῖσθαι καὶ διακονεῖν, αὐτῷ δεσπότῃ τῶν ὅλων καὶ σωτῆρι Χριστῷ τῷ φιλαγάθως μὲν ἀναδεχομένῳ εἰς ἑαυτὸν τὴν εἰς τὰς ὑμετέρας ἀδελφὰς γινομένην τιμὴν καὶ σπουδὴν καὶ ὑπηρεσίαν καὶ ἀνάπαυσιν παρ' αὐτῶν, φιλαγάθως δὲ καὶ βασιλείας οὐρανίου κληρονομίαν ἐπαγγελλομένῳ ἀντὶ τούτων αὐταῖς· δεῦτε, γάρ φησιν, οἱ εὐλογημένοι τοῦ πατρός μου, κληρονομήσατε τὴν ἡτοιμασμένην ὑμῖν βασιλείαν ἀπὸ καταβολῆς κόσμου, ὅτι ἐφ' ὅσον ἐποιήσατε ἑνὶ τούτων |80| τῶν ἀδελφῶν μου τῶν ἐλαχίστων, ἐμοὶ ἐποιήσατε.

ιγ'

Τίς ἡ φρουρὸς τοῦ μοναστηρίου καὶ πυλωρὸς καὶ τί ποτέ ἐστι τὸ ἔργον αὐτῆς.

72. Τὴν μέντοι πυλωρὸν τῆς μονῆς, ἀναγκαῖον γάρ μοι καὶ περὶ ταύτης εἰπεῖν, οὐ τὴν τυχοῦσαν ἐγκαθίστασθαι χρὴ ἀλλὰ τὴν ἐπ' εὐλαβείᾳ μάλιστα καὶ φρονήσει καὶ πλέον σωφροσύνῃ μαρτυρουμένην ἐμβριθές τε ἅμα τὸ ἦθος καὶ βεβηκὸς καὶ στάσιμον κεκτημένην οὕτως, ὥστε καὶ ἀπὸ μόνου τοῦ θεαθῆναι τὰς ἀκαίρως καὶ τῆς χρείας ἄνευ ἐθελούσας προσεγγίζειν τῇ πύλῃ ὑπὸ τοῦ μετεώρου καὶ τοῦ ἀδιαφόρου λογισμοῦ |80ᵛ| ἀγομένας δύνασθαι ἐντρέπειν καὶ ποιεῖν αἰδεῖσθαι καὶ ὑποχωρεῖν παραυτὰ καὶ συστέλλεσθαι· οὕτω τε γήρους ἔχειν, ὡς μήτε διὰ τὸ τῆς ἡλικίας νεάζον μᾶλλον δέεσθαι αὐτὴν ἀσφαλείας ἢ ἀσφαλίζειν ἑτέρας, μήτε διὰ τὸ γῆρας ἀμβλυτέραν εἶναι καὶ νωθεστέραν τῆς χρείας παρὰ πολύ τε τοῦ ὀφειλομένου καὶ δέοντος ὑστερίζουσαν· ἥτις ἄρα καὶ τὰς κλεῖς ἀπὸ τῆς ἀφηγουμένης λαμβάνουσα μὲν πρωΐας, ἀποδιδοῦσα δ' ἑσπέρας ἀπαραιτήτως ταύτας πάλιν αὐτῇ, τῇ φυλακῇ τῶν πυλῶν οὕτω προσέξει κεκλεισμένων κατὰ πάντα |81| τὸν χρόνον, ὡς μηδενὶ μηδ' ὅλως μήτε τῶν ἔσωθεν μήτε τῶν ἔξωθεν μήτ' ἐξιέναι μήτ' εἰσιέναι παραχωρεῖν, μὴ εἰδυίας

---

6. Matth. 25, 34. — 8. Matth. 25, 40.

28. τῆς *in ras.*

τῆς προεστώσης μηδ' ἐπιτρεπούσης τὴν ἔξοδον ἢ τὴν εἴσοδον· τότε μόνον μὴ ἐρωτῶσα ἀνοίξει, ὅτε τις χρεία τῶν ἀναγκαίων ἐξάγειν ἢ εἰσάγειν ἐπείγει τινὰ τῶν οἰκείων, ἀλλ' οὐμενοῦν τῶν τῆς μονῆς ἀλλοτρίων καὶ οἵτινες αὐτῇ μὴ γινώσκονται· πλὴν καὶ τοῦτο, τῆς ἡγουμένης ἅπαξ αὐτῇ προτρεψάσης οὕτω ποιεῖν. Ἀπαντῶντος δέ τινος ἔξωθεν καὶ εἰσιέναι ζητοῦντος, ἐρωτᾶν ὀφείλει πρῶτον ἡ πυ|81ᵛ|λωρὸς τὸν ἀπηντηκότα καὶ παρ' αὐτοῦ μανθάνειν, ὅστις τε εἴη καὶ ὅθεν ἥκει καὶ τίς ἡ τῆς ἀπαντήσεως αὐτοῦ καὶ τῆς παρουσίας αἰτία, εἶτα ἀναγγέλλειν μανθάνουσα κατὰ μέρος ταῦτα τῇ προεστώσῃ, εἶτα δὲ καὶ εἰσάγειν ἔνδον, ἐὰν τὴν εἴσοδον αὐτὴ ἐπιτρέπῃ, ἢ μὴ εἰσάγειν, ἐὰν ταύτην αὐτὴ ἀποτρέπῃ. Ταύτης δὲ οὕτω σῳζομένης ἐνταῦθα τῆς ἀσφαλείας, οὔτε τις κατὰ ψυχὴν ἀπαντήσει πάντως ζημία καὶ τῶν τῆς μονῆς οὐδέν τι κλοπῆς λόγῳ λαθὸν ἐκφορηθῆναι τὸ παράπαν δυνήσεται.

ιδ'.

|82| Πῶς ὀφείλει γίνεσθαι ἡ ἐκλογὴ τῶν τοιούτων διακονητριῶν.

73. Ἵνα δὲ μηδὲ ἐν τῇ ἐκλογῇ καὶ προκρίσει τῶν εἰς ταύτας μελλουσῶν τάττεσθαι τὰς διακονίας ἀπᾷδοντά τινα καὶ ξένα τῶν ἀποστολικῶν παραδόσεων δόξαιμεν δρᾶν, μετά γε κοινῆς ἐκλογῆς καὶ ψήφου κοινῆς ἑκάστην τῶν διακόνων εἰς τὴν ἁρμόζουσαν διακονίαν προάγεσθαι καὶ βουλόμεθα καὶ διαταττόμεθα, ὅτι καὶ ὁ ἅγιος ἐκεῖνος τῶν ἀποστόλων χορὸς ἐν ταῖς ἀρχαῖς τοῦ κηρύγματος τοὺς θαυμαστοὺς |82ᵛ| ἑπτὰ διακόνους εἰς τὰς χρείας τῶν πρώτως εἰς Χριστὸν πιστευσάντων ἐκλέξασθαι μέλλοντες καὶ τῇ διακονίᾳ ταύτῃ ἐγκαταστῆσαι οὐχ ἑαυτοῖς μᾶλλον ἢ τῷ πλήθει τὴν ἐκλογὴν ταύτην δὴ καὶ τὴν ψῆφον ἐπέτρεψαν· καὶ οὗτοι τοῖς κοινῇ ἐκλογῇ, ψήφῳ κοινῇ ἐπικλήσει τε κοινῇ καὶ εὐχῇ προκριθεῖσι τῶν ἄλλων τὰς ἱερὰς ἐπιθέμενοι χεῖρας καὶ τὴν ἄνωθεν ἐπιβοησάμενοι χάριν τοῦ πνεύματος, τῷ τῆς διακονίας αὐτοὺς ἐγκατέστησαν βαθμῷ τε και τάγματι.

---

23. Act. 6, 3.

74. Ἐκλέξεσθε οὖν ἀπροσπαθῶς καὶ φιλονεικίας |83| καὶ ἔριδος ἁπάσης ἐκτὸς καὶ ψηφίσετε πρῶτον ὑμεῖς συναχθεῖσαι πᾶσαι ἐπὶ τὸ αὐτό, καλούσης τῆς χρείας· μετὰ δὲ τὴν οὕτω προβᾶσαν ἐκλογήν τε καὶ ψῆφον εἰσελεύσεσθε κἀν τῇ ἐκκλησίᾳ, παρόντος τότ' ἐξ ἀνάγκης καὶ τοῦ ὑμετέρου κατὰ πνεῦμα ἁγίου πατρός, αἱ πᾶσαι κοινῇ· καὶ τρισαγίου γενομένου καὶ κοινῆς τινος προσευχῆς, ὁ μὲν κατὰ πνεῦμα πατὴρ ἱερεὺς ὢν ἀναγκαίως τὴν ἀπόλυσιν αὐτὸς ποιήσεται τῆς εὐχῆς, ἡ δὲ ἐκλεγεῖσα οὕτως εἰς τὴν χρειωδῶς ἐπιστᾶσαν διακονίαν |83ᵛ| τρίτον μὲν τὴν παναγίαν εἰκόνα τῆς Θεοτόκου τῷ ἐδάφει τὴν κεφαλὴν προσερείδουσα προσκυνήσει καὶ βοήθειαν ἐκεῖθεν λαβεῖν διὰ τὴν ἀνατεθεῖσαν ὑπηρεσίαν ἐξαιτήσεται ὁλοψύχως, ἅπαξ δ' ἔμπροσθεν τῆς κοινῆς διδασκάλου γονυκλιτήσει, προσκαταβάλλουσα ἕως γῆς ἑαυτήν, πρὸς δὲ καὶ τῶν ἀδελφῶν ἔμπροσθεν ἐν δυσὶν ἱσταμένων καὶ τότε χοροῖς τὴν αὐτὴν γονυκλισίαν ποιήσει· καὶ εὐλογίαν τὴν διὰ τῶν προσευχῶν αὐτῶν καὶ αἰτήσασα καὶ λαβοῦσα ὡς ᾔτησεν, οὕτω τῆς διακονίας ἀπάρ|84|ξεται καὶ ὡς παρὰ τοῦ Χριστοῦ αὐτοῦ καὶ τῆς αὐτοῦ παναχράντου μητρὸς τὸ χρειῶδες λειτούργημα δεξαμένη καὶ ὡς δοῦναι μέλλουσα λόγον καὶ ὑπὲρ τούτου κατὰ τὸν καιρὸν τῆς δικαιοκρισίας Χριστῷ, οὕτω καὶ ἀνθέξεται τοῦ ἔργου καὶ οὕτως ἄχρι τέλους ἐνταῦθα τὸ ἑαυτῆς συντηρῆσαι σπουδάσει συνειδὸς ἀκατάγνωστον.

ιε'.

Πῶς ὄψονται τοὺς οἰκείους συγγενεῖς καὶ τοῦτο κατ' ἀνάγκην αἱ τῶν ἀδελφῶν ἀτελεῖς τε καὶ ἀσθενεῖς.

75. Συγγενέσι μὲν οὖν εὔχεσθαι τοῖς ἡμετέροις τὰ κρείττω καὶ τὰ |84ᵛ| σωτήρια, εὐσέβειαν δή φημι καὶ ἀρετὴν καὶ ὅσαπερ ἄλλα ἡμεῖς ἡγούμεθα τίμια καὶ πολλῆς σπουδῆς καὶ ζητήσεως ἄξια καὶ ἐνδεδομένον καὶ παντάπασιν ἀκατάκριτον· σαρκικῶς δὲ τούτοις προσ-

3. ἐπὶτοαυτὸ *cod.* | 6. κοι κοινῇ *cod.* | 11. ἐξ τήσεται *cod.* | 28. σπουδ *in ras.* | 29. τούτοις *bis scribit cod.*

πάσχειν παρὰ τὰς ἡμετέρας ἐπαγγελίας καὶ τούτων ὑπερπονεῖν σαρκικῶς καὶ ταῖς περὶ αὐτῶν κοσμικαῖς καὶ ματαίαις φροντίσι τοὺς λογισμοὺς ἐνδεσμεῖν καὶ διὰ τοῦτο καὶ ὁρᾶν αὐτοὺς συνεχέστερον βούλεσθαι καὶ τὰ περὶ αὐτῶν ἀνερωτᾶν καὶ μανθάνειν καὶ μέντοι καὶ εἰς |85| τὰς οἰκίας αὐτῶν πυκνὰ παραβάλλειν δι' ἐφέσεως πολλῆς ἄγειν καὶ τούτοις προσομιλεῖν ἀδεῶς καὶ τούτοις ἀκρατῶς και ἀνυποστόλως συνδιαχέεσθαι, τοῦτο οὔτε ἐνδεδομένον καὶ ἀφάτου ζημίας, ἵνα μὴ εἴπω καὶ κρίματος, πρόξενον. Τὰς γὰρ τῶν συγγενῶν διαθέσεις διὰ τῆς συνεχοῦς ὁμιλίας ἔνδον εἰσοικισάμεναι τῆς ψυχῆς καὶ τοῦ κοσμικοῦ φρονήματος κατὰ διάνοιαν πάλιν ἀναπλησθεῖσαι, τῆς ἀγαθῆς ἐνστάσεως ἡμῶν ἀποπίπτομεν καὶ τοῦ πνευματικοῦ φρονήματος χωρι|85^v|ζόμεθα καὶ ἃς ὑποσχέσεις καλῶς πεποιήμεθα πρὸς Θεόν, μηδενὸς βιαζομένου, μηδενὸς ἀναγκάζοντος, ταύτας δὴ κακῶς ἀνατρέπομεν· ποῦ γὰρ ἐνταῦθα ἡ παντελὴς τοῦ κόσμου ἀποταγή, οὗ μέρος πάντως οἱ συγγενεῖς; ποῦ ἡ τελεία ἄρνησις τούτου; ποῦ ἡ νέκρωσις τοῦ Ἰησοῦ, ἣν ἐν τῷ σώματι πάντοτε περιφέρειν ἀνάγκη; ποῦ ὁ σταυρός, ὃν αἴρειν πρὸς Θεὸν δι' ὅλου ἐπηγγειλάμεθα; ποῦ τὸ πρὸς τοὺς γονεῖς ἄμισον μῖσος τοὺς ἡμετέρους καὶ ἅπασαν τὴν ἄλλην συγγένειαν; πῶς ἐσόμεθα κατὰ διάθεσιν αὐτῶν χωρισθέντες |86| ἐπὶ τοσοῦτον, καθ' ὅσον καὶ τοὺς τεθνεῶτας τῶν ζώντων ὁρῶμεν κεχωρισμένους, ὃ τῆς ἡμετέρας ἐπαγγελίας ἐστὶ τὸ κεφάλαιον.

76. Ην μὲν οὖν ἂν ἄριστον πάντως καὶ καλὸν προηγούμενον πάντως, εἰ οὕτως ἄχρι τέλους ἡμεῖς πρὸς τοὺς συγγενεῖς καὶ οἰκείους διακείμεναι ἦμεν, καθάπερ οὖν καὶ τὴν πρώτην τὸ μοναστήριον τοῦτ' εἰσιοῦσαι ηὐξάμεθα· ἐπεὶ δὲ πολλή τις νῦν ἡ ἀσθένεια τῶν ψυχῶν καὶ τὸ τέλειον τῆς πολιτείας συντηρεῖν ὁλοκλήρως οὔκουν δυνάμεθα καὶ χρὴ διὰ τὴν ἀσθέ|86^v|νειαν (τοῦτο δεύτερος ὅ φασι πλοῦς) μικρόν τι ὑπενδιδόναι καὶ λύειν μεθ' ἅμα τοῦ ἀζημίου τῆς ἀκριβείας τὸ σύντονον, διατάττόμεθα συγκαταβάσεως λόγῳ ἐρχομένους σπανίως τοὺς κατὰ σάρκα συγγενεῖς ἐνταυθοῖ κατ' ἐπιτροπὴν καὶ γνώμην τῆς προεστώσης προσδέχεσθαι λίαν ἡμέρως καὶ μετὰ προσηνοῦς τῆς

15. 2 Cor. 4, 10. — 16. Matth. 16, 24. — 27. Corpus paroem. graec. I, 359, 21.

16 πάντοτε *in ras.* | 17. πρὸς τὸ *cod.*

προσρήσεως καὶ εἰσάγειν ἐν τῷ μέσῳ τῶν δύο πυλῶν καὶ καθῆσθαι προτρέπειν ἐκεῖ· εἶτα μή τινος ἑτέρας εἰδυίας τὴν ἀφηγουμένην μετακαλεῖσθαι καὶ προτρέπειν ἀπιέναι ἐκεῖ καὶ τὴν |87| ἐντὸς συγγενῆ, ἔχουσαν μὲν πρὸ ὀφθαλμῶν καὶ τὸν οἰκεῖον νυμφίον Χριστὸν καὶ κατὰ νοῦν εὐχομένην τὴν πρὸς τὸν συγγενῆ ὁμιλίαν ἀζήμιον γενέσθαι καὶ ἐπωφελῆ, ἔχουσαν δὲ καὶ μίαν τῶν σεμνῶν πρεσβυτίδων μεθ' ἑαυτῆς εἰς περισσοτέραν ἀσφάλειαν ἑαυτῆς, καὶ ὁρώσης τῆς εὐλαβοῦς ταύτης γραὸς καὶ τῶν λόγων πάντων ἀκροωμένης, πάνυ ὀλίγα καὶ μηδὲ μίαν ἐπάγοντα βλάβην καὶ παρ' ἀμφοτέρων λαλεῖσθαι· εἶτα εὐθὺς ἀπαλλάττεσθαι χωριζομένην τοῦ συγγενοῦς καὶ τὸ μοναστήριον σύναμα τῇ |87v| σεβασμίᾳ γραΐδι πάλιν εἰσέρχεσθαι.

77. Καὶ νῦν μὲν μία τῶν θεοφιλῶν πρεσβυτίδων τῇ νεωτέρᾳ συνέσται καθάπερ καὶ εἴρηκα· ἡνίκα δὲ καὶ πρός γε τοὺς συγγενεῖς οἴκοι μένοντας δεήσοι τινὰ ἐξ ὑμῶν < ἀπιέναι > μικρᾶς τινος διαχύσεως ἕνεκα, τῆς ἡγουμένης τοῦτο διακρινούσης καὶ προσταττούσης, —ἐπιτρεπτέον γὰρ σπανιάκις καὶ κατ' ἀνάγκην γίγνεσθαι καὶ τοῦτο καὶ συγχωρητέον αὐτό — τότε οὐ μία τις μόνη, δύο δὲ συνέσονται ἐξ ἀνάγκης τῇ ἐξιούσῃ, καὶ περισσότερον ἢ πρότερον καὶ τὴν νεωτέραν καὶ ἑαυτὰς |88| ἀσφαλίσονται τοῦ μή τι μεταξὺ λαληθῆναι ἢ καὶ πραχθῆναι τῶν ἀπηγορευμένων καὶ τῆς τοῦ σχήματος ἀπᾷδον πάντῃ σεμνότητος. Ἑσπέρας δὲ ἐπανιοῦσαν ἀμεταθέτως καὶ ἀναγκαίως ἐρωτᾶσθαι τὴν ἀπόδημον νεωτέραν παρὰ τῆς ἀφηγουμένης ἰδίᾳ καὶ μετὰ πλείστης ἐπιμελείας καὶ ἀνακρίνεσθαι χρὴ καὶ ἐρωτᾶσθαι καὶ ἀνακρίνεσθαι, ποῦ τε τὸν νοῦν τὴν ἅπασαν εἶχεν ἡμέραν καὶ τίνα ποτὲ ἦσαν ἅπερ ἡ ταύτης διενοεῖτο καὶ ἐμελέτα ψυχὴ τίνες τε οἱ λαληθέντες λόγοι καὶ τίνα ἴσως τὰ παρὰ γνώμην ἀπαντήσαντα πράγ|88v|ματα καὶ εἰ διὰ πάσης ἡμέρας τὸν τοῦ Θεοῦ φόβον εἶχε μεθ' ἑαυτῆς καὶ εἰ παρατραπεῖσά που τῶν νενομοθετημένων τι παρεκίνησεν ἢ τῇ οἰκείᾳ χαυνώσει καὶ ῥαθυμίᾳ παραρρυεῖσα πρὸς τοῦτο καὶ ὑπαχθεῖσα ἢ ταῖς ἔξωθεν ἀταξίαις καὶ περιστάσεσι συνενεχθεῖσα καὶ ἄκουσα· καὶ τὰ μὲν ἀποδοχῆς ἄξια ἀποδοχῇ καὶ αὐτὴν βεβαιοῦν, τὰ δὲ ἄλλως ἔχοντα τῇ μητρικῇ διδασκαλίᾳ καὶ ἐμμελεῖ

---

14. ἀπιέναι *suppl. om. cod.* | 28. παρατραπεῖσαν *cod.*

διορθοῦν ὡς ἡ δύναμις· οὕτω γὰρ ἂν πάντως καὶ αἱ ἀποδημοῦσαι τῶν |89| ἀδελφῶν τὸν ὃν εἰρήκαμεν τρόπον ἐν τοῖς μετὰ ταῦτα νηφαλιώτεραι ἔσονται, φροντίζουσαι τοῦ ἀποδοῦναι τὸν εἰς τὰ πάντα λόγον τῆς ἀποδημίας, καὶ ἡ ἀφηγουμένη μήτε ἐν τῷ καιρῷ τῆς ἀποδημίας τῆς ζωῆς αὐτῶν ἀμελεῖν νομισθήσεται.

ις'.

Ὅτι κατὰ τὸ Ἱεροσολυμιτικὸν τυπικὸν ἐκτελεῖν δεῖ τὰς εἰς Θεὸν ἁπάσας δοξολογίας καὶ τὰς ἀγρυπνίας καὶ τὰς νηστείας καὶ τὰς γονυκλισίας.

78. Ἐπεὶ δὲ καὶ τύπῳ δή τινι κανόνος ἢ καὶ γνώμονος τρόπον χρῆσθαι δέον ἡμᾶς τὰς πάσας ἡμέρας, καθ' ὃν ἄρα τύπον ὑμεῖς τὸν ἐπὶ πάντων Θεὸν ἐξυμνοῦσαι |89v| δοξολογήσετε καὶ τὰς εἰωθυίας γίγνεσθαι παρ' ἡμῶν ἐν τῇ ἐκκλησίᾳ συνάξεις εἰς ἐκείνου δόξαν ἀπαραλείπτως ποιήσετε ἑαυτάς τε ἐν ταῖς καθημεριναῖς καὶ ἀναγκαίαις διαθρέψετε χρείαις, οὐκ ἄλλος τις ὁ τοιοῦτος ἔσεται τύπος ὑμῖν ἢ ὅστις ἐκ Παλαιστίνης πάλαι ἧκεν ἐπὶ καλῷ τῶν ἐνταῦθα ἐκκλησιῶν ἡμῖν ἐπιδεδημηκώς, ὃς δὴ καὶ Ἱεροσολυμιτικὸν μὲν τυπικὸν ὀνομάζεσθαι εἴωθεν, ὑπὲρ δὲ τοὺς ἄλλους εἶναι παρά γε τῶν εὐφρονούντων καὶ διέγνωσται καὶ προκέκριται.

79. Προκέκριται |90| δέ, ὅτι τῆς βασιλικῆς ὢν καὶ εὐθείας οὔτ' εἰς ἀριστερὰ οὔτε εἰς δεξιὰ ἐκκλίνειν τοὺς τούτῳ ὅσα καὶ ὁδηγῷ χρωμένους ποιεῖ, ὅτι τῆς μεσότητος ἀναλογώτερον ἔχεται καὶ κατ' ἴσον ἀπέχον ὑπερβολῆς καὶ ἐλλείψεως οὔτε περιττεύει οὔτε ἐλλείπει τῆς χρείας αὐτῆς καὶ τοῦ δέοντος· ἐπεὶ δὲ οὕτω προκέκριται, καὶ ὑμῖν γε πάντως κατὰ τὰς αἰτίας τὰς αὐτὰς προκριθήσεται· καὶ γοῦν κατὰ τοῦτον τὸν τύπον πᾶσα ἡ ἱερὰ τῆς ἐκκλησίας ἀκολουθία καὶ |90v| αἱ πρὸς Θεὸν τετυπωμέναι ἀνέκαθεν παρὰ τῶν πατέρων δοξολογίαι, μᾶλλον δὲ παρὰ τοῦ ἁγίου πνεύματος, καὶ ὑμῖν τελεσθή-

---

22. Num. 20, 17.

8. ἐκτελεῖ *cod.* | 24. κατίσον *cod.* | ἐπέχων *cod.*

σονται, αἱ ἄλλαι τε πᾶσαι καὶ δὴ καὶ αἱ κατὰ τὰς ἀγρυπνίας τὰς παννυχίους αὐταί· οὕτω γὰρ καὶ τότε καὶ ὑμεῖς ἀγρυπνήσετε πάντως γε ἀγρυπνοῦσαι, ὅπως τε οὗτος ὁ τύπος καὶ ἐν ὁποίοις διατάττεται τοῖς καιροῖς. Τετράκις μέντοι τῆς ἑβδομάδος ἐν ὑμῖν τὴν θυσίαν ὁ ἱερεὺς ἀνοίσει Θεῷ τὴν ἀναίμακτον· ἡμέραι δὲ τῆς θυσίας ἔσονται |91| ταύτης ἡ τρίτη καὶ ἡ πέμπτη, πρὸς δὲ τῇ κυριακῇ καὶ τὸ σάββατον. Ὁ ἱερεὺς δὲ οὗτος πρῶτα μὲν σύνοικον ἔννομον ἔχειν ὀφείλει, ἔπειτα δὲ καὶ σεμνότητος ἱκανῶς ἔχειν καὶ εὐλαβείας, οὐ νέαν ἄγων τὴν ἡλικίαν ἀλλὰ πρὸς αὐτὸ τὸ γῆρας ἤδη κατηντηκώς· οὕτω δὲ καὶ σπουδαῖος καὶ διεγηγερμένος ἔσται περὶ τὰς ἱερὰς καὶ καθημερινὰς συνάξεις τῆς ἐκκλησίας, ὡς μηδέποτε χωρὶς ἀσθενείας μήτε τῆς εἰς Θεὸν ὀρθρινῆς μήτ' αὖ τῆς ἑσπερινῆς δοξολογίας ἀπολιμπάνεσθαι.

80. Καὶ |91ᵛ| τῇ κατὰ τὴν τράπεζαν δὲ διαίτῃ οὕτω χρήσεσθε καθ' ἡμέραν ὑμεῖς, ὥσπερ οὖν αὐτὸς οὗτος ὁ τύπος εἰσηγεῖται καλῶς καὶ καλῶς ὑποτίθησι. Καὶ γοῦν φάγεσθε δὶς τῆς ἡμέρας, ὅτε τοῦτο βούλεται οὗτος· οὐ φάγεσθε δὲ οὕτως, ὅτε οὗτος δὶς ἐσθίειν οὐ βούλεται· ἰχθύων μεθέξετε, ὅτε τούτων μετέχειν κελεύει αὐτός· οὐ μεθέξετε δέ, ὅτε ἰχθυοφαγεῖν οὐ κελεύει αὐτός.

81. Ἐλαίου τε καὶ οἴνου μεταλήψεσθε, τοῦθ' ὑμῖν αὐτοῦ ποιεῖν ἐπιτρέποντος· μὴ ἐπιτρέποντος δὲ ποιεῖν, καὶ τούτων |92| τελείως ἀφέξεσθε· γονυκλισίας ποιήσετε, ὅτι τῷ τύπῳ προσῆκον τοῦτ' εἶναι δοκεῖ, οὐ γονυκλιτήσετε δ' αὖ, ὅτε τοῦτ' αὐτῷ μὴ ἔστι δοκοῦν.

82. Τὸν ἅγιον καιρὸν τῶν σεπτῶν νηστειῶν, τῶν τε ἄλλων καὶ αὐτῶν δὴ τῶν μεγάλων, οὕτω νηστεύσετε, ὡς ὁ τύπος οὗτος νηστεύειν ἐπιτρέπει ὑμῖν· ἐνδεδομένου δὲ ὄντος ἀπὸ τοῦ τύπου καὶ ἐλαίου μετέχειν τοὺς μοναχοὺς ἔν γε ταῖς κυριακαῖς τῶν μεγάλων νηστειῶν τουτωνὶ καὶ τοῖς σάββασι τῆς μεγάλης φημὶ τεσσαρακοστῆς, ὑμεῖς οὐδὲ ἐν ταύταις δὴ |92ᵛ| ταῖς ἡμέραις ἐλαίου τὸ παράπαν μεθέξετε, ἐκτὸς εἰ μὴ ἄρα τις ἔσεται ἐν ὑμῖν ἀρρωστίᾳ παλαιοῦσα· τότε γὰρ ἡ ἄρρωστος αὕτη οὐχ ἐλαίῳ χρήσεται διὰ τὴν ἀσθένειαν μόνῳ, ἀλλὰ καὶ ἰχθύων πολλάκις, εἰ καὶ ἡ διδάσκαλος τοῦτ' ἐπιτρέψειεν, ἀπροκριματίστως μετέχουσα ἔσεται.

---

18 ||||χθύων *cod* | 29 τοπαράπαν *cod.*

ιζʹ.

Ὅτι ἰσότητι τὰς πάσας ἐν τῇ καθημερινῇ διαίτῃ χρῆσθαι χρεών.

83. Πολλὴν δὲ πρόνοιαν ἡ ἀφηγουμένη ποιήσεται ἐν τῇ καθημερινῇ διαίτῃ τῶν ἀδελφῶν, |93| ὡς μὴ ἡ ἀνισότης ἐνταῦθα καὶ τὰ ἄδικα τῆς πλεονεξίας ζυγὰ τὸ πλέον ἕξει καὶ τῆς δικαιοσύνης αὐτῆς καὶ τῆς ἰσότητος κατορχήσεται, ἀλλὰ μᾶλλον ἡ δικαιοσύνη κρατήσει καὶ τὰ τῆς ἰσότητος ἐν ὑμῖν καθαρῶς πολιτεύσονται. Ταύτῃ τοι καὶ οὐδεμία τις ἔσται παραλλαγὴ ἐν τῇ ὑμετέρᾳ τραπέζῃ οὔτε τινὸς βρώματος ὅλως οὔτε τινὸς τὸ σύνολον πόματος, ἀλλ' ὁ αὐτὸς ταῖς πάσαις ἀπὸ κεφαλῆς ἄχρι ποδῶν εἴτουν ἀπὸ τῆς πρώτης ἕως αὐτῆς τῆς ἐσχάτης προτεθήσεται |93v| ἄρτος καὶ ὁ αὐτὸς οἶνος καὶ τὰ αὐτὰ προσοψήματα καὶ ἐδέσματα, οὐ μόνον δὲ ἀλλὰ καὶ κατὰ λόγον ἰσομοιρίας καὶ δικαιοσύνης εὐθύτητι. Οὐ γὰρ ταῖς μὲν μᾶλλον, ταῖς δὲ ἧττον ἡ χρεία γενήσεται οὐδὲ ταῖς μὲν πολύ, ταῖς δὲ ὀλίγον οὐδὲ ταῖς μὲν τὰ κρείττω, ταῖς δὲ τὰ χείρω πάλιν δοθήσεται. Τοῦτο γὰρ οὐ δικαιοσύνης ἔργον ἀλλ' ἀδικίας, οὐδὲ εἰρήνης τοῦτο οὐδὲ ἀγάπης ἀλλ' ἀμέτρων σκανδάλων καὶ πολλῆς ταραχῆς καὶ συγχύσεως αἴτιον· ἐντεῦθεν γὰρ αἱ λαθροφα|94|γίαι, ἐντεῦθεν αἱ ὑποψίαι, ἐντεῦθεν αἱ καταλαλιαί, ἐντεῦθεν αἱ κατακρίσεις, ἐντεῦθεν οἱ γογγυσμοί, ἐντεῦθεν αἱ περιεργίαι, ἐντεῦθεν οἱ ὄκνοι καὶ ἀμέλειαι, ἐντεῦθεν πάντα τὰ ἄλλα τῆς ἔχθρας καὶ τῆς κακίας εἴδη, ἵνα μὴ τὰ καθ' ἕκαστον ἐπεξίω, ἃ ἡ πλεονεξία καὶ ἡ ἀνισότης οὐ καλῶς τῷ ἡμετέρῳ βίῳ ἀπέτεκον· διὰ τοῦτο μία ἔσεται βρῶσις ὑμῖν καὶ κοινή, μία πόσις ταῖς πάσαις καὶ ἡ αὐτή, μία τράπεζα, εἷς καιρός, τόπος εἷς τῆς τετυπωμένης καὶ κοινῆς |94v| μεταλήψεως.

84. Τοῦτο ἡ κατὰ Θεὸν εἰρήνη, τοῦτο ἡ ἐν Χριστῷ ἀγάπη, τοῦτο ἕνωσις φιλίας πνευματικῆς, τοῦτο σύνδεσμος ὁμονοίας, τοῦτο στερροτάτη φιλαδελφίας συνάφεια· τῆς δὲ ὑμετέρας τραπέζης τοιαύτης οὔσης καὶ κατ' ἐντολὴν ἑτοιμαζομένης Θεοῦ, οὐδεμιᾷ τῶν ἀδελφῶν

---

10. τοσύνολον *cod.* | 11. εἶτ' οὖν *cod.*

οὐδ᾽ ὅλως παρὰ τοῦ τύπου δίδοται ἐξουσία ἔχειν τι τῶν βρωσίμων ἢ τῶν ποσίμων καὶ ἀποταμιεύειν τοῦτο ἐν τῷ ἰδίῳ αὐτῆς· πᾶσαι γὰρ ἐπ᾽ ἴσης καὶ κοινῶς τῶν κοινῶν ἀπολαύουσαι τῶν ἀπηγορευμένων τούτων ἰδίων |95| ὡς καταχρίτων ἀφέξονται· εἰ δέ ποτέ τι καὶ παρὰ τῶν ἔξωθεν συγγενῶν ἀποσταλείη τινὶ τῶν ἐντὸς ἀδελφῶν, αὐτὴ μὲν οὐ λήψεται, λήψεται δὲ ἡ ταμειοῦχος αὐτὸ εἴτουν ἡ ἐπιστάτις τοῦ κελλαρίου καὶ παραθήσει τοῦτο ἐν τῇ τραπέζῃ τῇ κοινῇ, πρὸς ἣν ἂν καὶ ἀποσταλείη· ἡ δὲ τοῦ τοιούτου ἀκαταγνώστως μεταλαβοῦσα εὐχαριστήσει Θεῷ. Εἰ δὲ καὶ τὸ ἀποσταλὲν τοσοῦτον εἴη, ὥστε καὶ εἰς πλείους διαμερισθῆναι, τυχὸν δὲ καὶ εἰς πάσας, εἰς πάσας μερισθήσεται πρὸς ὀλίγον ἐκεῖνο καὶ πᾶσαι ἐκείνου διὰ τὸ σύνδεσμον τῆς εἰρήνης |95ᵛ| ἐπ᾽ ἴσης μεθέξουσιν· εἰ δὲ μὴ ἀρκοῦν εἴη οὕτω πως μερισθῆναι, εἰς μόνας αὐτὸ τὰς ἀσθενεῖς μερισθήσεται.

85. Καὶ βίβλος δὲ ἱερά τις εἰς κοινὴν ἀνάγνωσιν προτεθήσεται· καὶ λαλήσει μὲν αὕτη μόνη ἡ βίβλος καὶ διδάξει μόνη αὐτή, αἱ πᾶσαι δ᾽ ὁμοῦ μετά γε πολλῆς εὐλαβείας ἐσχάτην ἀσκήσετε σιωπὴν καὶ τῶν ἀναγινωσκομένων μόνων ἑστώσαις ἀκοαῖς, τὸ τοῦ λόγου, ἀκούσεσθε. Καὶ οὕτω θρέψετε μὲν καὶ σῶμα σιότητος λόγῳ τοῖς ἐνύλοις βρώμασι τούτοις, θρέψετε δὲ καὶ ψυχὴν κατ᾽ ἰσομοιρίαν τοῖς ἀΰλοις τῶν ἀναγνωσμάτων ἐδέσμασι· τὸ γάρ· οὐκ ἐπ᾽ ἄρ|69|τῳ μόνῳ ζήσεται ἄνθρωπος, ἀλλ᾽ ἐπὶ παντὶ ῥήματι διὰ στόματος ἐκπορευομένῳ Θεοῦ, καὶ τό· λάρυγξ μὲν γὰρ σῖτα γεύεται, νοῦς δὲ διακρίνει ῥήματα· μόνον οὐ τὴν ἄϋλον ταύτην τῆς ψυχῆς παρίστησι δίαιταν· ὅπερ γὰρ ἐπὶ τοῦ σώματος ἡ τροφή, τοῦτο ἐπὶ ψυχῆς ἡ τῶν ἱερῶν καὶ θείων λογίων πάντως ἀκρόασις. Εἰ δὲ καὶ χρεία γένηται τις λαλῆσαι καὶ ἀποκριθῆναι περί τινος τὴν ἀφηγουμένην, ἡσύχως καὶ ὑφειμένως χρὴ καὶ ταύτην λαλῆσαι καὶ ἐν πάνυ ὀλίγοις τοῖς ῥήμασι καὶ πάλιν εὐθέως σιγᾶν, ὡς τὸ πρότερον.

86. |96ᵛ| Οὐδεμία δὲ τῶν ἐν τῇ τραπέζῃ ἄδειαν ἕξει μετεωρίζεσθαί που τοὺς ὀφθαλμοὺς καὶ περιεργάζεσθαι τὴν πλησίον, πῶς τε τῶν παρατεθειμένων μετέχει καὶ τίνα γε ταῦτά εἰσι τὰ ταύτῃ παρατιθέμενα, ἀλλ᾽ ἑαυτὴν ἑκάστη βλέπουσα μόνον καὶ τοῖς ἔμπροσθεν

---

20. Matth. 4, 4; Deut. 8, 3. — 22. Iob 12, 11.

παρατεθειμένοις τὸν νοῦν προσέχουσα μόνον, πλέον δὲ καὶ τῇ ἱερᾷ προσέχουσα ἀναγνώσει, εὐχαριστήσει μὲν Θεῷ τῷ χορηγήσαντι τὴν τροφὴν διὰ μόνην τὴν ἀμέτρητον αὐτοῦ εὐσπλαγχνίαν εἰς τὴν τοῦ σώματος σύστασιν, εὔξεται δὲ καὶ ὑπὲρ τῶν ἀδελφῶν |97| ἐκ ψυχῆς, αἳ διὰ τὴν ἐντολὴν τοῦ Θεοῦ τὴν τροφὴν ταύτην οὕτως αὐτῇ ὡς ἀχρεῖαι δουλίδες ἡτοίμασαν. Οὐδὲ τοῦτο παραλιπεῖν ἄξιον· ἐν γὰρ τῷ τοιούτῳ καιρῷ τοῦτο τηρεῖν ἀναγκαῖον πάντοτε, τὸ μὴ διώκειν ὑμᾶς τὸν κόρον φημὶ μηδὲ ὑπερεμπίπλασθαι τὴν γαστέρα μηδὲ καταβαρύνεσθαι ποιεῖν ταῖς τροφαῖς· κατάρας γὰρ ἄξιον τοῦτό γε, τοῦ Κυρίου εἰπόντος· οὐαὶ οἱ ἐμπεπλησμένοι. Καὶ χωρὶς δὲ τοῦ μεγάλου τούτου τῆς ἀρᾶς βάρους καὶ αὐτὸ τὸ σῶμα ὁ κόρος δύσχρηστον |97v| ἡμῖν πρὸς τὰς πράξεις ποιεῖ εὐκατάφορόν τε πρὸς ὕπνον καὶ πρὸς τὰς βλάβας τὰς ἀπὸ τῆς σαρκὸς ἑτοιμότερον· ἀλλ' ἕνα μὲν σκοπὸν τροφῆς ἔχειν τὴν τῆς χρείας ἐκπλήρωσιν, μέτρον δὲ τὸ ἔτι ὀλίγον ἐγκειμένης ἡμῖν τῆς ὀρέξεως ἀφίστασθαι τῆς τροφῆς.

87. Οὐ μὴν δὲ ἀλλ' οὐδὲ τὸ ἡδὺ τέλος ποιεῖσθαι τῆς βρώσεως χρή, ἀλλὰ τὴν πρὸς τὸ ζῆν χρείαν, παραιτουμένας τῆς ἡδονῆς τὸ ἀκόλαστον· τὸ γὰρ δουλεύειν ταῖς ἡδοναῖς οὐδὲν ἕτερον ἢ τὸ θεὸν ἑαυτῆς τινα τὴν κοιλίαν ποιεῖν.

88. |98| Τρὶς δὲ τῆς ἑβδομάδος ἐξωνηθήσονται ὑμῖν καὶ τὰ ἔξωθεν χρήσιμα, εἴτε ἰχθύες εἶεν νεαροὶ ταῦτα εἴτε τινὰ ἕτερα, ἅπερ ἂν τύχοι τῷ τότε διδοὺς ὁ καιρός.

89. Τῆς μέντοι καθημερινῆς ὑμῶν τραπέζης ταύτης τὰ λείψανα οὐδαμῶς ταμιεύσετε οὐδὲ τῇ ἐπιούσῃ τηρήσετε, ἐξοίσετε δὲ μᾶλλον ταῦτ' ἀναγκαίως τοῖς κατὰ Χριστὸν ἀδελφοῖς μου τοῖς πένησι, τοῖς ὑπὸ λιμοῦ τε καὶ πείνης σκληρᾶς καὶ βιαίας πρὸς τῷ ὑμετέρῳ παραβάλλειν καθ' ἡμέραν ὠθουμένοις |98v| πυλῶνι καὶ πρὸς τὰς ὑμετέρας μετὰ Θεὸν ἀποβλέπουσι χεῖρας, ὥστε τι τρύφος ἄρτου μικρὸν παρ' ὑμῶν καὶ ὄψου τραφήσεσθαι τὸ βραχύτατον· καὶ τούτοις δὴ τοῖς ὀλίγοις καὶ περιττοῖς ὑμῶν κλάσμασι τὴν ἔνδειαν αὐτῶν τὴν πολλὴν μετρίως παραμυθήσεσθε, καὶ τοῦτο ἐν σπλάγχνοις φιλανθρωπίας, καὶ τοῦτο σὺν πολλῇ ἱλαρότητι, Χριστὸν μόνον οὐ δι' αὐτῶν ἑστιῶσαι

---

10. Luc. 6, 25. — 19. Phil. 3, 19.

14. τῆς *supra lin. corr.*

καὶ Χριστὸν ἀτεχνῶς δι' αὐτῶν δεξιούμεναι καὶ οὐκ ἐκείνοις μᾶλλον ἢ ἑαυταῖς ἐκ τούτου τὰ μέγιστα χαριζόμεναι· οὐ γὰρ μόνον ὑμεῖς οἰ|99|κτίρμονες ἔσεσθε, ὡς καὶ ὁ πατὴρ ὑμῶν ὁ οὐράνιος οἰκτίρμων ἐστίν, ἀλλὰ δὴ καὶ μακάριαι, ἀλλὰ δῆτα δίκαιαι· ὅλην γὰρ ἐλεεῖ τὴν ἡμέραν, ὡς γέγραπται, καὶ δανείζει ὁ δίκαιος, καί· ἐσκόρπισεν, ἔδωκε τοῖς πένησιν, ἡ δικαιοσύνη αὐτοῦ μένει εἰς τὸν αἰῶνα τοῦ αἰῶνος· καί· μακάριοι οἱ ἐλεήμονες, ὅτι αὐτοὶ ἐλεηθήσονται· καί· μακάριος ὁ συνιὼν ἐπὶ πτωχὸν καὶ πένητα· καί· ὁ σπείρων εἰς ἐλεημοσύνην καρπὸν τρυγήσει ζωῆς, ταὐτὸν δ' εἰπεῖν ἀθανασίας ὁμοῦ καὶ μακαριότητος· εἰ δὲ καὶ ὁ ἐλεῶν |99ᵛ| πτωχὸν δανείζει Θεόν, ὡς ἀκούετε, καὶ Θεὸν ἕξετε πάντως χρεώστην ὑμεῖς ἀποδώσοντα μετὰ κέρδους πολλοῦ ἐν καιρῷ καὶ σὺν τόκῳ βαρεῖ τὸ δάνειον καὶ ὀφείλημα. Εἰ δὲ καὶ ὁ ἀτιμάζων πένητα παροξύνει τὸν ποιήσαντα αὐτόν, πῶς οὐχὶ τιμήσετε σαφῶς ἄγαν ὑμεῖς τὸν Θεόν, τὸ τούτου συμπαθῶς περιέπουσαι ποίημα; εἰ δὲ καὶ ἐλεημοσύναις καὶ πίστεσιν ἀποκαθαίρονται ἁμαρτίαι, πῶς οὐ καὶ τὰ τῶν ὑμετέρων ῥύπη ψυχῶν καὶ μολύσματα ῥύψετε καὶ ἐντεῦθεν ὑμεῖς, |100| τῇ καθαρτικῇ τῆς ἐλεημοσύνης χρώμεναι πόᾳ, καὶ ὡς ἔριον καθαρὸν ὑμεῖς λευκανθήσεσθε; οὐ ταῦτα δὲ μόνα ἑαυταῖς γενήσεσθε χαριζόμεναι τὰ μέγιστα ἀγαθά, ἀλλά γε καὶ ἑκατονταπλασίονα ἄνωθεν εὐλογίαν, ὡς ἡ ὑπόσχεσις, λήψεσθε κἀν τοῖς ὑμετέροις ταμείοις, ἀφ' ὧν καὶ τὰ σπέρματα τοῦ ἐλέους ἐκεῖνα καταβάλλετε τὰ ὀλίγα, τὴν εὐλογίαν ταύτην ἀποκειμένην προδήλως εὑρήσετε, εἰς πληθυσμὸν ἐπιδιδοῦσαν καὶ αὔξην τὰ ἔνδον ἐγκείμενα. Καὶ νῦν μὲν οὕτως |100ᵛ| εὐλογήσει διὰ τοὺς πένητας τὰ ὑμέτερα ταμεῖα ὁ δεσπότης τῶν ὅλων καὶ πάντων τῶν ἀγαθῶν ταμίας καὶ χορηγός, ὁ ἔλεον θέλων καὶ οὐ θυσίαν, ὑπὲρ μυριάδας ἀρνῶν πιόνων τὴν εὐσπλαγχνίαν εἰσφερομένην αὐτῷ διὰ τῶν δεομένων εὐμενῶς καὶ ἡμέρως δεχόμενος· ὁπηνίκα δὲ καὶ τῶν ἐνθένδε ἀπαλλαγῆτε καὶ μετασταίητε, καὶ εἰς τὰς αἰωνίους αὐτοῦ σκηνὰς ὑμᾶς ἀναμφιβόλως δεχθῆναι προστάξει δι' ἀμέτρητον αὐτοῦ καὶ ἀνείκαστον ἔλεος, ὡς ἐδίδαξεν.

---

3. Luc. 6, 36. — 4. Psalm. 36, 26. — 5. Psalm. 111, 9. — 7. Matth. 5, 7. — 8. Os. 10, 12. — 26. Os. 6, 6. — 30. Luc. 16, 9.

23. ταύτην *add. corr.* | 30. αὐτῶν *cod.*

ιη'.

|101| Πῶς ὀφείλει ἡ ἀφηγουμένη διακεῖσθαι περὶ τῶν ἀρρωστουσῶν ἀδελφῶν καὶ τίνος ἐπιμελείας αὐτὰς ἀξιοῦν.

90. Ἀλλὰ τὰς μὲν ἐν ὑγείᾳ πάσας οὕτω διαθρέψει ἡ ἀφηγουμένη καθ' ἡμέραν αὐτὰς ἑστιῶσα καὶ οὕτως αὐτῶν συμπαθείαις μητρικαῖς προνοήσεται, ταῖς δὲ ἐν ἀσθενείᾳ οὔσαις οὐχ ὁμοίως χρήσεται πάντως οὐδὲ ὡσαύτως τούτων ἐπιμελήσεται, ἀλλὰ κρειττόνως, ἀλλὰ παρηλλαγμένως παντάπασιν, ἀλλ' ὡς ἀπαιτεῖ ἡ ἀνάγκη τῆς χρείας καὶ ὁ βοηθήσων ἰατρὸς ἀσθενούσῃ τῇ φύσει προτρέπεται· καὶ γὰρ καὶ ἰατρὸν ὁμοῦ μὲν |101ᵛ| εὖ ἔχοντα τῆς τέχνης ὁμοῦ δὲ καὶ πολλῇ εὐλαβείᾳ συζῶντα μετακαλεῖσθαι ἀνάγκη· καὶ κατὰ τὴν ἀπὸ τῆς τέχνης διάγνωσιν τούτου καὶ φαρμάκοις ἔστιν ὅτε ἡ ἄρρωστος χρήσεται καὶ σιτίων ὑγιεινῶν μεταλήψεται καὶ λουσομένη εἰς λουτρὸν παρ' ὑμῶν ἀπαχθήσεται καὶ τἄλλα πάντα προσοίσει ἑαυτῇ, τὴν ὑγίειαν διὰ τῶν ἰατρικῶν ἐπανακαλουμένη πρὸς τὴν προτέραν κατάστασιν.

91. Ἀλλ' ἡ μὲν κοινὴ μήτηρ τοιαύτης ἐπιμελείας ἀξιώσει τὴν ἀρρωστοῦσαν καὶ οὐ πρότερον |102| παύσεται τῶν αὐτῶν ἀξιοῦσα καὶ ἀπὸ τῶν κοινῶν τὰ ἀναλώματα ἅπαντα χορηγοῦσα, πρὶν ἂν καὶ τέλεον ἀπαλλάξειε τῆς ἀρρωστίας αὐτήν, πρὶν ἂν καὶ τελείαν αὐτῇ χαρίσαιτο τὴν ὑγίειαν.

92. Αἱ ἀδελφαὶ δὲ πᾶσαι οὔτε τι ζηλοτυπήσουσιν οὔτε τινὶ βασκανίας πάθει ἁλώσονται, ὅτι θεραπείας οὕτως ἀξιοῦται ἡ ἰδία αὐτῶν ἀδελφή, μᾶλλον μὲν οὖν καὶ ἀποδέξονται τοῦτο καὶ μᾶλλον τὴν ἀσθενοῦσαν συμπαθῶς ἐπισκέψονται· ἐλεεῖσθαι γὰρ ἀλλ' οὐ ζηλοτυπεῖσθαι δι|102ᵛ|καία ἡ ἄρρωστος· ἐπισκέπτεσθαι ταύτην ἀλλ' οὐ βασκαίνεσθαι ἄξιον· διατεθήσονται δὲ οὕτω καί γε οὕτω ποιήσουσι, τὸ μέν τι τὴν ἐκείνης ὡς οἰκείου μέλους λογιζόμεναι ἀρρωστίαν τὴν ἐκείνης τε αὖ θεραπείαν ὡς ἰδίαν ἡγούμεναι δι' αὐτὸ τοῦτο

---

17. ἄξι τὴν *cod.* | 28. ὡς *add. cod.*

ὑγείαν, τὸ δέ τι καὶ ἑαυταῖς τὸ εὖ ποτε παθεῖν παρά γε τῶν εὖ τοῦ σώματος ἐχουσῶν ἐν ταῖς ὁμοίαις προμνηστευόμεναι ἀσθενείαις καὶ περιστάσεσιν, εἰ καὶ αὐταὶ δηλαδὴ ἐν καιρῷ σωματικῆς τινος ἀρρωστίας |103| συμπτώματι περιπέσοιεν.

93. Οὐ μόνον δὲ ταῖς ἀσθενούσαις τῶν ἀδελφῶν οὕτως ὡς ἔφην χρήσεται ἡ καθηγουμένη, ἀλλὰ καὶ εἴ τινές ποτε τῶν ἔξωθεν περιφανῶν καὶ ἁβροτέρῳ βίῳ χρησαμένων ἐν κόσμῳ ἐνταῦθα ἔλθοιεν, ὥστε συνοικεῖν ὑμῖν καὶ συζῆν, καὶ ταύταις, εἰ συγκαταβατικώτερον ἢ συμπαθέστερον χρήσασθαι πρὸς καιρὸν βουληθείη καὶ παραμυθήσασθαι μετρίως αὐτὰς καὶ ὡς ἡ ἐκείνης διάκρισις διαγνώσεται, ἐξέσται αὐτῇ |103v| τὸ τοιοῦτο ποιεῖν.

94. Οὐ τούτῳ δὲ μόνον ἡ ἀφηγουμένη τὰς τοιαύτας παραμυθήσεται, ἀλλὰ καὶ εἴ τις ἀπὸ τῶν τοιούτων ζητήσειεν ἔχειν μίαν ὑπηρέτιν καὶ μόνην εἰς μετρίαν ὑπηρεσίαν ἑαυτῆς καὶ ἀνάπαυσιν, παραχωρήσει καὶ τοῦτο οὕτω γενέσθαι· πλὴν ἐν ταύταις μόναις ταῖς ἀπὸ τοῦ τοιούτου περιβλέπτου βίου ἐρχομέναις δηλονότι ἐνταῦθα παραχωρήσει γενέσθαι, ἐπ' ἄλλῃ δὲ οὐδαμῶς οὐδεμιᾷ τὸ τοιοῦτον γενέσθαι ξυγχωρηθήσεται πώποτε.

ιθ'.

|104| Ὅτι δεῖ ἐργάζεσθαι πάσας τὰς ἀδελφὰς κοινὰ καὶ οὐκ ἴδια καὶ πῶς ἐνδύεσθαι χρὴ καὶ πόθεν ἐνδύεσθαι.

95. Ἐπεὶ δὲ πονηρίας πάσης ὑπόθεσις ἡ ἀργία καὶ κακίας ἁπάσης αὕτη διδάσκαλος — πᾶσαν γὰρ κακίαν ἐδίδαξεν ἡ ἀργία φησίν, — ἀναγκαῖόν ἐστι τὸ ἐργάζεσθαι, καὶ τοσοῦτον ἀναγκαῖον, ὅσον ἄρα καὶ ἡ καθημερινὴ αὕτη τροφή. Καὶ διὰ τοῦτο οἶμαι καὶ ὁ σοφώτατος Σολομῶν· σῖτα δὲ ὀκνηρὰ οὐκ ἔφαγεν, ὡς ἐν ἐγκωμίου καὶ ἐπαίνου ἔγραψε μοίρᾳ· καὶ διὰ τοῦτο καὶ |104v| ὁ Χριστὸς ἄξιος

24. Eccl. 33, 29. — 27. Prov. 31, 27.

εἴρηκεν οὐχ ἁπλῶς ἕκαστος οὐδ' ὡς ἔτυχεν ἀλλ' ὁ ἐργάτης τῆς τροφῆς αὐτοῦ ἐστι. Καὶ διὰ τοῦτο καὶ ὁ ἀπόστολος δωρεὰν παρά τινος ἄρτον οὐκ ἔφαγεν, ἀλλ' ἐν κόπῳ καὶ μόχθῳ ἡμέρας καὶ νυκτὸς ἐργαζόμενος καὶ διὰ τοῦτο καὶ τὸν μὴ ἐργαζόμενον ὁ αὐτὸς μηδὲ ἐσθίειν παρήγγελλε, δεικνὺς κἀκ τούτου ὁ μέγας τῆς ἐκκλησίας διδάσκαλος, ὅσον ἡ ἐργασία ἐστὶ καλόν· ἐργάζεσθαι δὲ ἀναγκαῖον, τοῦτο μὲν διὰ τὸν ὑπωπιασμὸν |105| τῆς σαρκὸς καὶ τὴν τῆξιν τοῦ σώματος· οὐ γὰρ πρόφασις ἡμῖν ἀργίας ἡ ἀπὸ τοῦ ματαίου τούτου κόσμου φυγὴ καὶ ἡ ἐπαγγελία τοῦ σχήματος οὐδ' ἀποφυγὴ πονου, μᾶλλον μὲν οὖν καὶ περισσοτέρων κόπων καὶ μόχθων αὕτη ὑπόθεσις, τοῦτο δὲ καὶ διὰ τὴν εἰς τὸν πλησίον ἀγάπην, ἵν' ἔχωμεν κατά γε τὸ παράγγελμα τοῦ ἀποστόλου μεταδιδόναι τῷ χρείαν ἔχοντι.

96. Ὑμεῖς μὲν οὖν τοῦ κοινοῦ ἕνεκα ἐργάσεσθε οὕτως αἱ πᾶσαι ὁμοῦ, καὶ κατὰ τοιοῦτον πάντως σκοπὸν λαμβάνουσαι τὴν |105v| ὕλην τῆς ἐργασίας ἐκ τῶν κοινῶν ταμιείων καὶ τῆς τῷ κοινῷ δοχείῳ ἐφισταμένης ταύτην τὴν ὕλην χορηγούσης ὑμῖν, καὶ τὰς μὲν χεῖρας εἰς τὰ ἔργα ἔχουσαι καὶ κινοῦσαι, τὴν δὲ γλῶσσαν, ὅταν ᾖ καὶ τοῦτ' αὐτὸ δυνατόν· εἰ δὲ μή, τὴν γοῦν διάνοιαν ἔνδον εἰς ψαλμοὺς καὶ ὕμνους καὶ ᾠδὰς πνευματικὰς καὶ εὐχὰς καὶ προσευχὰς διεγείρουσαι, καὶ ὁμοῦ μὲν οὕτω Θεὸν ἀνυμνοῦσαι, ὁμοῦ δὲ καὶ προσευχαριστοῦσαι αὐτῷ, καὶ προσευχαριστοῦσαι, |106| ὅτι καὶ δύναμιν ὑμῖν ἐχαρίσατο πρὸς τὰ ἔργα καὶ σοφίαν νοὸς πρὸς τὴν κατάληψιν τῆς ἐργασίας παρέσχε, χορηγῶν δὲ παρέσχεν εὐσπλάγχνως καὶ τὴν ὑποκειμένην ὕλην τοῖς ἔργοις, ὁμοῦ δὲ καὶ προσευχόμεναι κατευθυνθῆναι τὸ ἔργον ὑμῶν πρὸς Θεοῦ εὐαρέστησιν· καὶ ὑμεῖς οὕτως ἐξ ἀναγκαίου ἐργάσεσθε καὶ ἐπὶ τοιούτῳ ᾧ ἔφην σκοπῷ (μαθοῦσα καλῶς ἐκ τῶν πατρικῶν καὶ ἱερῶν βιβλίων ταῦτα ἐγὼ καὶ τὴν ἐργασίαν ἑκάστῃ ἀποδιδοῦσα) παρέ|106v|ξετε τῷ κοινῷ καὶ ἀποθήσετε ταμιείῳ μηδέν τι ὅλως πράττειν ἢ ἔχειν ἴδιον ἀνεχόμεναι. Τὸ γὰρ οὕτω πράττειν καὶ οὕτως ἔχειν κλοπή τις ἀτεχνῶς καὶ ἱεροσυλία κατὰ τὸν μέγαν ἔστι Βασίλειον, πρὸς θάνατον ἄγον, οὐ πρὸς ὠφέλειαν· κἂν καὶ

---

1. Matth. 10, 10. — 2. 2 Thess. 3, 8. — 5. 2 Thess. 3, 10. — 12. Ephes. 4, 28. — 30. Cf. Reg. brev. 142, P. G. 31, 1177.

6. κακὸν *cod.* | 31. ἔστι *in ras.*

ἀγαθὸν τοῦτ' εἶναι δοκοίη, καὶ ἐξ ἐναντίας ἱστάμενόν ἐστιν ἄντικρυς ταῖς ἀποστολικαῖς καὶ μαχόμενον πράξεσιν, ἐν οἷς ἐκεῖναί φασι· πάντες δὲ οἱ πιστεύσαντες ἦσαν ἐπὶ τὸ αὐτὸ καὶ εἶχον ἅπαντες κοινὰ καὶ διεμέριζον αὐτὰ καθότι ἄν τις |107| εἶχε χρείαν· καὶ αὖθις· τοῦ δὲ πλήθους τῶν πιστευσάντων ἦν ἡ καρδία καὶ ἡ ψυχὴ μία καὶ οὐδὲ εἷς τι τῶν ὑπαρχόντων αὐτῷ ἔλεγεν ἴδιον εἶναι, ἀλλ' ἦν αὐτοῖς ἅπαντα κοινά· καὶ ἡ τοῦτο πράττουσα τοῦ προδότου Ἰούδα, ὡς καὶ τοῦτο ὁ μέγας ἅγιος ἐκεῖ φησί, κατ' οὐδὲν διενήνοχε· προδίδωσι γὰρ καὶ αὐτὴ τὸν λόγον τὸν ἀληθῆ τῆς εὐλαβείας καὶ τῆς σεμνότητος εἰς θάνατον οἷον εἰπεῖν καὶ κατάλυσιν, ὡς ὁ μιαρὸς ἐκεῖνος ἄνθρωπος τῆς δόξης τὸν Κύριον.

97. Ὑμεῖς μὲν οὖν οὕτως ἐργάσεσθε καὶ οὕτω περὶ τῆς ἐργασίας |107^{v}| φρονήσετε καὶ οὕτω ποιήσετε. Ἡ ἀφηγουμένη δὲ ὡς ἂν τὰς κοινὰς τῶν ὅλων ἀναδεδεγμένη φροντίδας καὶ ἡ διάκονος τοῦ κοινοῦ δοχείου καὶ ἐπιστάτις παρέξουσι τὰ κατὰ χρείαν ὑμῖν, ἐκ τῶν κοινῶν καμάτων καὶ πόνων ταῦτα παρέχουσαι, οὕτω δὲ παρέξουσι ταῦτα ὑμῖν· καλὸν γὰρ μηδὲ τοῦτό με ἀδιάτακτον παραδραμεῖν καὶ ἀτύπωτον.

98. Ἀνὰ ἕκαστον μὲν ἐνιαυτὸν ἑκάστῃ τῶν ἀδελφῶν δύο χιτώνια λευκὰ καὶ ἐν χρῷ τῆς σαρκὸς αὐτῆς ἐνδυόμενα καὶ ἕνα χιτῶνα μέλανα πάλιν, ὃν δὴ ἐπάνω τε |108| τῶν ἄλλων ἐσθημάτων ἐπενδυόμεθα καὶ ἱμάτιον συνήθως αὐτὸν ὀνομάζομεν. Παρέξουσι δὲ ὡσαύτως ἑκάστῃ καὶ ὑποδήσεις γυναιξὶ καθ' ὑμᾶς πρεπούσας, δύο κατ' ἔτος ζυγάς, καὶ ταύτας καινάς, ἃς δὴ καὶ καταλυθείσας πάλιν ἐπισκευάσονται ἀπὸ τῶν κοινῶν καὶ ἀνανεώσουσι.

99. Καὶ ταῦτα μὲν παρέξουσι κατ' ἔτος ὑμῖν. Τριῶν δὲ πληρουμένων ἐνιαυτῶν, ταῦτά τε ἅπερ ἔφην ἀνυστερήτως ἑκάστῃ παρέξουσι καὶ δὴ καὶ μανδίαν καὶ περιστήθια δύο ἀρκοῦσαν κεκτημένα παχύτητα, ἵνα καὶ δύνηται |108^{v}| ταῦτα πλέον περιθάλπειν καὶ διαθερμαίνειν τὸ σῶμα καὶ πρὸς τὴν τῆς χειμερίας ὥρας ἱκανῶς ἀντέχῃ δριμύτητα· οὐ ταῦτα δὲ μόνα ἀπὸ τῶν κοινῶν ἑκάστῃ παρέξουσιν,

---

3. Act. 2, 44. — 5. Act. 4, 32. — 7. Cf. Act. 5, 1.2.

3. τοαυτὸ *cod.* | 8. κατουδὲν *cod.* | 23. πρεπούσαις *cod.* | 26. κατέτος *cod.*

ἀλλὰ δὴ καὶ τὴν ἐπὶ τῆς κεφαλῆς ἅπασαν χρείαν αὐτῶν· σκέπας δὲ λέγω ταύτην τὴν χρείαν τῆς κεφαλῆς καὶ ἃ παρ' ὑμῶν ἰδιωτικῶς φακιόλια καὶ μαγουλίκια λέγονται.

100. Πρὸς τούτοις παρέξουσιν ἑκάστῃ ἀνὰ ἕκαστον μῆνα καὶ νίτρον εἰς κάθαρσιν τῶν ἱματίων αὐτῆς ἀνὰ λίτραν μίαν.

101. Ὡσαύτως |109| καὶ λινέλαιον παρέξουσιν, ἵνα ἀνάπτωσι φῶτα ἐν τοῖς κελλίοις αὐτῶν κατὰ χρείαν. Τάς γε μὴν προαιρουμένας τῶν ἀδελφῶν λούεσθαι κατὰ χρείαν τετράκις τοῦ ἐνιαυτοῦ παρέξουσι λούεσθαι.

102. Ἀλλ' ἐπεὶ καὶ ἀπὸ τῶν ἐνδυμάτων τῶν ἔξωθεν τούτων τὰς τῷ Χριστῷ μαθητευομένας χαρακτηρίζεσθαι χρὴ καὶ ὁμοῦ μὲν διὰ τῆς ἐν τούτοις λιτότητος καὶ τοῦ εὐτελοῦς τε καὶ ἀπεριέργου αὐτὸν τὸν τῆς χρήσεως ἐπιδεικνύειν σκοπὸν καθαρῶς, ὡς |109v| τῆς σκέπης ἡμῶν προσδεομένων μόνης τοῦ τε ἀσχήμονα περικαλύπτειν ἡμῶν καὶ τοῦ φεύγειν τὰς ἐξ ἀέρων προσπιπτούσας βλάβας ἡμῖν· ἔχοντες, γάρ φησιν ὁ ἀπόστολος, διατροφὰς καὶ σκεπάσματα τούτοις ἀρκεσθησόμεθα· οὐκέτι μέντοι καὶ τῆς ποικιλίας τῶν ἐνδυμάτων καὶ τοῦ ἀπ' αὐτῆς προσδεομένων καλλωπισμοῦ, ὅπερ ἐστὶν ἡ ἀπηγορευμένη παρὰ τῷ αὐτῷ ἀποστόλῳ καλῶς περπερεία· ὁμοῦ δὲ πάλιν καὶ τὸ ἀπὸ τῆς ἐσθῆτος ἰδίω|110|μα τῆς ταπεινοφροσύνης τοῦ χριστιανοῦ παριστάνειν σαφῶς, ὡς τῆς ἐσθῆτος αὐτῆς προκηρυττούσης καὶ προδιαμαρτυρομένης τῆς κατὰ Θεὸν ζωῆς ἡμῶν τὸ ἐπάγγελμα, ἐκεῖνα τὰ ἐνδύματα ἐπινοεῖν ὑμᾶς καὶ αἱρεῖσθαι προσήκει, ἅπερ αὐτό τε τὸ ἀπερίεργον ἔχει αὐτό τε τὸ εὐποριστότερα εἶναι παρέχει καὶ τρίτον αὐτὸ τὸ πρὸς τὸν σκοπὸν τῆς χρείας ἀρκοῦν· κἂν τούτοις πάλιν οὐ τὰ ἐκλεκτὰ ἐπιζητεῖν δεῖ, ἀλλὰ μᾶλλον τὰ εὐτελέστερα, |110v| ἵν' ἔργῳ τὴν ταπεινοφροσύνην ἐπιδειξαίμεθα καὶ μὴ μᾶλλον φιλαύτων καὶ κενοδόξων καὶ περπέρων δόξαν ἀπενεγκοίμεθα· αἱ γὰρ τῶν πρωτείων οὐ καλῶς ἐφιέμεναι οὔτε ἀγάπην δύνανται ἔχειν καὶ τῆς ταπεινοφροσύνης εἰς ἅπαν ἐστέρηνται.

103. Ὥσπερ δὲ αἱ φιλόδοξοι τῶν γυναικῶν καὶ ἀπὸ τῆς τῶν περιβολαίων καὶ ἱματίων ἐξαλλαγῆς τὸ κενὸν ἑαυταῖς ἐπιτηδεύουσι

---

23. τὰ ἐνδύματα *in ras.*

15. 1 Tim. 6, 8.

θηρᾶσθαι δοξάριον, ἀποβλέπεσθαί τε καὶ περιβλέπεσθαι ἐπὶ τῇ πολυτελείᾳ |111| τῆς ἐσθῆτος φιλοτιμούμεναι, οὕτως αἱ τὴν ταπείνωσιν καὶ εὐτέλειαν καὶ πτωχείαν τοῦ Ἰησοῦ ἐκμιμούμεναι κατὰ δύναμιν καὶ εἰς τὸ ἔσχατον κατὰ τὴν μεγάλην αὐτοῦ ἐντολὴν καὶ παραίνεσιν τὴν ἑαυτῶν ζωὴν καταβάλλουσαι αἱρεῖσθαι ὀφείλουσι τὸ πάντων ἔσχατον κἀν τοῖς ἱματίοις τούτοις καὶ ἐπιβλήμασι, μιμούμεναι οὐ τὰς ἐν τέλει καὶ τοῖς βασιλείοις οἴκοις ἀνατρεφομένας καὶ τὰ μαλακὰ ἠμφιεσμένας καὶ περιρρέοντα, ἀλλὰ τὸν ἐν |111ᵛ| γεννητοῖς γυναικῶν μείζονα Ἰωάννην τὸν πάνυ, τὸν τοῦ Ζαχαρίου, οὐ μόνον δὲ ἀλλά γε καὶ τὰς ἀρχαίας ἁγίας ἐκείνας, ὅσαι ἀπ᾽ αἰῶνος τῷ Θεῷ δηλαδὴ εὐηρέστησαν, ὧν ὁ μὲν ἐκ τριχῶν καμήλου εἶχε τὸ ἔνδυμα, αἱ δὲ ἐν μηλωταῖς περιῆλθον ἐν αἰγείοις δέρμασιν ὡς ἀκούομεν.

104. Διὰ τοῦτο ἐκλεκτέον ἂν εἴη καὶ παρ᾽ ὑμῖν τὰ εὐτελέστερα, ὁμοῦ δὲ καὶ τὰ εὐποριστότερα, εἴγε μέλει ὑμῖν καὶ ἀπὸ τούτου τοῦ τρόπου χαρακτηρίζειν ἰδίως ἐν ἑαυταῖς τὸν χαρα|112|κτῆρα τῆς τοῦ σχήματος ὁσιότητος καὶ τὴν ἀκριβῆ τοῦ σωτῆρος μαθήτριαν· ὡς γὰρ ἑκάστῳ τῶν ἐν κόσμῳ ἀξιωμάτων καὶ τάγματι ἑκάστῳ ἔστι τι ἴδιον ἐν τῷ σχήματι, ἀφ᾽ οὗ καὶ γνωρίζεται ἕκαστα, οὕτω προσῆκον εἶναί τινα τῶν μαθητριῶν τοῦ Χριστοῦ ἰδιότητα ἐν τοῖς περιβολαίοις αὐτῶν εὐτελῆ τε ἅμα καὶ εὐπρεπῆ καὶ σχῆμα καταστολῆς πενιχρᾶς καὶ κοσμίας, ἀφ᾽ ὧν παρὰ τοῖς ὁρῶσιν ἴσως δὲ καὶ παρὰ τοῖς ἀκούουσι τοῦθ᾽ ὅπερ εἰσί, μαθήτριαι τοῦ Χριστοῦ |112ᵛ| δηλονότι, εἰς δόξαν αὐτοῦ τοῦ μόνου τε καὶ μεγάλου διδασκάλου ἡμῶν γνωρισθήσονται.

κʹ.

Ὅτι καθ᾽ ἡμέραν χρῆσθαι τῇ ἐξομολογήσει χρεών.

105. Ἐπεὶ δὲ τὸ μὲν μηδὲν ἁμαρτεῖν ὄντως ὑπὲρ ἄνθρωπον κατὰ τὸν θεολόγον Γρηγόριον καὶ μόνου Θεοῦ, τὸ δ᾽ ἀμετανόητον καὶ διὰ τοῦτ᾽ ἀθεράπευτον τῆς πονηρᾶς καὶ ἀντικειμένης δυνάμεως, τὸ δ᾽ ἐπιστρέφειν ἁμαρτανούσας μετανοίᾳ καὶ ἐξομολογήσει χρωμένας

---

8. Matth. 11, 11. — 27. Gregorii theol. Orat. 40, 7, P. G., 36, 365. — 12. Hebr. 11, 37.

7. ἀναστρεφομένας *cod.*

θερμῇ δηλονότι ὁπόσαι ἡμέραι ἀνθρώπινον καὶ τῆς μερίδος |113| τῶν σῳζομένων, ἀναγκαιότατον ἂν εἴη καὶ ἡμᾶς διὰ τοῦτο τῷ τῆς μετανοίας καὶ ἐξομολογήσεως σωτηριώδει χρῆσθαι φαρμάκῳ, εἴ γε ταῖς ἀληθείαις καὶ ἡμεῖς καὶ ἄφεσιν ἁμαρτημάτων εὑρεῖν καὶ σωτηρίας ἐπιτυχεῖν ἐφιέμεθα· οὐ γάρ ἐστιν, οὐκ ἔστιν ἀνθρώπους καὶ ἡμᾶς οὔσας καὶ πασχούσας, ὅσα ἡ ἀνθρωπίνη φύσις πάσχειν ὑπόκειται, μὴ ἁμαρτάνειν καθ' ὥραν μηδ' ὑπὸ τῶν τοῦ ἀντικειμένου πεπυρωμένων βελῶν δεινῶς πλήττεσθαι καὶ δεινῶς τραυματίζεσθαι, |113^{v}| ὅτι καὶ οὐδείς, φησὶν ἡ γραφή, ἁγνὴν ἔχειν τὴν καρδίαν καυχήσεται, ὅτι καὶ καθαρὸς οὐδείς, ὡς ἠκούσαμεν, ἀπὸ ῥύπου, οὐδ' ἂν μία ἡμέρα ὁ χρόνος πᾶς τῆς ζωῆς αὐτοῦ ᾖ, ὅτι καὶ οὐδὲ οὐρανὸς οὐδὲ ἄστρα καθαρὰ (τὸ τοῦ Ἰὼβ φθέγξομαι) ἐνώπιον τοῦ Θεοῦ· ἐπεὶ δὲ οὕτω καθ' ἑκάστην ὡς ἄνθρωποι ἁμαρτάνομεν καὶ ἐπιστρέφειν ἀπὸ τῆς ἁμαρτίας χρῄζομεν καθ' ἑκάστην, πῶς ἂν ἄλλως ἀπὸ ταύτης γνησίως ἡμεῖς ἐπιστρέψαιμεν, μὴ μετανοίᾳ γνησίᾳ χρησάμεναι πρότερον; μετανοήσομεν δὲ γνησίως |114| πῶς, μὴ τὴν ἁμαρτίαν ἐκ καρδίας ἀποφυγοῦσαι καὶ ἐκ καρδίας αὐτὴν βδελυξάμεναι; βδελυξόμεθα δὲ τὴν ἁμαρτίαν πῶς, μὴ δι' ἐξαγγελίας τῶν ἡμετέρων κρυφίων καθαρᾶς καὶ ἀνεπαισχύντου ταύτην, ὥσπερ οὖν καὶ ἄξιον, ἐκπομπεύουσαι.

106. Αὕτη δὴ οὖν ἡ ἐξομολόγησις, αὕτη καὶ ἡμῖν εἰς σωτηρίαν ἔσεται φάρμακον, καὶ φάρμακον ὄντως ἰσχυρόν, καὶ φάρμακον ὄντως δραστήριον, ἐξάγον μὲν τὴν μοχθηρὰν καὶ τῶν ἔνδον ὀχληρὰν ὕλην |114^{v}| τῆς ἁμαρτίας καὶ πόρρω που ῥίπτον αὐτὴν τῆς ψυχῆς, αὐτὴν δὲ καθαῖρον τελείως καὶ τελείως αὐτῇ τὴν ὑγίειαν χαριζόμενον, μόνον ἐὰν μὴ ἐπὶ τὴν ἁμαρτίαν ὡς ἐπὶ ἔμετον ἴδιον κακῶς ἡμεῖς ἐπιστρέψαιμεν, ἣν καλῶς ποιοῦσαι καὶ καλῶς τὰ ἑαυτῶν ἐξαγγέλλουσαι τὸ πρὶν ἐξημέσαμεν ὁμοῦ καὶ ἐστηλιτεύσαμεν· ὕσσωπόν ἐστι καὶ πόα πλυνόντων ἡ ἐξομολόγησις ἄντικρυς, πλύνουσα μὲν καὶ καθαίρουσα πάντας μολυσμούς, πάντας ῥύπους πάσης ἀκαθαρσίας, ὑπὲρ αὐ|115| τὴν δὲ τὴν λευκότητα τῆς χιόνος τὰς ἑαυτῆς μαθητρίας λευκαίνουσα.

---

9. Prov. 20, 9. — 12. Iob 25, 5.

7. καθώραν *cod.* | 15. γνησία *prius bis scriptum* | 18. δὲ *in ras.* | 19. οὖν *supra lin. corr.*

107. Οὐδὲν οὕτω ταχέως ὡς ἡ ἐξομολόγησις ἁμαρτίας ἀφιέναι καὶ συγχωρεῖν δύναται· καὶ μάρτυς οὕτω λέγουσα ἡ ἁγία γραφή· Ἐὰν ὁμολογῶμεν τὰς ἁμαρτίας ἡμῶν, πιστός ἐστι καὶ δίκαιος, ἵνα ἀφῇ τὰς ἁμαρτίας ἡμῖν καὶ καθαρίσῃ ἡμᾶς ἀπὸ πάσης ἀδικίας. Καὶ πάλιν· Εἶπα, φησίν, ἐξαγορεύσω κατ' ἐμοῦ τὴν ἀνομίαν μου τῷ κυρίῳ· καὶ σὺ ἀφῆκας τὴν ἀσέβειαν τῆς καρδίας μου. Καί· Λέγε, πάλιν φησί, σὺ πρῶτος τὰς ἁμαρτίας σου, |115v| ἵνα δικαιωθῇς· καί· Δίκαιος, πάλιν φησίν, ἑαυτοῦ κατήγορος ἐν πρωτολογίαις. Ἡμάρτηκα τῷ κυρίῳ μου εἴρηκέ ποτε αὕτη διὰ τοῦ προφήτου καὶ βασιλέως Δαυΐδ· καὶ ἤκουσε δι' ἑτέρου τοῦ Νάθαν προφήτου παρὰ τοῦ Θεοῦ παραυτίκα· Καὶ κύριος ἀφεῖλετο τὴν ἁμαρτίαν σου. Μέγα ἴαμα ἡμῖν ἁμαρτανούσαις αὕτη ἡ ἐξομολόγησις καὶ στερρότατος χαλινός, ὥστε μὴ ἁμαρτάνειν, καὶ καρτερώτατον ἔρυμα. Ἐξομολογεῖσθε, γάρ φησιν ὁ θεάδελφος, ἀλλήλοις τὰ παραπτώματα ὑμῶν, ὅπως ἰαθῆτε. Καὶ ὁ τῆς |116| Κλίμακος μέγας πατὴρ Ἰωάννης· Μώλωπες θριαμβευόμενοι, εἴρηκεν, οὐ προκόψουσιν ἐπὶ τὸ χεῖρον, ἀλλ' ἰαθήσονται· καί· ψυχὴ ἐξαγόρευσιν ἐννοουμένη, ὡς ὑπὸ χαλινοῦ ταύτης κατέχεται μὴ ἁμαρτάνειν. Λύχνος τοῖς ποσὶν ἡμῶν μέγας καὶ φῶς ταῖς τρίβοις ἡμῶν μέγα ἡ ἐξομολόγησις πέφυκε· διὰ τοῦτο καὶ αἱ ταύτῃ γε χρώμεναι ὡς δεῖ καθ' ἑκάστην καὶ ὡς ὑπὸ μεγάλου φωτὸς φωτιζόμεναι οὔμενουν ἐπ' ὄρη σκοτεινά ποτε προσκόψουσι καὶ πολέμια· ὥσπερ αὖ καὶ τῷ ἐναντίῳ |116v| τὸ ἐναντίον ἐξ ἀναγκαίου ἀκολουθεῖ· αἱ γὰρ μὴ ταύτῃ χρώμεναι καθ' ἡμέραν ὡς γοῦν προσῆκεν ὡς ἐν σκότῳ τινὶ πορεύονται βαθυτάτῳ καὶ τυφλῶν κατ' οὐδὲν διάκεινται ἄμεινον, ἀδιαλείπτως εἰς τὸ ἁμαρτάνειν προσπταίουσαι καὶ προσκρούουσαι, ὡς πληροῦσθαι τὸ τῆς προφητείας καὶ ἐπ' αὐταῖς καὶ ἄγαν οἰκείως ἐκεῖνα λεγούσης· ψηλαφήσουσιν ὡς τυφλὸς τοῖχον καὶ ὡς οὐκ ὑπαρχόντων ὀφθαλμῶν ψηλαφήσουσιν.

---

3. 1 Joh. 1, 9. — 5. Psalm. 31, 5. — 7. Isai. 43, 26. — 8. Prov. 18, 17. — 9. 2 Reg. 12, 13. — 14. Iac. 5, 16. — 16. Iohannis Climaci Scala Paradisi 4 P. G., 88, 681. — 17. Ibid., 705. — 18. Psalm. 118, 105. — 28. Isai. 59, 10.

1. ἡ *supra lin.* | 28. καὶ *in ras.*

108. Ἀλλ' αἰσχύνη τις πρόσεστι τῷ πράγματι τῆς ἐξομολογήσεως· οἶδα τοῦτο |117| κἀγὼ ἀληθῶς· ἀλλ' οἶδα πάλιν καὶ τοῦτο ὡς ἀληθῶς ὅτι ἡ αἰσχύνη αὕτη μέρος οὖσα τῆς ἐκεῖθεν κολάσεως, ὡς ἐμάθομεν, ὑποτέμνειν καὶ ὑφαιρεῖν τι τῶν ἀποκειμένων κολάσεων δύναται· πόσον δέ ἐστι καὶ ἀνεπαχθέστερον καὶ κουφότερον τὸ ἐφ' ἑνὸς αἰσχυνθῆναι μόνου, καὶ τούτου ἁγίου καὶ τούτου συμπαθοῦς καὶ εὐσπλάγχνου πατρός, ἤπερ ἐνώπιον ἐκείνου τοῦ πανδήμου καὶ παγκοσμίου θεάτρου ὑπό τε ἀγγέλων συγκροτουμένου καὶ ἀνθρώπων πάντων ὁμοῦ ἐλεγχθῆναί τε καὶ εἰς αἰῶνας καταισχυν|117^{v}|θῆναι, πέπεισμαι ὡς οὐδείς ἐστιν ὃς ἀγνοεῖ· ὅπερ ἡκεῖς οὐ πεισόμεθα, τῇ χάριτι τοῦ Χριστοῦ συνιοῦσαι, ὅσον τὸ αὐτῆς τῆς ἀρετῆς ἀγαθόν, καὶ πάντοτε προθύμοις καὶ καθαραῖς ἐξομολογήσεσι χρώμεναι.

109. Προφθάσωμεν οὖν τὸ πρόσωπον τοῦ Θεοῦ ἐν ἐξομολογήσει, φοβερὸν ἐπὶ τοὺς ἀμετανόητα ἁμαρτάνοντας ἐν τῷ μέλλοντι φανησόμενον· ἐξομολογώμεθα, ὡς καιρὸν ἔχομεν· μετακαλώμεθα τὸν πνευματικὸν ἰατρὸν ἡμῶν συνεχέστερον πρὸς ἡμᾶς, μᾶλλον δ' ἀεί, καὶ ἀνακαλύπτωμεν αὐτῷ καθαρῶς καὶ ἀνεπαισχύντως |118| πάντα τὰ ἐν ἡμῖν, τὰ ἔργα, τοὺς λόγους, τὰ διανοήματα, ὅτι καὶ περὶ πάντων δώσομεν λόγον ἐν ἡμέρᾳ δικαιοκρισίας Χριστῷ, ἐὰν ἄχρι τέλους ταῦτα παρ' ἡμῖν ἀνεξάγγελτά τε καὶ ἀνεξέλεγκτα μείνοιεν· καὶ δεικνύωμεν αὐτῷ, ὡς εἰσὶν ἐν ἡμῖν ἔτι τὰ μέλη τῆς καρδίας νεότρωτα καὶ διὰ τοῦτο εὐΐατα, πρὶν ὀζέσαι τε καὶ σαπῆναι ταῦτα καὶ διὰ τοῦτο γενέσθαι δυσίατα.

110. Τὸ σωθῆναί τινα ταύτης δίχα τῆς ἀρετῆς τῶν ἀμηχάνων ἐστί· διόπερ ἡμεῖς μηδέποτε |118^{v}| περὶ τοῦτο τὸ ἀγαθὸν ἀμελήσωμεν, ἀεὶ δὲ μάλιστα τῷ τοιούτῳ καλῷ φαρμάκῳ χρῆσθαι διὰ σπουδῆς καὶ ἀγῶνος ὅτι πλείστου ποιώμεθα.

111. Ὁ πνευματικὸς δὲ ἰατρὸς καὶ πατὴρ οὗτος τοιοῦτος ἡμῖν ἐκλεγέσθω ἀεί, ὥστε ἱκανὸς εἶναι πρὸς τὸ ἔργον τοῦτο τὸ μέγα, τὴν ἰατρείαν φημὶ τῶν ψυχῶν, καὶ ὥστε ἔχειν ἀκριβῶς εἰδέναι, πῶς ἐπιστημόνως τὴν σωτηρίαν οἰκονομήσει ὑμῖν, εὐφυῶς εὑρίσκων καὶ εὐφυῶς κεραννύων τὰ ταύτης δραστήρια φάρμακα· ὅσοι γὰρ ἐκ τῆς ἀπειρίας τῶν |119| πνευματικῶν τουτωνὶ ἰατρῶν οὔτε οὐδὲν ἐξομο-

3. καὶ τοῦτο ὡς ἀληθῶς *in ras.* | 13. οὖν *supra lin.* | 18. ὑμῖν *cod.*

λογησάμενοι ὠφελήθησαν καὶ εἰς ἀπόγνωσιν κατωλίσθησαν παντελῆ, τοῦτο δὴ τὸ τοῦ σατὰν καὶ τῆς ἀπωλείας δηλαδὴ ἑτοιμότατον βάραθρον, ἀπὸ τῶν ἱερῶν τῶν πατέρων βιβλίων ἠκούσαμεν.

κα΄.

Πῶς δεῖ τὴν ἑορτὴν τῆς Θεοτόκου καθ' ἕκαστον ἔτος ἐπιτελεῖν.

112. Ἐπεὶ δὲ καὶ ἑορτάζειν χρὴ καθ' ἕκαστον ἔτος ὑμᾶς καὶ μηδέποτε οὕτως ἑορτάζειν διαλιπεῖν, δέον ἐμὲ καὶ περὶ τούτου διαμνη-|119v|μονεῦσαι καὶ διατυπώσασθαι, πῶς ποτε ἄρα καὶ τὸ τοιοῦτον ἔργον τὸ θεοφιλὲς παρ' ὑμῖν τελεσθήσεται. Ἑορτὴν οὖν ἡμᾶς ἄγειν κατ' ἔτος τῇ πανυπεράγνῳ μου δεσποίνῃ καὶ θεομήτορι, καὶ ταύτην λαμπρὰν ἄγειν καὶ ταύτην τῇ ἁγίᾳ κοιμήσει ἐκείνης ἄγειν, τῆς πεντεκαιδεκάτης τοῦ αὐγούστου ἐνισταμένης, βούλομαί τε καὶ διατάττομαι· καθ' ἣν ἑορτὴν ἔσεσθε μὲν ὑμεῖς καὶ παννύχιον ἀγρυπνοῦσαι καὶ ψάλλουσαι, ἀνάψετε δὲ καὶ φῶτα πολυτελῆ, μανουαλίων ἓξ πε|120|πληρωμένων ὄντων τῶν πάντων κηρῶν ἀναλόγων ταύτῃ τῇ μεγάλῃ καὶ φαιδρᾷ ἑορτῇ· ἀνάψετε καὶ τὰς μικρὰς ἁπάσας φωταγωγούς, λέγω δὴ τὰ οὕτω κοινῶς λεγόμενα πολυκάνδηλα· προσοίσετε καὶ θυμιαμάτων τὰ εὐωδέστερα καὶ ἅπαντα κοσμήσετε τὸν ἅγιον τοῦ Κυρίου νεὼν πρὸς τὸ εὐπρεπέστερόν τε καὶ χαριέστερον· δοθήσονται καὶ κηρία πάσαις ταῖς ἀδελφαῖς ἐν τῇ ἀγρυπνίᾳ. Καὶ ταῦτα μὲν ὧδε ποιήσετε. Ἐν δὲ τῇ ἑστιάσει καὶ τραπέζῃ χρήσεσθε πολυελεστέρᾳ |120v| καὶ τῆς συνήθους ἀφθονωτέρᾳ παρὰ πολύ· ὡς ἂν δὲ τοιαύτη ὑμῖν ἑτοιμασθείη ἡ τράπεζα τῆς τροφῆς, καὶ τρία ἐνταῦθα νομίσματα χρύσινα καταβάλλεσθαι διατάττομαι εἰς τὴν τῶν χρησίμων ἐξώνησιν· οὐ μόνον δὲ ἀλλὰ καὶ τοῖς κατὰ Χριστὸν ἀδελφοῖς μου τοῖς δεομένοις ἐν τῷ πυλῶνι σίτου μὲν ἄρτους ἓξ μοδίων ἀννονικῶν, οἴνου δὲ τετάρτια παρέξετε τέτταρα, εἴτουν ἓν μέτρον θαλάττιον· πλὴν ἀλλ' οὕτω μὲν ὑμεῖς ἑορτάσετε, καὶ ἑορτάσετε καθ' ἑαυτὰς

---

9. τὸ *supra lin. corr.* | 11. κατέτος *cod.* | 14. ἣν *supra lin.* | 28. *prius* τεταρα *cod.*

μόνας |121| καὶ μετά γε τοῦ συνήθους ἱερέως ὑμῶν, τὴν σύμπασαν ἀκολουθίαν ἐκπληροῦσαι τῆς ἀγρυπνίας καὶ μηδένα τῶν ἱερέων ἄλλον μετακαλούμεναι ἔξωθεν.

κβ'

Πῶς δεῖ ἐκτελεῖσθαι τὰ μνημόσυνα τῶν ἀειμνήστων γονέων τῆς κτητορίσσης ἔτι τε καὶ τοῦ μακαρίτου κτήτορος τῆς ἱερᾶς ταύτης μονῆς ναὶ μὴν καὶ τῆς κτητορίσσης αὐτῆς [καὶ τῶν διαδόχων αὐτῆς καὶ παίδων.].

113. Ἡνίκα δὲ καὶ ἡ ὡρισμένη κατὰ περίοδον τοῦ ὅλου ἐνιαυτοῦ ἐπισταίη (ἡ εἰκοστὴ δὲ καὶ πέμπτη αὕτη τοῦ ὀκτωβρίου μηνός) καὶ δεῖ κατ' ἐκείνην τὴν |121ᵛ| ἡμέραν ἐπιτελεῖν ἀπαραλείπτως τὰ μνημόσυνα τῶν ἐν μακαρίᾳ τῇ λήξει καὶ ἀοιδίμων γονέων μου, Καλλινίκου μοναχοῦ καὶ Μαρίας, οὕτως ὑμεῖς κἀκεῖνα μετὰ πολλῆς χαρᾶς καὶ σπουδῆς ἐκτελέσετε· κοσμήσετε μὲν τὸν ἱερὸν καὶ σεβάσμιον τῆς Θεοτόκου μου οἶκον ἑσπέρας, ἑτοιμάσετε δὲ καὶ τὰ ἓξ μανουάλια, καὶ ἐνταῦθα πεπληρωμένα τὰ πάντα κηρῶν, καὶ τὰ πάντα εἰς ἄναψιν ἑτοιμάσετε. Οὐ μὴν δὲ ἀλλὰ καὶ τὰ ἐξ ἔθους ἐπὶ τοῖς κεκοιμημένοις πιστοῖς γίνεσθαι |122| κόλλυβα ἑτοιμάσετε· καὶ ἕνδεκα μετακληθέντων ἔξωθεν ἱερέων καὶ δυόδεκα γενομένων τῶν πάντων μετὰ τοῦ ἱερέως τοῦ ὑμετέρου, ἑσπέρας μὲν παρὰ τούτων μόνων, οὐχὶ δὲ καὶ παρ' ὑμῶν — οὐ γὰρ ἐφεῖται ὑμῖν ἡ μετὰ τούτων συμψαλμῳδία καὶ σύστασις — τὸ παραστάσιμον ἥ τε ὑπὲρ ἐκείνων εὐχὴ γενήσεται καὶ ἡ δέησις.

114. Πρωΐας δὲ μετά γε τῆς αὐτῆς φωταγωγίας καὶ κολλύβων, τοῦ συνήθους ἱερέως μόνου τὴν φρικτὴν καὶ μεγάλην ἐκτελοῦντος μυσταγωγίαν, τὰ τῆς ἱερᾶς συνάξεως ταύτης ἅπαντα ὑμεῖς ὡς ἔθιμον ἐκτελέσετε. Μετὰ δὲ τὴν ταύτης ἐκπλήρωσιν, εἰσελεύσεσθε εἰς τὴν τράπεζαν τῆς διαίτης, δαψιλεστέραν καὶ τότε καὶ πλουσιωτέραν

---

8. (καὶ — παίδων) *add. al. manu.* | 18. ἐξέθους *cod.* | 21. ἡμετέρου *cod.*

ἑτοιμασθεῖσαν ταύτην ὑμῖν, δύο νομισμάτων μόνων, καὶ τούτων χρυσίνων, ἐνταῦθα καταβληθέντων ἐκ τῶν κοινῶν· καὶ φάγεσθε οὕτω καὶ εὐφρανθήσεσθε μάλα καὶ παρακληθήσεσθε τὰς καρδίας εἰς τὴν τῶν ἐμῶν ἀειμνήστων πατέρων σωτηρίαν καὶ μακαρίαν ἐκείνων ἀνάπαυσιν.

115. Καὶ ὑμεῖς μὲν οὕτως. Οἱ κατὰ Θεὸν δὲ |123| ἀδελφοί μου οἱ πένητες πάλιν ἐν τῷ πυλῶνι λήψονται παρ' ὑμῶν ἄρτους μὲν σίτου μοδίων τεττάρων ἀννονικῶν, οἴνου δὲ τρία τετάρτια ὑπὲρ ψυχικῆς τῶν μνημονευθέντων καὶ ὑμῶν τῶν οὕτω ποιησαμένων τὰ ἐκείνων τοιαῦτα μνημόσυνα.

116. Ὡσαύτως ποιήσετε μνημόσυνα καθ' ἑκάστην τοῦ χρόνου περίοδον τὴν ἕκτην τοῦ φευρουαρίου μηνὸς καὶ ὑπὲρ τοῦ μακαρίου κτήτορος ὑμῶν τοῦ μεγάλου στρατοπεδάρχου Ἀγγέλου Δούκα τοῦ Συναδηνοῦ κυροῦ Ἰωάννου, τοῦ διὰ τοῦ θείου καὶ ἀγγελικοῦ σχήματος |123ᵛ| μετονομασθέντος Ἰωακεὶμ μοναχοῦ· πλὴν οὕτως ποιήσετε ἀπαραλλάκτως ἐν ἅπασιν, ὡς ὑπὲρ τῶν ἐμῶν μακαρίων καὶ ἁγίων γεννητόρων, φημὶ δὴ τοῦ πανευτυχεστάτου σεβαστοκράτορος Κομνηνοῦ τοῦ Παλαιολόγου Δούκα τοῦ Ἀγγέλου κυροῦ Κωνσταντίνου, τοῦ διὰ τοῦ θείου καὶ ἀγγελικοῦ σχήματος μετονομασθέντος Καλλινίκου μοναχοῦ, τοῦ πατρός μου καὶ τῆς ἁγίας μου μητρὸς Βραναίνης Κομνηνῆς Λασκαρίνης Καντακουζηνῆς τῆς Παλαιολογίνης, ἔν τε μανουαλίοις καὶ τῇ ἄλλῃ πάσῃ ἑτοιμασίᾳ τῇ παρακλήσει τε, ταῖς θείαις |124| ἱερουργίαις φημί, ἔν τε τῇ τραπέζῃ τῶν ἀδελφῶν καὶ τῇ τῶν ἐνδεῶν μεταδόσει ἐν τῷ πυλῶνι.

117. Καὶ ὑπὲρ ἐμοῦ δὲ τῆς ταπεινῆς ὁμοίως ποιήσετε, ἡνίκα δηλονότι κἀμὲ Θεὸς ἐκ τῶν ζώντων γενέσθαι ὡς οἶδεν ἐκεῖνος οἰκονομήσειεν.

118. Τῆς δὲ περιποθήτου ἡμῶν θυγατρὸς κυρᾶς Εὐφροσύνης τῆς Παλαιολογίνης τὰ μνημόσυνα ἐβουλόμην καὶ κρείττονα καὶ φιλοτιμότερα γίνεσθαι ἢ τὰ τῶν αὐτῆς γεννητόρων ἡμῶν καθ' ἣν ἂν ἡμέραν ἀπὸ τῆς ἐνταῦθα ζωῆς πρὸς τὴν κρείττονα καὶ |124ᵛ| ἀγήρω

---

11. *rubrica in marg. inf.* : περὶ τοῦ κτήτορος | 20. αναίνης *in ras.* | 21. *prius* Λασκαρίνας | 25. *rubrica in marg. sup.* : περὶ τῶν δύο κτητορισσῶν.

μετενεχθείη, ἅτε καὶ ἐκ βρέφους τῷ Θεῷ παρ' ἡμῶν ἀνατεθειμένης καὶ αὐτῆς δὲ οἴκοθεν πᾶν ἀρετῆς εἶδος μετὰ πολλῆς τῆς περιουσίας μετελθεῖν προελομένης καὶ τοῖς μετ' αὐτὴν παραδούσης εἰς μίμησιν. Ἔδει τοίνυν τὴν τοιαῦτα μὲν ἐκ βρέφους ἐκλεξαμένην ἀγαθά, ἀπράγμονα δηλαδὴ ἡσύχιον ἀκτήμονα καὶ ἐλεήμονα βίον, τοιαῦτα δὲ τελειώσασαν, τελείας τυχεῖν καὶ τῆς ὀφειλομένης τοῖς ἀποιχομένοις ὁσίοις τελετῆς· ἐπεὶ δὲ αὐτή, ὡς ἐν ἅπασι τὸ φιλότιμον |125| ἀπωθεῖται τὸ μέτριον δὲ καὶ ἀπέριττον ἐκδιώκει, ἐδεήθη κἀμοῦ μηδὲν περὶ τῶν ἰδίων αὐτῇ μνημοσύνων προδιατάξασθαι καὶ δηλῶσαι, γινέσθω καὶ ἐκτελείσθω ταῦτα, ὡς αὐτὴ προείλετο καὶ ἠγάπησε καὶ τελευτῶσα διατυπώσειεν.

119. Περὶ τῶν δύο υἱῶν τῆς κτητορίσσης καὶ κτητόρων. Περὶ μέντοι τῶν μνημοσύνων τῶν περιποθήτων μου υἱῶν, τοῦ τε κυροῦ Θεοδώρου τοῦ Δούκα καὶ πρωτοστράτορος καὶ κυροῦ Ἰωάννου τοῦ Παλαιολόγου καὶ μεγάλου κονοσταύλου καὶ τῶν συμβίων αὐτῶν, ἡνίκα δηλονότι καὶ αὐτοὺς ὁ Θεὸς ἐκ τῶν ζώντων γενέσθαι ὡς οἶδεν ἐκεῖνος ᾠκονομή|125ᵛ|σειε, γίνεσθαι τάττω κἀκεῖνα ὡς καὶ τὰ τῶν ἐμῶν ἁγίων καὶ τρισμακαρίστων ἀοιδίμων γονέων ἀπαραλλάκτως καὶ ἡμῶν τῶν αὐτῶν γεννητόρων ἔν τε τῇ δαψιλείᾳ τῶν φώτων καὶ τοῖς λοιποῖς ἅπασιν.

κγ'.

Τίνα εἰσὶν ἅπερ ἀφιεροῦνται τῇ Θεοτόκῳ ὑπὲρ οἰκονομίας καὶ διατροφῆς τῶν θεραπαινίδων αὐτῆς.

120. Ἀλλὰ ταῦτα μέν, ὥστε εὐαρέστως πολιτεύεσθαι καὶ εὐαρέστως βιοῦν ὑμᾶς τῷ Θεῷ καὶ ὥστε σῴζεσθαι ὑμῶν τὰς ψυχάς, τῇ |126| βίβλῳ ταύτῃ διετυπώσαμεν, τὰ μὲν πρὸς τὴν καθηγουμένην ἀφορῶντα καὶ ὑπομνήσεως ἔχοντα λόγον, τὰ δὲ πρὸς τὴν συνοδίαν πᾶσαν τῶν ἀδελφῶν καὶ διδασκαλίαν ἐκείνων ὑπάρχοντα καὶ παραί-

---

16. εἶδεν *cod.* | 29. ἐκεῖνα *cod.*

νεσιν, ὃ καὶ ἀρχομένη τοῦ λόγου ἔφθην εἰποῦσα ἐγώ. Πλὴν οὐ ξένα τινὰ διετυπώσαμεν καὶ τῶν πατρικῶν ἀπᾴδοντα διατάξεων, τὰ πάντα δὲ ὡς ἐγὼ οἴομαι καί γε ἀληθῶς οἴομαι συμφωνοῦντα ἐκείναις ἐν ἅπασι καὶ ξυμβαίνοντα. Ἣν δὴ βίβλον καὶ ὀφείλετε συνεχέστερον |126ᵛ| ὑμεῖς ἐπὶ τῆς τραπέζης ἀντ' ἄλλης τινὸς βίβλου ἐν ἐπηκόῳ πασῶν ἀναγινώσκειν ὑμῶν καὶ προσεχόντως ἀναγινώσκειν καὶ καθ' ἑκάστην νουμηνίαν ἀναγινώσκειν. Οὕτω γὰρ ἂν πάντως ταῖς ὑμετέραις ἀκοαῖς ἔνηχα ὄντα τὰ ἐγγεγραμμένα καὶ τετυπωμένα οὔτε οὐδ' ὅλως ξυγχωρήσει τῇ λήθῃ ποιῆσαι τὸ ἑαυτῆς, ὑμᾶς ἐπιλαθέσθαι τούτων ποιούσῃ ἐκ τοῦ σπανίως ταῦτα ἀναγινώσκειν, καὶ τοῦ τὸν ἡμέτερον θεοφιλῆ σκοπὸν παρ' ὑμῶν εἰς ἔργον προβῆναι πρόξενα ἔσονται· ἥντινα |127| καὶ ἀφίημι ὑμῖν ἐν πρώτοις ἀντὶ παντὸς μεγάλου πλούτου καὶ ἀντ' ἄλλης πάσης πολυόλβου κληρονομίας, τὸ κάλλιστον πάντων ὧν ἔχω καὶ τιμιώτατον· καὶ ἀφίημι εἰς μεγάλην ὠφέλειαν ἐσομένην τῶν ὑμετέρων ψυχῶν τῇ χάριτι τοῦ Χριστοῦ καὶ τῇ τῆς Θεοτόκου μου ἀντιλήψει καὶ εὐσπλαγχνίᾳ εἰς περιποίησιν σωτηρίας, εἰς οἰκοδομὴν περισσοτέραν ὑμῶν, εἰς ἀσφάλειαν πλείονα· καὶ ταύτην μὲν οὕτως ἀφίημι ταῖς κατὰ Χριστὸν πεποθημέναις μου ἀδελφαῖς.

121. Ἀφίημι δὲ καὶ σωματικῆς ἕ|127ᵛ|νεκα χρείας καὶ οἰκονομίας ὑμῶν καὶ ἅπαν τὸ ἥμισυ τοῦ ὅλου μου γονικοῦ κτήματος τοῦ οὕτω πως ἐπικεκλημένου ὁ Πύργος εἴ τι δ' ἂν καὶ εἴη τὸ ἥμισυ τοῦτο, εἴτε γῆ εἴτε ἀμπέλιον εἴτε τι ἕτερόν ἐστι· τοῦτο ὡς ἔφην τὸ ἥμισυ νῦν μὲν παρ' ἐμοὶ ἔσεται εὑρισκόμενον καὶ παρ' ἐμοῦ ἰδιαζόντως τοῦτο κυριευθήσεται εἰς ἐμοῦ τε καὶ τῆς σφόδρα πεφιλμένης ἐμοὶ θυγατρὸς περιποίησιν καὶ μετρίαν παράκλησιν· |128| ὡσαύτως καὶ τὸ διακείμενον περὶ τὰ Παραπόλια χωρίον λεγόμενον ὁ Αἶνος, ὑπερπύρων τετρακοσίων ποσούμενον, ἀφ' ὧν τὰ μὲν σ' διὰ θείου καὶ προσκυνητοῦ χρυσοβούλλου τῇ μονῇ προσεκτήθη ὡς γονικὸν ἐμοί, τὰ δὲ ἕτερα σ' παρὰ τοῦ περιποθήτου μου υἱοῦ πρωτοστράτορος προσηνέχθη ἐκ τοῦ πρὸς αὐτὸν θείου καὶ σεπτοῦ χρυσοβούλλου ἀποκοπέντας.

---

20. φίημι *cod* | 22. πύργους *cod.* | 26. ὁπηνίκα δὲ ἐμοὶ μὲν παντοδυνάμῳ νεύσει *add. littera rubra dein del.*

122. Ὁμοίως ἀφίημι καὶ τὸ εὑρισκόμενον ἀμπέλιον τὸ καταφυτευθὲν ἐξ οἰκείων ἀναλωμάτων τῆς μονῆς ἐν τῇ τοποθεσίᾳ τῆς Σελοκάκας ὡσεὶ μοδίων · ἕτερον |128v| ἀμπέλιον τὸ πλησίον τοῦ ἁγίου Νικολάου τοῦ Μεσομφάλου μετὰ τῶν οἰκειακῶν αὐτοῦ ὀσπητίων, ὅπερ ἐξηγοράσθη μὲν πρὸ χρόνων παρά τινος ἐπικεκλημένου τοῦ Καλιγᾶ εἰς ὑπέρπυρα τετρακόσια, χέρσον ὄν, ὕστερον δὲ κατεφυτεύθη παρ' ἡμῶν εἰς ἀμπέλιον μοδίων · ἕτερον ἀμπέλιον προσενεχθὲν παρὰ τοῦ περιποθήτου μου ἀνεψιοῦ, υἱοῦ τῆς ὑψηλοτάτης δεσποίνης τῶν Βουλγάρων, κυροῦ Ἰωάννου τοῦ Παλαιολόγου Ἀγγέλου τοῦ Βρανᾶ τοῦ μετονομασθέντος διὰ τοῦ θείου καὶ ἀγγελικοῦ σχήματος Ἰωάσαφ μοναχοῦ, πλησίον τῆς τοῦ Κοσμιδίου |129| εὑρισκόμενον γῆς, ὡσεὶ μοδίων · ἕτερον ἀμπέλιον, ὅπερ ὁ αὐτὸς δέδωκε χάριν ἀδελφάτων τῆς αὐτοῦ γυναικὸς ἐν τῇ τοῦ Κοσμιδίου γῇ, δι' οὗ καὶ κατ' ἔτος ἐπιδίδοται τῇ μονῇ τῶν Κοσμιδιωτῶν χάριν τέλους ὑπέρπυρα ὀκτώ, μοδίων · ἕτερον χωρίον περὶ τὴν θρακικὴν Ἡράκλειαν τὸ ἐπικεκλημένον τοῦ Μωροκουμούλου, ἐν ᾧ ὑπάρχει καὶ γῆ Διακεφαλαίου. Ἕτερον ἀμπέλιον, ὅπερ προσήνεγκε τῇ μονῇ ὑπὲρ ψυχικῆς αὐτῆς σωτηρίας ἡ περιπόθητος ἐμοὶ νύμφη κυρὰ Θωμαῒς Παλαιολογίνα ἡ Κανταкουζηνή, μοδίων , ἐν τῇ τοποθεσίᾳ εὑρισκόμενον |129v| χωρίου τοῦ ἐπικεκλημένου τὸ Κανίκλειον.

123. Ὡσαύτως ἀφίημι ὑμῖν καὶ τὸ πέραν ταύτης τῆς βασιλίδος τῶν πόλεων ἐν ταῖς Πηγαῖς διακείμενον γονικόν μου ἀμπέλιον, ὅσον ἄρα καὶ ἔστιν, ὑμῖν ἀφίημι κἀκεῖνο · ὁμοίως καὶ τὸ ἕτερον ἀμπέλιον τὸ καὶ αὐτὸ εὑρισκόμενον ἐν τῇ τοιαύτῃ τοποθεσίᾳ τῶν Πηγῶν ὑμῖν ἔστω εἰς διακράτησιν. Καὶ ἔσονται ταῦτα ὑμῖν ἀπό γε τοῦ νῦν ὡς ὑμέτερα γονικὰ κτήματα καὶ εἰς τοὺς ἑξῆς τε καὶ διηνεκεῖς ἅπαντας χρόνους, μᾶλλον δὲ ἔσεται ταῦτα ὡς ἱερὰ ἀναθήματα |130| εὐλόγως καὶ δικαίως ἀνατεθέντα καὶ ἀφιερωθέντα τῇ πανυπεράγνῳ μου δεσποίνῃ καὶ θεομήτορι · ἃ καὶ οὐδείς ποτε τῶν ἁπάντων ὑμῶν ἀφαιρήσεται ἢ ἀποσπάσει τὸ σύνολον, πλὴν εἰ μὴ ἄρα γε βούλεται, ὅστις ἂν ὁ τοιοῦτος καὶ

3, 7, 12, 15, 19. *vacat in cod. locus numeri.* — 16. διακεφαλαῖου *cod.*

εἴη, πρὸς τῷ ἱερόσυλος γεγονέναι τε καὶ κληθῆναι ἔτι καὶ τὰς ἀπ' αἰῶνος ἐξενεχθείσας φρικωδεστάτας ἀρὰς ἅμα καὶ ἀποφάσεις κατὰ πάντων, ὅσοι τοὺς ἱεροὺς δηλονότι νόμους τῆς ἀληθείας καὶ τῆς δικαιοσύνης κατεπάτησαν καὶ ἠθέτησαν, καθ' ἑαυτοῦ ἐπισπάσασθαι· ἀλλὰ ταῦτα μὲν οὕτως.

124. Ἐπεὶ δὲ ἐγὼ διὰ τὸ |130ᵛ| ἀσθενὲς τῆς φύσεως τῆς ἡμετέρας ἀνθρωπίνης καὶ περιποίησιν τῆς κατὰ πάντα φιλτάτης σφόδρα ἐμῆς θυγατρὸς καὶ μετρίαν παράκλησιν καὶ ψυχαγωγίαν τῶν αὐτῆς πολλῶν τε καὶ μεγάλων ἀρρωστημάτων ἰδιαζόντως ἀπεκράτησα ἐμαυτῇ ταῦτα, τὸ ἥμισυ δηλαδὴ τοῦ ὅλου μου γονικοῦ κτήματος τοῦ οὕτω πως ἐπικεκλημένου ἡ Πύργος, τὸ ἐν τοῖς Παραπολίοις χωρίον Κανίκλειον ὠνομασμένον γονικόν μου κτῆμα, τὸ πλησίον τοῦ μοναστηρίου ἡμῶν περιβόλιον καλούμενον τοῦ Γυμνοῦ καὶ τὸ μέγα ἀμπέλιον, ὅπερ ἀντεχαρίσατό μοι ὁ περιπόθητός μου υἱὸς πρωτοστράτωρ, καὶ τὰ πέριξ |131| αὐτοῦ οἰκήματα τὰ κατὰ τὴν δημοσίαν ὁδὸν τῆς Κυριωτίσσης ἔγγιστα, βούλομαι καὶ τάττω ὅλῃ ψυχῇ καὶ προθέσει μετὰ τὴν ἐμὴν ἐνθένδε ἀποβίωσιν καὶ τῶν παρόντων ἀπαλλαγὴν κατέχεσθαι ταῦτα καὶ κυριεύεσθαι παρὰ τῆς ἐμῆς φιλτάτης θυγατρὸς ὥσπερ καὶ παρ' ἐμοῦ εἰς μετρίαν αὐτῆς παράκλησιν καὶ θεραπείαν, ὡς κυρίας οὔσης καὶ κληρονόμου αὐτοῦ τε τοῦ μοναστηρίου καὶ πάντων τῶν ἐμῶν. Ἔπειτα δὲ ὁπηνίκα καὶ αὐτὴ μετὰ μακρότατον καὶ πιότατον γῆρας εἰς τὴν ἀγήρω καὶ ἀμείνω μεταχωρήσειε λῆξιν τῷ ἑαυτῆς ἀθανάτῳ νυμφίῳ εἰς αἰῶνας συνεῖναι |131ᵛ| καὶ συνευφραίνεσθαι, τηνικαῦτα καὶ τὸ ἕτερον ἥμισυ τοῦ κτήματος τῆς Πύργου καὶ τὰ προειρημένα ἕτερα, ὅσα ἰδίως εἰς ἡμετέραν κυβέρνησιν παρ' ἐμοῦ ἔπειτα παρὰ τῆς φιλτάτης μοι θυγατρὸς ἐκρατοῦντο, δοθήσονται ἀνυπερθέτως, ἔνθα ἂν βουληθείη καὶ διακρίνειεν αὐτή, καθὼς ἂν καὶ δίκαιόν ἐστιν.

---

11. οὕτω πως ἐπικεκλημένου *in ras.* | 23. καὶ συν *add. cod.*

Κύριε, βοήθει ταῖς σαῖς δούλαις εἰς ἐκπλήρωσιν τῶν γεγραμμένων.

κδ'.

Πρὸς πάσας τὰς ἀδελφὰς καὶ αὐτὴν δὲ τὴν ἡγουμένην ἐπιλογικά τε ἅμα καὶ προτρεπτικὰ πρὸς τὴν φυλακὴν τοῦ τύπου καὶ τὸ μηδ' ὅλως αὐτὸν παραβαίνεσθαι.

125. |132ᵛ| Ἃ μὲν οὖν ἡμᾶς ἔδει τῆς ὑμετέρας ἕνεκα ψυχικῆς ὠφελείας καὶ σωτηρίας ναὶ μὴν καὶ τῆς σωματικῆς χρείας, ὦ φίλη μοι κατὰ Χριστὸν συνοδία, καὶ τυπῶσαι καὶ διατάξασθαι, ταῦτα δὴ καὶ ἐτυπώσαμεν ὡς γοῦν ὁρᾶτε ἐν τῷδε καὶ διεταξάμεθα, εἰ καὶ μὴ τῆς χρείας ἀξίως, προθυμίας γοῦν καὶ τοῦ κατὰ δύναμιν οὐδέν τι |133| ἐνδέοντα· ὑμῖν δὲ τοῦ λοιποῦ μελήσει, πῶς τε καὶ ἀκοῦσαι ταῦτα γνησίως, πῶς καὶ γνησίως ταῦτα εἰς ψυχὴν παραδέξασθαι καὶ πῶς μετὰ ταῦτα καὶ ἐν αὐτοῖς τοῖς ἔργοις ἀπαράβατα τὰ πάντα φυλάξαι διαγωνίσεσθε, ὅπερ ἐστὶν ἡμῖν τοῦ σκοποῦ καὶ πάσης τῆς σπουδῆς τὸ κεφάλαιον· οὐ γὰρ τὸ ἀκοῦσαι μόνον καὶ ἀποδέξασθαι μόνον τοὺς ἀγαθοὺς λόγους τῆς σωτηρίας δικαιοῦν ἰσχύει τὸν μόνως τούτων ἀκούοντα, τὸν μόνως τούτους ἀπο|133ᵛ|δεχόμενον, ἀλλὰ πρὸς τῇ ἀκοῇ καὶ τῇ ἀποδοχῇ χρὴ προστεθῆναι καλῶς καὶ τὸ ἔργον· οὕτω γάρ τις καὶ δίκαιος γίνεται τέλειος· οὐ γὰρ οἱ ἀκροαταὶ τοῦ νόμου δίκαιοι παρὰ τῷ Θεῷ (ῥῆσις αὕτη τοῦ ἀποστόλου), ἀλλ' οἱ ποιηταὶ τοῦ νόμου δικαιωθήσονται. Σαφῶς δὲ δείξετε ἀμετακίνητα τὰ τετυπωμένα φυλάττουσαι, ἐὰν πρὸς μὲν τὴν διδάσκαλον καὶ κατὰ πνεῦμα μητέρα ὑμῶν οὕτως εἴητε διακείμεναι ὥσπερ ἂν καὶ πρὸς αὐτὸν τὸν Χριστὸν καὶ Θεὸν τοῦ παντός, ἵνα |134| τὸ πᾶν εἴπω τῆς παραγγελίας ὡς ἐν βραχεῖ, καὶ ἐὰν οὕτως αὐτῇ ὑπακούοιτε ὥσπερ ἂν εἰ ἐκεῖνος πάλιν ὁ σωτὴρ καὶ δεσπότης τῶν ὅλων προστάττων ὑμῖν φαίνοιτο· « ὁ γὰρ ἀκούων ὑμῶν ἐμοῦ ἀκούει » ἐν εὐαγγελίοις εἶπε τὸ ἐκείνου πανάγιον στόμα καὶ « ὁ ἀθετῶν ὑμᾶς ἐμὲ ἀθετεῖ· ὁ

---

20. Iac. 1, 22. — 28. Luc.10, 16.

5. ψυχικὴν *cod.* | 8. μὲν *cod.* | 15. διαγωνίσασθαι *cod.*

δὲ ἐμὲ ἀθετῶν ἀθετεῖ τὸν ἀποστείλαντά με » — μηδὲν τὸ παράπαν θέλημα ἴδιον ἔχουσαι μηδέ τι ποιεῖν ἀφ' ἑαυτῶν μηδέποτε ἀνεχόμεναι, ἐκεῖνα δὲ μόνα θέ|134v|λειν κἀκεῖνα πάλιν σπουδάζειν ποιεῖν, ἅπερ αὐτή γε θέλει κατ' ἐντολὴν καὶ ἅπερ αὐτὴ κατ' ἐντολὴν προστάττει ποιεῖν ὑμᾶς ἡ διδάσκαλος.

126. Καὶ γοῦν τῷ τρόπῳ τούτῳ μὴ μόνον ἐὰν τὴν ἀκρίβειαν ἡ προκαθημένη διδάσκῃ, μὴ μόνον ἐὰν νηστείαν κηρύττῃ, χρὴ ὑπακούειν, ἀλλὰ κἂν νηστεύειν διακωλύῃ, κἂν τῆς ἀναπληρωτικῆς συμβουλεύῃ μεταλαμβάνειν τροφῆς, ἀπαιτούσης τῆς χρείας, κἂν ἕτερόν τι τῶν ὅσα φέρει εἰς ἄνεσιν κελεύῃ |135| ποιεῖν, πάντα ὁμοίως μετὰ πάσης ἐπιτελεῖν χρὴ τῆς σπουδῆς, πεπεισμένας, ὡς πᾶν τὸ παρὰ τῆς διδασκάλου λεγόμενον ἐν Χριστῷ νόμος ἐστὶ καὶ οὕτως αὐτὸ χρὴ δέχεσθαι καὶ οὕτως αὐτό γε τοῦτο τηρεῖν, μηδ' ὅλως συζητεῖν μηδ' ἀνετάζειν περὶ τῶν ἐγκελευομένων ἀνεχομένας· τὰ γὰρ οὕτω ποιεῖν καὶ οὕτω πως διατίθεσθαι μελέτη πρὸς ἀναρχίαν καὶ συνήθεια πρὸς τὸ ἀνυπόταχτον γίνεται· τῷ τοι καὶ ἀνεξετάστως δέξεσθε συμβουλευόμενον ἅπαν ὑμεῖς καὶ σὺν προθυμίᾳ |135v| ἐπιτελέσετε τοῦτο πολλῇ, ἀλλὰ μὴ ἐκ λύπης μηδὲ ἐξ ἀνάγκης τινός, ἵν' ὑμῖν ἡ ὑπακοὴ ἔμμισθος γένηται· ἐὰν οὖν πρὸς μὲν τὴν διδάσκαλον οὕτω, πρὸς δὲ ἀλλήλας πάλιν ἐὰν ὡς πρὸς γνήσια καὶ ἴδια μέλη καὶ ὡς πρὸς ἴδια σπλάγχνα καὶ γνήσια διακείμεναι φαίνοισθε, ἀγάπην πνευματικήν, ταπείνωσιν ἀληθῆ καὶ ὑπόπτωσιν ἄδολον ἀνυπόκριτον ἀεὶ πρὸς ἀλλήλας φυλάττουσαι, ἀλλήλων ἀνεχόμεναι ἐν ἀγάπῃ |136| καὶ τηρεῖν σπουδάζουσαι τὴν ἑνότητα τοῦ πνεύματος ἐν τῷ συνδέσμῳ τῆς εἰρήνης, καὶ ἕν τι σῶμα κατὰ τὴν ἀποστολικὴν διδαχὴν καὶ ἓν πνεῦμα γινόμεναι παρὰ τοῦτο, καθὼς καὶ ἐκλήθητε ἐν μιᾷ ἐλπίδι τῆς τοῦ κυρίου καὶ Θεοῦ ἡμῶν χάριτος, πανταχοῦ τῶν πρωτείων ἀλλήλαις ὑπεξιστάμεναι καὶ ἐν τούτοις νικᾶν ἀλλήλας καὶ ἐν τούτοις ἀλλήλων προέχειν σπουδάζουσαι, ἐν οἷς ἑκάστη τῆς νίκης παραχωρεῖ τῇ πλησίον καὶ ἐν οἷς ἑκάστη μείζονα |136v| οὐδὲ τῆς τυχούσης παρέχειν ἑαυτὴν περὶ πλείονος ἄγει καὶ ἐν οἷς τὴν ἐσχάτην χώραν ἑκάστη μεταδιώκει, καίτοι τὴν μείζονα ἔχειν οὖσα πρὸς λόγον ἀξία τὸν εὔλογον.

---

23. Ephes. **4**, 3. — **25.** Ephes. **4**, **4**. — **29.** Cf. Marc. 9, 35.

15. ἀναχρίαν *cod.* | 16. δέξεσθαι *cod.*

127. Ἐὰν οὕτως ὑμεῖς ἐν Χριστῷ πολιτεύοισθε, ἐὰν οὕτω ταῦτα ὑμεῖς φυλάττουσαι ἀπαραποίητα καὶ ἀκατάλυτα γένοισθε, πᾶν μὲν ὕψωμα ἐπαιρόμενον κατὰ τῆς γνώσεως καὶ τῆς ὑπακοῆς τοῦ Χριστοῦ καὶ πάντα τῆς κακίας, ὡς ἐν ὀλίγῳ φάναι, τὰ ὀχυρώματα εἰς ἔδαφος |137| καταστρέψετε καὶ εἰς τὸ μὴ ὄν, ὅπερ ἐστὶν αὐτὴ κατὰ φύσιν, χωρῆσαι· τὴν πονηρίαν πᾶσαν ποιήσετε, τῆς δὲ ἀρετῆς τὸν μέγαν καὶ περίβλεπτον οἶκον οἰκοδομήσετε θαυμασίως καὶ ἕως τέλους μετὰ πολλῆς τῆς ἀσφαλείας αὐτὸν ἀνυψώσετε, ὡς ἐπί τινων χρυσέων καὶ στερροτάτων θεμέθλων τῆς ὑπακοῆς καὶ τῆς ταπεινοφροσύνης, προσέτι δὲ καὶ τῆς μείζονος τούτων ἀγάπης, τὴν ἀρχὴν τῆς οἰκοδομίας καὶ τὴν βάσιν ταύτης πηξά|137v|μεναι.

128. Κἀμοὶ δὲ αὐτῇ τὰ μέγιστα καὶ χάριν ἅπασαν χαριεῖτε ἐντεῦθεν· δείξετε γὰρ πάνυ σαφῶς, ὅτιπερ οὐκ εἰς ἄγονον ἡμεῖς οὐδὲ ἄκαρπόν τινα γῆν τὰ τῶν παραινέσεων κατεβάλλομεν σπέρματα, ἀλλ' εἰς ἀγαθήν τε καὶ πίονα μᾶλλον καὶ εὔκαρπον καὶ δυναμένην κατὰ τὴν εὐαγγελικὴν γεωργῆσαι ἐκείνην εἰς τριάκοντα καὶ εἰς ἑξήκοντα καὶ εἰς ἑκατὸν τῇ μεγάλῃ καὶ σοφῇ γεωργίᾳ τοῦ πνεύματος. Οὐ μόνον δὲ ἀλλ' ὅτι γε καὶ εἰς ὦτα ἀκουόντων |138| τούτους τοὺς λόγους ἡμῶν ἐλαλήσαμεν.

129. Καὶ σὺ δέ, ὦ καλλίστη καὶ τὰ πάντα σεβασμιωτάτη μοι μῆτερ κατὰ Θεόν, πρὸς σὲ γὰρ ἤδη τὴν ἀφηγουμένην στρέφω τελευταῖον τοῦ λόγου τὸ πρόσωπον, ὄντως μακαρία ἔσῃ καὶ μακαρία πολλάκις καὶ μυριάκις τοῦτο, ἐὰν μὴ μόνον τὴν ἀκοὴν ὑποθήσεις τῷ τύπῳ τούτῳ, ἀλλὰ πολλῷ μᾶλλον καὶ τὴν ψυχὴν καὶ μὴ μόνον ἔξωθεν λαλούμενον καὶ ἔξωθεν ἠχοῦντα τοῦτον τὴν ἀκοὴν ἀκούσῃς, ἀλλά γε καὶ εἰς βάθος ἅπαντα τὰ αὐτοῦ ταῖς |138v| πλαξὶ τῆς σῆς ἐγχαράξῃς καρδίας καὶ μὴ μόνον οὕτως εἰς τὸ ἀνεξάλειπτον αὐτὰ ἐγχαράξῃς ἀλλὰ καὶ διδάξῃς, ἀλλὰ καὶ παραδώσεις συνεχῶς καὶ ἀδόλως ταῦτα λαλοῦσα ταῖς ὑπὸ σέ, καὶ μὴ μόνον τοῦτο, ἀλλὰ καὶ προθύμως ἄγαν ποιήσῃς αὐτά, αὐτὴ πρὸ τῶν ἄλλων εἰς τὴν ἀγαθὴν ἐργασίαν αὐτῶν ἐρχομένη καὶ δεικνῦσα διὰ τῶν καλῶν πράξεων

---

16. Matth. 13, 9.

15. τε *in ras.*

οἱονεί πως ζῶντα ταῦτα δὴ καὶ κινούμενα καὶ τῆς ὠφελείας τὸν ἀεὶ χρόνον ἀμειώτως |139| μεταδιδόντα κατὰ τὴν τοῦ πυρὸς φύσιν καὶ τοῖς ὁρῶσι ταῦτα διὰ τῶν ἔργων καὶ τοῖς ταῦτα διὰ τῶν ἀναγνωσμάτων ἀκούουσιν, ἐπειδή τοι καὶ « μακάριος οὐχ ὁ διδάξας μόνον ἀλλ' ὁ ποιήσας πρῶτον, εἶτα δὲ καὶ διδάξας » τοῦ κυρίου εἰρήκει τὰ εὐαγγέλια· καὶ « εἰ ταῦτα οἴδατε (πάλιν αὐτοῦ φησιν ἡ θεία φωνή), μακάριοί ἐστε, ἐὰν ποιῆτε αὐτά. »

130. Σὺ μὲν οὖν διὰ τὸν ἐπηγγελμένον τοῦτον εὖ οἶδ' ὅτι μακαρισμὸν καὶ ποιήσεις καὶ διδάξεις τὸν τύπον καὶ τούτῳ γνησίως πρὸ τῶν ἄλλων ὑποταγήσῃ |139ᵛ| καὶ δείξεις καί, ἐν οἷς ἀμετακίνητα πάντα τὰ τοῦ τύπου φυλάξεις, ὡς ἀληθῶς ἡγουμένην σεαυτὴν ὡς καὶ πρώτως φυλάττουσαν ταῦτα δεικνύεις, καθάπερ ἄρα καὶ κέκλησαι. Αἱ ὑπό σε δὲ πάλιν γνησίως ἔσονται προσέχουσαί σοι καὶ σοὶ γνησίως ὑποταττόμεναι, ἀφ' ἑστίας ὅ φασι τὸ καλὸν ὑπόδειγμα ἔχουσαι καὶ ἀπὸ τῆς σῆς ταπεινώσεως καὶ ὑπακοῆς τὴν ταπείνωσιν ἄριστα καὶ τὴν ὑπακοὴν παιδευόμεναι· οὐ γὰρ τοσοῦτον ἀνύειν δύναται τὸ τὸν ἀκραιφνῆ καὶ βεβηκότα λόγον τῆς |140| ἀληθείας διδάσκειν, ὅσον τὸ πράττειν ἔργῳ τὰ διδασκόμενα· σύνεσις γὰρ ἀγαθή, φησί, πᾶσι τοῖς πράττουσιν, ἀλλ' οὐμενουν τοῖς μόνον ἀκούουσιν.

131. Οὐκ αὐταὶ δὲ μόναι ἀλλὰ καὶ θῆρες τάχα ἀνήμεροί τινες τὴν σὴν ἀρετὴν αἰδεσθέντες τὸν ὅμοιόν σοι ὑποταγήσονται τρόπον καὶ ὅλους ἑαυτοὺς ταῖς σαῖς ἁγίαις χερσὶ φέροντες ὑποθήσουσι, βλέποντες ἐν σοὶ ἀσυγχύτους τοὺς χαρακτῆρας τῆς ἐν τῷ παραδείσῳ ἀρχαίας ὑποταγῆς καὶ ὑπακοῆς τῆς |140ᵛ| ἡμετέρας προμήτορος, ἣν εἶχεν ἐκείνη πρὸς τὸν Θεὸν πρό γε τῆς χαλεπῆς παραβάσεως καὶ τοῦ ὀλεθρίου διὰ τὴν παράβασιν πτώματος. Μᾶλλον δὲ καὶ αὐτοί σοι καθυποταγήσονται τῇ ἀσθενεστάτῃ φύσει καὶ ταπεινῇ οἱ κραταιοί τε καὶ μεγάλαυχοι δαίμονες καὶ φρίξουσί σε καὶ ὑπὸ τοὺς εὐαγγελικοὺς καὶ ὡραίους σου πόδας εὐαγγελιζομένης εἰρήνην καὶ πᾶν ἀγαθὸν εἰς χοῦν συντριβήσονται, τῆς ἄνωθεν ῥωννυούσης καὶ συμμαχούσης σοι καὶ χάριτος καὶ δυνάμεως.

---

4. Matth. 5, 19. — 6. Joh. 13, 17. — 14. Corpus paroem. graec. I, 14, 40. — 29. Rom. 10, 15.

27. ἀσθενεστάτη *partim in ras.*

132. Ταῦτα μεγάλα μὲν |141| καὶ θαύματος καὶ ἐκπλήξεως γέμοντα, πλὴν δυνατὰ καὶ τῷ νῦν καιρῷ κατορθωθῆναι, μόνον ἐὰν καὶ ἡμεῖς καλῶς ποιοῦσαι θελήσαιμεν, μόνον ἐὰν τὴν ἀρετὴν τῶν πρὸ ἡμῶν ἁγίων ζηλώσαιμεν ὡς ἰσχύομεν, αἵτινες καὶ κατέπαιξαν καὶ συνέτριψαν τὰς σατανικὰς δυνάμεις καὶ παρατάξεις οὐχ ἧττον ἢ στρουθία οἰκτρότατα ὧν δὴ γυναικῶν ἁγίων τὰς μεγάλας πολιτείας καὶ τοὺς θαυμαστοὺς βίους ἐκείνων λόγοι σοφῶν καὶ ἱερὰ βιβλία ἀνάγραπτα φέρουσιν εἰς τὴν |141v| ἡμετέραν τῶν μετὰ ταῦτα ὠφέλειαν.

133. Καὶ νῦν μὲν διὰ τὴν σὴν πολλὴν ἀρετήν, ἣν κατορθώσεις ἀναμφιλόγως ἀκριβῶς τὸν τύπον τοῦτον φυλάττουσα, ὀνομαστὴ γενήσῃ τοῖς πᾶσι καὶ περιβόητος καὶ πάντες σχεδὸν ἄνθρωποι, οἵ γε τὰ σὰ καὶ θεάσονται καὶ ἀκούσονται, ᾄσουσί σοι πλεῖστα ἐγκώμια καὶ μακροὺς ἐπαίνους σοι πλέξουσι καὶ πολλάκις μακαριοῦσί σε. Ἐν δὲ τῷ μέλλοντι πάλιν αἰῶνι τοῦτο μὲν εἰς τοὺς ἀκηράτους καὶ ᾀδομένους νυμφῶνας ταῖς φρονίμοις συνελεύ|142|σῃ παρθένοις τῷ σῷ πολυεράστῳ νυμφίῳ συμβασιλεύειν καὶ συνδοξάζεσθαι, τοῦτο δὲ καὶ ἐκ δεξιῶν ἐκείνου σταθήσῃ καὶ ἀκούσῃ τῆς εὐκταίας ἐκείνου φωνῆς καὶ εὐλογημένης, καί γε σταθήσῃ τε καὶ ἀκούσῃ μετὰ τούτων σου τῶν πνευματικῶν θυγατέρων καὶ ἐρεῖς καὶ αὐτὴ μετὰ παρρησίας τότε πολλῆς τῷ δεσπότῃ σου καὶ σωτῆρι· « ἰδοὺ καὶ τὰ θυγάτρια, ἅ μοι δέδωκας, κύριε· » ὧν καὶ ἀξιωθείητε πᾶσαι καὶ μήτηρ καὶ θυγατέρες ὁμοῦ χάριτι τοῦ καλέσαντος ὑμᾶς φιλανθρώπως εἰς τὴν αὐτοῦ βασιλείαν τὴν ἐπουράνιον καὶ |142v| αἰώνιον, χάριτι καὶ φιλανθρωπίᾳ τῆς ἀνάρχου καὶ μακαρίας ζωαρχικῆς τε καὶ παντουργοῦ καὶ ἀθανάτου καὶ ὁμοουσίου τριάδος, τοῦ πατρὸς καὶ τοῦ υἱοῦ καὶ τοῦ ἁγίου πνεύματος, νῦν καὶ ἀεὶ καὶ εἰς τοὺς ἀπεράντους αἰῶνας, ἀμήν.

134. |158| Ἀρκούντως ἤδη περὶ τῆς μονῆς διαταξάμεναι, νῦν καὶ περὶ τῶν κεκοιμημένων γονέων ἡμῶν καὶ ἀδελφῶν κατὰ σάρκα καὶ ἔτι κοιμηθησομένων διατυποῦμεν καὶ διατασσόμεθα. Καὶ περὶ μὲν τῶν μακαρίων καὶ ἁγίων γονέων μου ἔτι δὲ καὶ περὶ τῶν μνημοσύνων ἡμῶν αὐτῶν καὶ τῆς κατὰ πάντα ὑπερλίαν φιλουμένης μοι θυγατρὸς ὁμοίως καὶ περὶ τῶν περιποθήτων μου υἱῶν, ὡς ἤδη φθάσασα διετυπωσάμην, οὕτως ἀπαραβάτως γενέσθωσαν καὶ μηδὲν ὑφιέσθω, εἰ μὴ πᾶσα ἀνάγκη. |158ᵛ| Περὶ δὲ τῶν κατὰ σάρκα μοι ἀδελφῶν καὶ συγγενῶν καὶ ἑτέρων τινῶν τῶν κάτω ῥητῶς ἀναταττομένων κατὰ τοὺς καιροὺς καὶ τὰς ἡμέρας τὰς ἐγγραφείσας ἀπαραβάτως βουλόμεθα τὰ μνημόσυνα αὐτῶν γίνεσθαι.

135. Τῷ μηνὶ φευρουαρίῳ ια΄ τελείσθωσαν τὰ μνημόσυνα τῆς περιποθήτου μου νύμφης, τῆς γυναικός φημι τοῦ φιλτάτου μου υἱοῦ κυροῦ Ἰωάννου τοῦ Παλαιολόγου τοῦ μεγάλου κονοσταύλου, κυρᾶς Θωμαΐδος Κομνηνῆς Δουκαίνης Λασκαρίνης τε Κανταχουζηνῆς τῆς Παλαιολογίνης, τῆς διὰ τοῦ θείου καὶ ἀγγελικοῦ σχήματος μετονομασ|143|θείσης Ξένης μοναχῆς· καὶ γινέσθω φωταψία τῆς συνήθους δαψιλεστέρα καὶ λειτουργίαι ὑπὲρ τῆς ἐκείνης ψυχῆς τέσσαρες· τὸ γὰρ εὑρισκόμενον ἀμπέλιον εἰς τὸ Κανίκλειον ὡσεὶ μοδίων αὔτη προσήνεγκε· ἀλλὰ καὶ ἐν τῇ τραπέζῃ τῶν ἀδελφῶν γινέσθω παράκλησις.

136. Τῇ κγ΄ τοῦ ἰουλίου μηνὸς ὀφείλουσι γίνεσθαι τὰ μνημόσυνα τῆς περιποθήτου ἐγγόνης μου, τῆς θυγατρὸς τοῦ περιποθήτου μου υἱοῦ κυροῦ Θεοδώρου Δούκα τοῦ πρωτοστράτορος, κυρᾶς Θεοδώρας Κομνηνῆς Δουκαίνης Ῥαουλαίνης τῆς Παλαιολογίνης, τῆς διὰ τοῦ θείου καὶ ἀγγε|143ᵛ|λικοῦ σχήματος μετονομασθείσης Θεοδοσίας μοναχῆς· γινέσθωσαν καὶ ὑπὲρ ἑαυτῆς λειτουργίαι τέσσαρες καὶ φωταψία δαψιλεστέρα· εἰ γὰρ καὶ οὐδὲν αὔτη τῇ μονῇ προσήνεγκεν, ἀλλ᾽ οὖν ὁ περιπόθητός μου υἱὸς πρωτοστράτωρ ὁ πατὴρ αὐτῆς καὶ πρῶτα μὲν πλεῖστα προσενήνοχε καὶ καθ᾽ ἑκάστην καὶ ἔτι προσαναθήσει εἰς τὸ ἑξῆς ζῶν καὶ εὐημερῶν χάριτι τοῦ Χριστοῦ πλείονα. Διὰ τοῦτο μηδὲ ταύτης τὰ μνημόσυνα ἀμελείσθωσαν.

---

20. *numeri locus vacat.* | 27. *ita cod.; exspectes* αὐτῆς.

137. Τῇ ἕκτῃ τοῦ ἰουνίου μηνὸς τελείσθωσαν τὰ μνημόσυνα τοῦ περιποθήτου μου αὐταδέλφου κυροῦ Μιχαὴλ Κομνηνοῦ Βρανᾶ τοῦ Παλαιολόγου, τοῦ διὰ τοῦ |144| θείου καὶ ἀγγελικοῦ σχήματος μετονομασθέντος Μακαρίου μοναχοῦ· |τελείσθωσαν δὲ μετὰ μανουαλίων δύο, γινέσθωσαν δὲ καὶ λειτουργίαι ἑπτὰ ὑπὲρ τῆς ἑαυτοῦ ψυχῆς καὶ ἐν τῇ τραπέζῃ τῶν ἀδελφῶν δεῖ ὀψωνίζειν καὶ παρακλητικώτερον διαιτᾶσθαι, ἐπεὶ καὶ αὐτὸς προσήνεγκε τῇ μονῇ ὑπὲρ τῶν μνημοσύνων αὐτοῦ εἰκόνα κεκοσμημένην τοῦ ἀρχιστρατήγου Μιχαήλ, σαροὺτ χρυσοῦν, κανδήλας ἀργυρᾶς δύο καὶ ὑπέρπυρα τριακόσια.

138. Ὡσαύτως καὶ ὁ ἕτερός μου αὐτάδελφος κῦρις Ἀνδρόνικος Κομνηνὸς Βρανᾶς Δούκας Ἄγγελος ὁ Παλαιολόγος, ὁ διὰ |144v| τοῦ θείου καὶ ἀγγελικοῦ σχήματος μετονομασθεὶς Ἀρσένιος μοναχός, προσήνεγκε τῇ μονῇ ὑπὲρ ψυχικῆς αὐτοῦ σωτηρίας ἐλαιοφόριον χρυσοῦ καθαροῦ, ὃ λέγεται μάλαγμα, ἔχον καὶ κάλυμμα ἰάσπινον καὶ τὰ θ' τάγματα τῶν ἄνω δυνάμεων, καὶ ὑπέρπυρα ἑκατόν· ὀφείλουσι γοῦν καὶ τὰ τούτου μνημόσυνα γίνεσθαι κατὰ τὴν εἰκοστὴν ὀγδόην τοῦ ἰουνίου μηνός. Γινέσθω οὖν φωταψία δαψιλεστέρα τῆς συνήθους καὶ λειτουργίαι τέσσαρες.

139. Μηνὶ σεπτεμβρίῳ ις' τελείσθωσαν τὰ μνημόσυνα τῆς περιποθήτου μου αὐταδέλφης κυρᾶς Μαρίας Κο|145|μνηνῆς Βραναίνης Λασκαρίνης Δουκαίνης Τορνικίνης τῆς Παλαιογίνης, τῆς διὰ τοῦ θείου καὶ ἀγγελικοῦ σχήματος μετονομασθείσης Μαριάμνης μοναχῆς· μετὰ μανουαλίων δύο γινέσθωσαν καὶ λειτουργίαι ὑπὲρ τῆς ψυχῆς αὐτῆς ἑπτά.

140. Τῇ δὲ ὀγδόῃ τοῦ ἰαννουαρίου μηνὸς τελείσθωσαν καὶ τὰ τοῦ ἀνδρὸς αὐτῆς μνημόσυνα κυροῦ Ἰσαακίου Κομνηνοῦ Δούκα τοῦ Τορνίκη, τοῦ διὰ τοῦ θείου καὶ ἀγγελικοῦ σχήματος μετονομασθέντος Ἰωάσαφ μοναχοῦ, καὶ ταῦτα ὁμοίως μετὰ μανουαλίων δύο καὶ γινέσθωσαν ὡσαύτως καὶ ὑπὲρ τῆς ἐκείνου ψυχῆς λειτουργίαι ζ'. |145v| Προσήνεγκαν γὰρ καὶ αὐτοὶ ἀμφότεροι τῇ μονῇ χάριν τῶν μνημοσύνων αὐτῶν ὑπέρπυρα χίλια καὶ εἰκόνισμα ἐγκεκοσμημένον λαιμίον, τὴν ὑπεραγίαν μου Θεοτόκον, λιθάρια ἔχον τρία κόκκινα καὶ μαργαρίτας· ὡσαύτως καὶ εἰς τὴν ἔξοδον τοῦ περατικοῦ ληνοῦ δεδώ-

---

5. *ita cod.*; *exspectes* αὐτοῦ. | 14. ὃς *cod.* | 23. γενέσθωσαν *cod.*

κασιν ὑπέρπυρα οβ'· διὰ τοῦτο παρεγγυῶμαι ἵν' ἀνυπερθέτως τὰ τούτων μνημόσυνα ἐκτελῶνται, γινέσθω δὲ καὶ ἐν τῇ τραπέζῃ ταῖς ἀδελφαῖς παράκλησις.

141. Μηνὶ ἰουλίῳ γ' τελείσθωσαν τὰ μνημόσυνα τοῦ περιποθήτου μου ἀνεψιοῦ, τοῦ υἱοῦ αὐτῶν κυροῦ Ἀνδρονίκου Κομνηνοῦ Δούκα Πα|146|λαιολόγου τοῦ Τορνίκη καὶ παρακοιμουμένου, τοῦ διὰ τοῦ θείου καὶ ἀγγελικοῦ σχήματος μετονομασθέντος Ἀντωνίου μοναχοῦ, καὶ ταῦτα μετὰ μανουαλίων δύο· γινέσθωσαν δὲ καὶ λειτουργίαι ὑπὲρ τῆς ἐκείνου ψυχῆς ἓξ καὶ ἐν τῇ τραπέζῃ παράκλησις δι' ὀψωνίου ταῖς ἀδελφαῖς· δέδωκε γὰρ καὶ αὐτὸς τῇ μονῇ ὑπὲρ τῶν μνημοσύνων αὐτοῦ ὑπέρπυρα πεντακόσια καὶ κανδήλαν ἀργυρᾶν λιτρῶν πέντε.

142. Μηνὶ αὐγούστῳ ὀγδόῃ ὀφείλουσι γίνεσθαι τὰ μνημόσυνα τοῦ περιποθήτου μου ἀνεψιοῦ κυροῦ Ἰωάννου Κομνηνοῦ Δούκα Ἀγγέλου Βρανᾶ τοῦ Παλαιολόγου, υἱοῦ τῆς |146v| ὑψηλοτάτης δεσποίνης τῶν Βουλγάρων, τοῦ διὰ τοῦ θείου καὶ ἀγγελικοῦ σχήματος μετονομασθέντος Ἰωάσαφ μοναχοῦ. Γινέσθωσαν δὲ μετὰ μανουαλίων δύο καὶ λειτουργίαι ἑπτὰ τελείσθωσαν ὑπὲρ τῆς αὐτοῦ σωτηρίας, καὶ κατὰ μίαν δὲ ἡμέραν τῆς καθ' ἑκάστην ἑβδομάδος τοῦ χρόνου, τὴν πέμπτην λέγω, διδόσθω προσφορὰ μία εἰς θυσίαν ὑπὲρ ἐκείνου καὶ εἰς τὴν πόρταν ἅπαξ τοῦ ἐνιαυτοῦ οἶνος μέτρα τοῖς δεομένοις τέσσαρα, ἐπεὶ καὶ αὐτὸς περὶ τὴν ἑαυτοῦ τελευτὴν φιλότιμος γέγονε καὶ τῇ μονῇ πλεῖστα προσήνεγκε. Δέδωκε γὰρ εἰκόνισμα χρυσοῦν, τὴν |147| ὑπεραγίαν Θεοτόκον, ὅλον μετὰ μαργάρων, ἔχον καὶ λιθάρια ὀκτώ, τὰ μὲν τέσσαρα κοκκίνου, ἡερανὰ δὲ τὰ ἕτερα τέσσαρα, μετὰ καλύμματος ὁλομαργάρου, ὃ καλοῦσι συρμάτινον, τὴν στήλην ἔχον τῆς ὑπεραγίας μου Θεοτόκου· ἐκόσμησε <δὲ> φιλοτίμως καὶ ἕτερον εἰκόνισμα τῆς ὑπεραγίας μου Θεοτόκου, τὴν Κοίμησιν· σὺν τούτοις ἐποίησε καὶ ποδέαν χρυσοκλαβαρικήν, ἔχουσαν τὰς τέσσαρας ἑορτὰς τῆς ὑπεραγίας Θεοτόκου καταφυτεύσας καὶ εἰς τὸ μέσον φεγγίον μαργαριτάρια· δέδωκε δὲ καὶ ἀμπέλιον ἔγγιστά που τῆς τοῦ Κοσμιδίου γῆς, ὡσεὶ μοδίων   καὶ οἴκημα ἐν τῇ τοποθεσίᾳ τῶν Καλιγαρίων

---

6. *ita cod. partim in ras.*; *exspectes* παρακοιμωμένου. | 20. *ita cod. exspectes* οἴνου. | 26. *suppl.*, *om. cod.* | 28. σὺν τούτοις ἐποίησε καὶ *in ras.* | 29. καταφυτεύσας *cod. forsitan* κεντηθείσης K. | 31. *numeri locus vacat.*

ἕνεκα τῆς φωταψίας τῆς ἐν τῷ τάφῳ αὐτοῦ κανδήλας. |147v| Γινέσθω τοίνυν καὶ ἐν τῇ τραπέζῃ ταῖς ἀδελφαῖς παράκλησις καὶ ἐσθιέτωσαν φιλοτιμότερον.

143. Μηνὶ δεκεμβρίῳ κδ' τελείσθωσαν τὰ μνημόσυνα τοῦ εὐγενεστάτου συμπενθεροῦ μου, τοῦ πενθεροῦ φημι τοῦ περιποθήτου μου υἱοῦ τοῦ πρωτοστράτορος, κυροῦ Θεοδώρου Δούκα Μουζακίου τοῦ ἐπὶ στρατοῦ, τοῦ διὰ τοῦ θείου καὶ ἀγγελικοῦ σχήματος μετονομασθέντος Θεοδωρήτου μοναχοῦ. Τελείσθωσαν δὲ καθὼς ἔχει δυνάμεως καὶ εὐπορίας τὸ μοναστήριον· δέδωκε γὰρ καὶ αὐτὸς τῇ μονῇ χάριν καταθεσίμου εἰκόνισμα κεκοσμημένον, |159| τὸν ἅγιον Ὀνούφριον καὶ ὑπέρπυρα ἑκατόν· ἐπεὶ δὲ καὶ ἡ περιπόθητός μου νύμφη ἡ θυγάτηρ ἐκείνου δέδωκεν εἰς ἀνάκτισιν τῶν κελλίων τοῦ μοναστηρίου ὑπέρπυρα διακόσια χάριν τῶν μνημοσύνων τοῦ ἰδίου πατρός, γινέσθω χρεωστικῶς καὶ τὰ τούτου μνημόσυνα ἀπαραβάτως ὡς διεταξάμεθα.

144. Καὶ εὔχομαι μὲν τῇ παναχράντῳ καὶ ὑπεράγνῳ μου θεομήτορι, ἔτι καὶ εἰς αἰῶνας ἀκαταλύτους συνίστασθαί τε καὶ προκόπτειν τὸ ἡμέτερον μοναστήριον ἔν τε πολιτείας ἱερᾶς ἀκριβείᾳ καὶ τοῖς αὐτῆς πράγμασιν, ἵνα καὶ ὁ Θεὸς καὶ δεσπότης τῶν ἁπάντων θερμοτέρως σὺν πάσῃ |159v| σπουδῇ ἀνυμνεῖται καὶ τὸ πανάχραντον ὄνομα τῆς ἁγίας αὐτοῦ μητρὸς τιμᾶται καὶ μεγαλύνεται, καὶ τὰ μνημόσυνα τῶν προειρημένων ἀποιχομένων ὡς διετυπώσαμεν γίνεσθαι μετὰ πάσης σπουδῆς καὶ ἐπιμελείας, ἵνα ἱλέως καὶ εὐμενῶς ἐπιβλέπων ὁ κύριος τὰς μὲν τῶν μνημονευόντων ψυχὰς ἐν τόπῳ φωτεινῷ ἀναπαύσῃ, συγχωρήσας αὐτοῖς εἴ τι γε ὡς ἀνθρώποις καὶ πεπλημμέληται, ὑμῖν δὲ δωρήσηται τὴν ἀξίαν ἀμοιβὴν τῆς ἀγάπης· εἰ δέ ποτε, οἷα τὰ τοῦ καιροῦ, ὅπερ ἀπεύχομαι, συμβαίη περιστῆναι τὰ τῆς μονῆς εἰς σπάνιν καὶ ἀπορίαν τῶν ἀναγκαίων, ἐνταῦθα ἱκετεύω καὶ δέομαι τῆς. . . . .

. . . .

---

2. (καὶ οἴκημα — κανδήλας) *add. litteris minoribus.* | 7. ἐπιστρατοῦ *cod.* | 28. *dees unum saltem folium.*

|156| Ὁ περιορισμὸς τῆς καθ' ἡμᾶς μονῆς τῆς ὑπεραγίας μου Θεοτόκου τῆς βεβαίας ἐλπίδος τῶν χριστιανῶν ἔχει οὕτως.

145. Ἄρχεται ὁ διαιρέτης τοῖχος ἀπὸ τῆς πρὸς ἀνατολὴν μεγάλης πύλης, τῆς κειμένης κατέναντι τῶν μεγάλων οἰκημάτων τῶν περιποθήτων μου υἱῶν, καὶ διέρχεται τὸ μαγκιπεῖον μέχρι καὶ τοῦ ὅλου ὀσπητίου τοῦ παναρέτου Εὐνούχου· εἶτα κάμπτει πρὸς δύσιν καὶ βαδίζει τὸν περίορον τὸν ὄντα μέσον τῶν δύο περιβολίων τοῦ τε περιποθήτου μου υἱοῦ κυροῦ Ἰωάννου τοῦ μεγάλου κονοσταύλου καὶ τῆς μονῆς· |156^v| καὶ ἀπέρχεται μέχρι καὶ τῆς δημοσίας ὁδοῦ τῆς διαιρούσης δεξιὰ τὴν μονὴν τοῦ Μωσηλέ· κἀκεῖθεν κλίνει πρὸς τὸν περίβολον τῆς ὑπεραγίας μου Θεοτόκου τῆς Γοργοεπηκόου, κρατῶν τὴν αὐτὴν δημοσίαν ὁδόν, καὶ διέρχεται τὸ περιβόλιον τὸ λεγόμενον τοῦ Γυμνοῦ, ἐῶν δεξιὰ τὸν περίβολον μονῆς τῆς Γοργοεπηκόου· καὶ καταντᾷ μέχρι καὶ τοῦ περιόρου τοῦ διαιροῦντος τὴν ἡμετέραν μονὴν ἀπὸ τῆς μονῆς τῆς κυρίας καὶ ἀδελφῆς μου τῆς πρωτοστρατορίσσης Γλαβαίνης· καὶ κατέρχεται μέχρι τῶν ἡμετέρων κελλίων, ἅτινα ἀνεκτίσατο ὁ περι|157|πόθητός μου υἱὸς πρωτοστράτωρ· εἶτα διαβαίνει τὸ ἡμέτερον περιβόλιον, ἐῶν δεξιὰ τὸ ἀμπέλιον τῆς κυρίας καὶ ἀδελφῆς μου τῆς πρωτοστρατορίσσης, καὶ καταντᾷ μέχρι καὶ τῆς δημοσίας ὁδοῦ ἔμπροσθεν τῆς μονῆς τῆς καλουμένης Κυριωτίσσης· εἶτα κάμπτει πρὸς ἀνατολὰς διὰ τῆς αὐτῆς δημοσίας ὁδοῦ καὶ καταντᾷ μέχρι καὶ τῆς ἑτέρας ὁδοῦ τῆς οὔσης πλησίον τοῦ ἁγίου Ὀνουφρίου, ἔνθα καὶ ἀμπέλιόν ἐστιν, ὅπερ ἐξωνησάμεθα γῆν μόνην ἀπὸ τοῦ Καλιγᾶ ἐκείνου εἰς ὑπέρπυρα τετρακόσια, |157^v| εἶτα κατεφυτεύθη παρ' ἡμῶν καὶ ἐγίνετο ὅπερ νῦν ὁρᾶται ἀμπέλιον· ἐντεῦθεν κλίνει πρὸς ἄρκτον καὶ διέρχεται τὰ ἐνοικιακὰ ὀσπήτια τοῦ περιόρου, ἔνθα καταμένουσιν οἱ κοσκινάδες, μέχρι καὶ τοῦ ναοῦ τοῦ ἁγίου Ἀκακίου, περιέχων καὶ αὐτὸν τὸν ναὸν ἄνευ τῶν κατηχουμένων· καὶ διέρχεται μέχρι καὶ τῆς μεγάλης πύλης τοῦ τοιούτου ναοῦ· εἶτα καθίσταται εἰς τὴν μεγάλην πύλην τῆς ἡμετέρας μονῆς, ἐῶν μὲν δεξιὰ τὸ ὁσπήτιον τοῦ Ἀβοράτου καὶ τοῦ ῥάπτου Ἀνδρέου, ἀπὸ δὲ τοῦ Σολάτου καταντῶν μέχρι καὶ τῆς μεγάλης πύλης τῆς μονῆς, ὅθεν καὶ ἤρξατο.

|155| Ὑποτύπωσις δευτέρα, ἣν διετυπώσατο ἡ κτητόρισσα τῆς μονῆς κυρὰ Εὐφροσύνη ἡ Παλαιολογίνα μετὰ τὴν ἀποβίωσιν τῆς ἀοιδίμου μητρὸς αὐτῆς.

146. Ἡ μὲν ἐμὴ ἁγία κυρία καὶ μήτηρ τὸ ἡμέτερον φροντιστήριον συστησαμένη διά τε τὴν ἀγάπην καὶ τὸν διακαῆ ἔρωτα, ὃν πρὸς Θεὸν ἐκέκτητο, καὶ τῷ πρὸς ἐμὲ φίλτρῳ, καθὼς ἐκείνη ἐν ταῖς ἑαυτῆς διατυπώσεσι διετυπώσατό τε καὶ διωρίσατο, τριάκοντα τὸν ἀριθμὸν τὸ πλῆθος τῶν μοναστριῶν συστῆναι δι|155v|εκελεύσατο, ἅμα μὲν τὸν τῆς Τριάδος σεβομένη καὶ πρεσβεύουσα ἀριθμόν, ἅμα δὲ καὶ τὸ πολὺ πλῆθος φυλαττομένη ὡς συγχύσεως καὶ ταραχῆς πρόξενον· εἰ γὰρ μόλις ὡς ἔφασκεν ἐν ὀλίγαις φυλάττεται τὸ ἀτάραχον, πῶς ἂν φυλαχθείη, ὅπου πολλῶν μὲν γνωμῶν ἄθροισις, διαφόρων δὲ ἀγωγῶν καὶ παιδεύσεων συνέλευσις καὶ ἡλικιῶν; πλὴν κἀκείνη ζῶσα καὶ ἔτι περιοῦσα τῷ βίῳ, ἅτε φιλανθρώπου γνώμης οὖσα καὶ συμπαθοῦς, ὑπ' ἐνίων δυσωπηθεῖσα μέχρι καὶ τῶν πεντήκοντα εἴασε παραταθῆναι τὸν ἀριθμόν, καθ' ὃν δὴ τὰ ἐνταῦθα |148| καταλιποῦσα πρὸς κύριον ἐξεδήμησεν, κληρονόμον καὶ διάδοχον τῶν αὐτῆς ἐμὲ καταλείψασα· ἐγὼ δὲ ἅτε θυγάτηρ καὶ διάδοχος καὶ πάντα τὰ ἐκείνης στέργουσα καὶ τιμῶσα ἐπισφραγίζομαι καὶ αὐτὴ τὸν αὐτὸν πεντήκοντα ἀριθμόν, μὴ βουλομένη περαιτέρω προβῆναι τοῦ ἀριθμοῦ τούτου τὰς ἀδελφάς· ὡς γὰρ ἐκείνη τὴν τριττὺν τῶν δεκάδων διὰ τὴν ἁγίαν Τριάδα τετίμηκεν, οὕτω κἀγὼ τὴν τῶν ἑπτὰ ἑβδομάδων σύνθεσιν διὰ τὴν τοῦ ἁγίου πνεύματος χαρισμάτων ἀρίθμησιν διὰ τιμῆς ἄγω καὶ ἐπιβεβαιῶ· καὶ βούλομαι καὶ ἐπισκήπτω |148v| τῇ ὑμετέρᾳ ἀγάπῃ ἐνταῦθα στῆναι τὴν τῆς σεβασμίας ἡμετέρας μονῆς πληθὺν καὶ

---

11. ἑαυταῖς *cod.* | 28. καὶ βούλομαι καὶ ἐπισκήπτω *in ras.*

συνάθροισιν· ἐπὶ τούτῳ γὰρ καὶ συνήχθημεν, ἵνα ἐλέῳ Θεοῦ μετάσχοιμέν τι καὶ ἡμεῖς τῶν τοῦ πνεύματος δωρεῶν. Εἰ δὲ μὴ τοῦτο, ἀλλ' ἁπλῶς οὕτω συνήλθομεν, μάταιον ὡς ἀληθῶς καὶ ἐλεεινὸν τὸ ἡμέτερον ἄθροισμα.

Κεφάλαιον α'.

Περὶ τοῦ μὴ περαιτέρω τῶν πεντήκοντα ἀριθμῶν προβῆναι τὰς ἀδελφάς.

147. Τιμῶσα τοίνυν, ὡς εἴρηται, τὸν ἕβδομον ἀριθμόν, ὃς ἑπτάκις ἀνακυκλούμενος συμπληροῖ τὸν πεντήκοντα, μιᾶς ἡμέρας δεούσης, ἣν κλητὴν ἁγίαν διά τε τὴν τοῦ ἁγίου πνεύματος κάθοδον καὶ ὅτι τύπος τοῦ μέλ|**149**|λοντός ἐστιν ὀνομάζομεν, παρεγγυῶμαι ὑμῖν, ὦ τιμιώταταί μοι ἀδελφαί, μὴ ἐπέκεινα τῶν πεντήκοντα διὰ παντὸς τοῦ αἰῶνος ἑαυτὰς ἐᾶσαι παρεκτανθῆναί ποτε, ἀλλ' ἐν τούτῳ τῷ ὅρῳ τὸ πέρας τῆς ὑμετέρας πληθύος λαβεῖν.

Κεφάλαιον β'.

Περὶ τοῦ μὴ ἐπιφοιτᾶν εἰς τὸ μοναστήριον κοσμικὰ παιδία χάριν παιδεύσεως.

148. Κοσμικῶν δὲ παίδων ἐπιφοίτησιν εἰς τὸ ἐκπαιδεύεσθαι καὶ μανθάνειν γράμματα ἤ τι ἄλλο παντάπασιν ἀπαγορεύω· μεγάλην γὰρ ἐντεῦθεν εὑρίσκω βλάβην ἐγγίνεσθαι τοῖς ἤθεσι καὶ ἀγωγαῖς τῶν μοναστριῶν· ὃς γὰρ ἅπαξ τῷ κόσμῳ ἀποταξάμενος ἔπειτα τοῖς κοσμικοῖς αὖθις |149v| συναναφύρεται καὶ ἀνοικείους τῷ ἐπαγγέλματι φροντίδας ἀναλαμβάνει, τάραχον ἐντεῦθεν προξενῶν ἑαυτῷ καὶ τὸ τῆς διανοίας ἐπισκοτίζων φῶς, καὶ ἀθετεῖ μὲν τὰ τῶν ἁγίων πατέρων παραγγέλματα, ἀκολουθεῖ δὲ οἰκείαις ὀρέξεσι καὶ θελήμασι,

---

19. εἰς τὸ *in ras.* | 22. ὅ *cod.*

ὤφειλε μηδὲ τὴν ἀρχὴν εἰς τὸ μοναστήριον εἰσελθεῖν μηδὲ τὸ σχῆμα ἐνδύσασθαι· κρεῖσσον γὰρ μὴ εὔξασθαι ἢ εὔξασθαι καὶ μὴ ἀποδοῦναι· εἰ δέ τινα τῶν θηλέων παιδίων θελήσειε συγκαταλεγῆναι μὲν ταῖς ἀδελφαῖς, προγυμνάζεσθαι δὲ καὶ ἀσκεῖν μαθήματα συντελοῦντα τῷ κανόνι τῶν μοναχῶν ἐπὶ |150| τῷ χρόνοις ὕστερον ἀποκαρείσας ταῖς μοναστρίαις συναριθμεῖσθαι, τοῦτο καὶ πάνυ βούλομαι καὶ ἐπιτάττω.

Κεφάλαιον γʹ.

Περὶ τοῦ πῶς ὀφείλει γίνεσθαι τὰ μνημόσυνα πασῶν τῶν ἀδελφῶν ἰδίᾳ μιᾷ ἑκάστῃ.

149. Ἐπειδὴ ἡ ἁγία μοι κυρία καὶ μήτηρ φθάσασα διετάξατο περὶ τῶν μνημοσύνων τῶν ἁγίων μου προπατόρων καὶ δεσποτῶν, τοῦ τε ἁγίου μου πατρὸς καὶ κτήτορος καὶ ἑαυτῆς, ὡσαύτως καὶ τῶν φιλτάτων μοι αὐθεντῶν καὶ ἀδελφῶν καὶ τῶν ἄλλων τῶν ἀπὸ τοῦ γένους ἡμῶν, περὶ δὲ τῶν μνημοσύνων πασῶν ὑμῶν τῶν ἐμοὶ ἀγαπητῶν ἀδελφῶν καὶ μητέρων οὐδὲν τὸ παράπαν διετάξατο, οὐ δίκαιον ἡγησάμην αὐτὴ μὴ καὶ ὑμῶν τὰ μνημόσυνα |150ᵛ| κατὰ τὸ εἰκὸς ἐκτελεῖσθαι· ἀλλ' ἐπεὶ διὰ τὸν Θεὸν καὶ τὴν ἁγίαν αὐτοῦ καὶ πανάχραντον μητέρα κατελίπετε μὲν τὴν κοσμικὴν ὕλην καὶ σύγχυσιν, φέρουσαι δὲ ἑαυτὰς ἀφιερώσατε αὐτῷ καὶ τῇ παναχράντῳ μου θεομήτορι καὶ καρτερεῖτε μὲν ἅπαντα κόπον ἐν ταῖς διακονίαις διὰ τὴν ὑπακοὴν τοῦ Χριστοῦ, οἰκήματα δὲ καὶ διατριβὰς οἰκείας οὐκ ἔχετε ἰδιορρύθμους, ἀλλὰ κοινῷ πᾶσαι ἐνδιαιτήματι κέχρησθε τῷ μοναστηρίῳ, δέον ἔκρινα καὶ τὰ ὑμέτερα αὐτῶν μνημόσυνα τελεῖσθαι, καθὼς ἐγὼ διατάττομαι· ὁσάκις ἐξ ὑμῶν αὐτῶν μία τις |151| ἐκδημήσῃ πρὸς Κύριον, ἐπισκήπτω ἵνα μέχρι τῶν τεσσαράκοντα ἡμερῶν λειτουργῆται ὑπὲρ τῆς ψυχῆς αὐτῆς λειτουργία καθ' ἑκάστην μία καὶ

---

2. Eccles. 5, 4.

3. συγκατα *in ras.* | 22. *corr.*, *prius* οἰκίας. | 23. *corr.*, *prius* ἰδιορύθμους. 25. τάττο *in ras.*

χορηγῆται ἐν τῷ πυλῶνι τοῖς ἐνδεέσι τὸ παράθεμα αὐτῆς καθ' ἑκάστην ἀνυπερθέτως, μετὰ δὲ ταῦτα μνημονεύεσθαι ἅπαξ κατ' ἐνιαυτόν, καθ' ἣν ἡμέραν ἐτελεύτησεν ἡ ἀδελφή, μέχρις αἰῶνος παντός.

Κεφάλαιον δ'.

Περὶ τοῦ πότε ὀφείλουσι γίνεσθαι τὰ κοινῇ μνημόσυνα τῶν ἀδελφῶν.

150. Ἐπεὶ δὲ εἴωθεν ἐν τοῖς μοναστηρίοις κατ' ἔτος μετὰ τὴν τοῦ ἁγίου τῆς μονῆς ἑορτὴν τὰ κτητορικὰ τελεῖσθαι μνημόσυνα, γίνεται δὲ καὶ καθ' ἡμᾶς μετὰ τὴν ἑορτὴν τῆς κοιμήσεως τῆς πανάγνου μου |151ᵛ| Θεομήτορος τὰ τῶν κτητόρων ἡμῶν μνημόσυνα, βούλομαι ἵνα καὶ περὶ πασῶν τῶν μητέρων μου καὶ ἀδελφῶν κοινῇ τελῶνται μνημόσυνα· οὐκ ἐγχωροῦντος δὲ ἐν τῷ αὐτῷ ὁμοῦ τά τε ἡμέτερα τῶν κτητόρων καὶ ὑμῶν τῶν μοναστριῶν γίνεσθαι, τάττω, ὅτι ἐπεὶ τὸ κοιμητήριον ἡμῶν ἐπικέκληται τῷ ὀνόματι τοῦ ἁγίου καὶ θαυματουργοῦ Νικολάου, ἵνα μετὰ τὴν τοῦ ἁγίου ἑορτὴν τελῶνται ἐκεῖ μνημόσυνα πασῶν τῶν ἡμετέρων ἁγίων ἀδελφῶν· εἰ δὲ βούλεσθε, γινέσθωσαν τῇ ἐπαύριον μετὰ τὴν ἑορτὴν τῆς Θεοτόκου μου τὰ ἅγια τῶν ἁγίων· γινέσθω φωταψία τῆς |152| συνήθους δαψιλεστέρα μετὰ μανουαλίων δύο καὶ ἐν τῇ τραπέζῃ παράκλησις ταῖς ἀδελφαῖς, λειτουργίαι ὑπὲρ αὐτῶν τρεῖς καὶ ἐν τῷ πυλῶνι τοῖς δεομένοις ἄρτοι μεδίμνου ἀννονικοῦ ἑνὸς καὶ οἴνου μέτρον ἕν.

Κεφάλαιον ε'.

Πῶς δεῖ τῷ θυσιαστηρίῳ προσφορὰς προσάγεσθαι ὑπὲρ πασῶν τῶν κεκοιμημένων ἀδελφῶν.

151. Κατὰ δὲ τὸ σάββατον τῆς ἀπόκρεω καὶ τῆς πεντηκοστῆς, ἐπειδὴ εἴωθε γίνεσθαι μνημόσυνα κοινῇ ὑπὲρ πάντων ὀρθοδόξων

---

25. *in marg. littera rubra* : ἄριστον τουτὶ τὸ κεφάλαιον καὶ τελείας φιλαδελφίας ἀπόδειξις.

χριστιανῶν, παρεγγυῶμαι καὶ τοῦτο, ἵνα κἂν ταύταις ταῖς ἡμέραις προσάγωνται τῷ θυσιαστηρίῳ ὑπὲρ μιᾶς ἑκάστης προκεκοιμημένης ἀδελφῆς ἡμῶν αἱ λεγόμεναι κοινῶς προσ|152v|φοραί, μία κατὰ μίαν δηλαδή, εἰς θυσίαν ὑπὲρ τῶν ψυχῶν αὐτῶν.

Κεφάλαιον ϛ'.

Παραίνεσις πρὸς τὰς ἀδελφὰς ἵνα μηδὲν παραλίπωσι τῶν ὑπὲρ αὐτῶν διαταχθέντων.

152. Οὕτω βούλομαι ἀπὸ διαθέσεως ψυχῆς γίνεσθαι ὑπὲρ ὑμῶν τῶν φιλτάτων μου ἀδελφῶν καὶ οὕτω διατάττομαι καὶ διατυπῶ ἐκτόπως ἐρῶσα τῆς σωτηρίας ὑμῶν· καὶ ὥσπερ αὐτὴ ἅπαντα, ὅσα ἡ ἁγία μοι μήτηρ καὶ κυρία διετυπώσατο, ἔστερξα καὶ ἐπεβεβαιωσάμην καὶ μένειν ἀπαράτρωτα τέταχα, οὕτω χρεὼν καὶ ὑμῖν τὰ παρ' ἐμοῦ τυπωθέντα, καὶ ταῦτα εἰς ὑμετέραν ὠφέλειαν, στέργειν καὶ ἀνυπερθέτως ἀποπληροῦν, ἅμα μὲν διὰ τὸ τῆς ἀγάπης καλόν, ἅμα δὲ καὶ διαφερόντως δι' αὐτὴν τὴν ὑμετέραν |153| ὠφέλειαν· εἰ γὰρ αὐτὴ ἐγὼ φιλαδέλφου γνώμης ἔργον πληροῦσα ὑπὲρ ὑμῶν ἔσπευσα οὕτω διατυπῶσαι καὶ διατάξασθαι, πολλῷ μᾶλλον ὀφείλετε σπεύδειν ὑμεῖς πρὸς τὰ διατυπωθέντα ἕνεκα τῆς σωτηρίας ὑμῶν.

Κεφάλαιον ζ'.

Ἀξίωσις πρὸς τὰς ἀδελφὰς περὶ τῶν ἑαυτῆς μνημοσύνων.

153. Ἀλλὰ καὶ ἐμῆς τῆς ταπεινῆς τὰ μνημόσυνα, ἡνίκα δηλαδὴ ἐκ τῶν ζώντων γενέσθαι κἀμὲ ὡς οἶδεν Θεὸς οἰκονομήσειε, μὴ ἀμελῶς καὶ ῥᾳθύμως καὶ ἁπλῶς οὕτως ἐπιτελεῖτε· οὐ γάρ ἐστι τοῦτο φιλάδελφον· ἀλλ' ὡς ἐγὼ τῷ καιρῷ τῆς ἐμῆς τελειώσεως διατάξομαι, οὕτω δὴ καὶ ποιήσετε ἀξιῶ, ἐν κατανύξει δηλονότι καὶ συντριβῇ καρδίας καὶ σπουδῇ πάσῃ, τὰς |153v| ὑπὲρ ἐμοῦ ἱκεσίας τῷ Θεῷ ἀναφέρουσαι, ὡσαύτως καὶ πάντα ὅσα ἂν διατάξωμαι.

---

18. ὑμεῖς *in ras.*

Κεφάλαιον η'.

Ἐπίτομος παρακλητικὴ νουθεσία πρὸς τὰς ἀδελφάς.

154. Καὶ χαίρετε ἐν Κυρίῳ πάντοτε, τιμιώταταί μοι μητέρες καὶ ἀδελφαί, καὶ σῴζοισθε καὶ σῴζοιτε τὴν καλὴν παρακαταθήκην, ἣν πρὸς ὑμᾶς διεθέμεθα, φημὶ δὴ ἔν τε τῇ καταστάσει τῆς ἐκκλησιαστικῆς ἀκολουθίας ἔν τε τῇ τῆς τραπέζης εὐταξίᾳ καὶ τῇ τῶν κελλίων ἡσυχίᾳ καὶ προσοχῇ· πρὸ πάντων δὲ καὶ σὺν πᾶσιν εἰρηνεύετε ἐν ἑαυταῖς καὶ πᾶσι κατὰ τὸ ἀποστόλου παράγγελμα, εἰδυῖαι ἀκριβῶς, ὡς οὐκ ἄν ποτε ψυχῇ ταραχώδει πνεῦμα ἅγιον ἐνοικήσειεν. . . . . |154| ὑμετέρας ἀγάπης μὴ παντάπασιν ἐξωσθῆναι τὰ κατ' ἔτος τῶν προειρημένων μνημόσυνα, ἀλλ' ὡς ἡ χεὶρ ὑμῖν εὐπορεῖ καὶ δυνάμεως ἔχετε, οὕτω καὶ τότε ποιήσετε μεμνημέναι τῆς ἀγάπης ἡμῶν καὶ τῆς διατάξεως. Εἰ γὰρ μὴ διὰ περιφρόνησιν καὶ ἀμέλειαν ἀλλὰ διὰ σπάνιν καὶ ἀπορίαν τῶν τῆς μονῆς πραγμάτων ἐλαττωθείη τὰ μνημόσυνα, οὔτε Θεὸς νεμεσήσει καὶ ἡμεῖς τὴν ἀνωτάτω χάριν τῇ ἀγάπῃ ὑμῶν ὁμολογήσομεν. Καὶ ταῦτα μὲν οὕτως. Ἐπεὶ δὲ κατὰ τὴν ἐκκλησιαστικὴν συνήθειαν κατά τε τὸ σάββατον τῆς ἀπόκρεω καὶ |154v| τῆς πεντηκοστῆς εἴωθε μνημόσυνα γίνεσθαι κοινῇ, ἐπισκήπτω καὶ τοῦτο, ἵνα κἂν ταύταις ταῖς ἡμέραις προσάγωνται τῷ θυσιαστηρίῳ ὑπὲρ ἑνὸς ἑκάστου τῶν προειρημένων αἱ συνήθως λεγόμεναι προσφοραὶ μία καθ' ἕνα δηλαδὴ εἰς θυσίαν ὑπὲρ σωτηρίας καὶ ἱλασμοῦ τῶν ἁμαρτημάτων αὐτῶν· οὐ γὰρ μόνον ἐκείνους τὰ μέγιστα ὠφελήσετε οὕτω ποιοῦσαι, ἀλλὰ καὶ εἰς ὑμᾶς αὐτὰς οὐκ ὀλίγον ὄφελος διαβήσεται, ἐν Χριστῷ Ἰησοῦ τῷ κυρίῳ ἡμῶν, ᾧ πρέπει πᾶσα δόξα, τιμὴ καὶ προσκύνησις νῦν καὶ ἀεὶ καὶ εἰς τοὺς αἰῶνας τῶν αἰώνων, ἀμήν . . . .

155. . . . |160| ἀπεκδεχόμεναι παρὰ Θεοῦ τὴν ἀντιμισθίαν τοῦ κόπου καὶ τῆς ταλαιπωρίας ὑμῶν καὶ τῆς ταπεινώσεως, ἣν δι' αὐτὸν

---

8. 1.Thess. 5, 13.

10. *folium excidisse videtur.* | 17. ὁμολογήσομεν *partim in ras.* | 24. οὕτω ποιοῦσαι *in marg.* | 27. *unum saltem excidit folium.*

ὑπομένετε· αὐτοῦ γάρ ἐστιν ἡ φωνὴ ὅτι· ὅπου ἐγώ εἰμι ἐκεῖ καὶ ὁ διάκονος ὁ ἐμὸς ἔσται. Εἰ οὖν ἐκεῖνος ὁ δεσπότης καὶ Θεὸς ἡμῶν ἐν δεξιᾷ τῆς δόξης τοῦ ἰδίου πατρός, εὔδηλον ὅτι καὶ πάντες οἱ δι' ἐκεῖνον κακοπαθήσαντες ἔνθα ἐκεῖνος ἀναπαυθήσονται, ἀπολαύοντες τῶν ἀκηράτων καὶ ἀφθάρτων αὐτοῦ ἀγαθῶν χάριτι τῆς ὁμοουσίου καὶ μακαρίας Τριάδος, ᾗ πρέπει πᾶσα δόξα τιμή τε καὶ προσκύνησις εἰς τοὺς αἰῶνας, ἀμήν.

156. Ἀλλ' ἐπειδὴ καὶ ὁ τῆς Ἐφέσου ὑπέρτιμος πρόεδρος ὑπῆρχε μὲν ἐς τὰ μάλιστα καὶ τῶν ἐμῶν γεννητόρων φίλος, ἐμοῦ δὲ καὶ κατὰ πνεῦμα πατήρ, ὡς ἐκ τῆς ἁγίας κολυμβήθρας τῆς ἐμῆς ἀσθενείας ἀνάδοχος, δέδωκε δὲ καὶ |160v| τῇ ἡμετέρᾳ μονῇ νομίσματα τετρακόσια, ὀφείλουσι καὶ τὰ τούτου μνημόσυνα κατὰ τὸ ὑμῖν δυνατὸν γίνεσθαι καθὼς καὶ ἡ ἐμὴ ἁγία μήτηρ ἔτι ζῶσα ἐτέλει. Ἀλλὰ καὶ τὰ τοῦ Μιτυλήνης ἐκείνου προέδρου μνημόσυνα τελείσθω κατὰ τὴν ἡμέραν, καθ' ἣν ἐτελεύτησε, κατὰ τὸ ὑμῖν ἐγχωροῦν. Προσήνεγκε γὰρ καὶ αὐτὸς τῇ μονῇ εἰκόνα κεκοσμημένην μετὰ λίθων τιμίων καὶ μαργάρων ὁλόχρυσον, τὴν ὑπεραγίαν μου Θεοτόκον τὴν ἀκαταμάχητον, ἐπιτραχήλια καὶ ἐπιμάνικα καὶ αὐτὰ μετὰ μαργάρων· καὶ διὰ τοῦτο μηδὲ τὰ αὐτοῦ μνημόσυνα κωλυέσθω γίνεσθαι. Καὶ γὰρ ἡ ἐμὴ ἁγία κυρία καὶ μήτηρ ἔτι περιοῦσα τῷ βίῳ διὰ σπουδῆς |161| ἔθετο τελεῖσθαι τὰ τούτου μνημόσυνα.

157. Ὁ θεόφιλος ἐκεῖνος κῦρ Ἰωάννης ἀποθνήσκων ἀφῆκεν ὑπὲρ μνημοσύνου ψυχικοῦ ἑαυτοῦ καὶ τῆς γυναικὸς αὐτοῦ κυρᾶς Μαρίας τῆς Ἀσανίνης ὑπέρπυρα τριακόσια, ἵνα ἀγορασθῇ κτῆμα καὶ προστεθῇ τῇ σεβασμίᾳ μονῇ τῆς ὑπεραγίας ἡμῶν δεσποίνης καὶ Θεοτόκου, τῇ ἐπικεκλημένῃ τῆς πρωτοβεστιαρίας καὶ ποιῶσι μνημόσυνα δύο κατ' αὐτὰς τὰς ἡμέρας, καθ' ἃς ἀπέθανον· ἅπερ ἡ κραταιὰ καὶ ἁγία ἡμῶν κυρία καὶ δέσποινα δεξαμένη παρακλήσει τοῦ Θεοφίλου ὡς ἐπίτροπος καὶ ἀνάδοχος τῶν ἐκείνου, πρῶτον μὲν ἔδωκεν νομίσματα ἑκατὸν εἰς τὸ μοναστήριον καὶ παρεδόθη ἀντ' αὐτῶν ὁ κῆπος ὁ ἐν τῷ Βλάγκᾳ καὶ ἐγράφη εἰς πρόσωπον καὶ ὄνομα τοῦ Θεοφίλου· νῦν δὲ

---

1. Ioh. 12, 26.

κοινῇ παρακλήσει καὶ δεήσει τῶν μοναζουσῶν πρὸς τὴν κυρίαν ἡμῶν τὴν ἁγίαν δέσποιναν (ἐζήτησαν γὰρ καὶ τὰ λοιπὰ διακόσια δι' ἣν ἔχουσιν ἀνάγκην καὶ στενοχωρίαν ὑπὸ τῆς μάχης τῶν ἀσεβῶν, ἣ καὶ τὴν Κωνσταντινούπολιν εἰς πολλὴν κατήντησεν ἀπορίαν) παρεδόθησαν καὶ τὰ λοιπὰ διακόσια εἰς τὸ μοναστήριον, ἐπὶ συμ|161v|φωνίᾳ δὲ καὶ ὑποσχέσει ἵνα κατὰ τὴν ἡμέραν καθ' ἣν ἑκάτερος αὐτῶν τὸ κοινὸν ἀπέδωκε χρέος, ἤγουν ἡ μὲν Ἀσανίνα κατὰ τὴν κδʹ τοῦ νοεμβρίου, ὁ δὲ Θεόφιλος κατὰ τὴν θʹ τοῦ δεκεμβρίου, ποιῶσι τὰ μνημόσυνα, ἀφ' ἑσπέρας μὲν ἔχουσαι κόλυβα χοττέας δʹ, μανουάλια δʹ, ἱερεῖς τοῦ μοναστηρίου δύο, δόσιν κηρίων εἰς τὰς μοναχὰς πάσας τῆς μονῆς, κουλίκιον, εἴπερ δώσει ὁ καιρός, καὶ οἴνου· ἐπὶ τὴν αὔριον δὲ ἔχωσιν ὀψώνιον εἰς δόσιν τῶν μοναχῶν καὶ τὴν συνήθη λειτουργίαν ὑπὸ τῶν δύο ἱερέων. Ταῦτα συμφωνήσασαι ὑπεσχέθησαν ποιεῖν ἀδιακόπως, ἕως ἂν βοηθείᾳ Θεοῦ ἡ μονὴ ἵσταται, ἀπό τε τοῦ τέλους τοῦ εἰρημένου κήπου καὶ ἀπὸ τοῦ προσόντος τῷ μοναστηρίῳ ἐτησίου εἰσοδήματος· καὶ οὕτω παρεδόθησαν πρὸς αὐτὰς καὶ τὰ τριακόσια ὑπέρπυρα, τὰ μὲν πρότερον χάριν τοῦ κήπου ὡς δεδήλωται, τὰ δὲ νῦν διὰ τῶν ἡμετέρων χειρῶν, θείῳ ὁρισμῷ τῆς κραταιᾶς καὶ ἁγίας ἡμῶν |162| κυρίας καὶ δεσποίνης· καὶ δι' ἀσφάλειαν τὴν εἰς τὸ ἑξῆς καὶ δήλωσιν τῶν γεγονότων τούτων ἐγράφησαν ἐνταῦθα διὰ χειρὸς ἐμοῦ τοῦ μεγάλου σκευοφύλακος τῆς ἁγιωτάτης τοῦ Θεοῦ μεγάλης ἐκκλησίας, διακόνου Δημητρίου τοῦ Βαλσαμῶν, μηνὶ φευρουαρίῳ ιαʹ ἰνδικτιῶνος εʹ τοῦ ἑξακισχιλιοστοῦ ἐννακοσιοστοῦ πέμπτου ἔτους.

158. Καλῶς καὶ ὁσίως τῷ προφητάνακτι θείῳ Δαυῒδ εἴρηται τό· Κύριε, ἠγάπησα εὐπρέπειαν οἴκου σου καὶ τόπον σκηνώματος δόξης σου· καὶ γὰρ οἱ κατ' ἐκεῖνον φιλόθεον ἔχοντες τὴν ψυχὴν διηνεκῆ τὴν ἐπιμέλειαν ἐνδείκνυνται εἴς τε τὴν τῶν θείων ἁπάντων ἐπιμέλειαν καὶ τὸν στηριγμὸν τῶν εὐαγῶν σεμνείων· καὶ ζῆλος ἀγαθὸς τοῖς εὐγενῆ τὸ φρόνημα κεκτημένοις εἰσέρχεται τῷ προφητικωτάτῳ λογίῳ καὶ διὰ τῆς πρὸς τὰ θεῖα χρηστῆς ἐπιμελείας τὴν μακαρίαν ἐκείνην

26. Psalm. 25, 8.

30. *ita cod.*; *exspectes* εὐγενές.

καὶ ἄληκτον ἀποκερδαίνουσι θείαν ζωήν, ἣν διηνεκῶς ἐφιεμένη καὶ ἡ τιμιωτάτη ἐν μοναχαῖς καὶ ἁγία ἡμῶν κυρία κυρὰ Ξένη ἡ Φιλανθρωπηνὴ ἀνεκαίνισε διὰ οἰκείων ἐξόδων αὐτῆς τὴν καθ' ἡμᾶς σεβασμίαν μονήν, πτῶσιν ἐν πολλοῖς τοῖς μέρεσιν ἀπειλοῦσαν· πεποίηκε δὲ τὴν ἐπανόρθωσιν αὐτῆς κατὰ τὸ ἑξακισχιλιοστὸν ἐννακοσιοστὸν ἔτος τῆς ιε' ἰνδικτιῶνος. Ἐκείνης δὲ τῶν τῇδε μεταστάσης, καὶ ἡ τιμιωτάτη ἐν μοναχαῖς καὶ ἁγία ἡμῶν κυρία κυρὰ Εὐγενία ἡ Καντακουζηνὴ ἡ θυγάτηρ ἐκείνης τὴν καθ' ὅλον αὐλὴν τῆς αὐταδέλφης αὐτῆς κυρᾶς Ἄννης τῆς Καντακουζηνῆς ἐκείνης |162v| ἀνεκάθαρε δι' οἰκείων ἐξόδων καὶ ἀναλωμάτων καὶ εἰς χωράφιον σιτοφόρον ἀποκατέστησεν, οὗ τὸ τίμημα περιέστη παρὰ τοῦ ζητοῦντος ἀγοράσαι αὐτὸ ὑπέρπυρα τριακόσια· τὸ δὲ ἀποδέδωκε πρὸς τὴν ἡμετέραν μονήν, ὡς ἂν τούτου χάριν ἔχῃ ἡ ἁγία μήτηρ αὐτῆς τὸ σύνηθες ἐτήσιον μνημόσυνον, ὃ καὶ ἔχουσι πάντες οἱ κτήτορες, καθ' ὃν ἀπεβίω καιρόν, ἤτοι κατὰ τὴν ιγ' τοῦ φεβρουαρίου τῆς β' ἰνδικτιῶνος· πεποίηκε δὲ τὴν τοῦ χρυσοῦ προσένεξιν κατὰ τὸ ἑξακισχιλιοστὸν ἐννακοσιοστὸν ἕκτον ἔτος τῆς ς' ἰνδικτιῶνος· ἀλλὰ καὶ κατὰ τὸν σεπτέμβριον μῆνα τῆς θ' ἰνδικτιῶνος διεπράσατο τὸ τοῦ Μαραχᾶ οἴκημα εἰς ὑπέρπυρα ο', ὅπερ ἐζήτησε καὶ εὐηργετήθη παρὰ τοῦ κραταιοῦ καὶ ἁγίου ἡμῶν αὐθέντου καὶ βασιλέως κυροῦ Μανουὴλ τοῦ Παλαιολόγου καὶ ἐποιήσατο διὰ τῶν τοιούτων ὑπερπύρων καὶ ἑτέρων ἑκατὸν τριάκοντα, ἅ καί εἰσιν ὁμοῦ ὑπέρπυρα διακόσια, τὴν τοῦ θείου ναοῦ καὶ τοῦ καμπαναρίου ἐπανόρθωσιν καὶ σύστασιν, κινδυνευόντων καταπεσεῖν· ἐξωδιάσθησαν δὲ τὰ τοιαῦτα ὑπέρπυρα εἰς κεράμια, καρφία, ἀσβέστην, μαστορίκιν καὶ εἰς ἑτέραν ἔξοδον ἁρμοδίαν· ὅθεν καὶ ὀφείλομεν εὔχεσθαι ἡμεῖς αἱ νῦν εὑρισκόμεναι εἰς τὴν τοιαύτην μονὴν καὶ αἱ διαδεξάμεναι ἡμᾶς, ἵνα διαμένῃ τὸ μνημόσυνον αὐτῶν εἰς αἰῶνα τὸν ἅπαντα καὶ τῆς ἐκ δεξιῶν τοῦ σωτῆρος Χριστοῦ τυχεῖν αὐτὰς μερίδος μετὰ πάντων τῶν ἁγίων καὶ δικαίων τῶν ἀπ' αἰῶνος τῷ Θεῷ εὐαρεστησάντων, ἀμήν.

159. Ἐπεὶ δὲ τὸν αὐτὸν ζῆλον καὶ τὴν περὶ τὴν ἡμετέραν ταύτην ἱερὰν καὶ σεβασμίαν μονὴν ἡμῶν σπουδήν τε καὶ ἐπιμέλειαν μέχρι τελευταίας ἀναπνοῆς |163| φιλοτίμως ἐνδειξαμένη ἡ ῥηθεῖσα

---

8. καθόλον *cod.*

τιμιωτάτη ἐν μοναχαῖς καὶ ἀοίδιμος κτητόρισσα ἡμῶν, ἅτε καὶ γνησία ἐγγόνη καὶ κληρονόμος τῶν ἀοιδίμων προγόνων αὐτῆς καὶ κτητόρων ἡμῶν, κυρὰ Εὐγενία Κανταχουζινὴ ἡ Φιλανθρωπινή, ὡς καὶ ἐκ νεαρᾶς ἔτι τῆς ἡλικίας ἀποκαρεῖσα καὶ πάντα ὅσα αὐτῇ περιῆλθεν ἐν ταύτῃ τῇ ἱερᾷ μονῇ καταναλώσασα, ἐθέλησε καὶ ἐν τῇ πρὸς Θεὸν αὐτῆς ἐκδημίᾳ καὶ ἐπαφῆκεν ὑπέρπυρα ἑκατόν, ἵνα καταφυτευθῇ τὸ περιβόλιον τοῦ ἁγίου μεγαλομάρτυρος Γεωργίου εἰς ἀμπέλιον καὶ ἀνακτισθῇ καὶ ἑνωθῇ τῷ μεγάλῳ ἀμπελίῳ τῆς μονῆς ἡμῶν ὑπὲρ ψυχικῆς αὐτῆς σωτηρίας, ὀφείλει καὶ ἡ τοιαύτη μονὴ ἡμῶν εἰς αἰῶνα τὸν ἅπαντα καὶ αἱ ἐνασκούμεναι ταύτῃ ἀπάρτι καὶ εἰς |163v| τὸ ἑξῆς μοναχαὶ κατ' ἔτος τελεῖν μνημόσυνον ὑπὲρ τῆς ψυχῆς αὐτῆς κατ' αὐτὴν δὴ τὴν ἡμέραν τῆς πρὸς Θεὸν αὐτῆς μεταστάσεως, ἥτις ἐστὶν ἡ ια' τοῦ φευρουαρίου μηνὸς τοῦ ἑξακισχιλιοστοῦ ἐνναχοσιοστοῦ δεκάτου ἔτους· ἐν ταύτῃ γὰρ ἀπέτισε τὸ χρεών, ἐν ᾗ καὶ ὀφείλομεν μνημόσυνον ἐκτελεῖν συνήθως ὡς καὶ ὑπὲρ τῶν ἄλλων ἀοιδίμων κτητόρων ἡμῶν τῶν προγόνων αὐτῆς, ἐπεὶ καὶ αὕτη τὴν ἴσην σπουδὴν καὶ προθυμίαν καὶ πρόνοιαν περὶ τὴν ἡμετέραν μονὴν τὴν γονικὴν αὐτῆς ἐπεδείξατο, τοῦ οὐρανίου νυμφῶνος ἐπιποθοῦσα τυχεῖν καὶ τῆς τοῦ Χριστοῦ καὶ Θεοῦ ἡμῶν βασιλείας ἐφιεμένη· ὧν καὶ ἐπιτύχοι πρεσβείαις τῆς παναγίας ἀχράντου ὑπερευλογημένης δεσποίνης ἡμῶν Θεοτόκου τῆς βεβαίας ἐλπίδος, καὶ πάντων τῶν ἁγίων, ἀμήν.

Ἐγράφη μηνὶ μαρτίῳ ἰνδικτιῶνος ι', ἔτους
ἑξακισχιλιοστοῦ ἐνναχοσιοστοῦ δεκάτου.

---

11. κατέτος *cod.*

B. — Le typicon du monastère de Lips.

<ΤΥΠΙΚΟΝ>

α'.

<Περὶ τοῦ αὐτοδέσποτον εἶναι τὴν μονήν.>

. . . .

1. |115| ...κατὰ τὸ ἀνθρώπινον μητέρα τὴν κοινὴν ἡμῶν καὶ προστάτιν καὶ δέσποιναν κἀμοῦ διαφερόντως, ὡς ἐκ πολλῶν σαφῶς ἔγνωκα, προστάτιν καὶ κυρίαν ἀφίημι, παντὸς δὲ ἄλλου κυρείαν ἀπείργω τῶν ἐν τούτῳ πάντων παντάπασιν· εἰ γὰρ αἱ τῇδε συνελθοῦσαι κόσμον |115v| ὅλον ἀποστραφεῖσαι καὶ τὰ ἐν κόσμῳ πάντα περιιδοῦσαι μόνῳ δουλωθῆναι Θεῷ καθυπέσχοντο καὶ τὸν σταυρὸν ἀράμεναι τούτῳ διὰ βίου κατακολουθεῖν εἵλοντο καίγε δὴ τὸ ἡμέτερον ἐπὶ τοιῷδε προβεβήκει σκοπῷ, τίς τίνι πρὸς δεσποτείαν λόγος ἐναπολέλει|116|πται δίκαιος ἢ τίς ποτε ἐς τοσοῦτον αὐθαδείας τε καὶ τόλμης ἐλάσειεν ὡς τὸ τοῦ Θεοῦ νοσφίζεσθαι δίκαιον καὶ τούτῳ τρόπον τινὰ ἀντιφέρεσθαι; ὀκνῶ γὰρ φάναι τοῦτον ὅστις ἂν καὶ εἴη θεομαχεῖν. Οὔτ' οὖν τις τῶν ἐν τέλει οὔτε τῶν ἄλλως τὰ τοῦ |116v| δημοσίου πιστευομένων χώραν ποτὲ σχοίη μεταστῆσαί τι τῶν τῆς μονῆς ἢ τὸ παράπαν μεταθεῖναι ἢ ἀφελέσθαι πως ἢ ἐκδοῦναι πρὸς ἑτέραν, οὐδ' αὐτὸς ὁ τὸ τῆς βασιλείας σκῆπτρον ἐγκεχειρισμένος καὶ τὴν τοῦ θείου λάχους πεπιστευμένος διοίκησιν |117| τῶν τινι ὑποτάξει ἢ συγκαταλλάξει μονῶν, ταύτης ἢ ἐκείνης προμηθευόμενος· αὐτὴν γὰρ μόνην μένειν καθ'

---

3. *suppl. om. cod.* Cf. p. 27. | 16. χώράν ποτε *cod.* | 17. ἀφελέσθαί πως *cod.*; ἑτέραν *scripsi*, ἕτερα *cod.* | 19. συγκαταλάξει *cod.*

ἑαυτὴν μηδεμιᾷ μηδ' ὁπωσοῦν συναπτομένην καὶ βουλόμεθα καὶ διαταττόμεθα, μόνῳ τῷ ὑφ' ἡμῶν ἐχόμενα ταύτης ἀνεγηγερμένῳ ξενῶνι |117v| συναπτομένην εἰς ἀδιαίρετον καὶ τῶν ἐν αὐτῷ πάντων ὅσα γε καὶ ἰδίων προσήκουσαν ποιουμένην προμήθειαν εὐγνώμονας δὲ ὄντας τοὺς κατὰ καιρὸν διαδεχομένους τὰ τῆς ἀρχῆς δεῖν πάντως κριθήσεται τὰ τῶν προμεταστάντων |119| στέργειν βουλεύματα καὶ κρατύνειν ἐπὶ μᾶλλον αὐτῶν τὰ θεσπίσματα, εἰδότας, ὡς πᾶσα ἀνάγκη μεταστῆναί ποτε καὶ αὐτούς — ἄνθρωποι γὰρ καὶ τῆς κοινῆς ἁπάντων καὶ ῥευστῆς φύσεως — καὶ ὡς, εἰ τὰ ὑπὸ τῶν πρὸ αὐτῶν οὗτοι θεσπισθέντα τηρήσουσιν, |119v| ὑπόδειγμα τοῖς μετ' αὐτοὺς παραπλησίως τὰ ἑαυτῶν φυλάξαι παρέξουσι· τῷ δέ γε θείῳ καὶ οἰκουμενικῷ πατριάρχῃ τοῦτο μόνον ἐνδίδομεν ἐπὶ τῇ μονῇ, τὴν παρὰ ταῖς ἱεραῖς ἁγιστείαις ἀναφορὰν τοῦ ὀνόματος καὶ τὸ σύνηθες εἰ παραβάλοι μνημό|120|συνον, πρὸς δὲ καὶ τὴν τῶν ψυχικῶν σφαλμάτων ἐξέτασιν καὶ θεραπείαν προσήκουσαν, καὶ τοῦτο, εἴ ποτέ τι συμβαίη — ὅπερ ἀπεύχομαι — μείζονος ἢ κατὰ τὴν τῆς λαχούσης τὰ τῆς ἡγουμενείας καὶ τοῦ πνευματικοῦ τούτων πατρὸς διαγνώσεως δεόμενον |120v| καὶ δυνάμεως.

2. Περὶ γὰρ τῶν ἄλλων πάντων ἡ βασιλεία μου διατάξεται καὶ τύπον τῆς ὀφειλομένης διαγωγῆς εἰσηγήσεται καθ' ὅν τε ἂν πολιτεύοιντο καὶ καθ' ὃν τὸ καθ' αὐτὰς ἅπαν καὶ διοικοῖντο καὶ διορθοῖντο πρὸς τὸ λυσιτελὲς αὐταῖς καὶ σωτήριον. 'Αλλ' ἡμεῖς μὲν |121| τοῖς τε ἐφ' ἡμῶν αὐτῶν τοῖς τε μεθ' ἡμᾶς τὸ πρὸς βούλησιν δεδηλώκαμεν. Εἰ δέ τις τῶν ἁπάντων πρᾶξαί τι παρὰ τὸ διατεταγμένον ἡμῖν ἐθελήσειεν, οὐδὲν ἂν αὐτὴ κατ' αὐτοῦ φαίην τὸ τῆς ἐντολῆς πληροῦσα καὶ παραιτουμένη τὸ ἐπαρᾶσθαι, ἐπεύχομαι δὲ μᾶλλον |121v| μήτε τι παραποιηθῆναι μήτε τινὰ λόγον ὑπὲρ τοῦδε ἀπαιτηθῆναι ἐν ἡμέρᾳ ἀνταποδόσεως· ὃς δ' ἄν γε καὶ εἴη, δεδοικέτω, μὴ ἀρᾶς ἔνθεν αὐτὸς ἑαυτὸν ὑπόδικον καταστήσειε καὶ αὐτῶν ὡς εἰπεῖν τῶν ἐσχάτων ὑπόδικον ἢ ὃ δή φασι καὶ τοῖς ὑπὲρ κατάραν δεινοῖς συναντή <σειε> . . . .

---

1. μηδοπωσοῦν *cod.* | 27. μήτέ τινα *cod.* | 31. *unum saltem deest folium.*

β'.

<Περὶ τῆς ἐφορείας καὶ ἐπικουρείας τῆς μονῆς καὶ τίς ἂν γένοιτο ταύτης ἔφορος.>

. . . .

|75| 3. ...καὶ ἔριδας ὡς τὸν ἤρεμον αὐτῶν διενοχλούσας βίον καὶ ἥσυχον, καὶ μᾶλλον εἰ τύχοι γε ὂν γυναικῶν τῆς ἁπαλῆς καὶ ἀσθενοῦς φύσεως καὶ ἰσχυρᾶς ἐπικουρίας δεόμενον, ἅτε καὶ εἰθισμένων οἰκουρίᾳ καὶ τῇ ταῖς γυναιξὶ πρεπωδεστάτῃ σιγῇ· |75ᵛ| ἐπεὶ γοῦν οὕτω τὸ τῆς προστασίας ἀναγκαῖόν ἐστιν, ὑπὸ προστάτην εἶναι καὶ ἔφορον τὸ ἱερὸν τοῦθ' ἡμῶν αἱρούμεθα καταγώγιον· καὶ ὅσῳ δὴ τὰς μοναχὰς ἀσθενεῖς σύνισμεν, τοσούτῳ τὸν προστάτην ἰσχυρὸν ἐκλεγόμεθα· οὗτος δὲ τίς ἄλλος ἂν εἴη τῶν ἐπὶ γῆς |76| ἢ ὁ πρὸς τοῦ μόνου δυνάστου Θεοῦ τὴν ἀρχὴν καὶ τὸ κράτος λαχών; παντί που δῆλον ὡς ὁ βασιλεὺς οὗτός ἐστιν, ὃν ἐπὶ πάντων ὁ πρὸ πάντων καὶ ὑπὲρ πάντα τάττει Θεός· καὶ νῦν μὲν εὖ ἡμῖν ποιοῦντος Θεοῦ ὁ ἐξ ἐμοῦ προελθών, τὸ ἐμὸν καὶ στήριγμα καὶ καλλώπισμα, ὃς τὸ μὲν πρὶν |76ᵛ| σὺν τῷ βασιλεῖ καὶ πατρὶ διιθύνων τὰ τῆς ἀρχῆς ἦν, νῦν δ' ὡς δι' εὐχῆς εἴχομεν καὶ μόνος τὸ κράτος ἀναλαβὼν μόνος τὰ τῶν Ῥωμαίων εὖ τε καὶ ὡς οὐκ ἄν ποτε κρεῖττον ᾠήθημεν διοικεῖ· σὺν αὐτῷ δὲ καὶ μετ' αὐτὸν τὸ ἡμέτερον ἀγαλλίαμα, ἡ ἡμετέρα |77| παραψυχή, ὁ φύς τε ἐξ αὐτοῦ καὶ τοῦ κράτους αὐτοῦ καὶ τοῦ στέφους διάδοχος· καὶ καθεξῆς εἰσαεὶ οἱ τῆς ἀρχῆς καὶ τοῦ κλήρου διάδοχοι· βασιλεῖ γὰρ ἀεὶ τὰ τῆς ἐφορείας ἀνατιθέαμεν· ὅθεν καὶ ὀφείλουσιν οἱ κατὰ καιροὺς τῆς ἀρχῆς ἀξιούμενοι ἀμφοῖν ὅ φασι χεροῖν ἐπιλαμβάνεσθαι τῆς |77ᵛ| μονῆς καὶ ὑπερασπίζειν ἀξίως καὶ περιέπειν ὡς τὸ εἰκός, ὡς καὶ τὴν τοῦ παντὸς κυρίαν καὶ θεομήτορα, πρὸς δὲ καὶ τὸν τοῦ κυρίου βαπτιστήν τε καὶ πρόδρομον τῇδε μὲν ἕλκοιεν φρουρεῖν τε καὶ συνέχειν αὐτοὺς καὶ παντὸς συντηρεῖν ἀνωτέρους ἀνιαροῦ συναντήματος, ἐν δὲ τῇ |78| διαδεξομένῃ λήξει προστῆναι θερμῶς εἰς Θεὸν καὶ τῆς αὐτοῦ δυσωπῆσαι μὴ ἀπαξιῶσαι βασιλείας τῆς ἡτοιμασμένης ἐκείνης πρὸ τῆς τοῦ κόσμου καταβολῆς ἀπολαύσεως.

---

3. *suppl. om. cod.* Cf. p. 29. | 26. ἕλκοιεν *cod.*; *an legendum* ἱλήκοιεν?

γ'.

Περὶ τοῦ πόσας δεῖ εἶναι τὰς μοναχάς.

4. Ἐπεὶ δὲ τὰ κατὰ γνώμην |78v| περὶ ὧν προερεῖν ἐχρῆν δεδηλώκαμεν, καὶ ταῖς περὶ ὧν ὁ παρὼν ἡμῖν λόγος καὶ τὸ πᾶν ἔμοιγε τοῦ σκοποῦ ταῖς ἐνθάδε συνιούσαις ἀπάρτι γνωριῶ τὰ πρὸς βούλησιν. Εἰς πεντήκοντα βουλόμεθα καὶ οὐ πλείους ἁπάσας ἠριθμῆσθαι τὰς μοναχάς, ὧν τὰς |79| μὲν τριάκοντα τῷ θείῳ θέλομεν ἐνασχολεῖσθαι σηκῷ, τοὺς διατεταγμένους τῷ μοναδικῷ βίῳ ὕμνους θείους καὶ ἱερὰς δοξολογίας ἀδιαλείπτως ὁμοῦ πάσας ἀποδιδούσας Θεῷ, τὰς περὶ μέσας νύκτας, τὰς κατ' ὄρθρον καὶ μεθ' ἕω, τὰς ἐν τρίτῃ ἕκτῃ τε καὶ ἐννάτῃ, |79v| τὰς ἑσπερινάς, τὰς ἐπιδειπνίους· τὰς δὲ λοιπὰς εἴκοσιν εἰς διαφόρους διακονίας διαμερίζεσθαι, μιᾶς δὲ πάσας ἐξηρτῆσθαι γνώμης τε καὶ βουλῆς τῆς τὴν πνευματικὴν ἡγουμενείαν σφῶν ἀναδεχομένης καὶ τὰ τῆς προστασίας ἐμπιστευομένης ἑκάστοτε, ἣν καὶ οὕτως ἀποκαθίστασθαι . . . .
. . . .

δ'.

|80| Περὶ ἐκλογῆς καὶ προχειρίσεως ἡγουμένης καὶ περὶ τοῦ τέσσαρας ἱερεῖς ἐναποτετάχθαι τῇ μονῇ.

5. Τριάκοντα τῶν ἐκκλησιαστικῶν οὐσῶν μοναχῶν, μίαν ἐξ αὐτῶν τὴν ὑπερφέρουσαν λόγῳ καὶ ἀρετῇ εἰ δὲ μὴ ἀμφοῖν . . . .
. . . .
|80v| πατρὸς ἐπιλέγεσθαι καὶ ἀφιλονείκως πάνυ προκρίνεσθαι, ἡμέραι ἑβδομάδος ὅλης εἰς ἐκλογὴν ταύτης ἀρκέσουσιν· οὐ γὰρ οἶμαι πλειόνων ταύταις δεήσειν προστάτιν τε ζητούσαις πρὸς ὠφέλειαν |81| τῶν σφετέρων ψυχῶν καὶ πρὸ βλάστης ἐκκόπτειν βουλομέναις τὰ φιλοῦντά πως ἐντεῦθεν ἀναφύεσθαι σκάνδαλα.

---

3. ἐπείδε *cod.* | 15, 22. *excisa membrana tres desunt versus.*

6. Μετὰ δ' αὖ γε τὴν ἐκλογὴν παννύχιον ἐκτελεῖσθαι ταύταις παράκλησιν καὶ μεθ' ἡμέραν τοὺς πρεσβυτέρους — τέτταρας δ' ἀεὶ τὴν μονὴν ἔχειν παρακελεύομαι, |81v| ὧν τοὺς μὲν δύο τῷ παλαιῷ ἐναποτετάχθαι ναῷ, τῷ νέῳ δὲ τοὺς λοιπούς, λαμβάνειν δὲ μισθὸν ἐτήσιον χρυσοῦς ἕκαστον δώδεκα καὶ σίτου μεδίμνους πεντήκοντα καὶ οἴνου μέτρα πρὸς τοῖς ἓξ καὶ τριάκοντα. Τούτους δὴ πάντας ἰδίᾳ τότε καὶ ἀνὰ μέρος τὴν ἀναίμακτον |82| θυσίαν ἱερουργεῖν ἐν μὲν τῷ τῆς κυρίας μου τῆς Θεοτόκου σηκῷ εἰς τὸ πανάγιον αὐτῆς ὄνομα, ἐν δὲ τῷ τοῦ τιμίου μου Προδρόμου καὶ βαπτιστοῦ εἰς ὄνομα τὸ αὐτοῦ, ἐπὶ δὲ τῷ ἐχόμενα τοῦ παλαιοῦ εἰς τὸ τῆς ἁγίας Εἰρήνης, ἧς τὸ σεβάσμιον λείψανον ἐν τῇ μονῇ καθευρίσκεται, ἐν δ' ἑνί |82v| τινι εἰς τὰ κατηχουμενεῖα τοῦ τῆς ἡμέρας ἁγίου· τέσσαρες δ' ὄντες οἱ ἱερεῖς τὰς εἰρημένας ἁγιστείας ἀνελλιπῶς ἐκτελέσουσιν· εἰ δ' ἀσθενῶν τις ἀπολειφθείη ἢ καί τι ἄλλως ἔχων τὸ προσιστάμενον, μετακληθήσεται ἕτερος καὶ ἀναπληρώσει τὸ ἔλλειμμα.

7. Καὶ τῇ ὑστεραίᾳ δύο πρὸς |83| ταῖς δέκα αἱ τιμιώτεραι καὶ τῶν πρεσβυτέρων ὁ πολιᾷ τε καὶ συνέσει διαφορώτερος τῷ βασιλεῖ τὴν ἐπιλεγεῖσαν προσάξουσιν, ἐφ' ᾧ γε τὴν τῆς ἡγουμενείας ἐγχειρισθῆναι βακτηρίαν· ἣν καὶ λαβούσης, παρὰ τὴν μονὴν εὐθὺς ὑποστρέψουσι· καὶ τὸν ναὸν ἐπευλογήσας ὁ ἱερεὺς |83v| ὑπερεύξεται συνήθως τῶν βασιλέων, ὑπερεύξεται καὶ αὐτῆς τῆς τὴν ἡγουμενείαν πιστευομένης λαβών τε τὴν τοῦ παρόντος τυπικοῦ πυξίδα πρὸ τῆς εἰκόνος τεθεῖσαν τῆς δεσποίνης καὶ προστάτιδος Θεοτόκου γονυκλιτησάσῃ τρὶς ἐγχειρίσει καὶ τῷ τοῦ τιμίου ἐπισφραγίσας |84| τύπῳ σταυροῦ τὴν πρὸς Θεοῦ ἀντίληψιν ἐπὶ τῇ φυλακῇ ταύτης ἐπεύξεται. Κᾆτα ὁ μὲν τὴν ἀπὸ τῆς τραπέζης εὐλογίαν ἀπολαβὼν τὴν ἐς οἶκον πορεύσεται, αἱ δὲ σὺν τῇ προεστώσῃ παρὰ τὸ ἀριστητήριον. Δέκα χρυσίνους ὀψωνεῖσθαι τὴν ἡμέραν ταύτην διακελεύομαι, προσόν|84v|των καὶ τῶν ἐκ τῆς μονῆς ὀσπρίων δῆτα καὶ ἐλαίου καὶ προσαρτυμάτων ἀλλοίων.

---

7. ἀναμέρος *cod.*

8. Τότε δὴ καὶ ἡ τῆς ἡμετέρας ταύτης διατυπώσεως ἀνάγνωσις προτεθήσεται καὶ τὴν μὲν πρώτην ἀναγνωσθήσεται, ὅσονπερ ἂν ἡ τῆς ἑστιάσεως ὥρα παραμετρήσειε |85| ταῖς δὲ καθεξῆς διὰ τέλους ἀνελιχθήσεται. Τρὶς δὲ ἄλλως τοῦ ἔτους τὴν ἀνάπτυξιν αὐτῆς καὶ βουλόμεθα καὶ διατattόμεθα γίνεσθαι, τὴν ἀρχὴν λαμβάνουσαν ἑκάστην ἐφ' ἑορτῆς· καὶ τὴν μὲν πρώτην ἀπ' αὐτῆς τῆς τοῦ γενεσίου τοῦ τιμίου Προδρόμου καὶ βαπτιστοῦ, |85ᵛ| τὴν ἑτέραν ἀπὸ τοῦ τῆς ἀειπαρθένου Θεοτόκου σωτηριώδους γενεθλίου, τὴν τρίτην δὲ καὶ λοιπὴν μετὰ τὴν τῆς ἀναστάσεως ἑορτὴν τοῦ κυρίου ἡμῶν Ἰησοῦ Χριστοῦ· καὶ <μετὰ> τὴν τῶν ἐγκαινίων ἀπόδοσιν καθ' ἑκάστην δέ γε συμπλήρωσιν τὸ « αἰωνία ἡ μνήμη τῶν κτητόρων » πάσας |86| ἀξιοῦμεν ἀναφωνεῖν.

ε'.

Περὶ τοῦ δεῖν ἀπονέμειν τῇ προεστώσῃ τιμὴν καὶ πῶς δεῖ τὴν οὐ καλῶς ἡγουμενεύουσαν μεθιστᾶν τῆς ἡγουμενείας.

9. Ἀλλ' ἡ μὲν ἐντεῦθεν κατὰ Θεὸν ὑμῶν προστήσεται καὶ τῶν ὑμετέρων ψυχῶν προ|86ᵛ|νοήσεται καὶ τῆς σωτηρίας ὑ<μῶν> . .

. . . .

τοῦτο γὰρ ταύτῃ τὸ ὀφειλόμενον, ἐπὶ τούτῳ τε ἐγκριθείσῃ καὶ τοῦτ' ἐπαγγειλαμένῃ Θεοῦ τε καὶ ἀνθρώπων ἐπίπροσθεν ὧν καὶ λόγον ὑφέξει ἐν ἡμέρᾳ ἀνταποδόσεως· ὑμεῖς δὲ πᾶσαι, νέαι τε καὶ |87| μεσήλικες, γηραιαί τε καὶ ἔξωροι, ὅσα καὶ μητρὶ ταύτῃ προσανέχειν ὀφείλετε βουλῆς τε αὐτῆς καὶ γνώμης ἐξέχεσθαι, μηδὲν δὲ πράττειν αὐθέκαστον, μὴ προϊέναι — τοῦτο γὰρ πρῶτον εἴπω — τῆς μονῆς ἄνευ ἐπιτροπῆς, μὴ δέχεσθαί τι ἐκ τῶν ἐκτὸς τῆς πρὸς αὐτὴν ἄτερ ἀναφορᾶς |87ᵛ| καὶ τῆς ἐκεῖθεν ἐνδόσεως, μὴ νοσήματος θεραπείαν, μὴ σώματος ἐπιμέλειαν μηδ' ἄλλο μηδὲν — καθάπαξ ἐρεῖν — τῆς τῆς προεστώσης γνώμης πράττειν χωρίς.

---

9. *suppl. om. cod.* | 18. *excisa membrana duo desunt versus.* | 21. ῶ *cod.* | 22. γηραιαί τε *cod.*

10. Εἰ δ' — ὅπερ ἀπεύχομαι — μὴ ἀξίως αὕτη φανείη ἀναστρεφομένη τῆς ἡμετέρας ταύτης διατυπώσεως, μᾶλ|88|λον δὲ τῆς μοναδικῆς καταστάσεως, οὐ χώραν μία τις καὶ δύο σχοῖεν στασιάσαι πρὸς ταύτην ἢ καί τι τῇ μονῇ ὁπωσδήποτε σκάνδαλον ἐμβαλεῖν, ἀλλὰ κοινώσονται ἀλλήλαις, εἰ τῶν προεχουσῶν εἶεν αἱ ἐπιγνοῦσαι, καὶ τῷ πνευματικῷ τὰ περὶ ταύτης γνωριοῦσι πατρί· |88ᵛ| εἰ δὲ τῶν ὑποδεεστέρων, ἀναγγελοῦσι ταῖς κρείττοσι· σὺν αἷς αὗται τῷ πνευματικῷ πατρὶ τὴν περὶ τούτου σκέψιν προσαναθήσουσι· καὶ ὃς θέμενος τὰ περὶ αὐτῆς εἰς ἐξέτασιν κοινῇ τῶν προκρίτων μοναχῶν γνώμῃ ταύτην μὲν μεταστήσει τῆς προστασίας, εἰ τοῦτό γε |89| δικαιώσει, ἑτέρᾳ δὲ τὴν ἡγουμενείαν κατὰ τὴν προρρηθεῖσαν τάξιν πιστεύσει· τάξει δὲ καὶ τὴν μὲν στέργειν τὴν περὶ ταύτης ἀπόφασιν ἢ ἐπαπειλήσεται σφοδρὰν ἐπιτιμίαν καὶ ἄτιμον ἀποδιοπόμπησιν· τῇ δὲ τὴν προστασίαν μεταλαβούσῃ στεργούσης ἐκείνης τὸ καθ' αὐ-|89ᵛ| τὴν τὴν προσήκουσαν ἀπονέμειν ταύτῃ φιλοφροσύνην τε καὶ τιμὴν εἰσηγήσεται, ὡς ἀτάραχον ἔνθεν βίον διατηρεῖσθαι ταῖς μοναχαῖς καὶ ὡς ἀληθῶς ἔνθεον.

ς'.

Περὶ τοῦ ἕνα πάσας πνευματικὸν ἔχειν
καὶ περὶ τοῦ πότε καὶ πῶς ὀφείλει
οὗτος παραβάλλειν ἐν τῇ μονῇ.

11. |90| Βούλομαι καὶ τοῦτο καὶ μητρικῶς ὡς εἰπεῖν ὑποτίθεμαι, μᾶλλον δὲ καὶ ἐνσκήπτω δεσποτικῶς· ἔξεστί μοι καὶ γὰρ ἐν τοῖς ἐμοῖς τὸ βουλητὸν θεσπίζειν, ἄλλως τε καὶ δεσποίνῃ τυγχανούσῃ τοῦ παντοδυνάμου Θεοῦ μου τοῖς οἰκτιρμοῖς. Ὑφ' ἑνὶ πνευματικῷ |90ᵛ| πάσας εἶναι θέλω πατρί, ὡς ἂν κἀντεῦθεν ἀδελφαὶ προσηκόντως ἀκούοιεν· τοῦτον δὲ τῶν ἐξειλεγμένων εἶναι καὶ μεμαρτυρημένων ἐπ' ἀρετῇ, εἴτε τῶν ἡσυχαστῶν οὗτος ὢν τύχοι εἴτε τῶν ἐν κοινοβίῳ,

---

9. θέμενος *corr. in ras.*

οὐ διαφέρομαι. Κατὰ δὲ μῆνα τάττω φοιτᾶν, τρεῖς |91| καὶ οὐ πλείους ἡμέρας προσκαρτερεῖν, τοὺς ἐν ξενῶνι ἀποτεταγμένους οἰκίσκους εἰς καταγωγὴν ἔχειν, ἐν δὲ μέρει τοῦ προτεμενίσματος ἑνὸς τοῦ τῶν ναῶν πρωΐαθεν ἐπιχωριάζοντα τοὺς ἑκάστης λογισμοὺς δέχεσθαι, εἰ μή τις ἀνάγκη ἀδελφῇ τινι συμπέσῃ θᾶττον ἐπιζητούσῃ |91ᵛ| τὴν ἐπιδημίαν αὐτοῦ· τότε γὰρ μηνυθεὶς ἐπιστήσεται καὶ ὡς εἰκὸς ἐπισκεψάμενος μεταστήσεται· ἀλλ' ὁ μέν, τῶν ἐκκρίτων ὡς ἔφημεν ὤν, οὐ λόγου, οὐ συμβουλῆς παρά τινος ἄλλου δεήσεται ἐπὶ τῷ καὶ ἀρίστως διαγινώσκειν καὶ ἀρίστως ψυχῆς ἰᾶσθαι παθήματα, ταῖς δ' ἴσως |92| ὑποθήκης χρεία καὶ εἰσηγήσεως.

12. Ὁ κατὰ πνεῦμα πατήρ, θυγατέρες, μητέρες καὶ ἀδελφαί,— ὡς γὰρ ὁ χρόνος ἑκάστῃ δίδωσιν ἀκούειν, οὕτω καλῶ, — μᾶλλον δὲ κατὰ Θεὸν τὸν πατέρα πάντων καὶ δημιουργὸν ἀδελφαί, τύπον ἐπέχει τοῦ κοινοῦ κριτοῦ καὶ δεσπότου Χριστοῦ. Ὃν οὖν τρόπον γυμνῶν |92ᵛ| καὶ τετραχηλισμένων παραστησομένων αὐτῷ τὰ κρύφια ἡμῶν ἀνακαλυφθήσεται, προσβολάς φημι, πάλας, συγκαταθέσεις, πράξεις, οὕτω γε καὶ ἐπίπροσθεν τοῦ εἰς τύπον ἡμῖν ἐκλεγομένου Χριστοῦ τὰς πράξεις, τὰς ἐνθυμήσεις ἀπερικαλύπτως χρὴ |93| παριστᾶν, ὡς καὶ θεραπείαν ἐπὶ τούτοις λαμβάνοιτε. Καθὰ δὴ καὶ ὁ τῆς κλίμακος Ἰωάννης φησί· « μώλωπες θριαμβευόμενοι οὐ προκόψουσιν ἐπὶ τὸ χεῖρον ». Καὶ αὖθις· « ψυχὴ ἐξαγόρευσιν ἐννοουμένη ὡς ἀπὸ χαλινοῦ ὑπ' αὐτῆς κατέχεται μὴ ἐξαμαρτάνειν ».

13. Πάντα μὲν οὖν ἐξαγγελτέον αὐ|93ᵛ|τῷ, τοὺς λόγους, τὰς πράξεις, τὰ διαβούλια, πλὴν τῶν ἀνεξαγορεύτων καλουμένων οὑτωσὶ λογισμῶν, οὓς ἀνεκλαλήτους παραλιμπάνειν οἱ θεῖοι πατέρες θεσπίζουσιν· οὕτω δὲ καὶ τὴν ἐξ αὐτοῦ θεραπείαν τῶν παθῶν δέχεσθαι, τὰς ἐπιτιμίας, τὰς συγχωρήσεις, |94| ὡς ἐξ αὐτοῦ τοῦ Χριστοῦ ἢ τῶν τινος ἀποστόλων τούτου καὶ μαθητῶν, ὡς ὃ μὲν ἂν λύσῃ λελυμένον νομίζειν εἶναι καὶ ἐν τοῖς οὐρανοῖς, ὃ δ' ἂν δήσῃ δεδεμένον ἡγεῖσθαι καὶ ἐν τοῖς οὐρανοῖς. Τοσαυτάκις μὲν δὴ τοῦ ἐνιαυτοῦ φοιτῶν εἴη ὁ πνευματικὸς πατὴρ παρὰ τῇ μονῇ.

---

20. Iohannis Climaci Scala Paradisi 4, P. G., 88, 681. — 28. Matth. 16, 19.

ζ'.

|94v| Περὶ τοῦ ἄνευ δώρων προσίεσθαι τὰς προσερχομένας ἑκάστοτε τῇ μονῇ.

14. Χρὴ δὲ πάντως καὶ περὶ τῶν προσιουσῶν παραδοῦναι τὸ βουλητόν· ἡ μὲν βασιλεία μου αὐτάρκως ὡς οἴομαι ταῖς μοναχαῖς αὐτίκα δὴ τὰ πρὸς χρείαν δια|95|τετάξεται δίδοσθαι, ὅθεν καὶ οὐκ ἀπαιτηθήσεταί τι τὸ παράπαν ταῖς ἑκάστοτε προσερχομέναις, οὐκ ὀλίγον οὐ πολύ, οὐ μέγα οὐχὶ μικρόν, ἀλλ' οὐδ' ἡ οὕτω πως καλουμένη συνήθως εὐλογία. Εἰ δέ τις αὐθαιρέτως προσενεγκεῖν τι θελήσειε, δεχθήσεται μὲν |95v| τὸ προσενεχθέν, αὕτη δ' οὐδεμίαν ἐντεῦθεν πρόφασιν ἕξει μεγαλαυχίας καὶ κόμπου, ὡς κατεπεμβαίνειν τῶν ἀδελφῶν ὁπωσδήποτε ἢ καί τι τῆς διατεταγμένης ἐναλλάττειν διαγωγῆς, ἀλλ' ὡς εἰ καὶ μηδὲν προσενήνοχε διάγειν ὀφείλει τὴν ἰσοτιμίαν τε στέργουσα καὶ τῷ |96| κανόνι τῷδε στοιχοῦσα καὶ τῇ κοινῇ πασῶν ἐπαγγελίᾳ ἐμμένουσα.

η'.

Περὶ τοῦ μὴ ἐξιέναι τὰς μοναχὰς καὶ περὶ τοῦ πῶς οἱ παραβάλλοντες ὀφείλουσιν ἐντυγχάνειν αὐταῖς καὶ τίνες καὶ πότε καὶ ποῦ.

15. Πᾶσαι δ' ὁμοῦ ἀπρόϊτοι διὰ βίου τηρηθήσονται, εἰ μή τις πεῖραν ἐκ τοῦ χρόνου |96v| δοῦσα τῆς ἀρετῆς ἀνάγκης ἐνστάσης τῶν τινος προσηκόντων ἢ προσηκουσῶν ἐξελεύσεται πρὸς ἐπίσκεψιν, καὶ διὰ τάχους αὖθις ὑποστραφήσεται· εἰ δὲ τῶν τοιούτων μὴ εἴη, γηραλέαι μοναχαὶ συνακολουθήσουσι καὶ ἡλίου ἔτι φαίνοντος ὑποστρέψουσι. Κἂν εἴ τις τῶν |97| γνησίως πρὸς αὐτὴν ἐχόντων παραβαλεῖν ἐθελήσειε, πρὸ τοῦ πυλῶνος στᾶσαν μετὰ καὶ ἀδελφῶν κοσμίων θεάσεται, καὶ ἢ ἀρκούντως διομιλήσασα ἔμπροσθεν τούτων συντάξεται καὶ ταύταις συνυποστρέψει. Ταῦτα δ' ἡ βασιλεία μου τῷ ἀσθενεῖ τῆς |97v| φύσεως συγκατιοῦσα διακελεύεται· οὐκ ἀγνοεῖ γάρ, ὡς ὁ μοναδικὸς ἄλλα διαγορεύει θεσμὸς ἀπείργων τῶν τοιούτων παντάπασι γονέων τε θεσπίζων καὶ παίδων αὐτῶν ἀλλοτρίωσιν, μὴ ὅτι γε ἀδελφῶν ἢ καὶ προσηκόντων ἄλλως ἢ καὶ φίλων ἐκ μακροῦ |98| καὶ συνήθων.

16. Ὡσαύτως δὲ καὶ τοῖς παρὰ τὴν μονὴν φοιτῶσιν αἱ πύλαι παντάπασιν ἐπιζυγωθήσονται· οὐδεὶς γὰρ ἄλλος βασιλέως χωρὶς καὶ τῶν σὺν βασιλεῖ μετρίων τούτων καὶ ἐκκρίτων ἀνδρῶν τὴν μονὴν εἰσελεύσεται, εἰ μὴ |98v| τῶν προσγενῶν τις τῇ βασιλείᾳ μου ἰδεῖν τε θέλων καὶ προσκυνῆσαι τοὺς θείους ἐξ εὐσεβείας νεὼς ἢ καὶ τοὺς τῶν μεταστάντων τάφους πόθου χάριν τοῦ πρὸς ἐκείνους θεάσασθαι· εἰ δὲ τῶν θυγατέρων εἴη τῆς βασιλείας μου, εἰ τῶν ἐγγόνων, εἰ τῶν ἀπεγγόνων, εἰ τῶν ἄλλως προση|99|κουσῶν ἢ καὶ τῶν τις περιφανῶν γυναικῶν, εἰσελεύσεται μέν, εὐνοῦχοι δὲ μόνοι ἢ καὶ γυναῖκες χρόνου πλήρεις συνεισελεύσονται· εἰ δ' ἐνσκήψειέ τινι νόσος βαρεῖα, προσίοι δὲ μήτηρ ἢ ἀδελφὴ ἢ καὶ τῶν τις ἄλλως προσηκουσῶν ἀδιάβλητος τὸν τρόπον μεμαρτυρημένη καὶ τὴν |99v| βιοτήν, ἀνενεγκοῦσα τῇ καθηγουμένῃ διὰ τῆς πυλωροῦ τὴν εἴσοδον προτραπήσεται· καὶ εἰσιοῦσα συνδιημερεύσει μὲν τῇ καμνούσῃ, ἑσπέρας δὲ ἀπελεύσεται. Εἰ δὲ προσδόκιμος ταύτῃ ὁ θάνατος, ἕωθεν καὶ πάλιν ἐφισταμένη ἑσπέρας ἀποφοιτῴη μηδὲν μηδ' ὁπωσοῦν διδοῦσα |100| τῇ μονῇ πρόσκομμα, ἕως ἂν ἐπιδήλως τῇ νοσούσῃ ἢ διαμείνῃ ζωὴ ἢ διαδέξηται θάνατος.

θ'.

Περὶ τοῦ πόσον χρόνον δεῖ προσμένειν τὴν μέλλουσαν ἀποκαρῆναι.

17. Βούλεται καὶ τοῦτο ἡ βασιλεία μου τῇ ἡμετέρᾳ διατηρεῖσθαι |100v| μονῇ, τὴν προσιοῦσαν τῇ μονῇ πρὸς ἀπόκαρσιν, εἰ μὲν ἔτι τυγχάνει νεάζουσα μήπω γε εἰκοστὸν <ἔτ>ο<ς> φθάσασα,

---

13. ἐκγόνων *cod.* | 14. ἀπεκγόνων *cod.* | 18. καὶ *suppl. om. cod.* | 22. μηδοπωσοῦν *cod.*

τριετίαν <προσκαρτερεῖν τῇ μονῇ, μοναχικὰ φέρουσα> ἱμάτια, τὴν αὐτὴν δὲ ταῖς μοναχαῖς ἀπαραλλάκτως διαγωγὴν ἔχουσαν, διαφόροις ὑπηρεσίαις ἀνατιθεμένην, |101| ἐκ ταύτης τε εἰς ἐκείνην προθύμως μεταβαίνουσαν καὶ ἐξ ἐκείνης ταύτην μεταλαμβάνουσαν, εἴ γε ὑπὸ τῆς καθηγουμένης τοῦτο προστάσσοιτο· γνώμης γὰρ ταύτης χωρὶς οὐχ ὅτι γε τὰς μήπω τελεσθείσας βούλομαι μοναχὰς παραιτεῖσθαι τὰς καταπιστευομένας δια|101v|κονίας, ἀλλ' ἤδη καὶ τὰς φθασάσας ἐν βίου τε καὶ σχήματος τελειότητι· ἐπὰν δὲ καὶ οἱ τρεῖς ἀνυσθεῖεν ἐνιαυτοί, ἐρωτᾶσθαι πασῶν παρουσίᾳ τῶν ἀδελφῶν καὶ εἰ μὲν ὅλῃ γνώμῃ πρόσηται τὴν ἀποταγήν, τὰ νενομισμένα παρευθὺς ἐκτελεῖν ῥάκη τε μεταμφιεννύειν καὶ νυμφεύειν |102| περιφανῶς τῷ Χριστῷ· εἰ δ' οὖν, συγχώρησίν τε διδόναι καὶ τὴν ἐπ' οἴκου προτρέπειν πορεύεσθαι.

18. Εἰ δ' ὑπερβᾶσα μὲν τὸν εἰρημένον εἴη χρόνον, ἄπειρος δὲ βίου καὶ συναντημάτων βιωτικῶν, ὅλον προσμένειν ἐνιαυτόν· εἰ δὲ πλήρης ἡμερῶν τυγχάνοι ἢ καὶ πεῖραν οὕτω τυχὸν |102v| εἰληφυῖα τῶν δυσχερῶν, χηρείας φημὶ ἢ παίδων ἀποβολῆς ἢ καί τινος ἄλλου τῶν ἐν κόσμῳ δεινῶν, ἓξ μόνους μῆνας προσκαρτερήσασαν τῷ θείῳ καὶ ἀγγελικῷ τελειοῦν σχήματι. Εἰ δὲ βρεφόθεν τις ἢ παιδόθεν τῇ μονῇ προσενεχθείη τῶν περιφανῶν |103| οὖσα ἢ καὶ τῶν τύχην ἰδιωτῶν — περὶ γὰρ τούτου οὐ διαφέρομαι — διά τι πως τῶν ἐκ τύχης ὁποῖα συμβαίνειν φιλεῖ σύμπτωμα ἢ καὶ διὰ πόθον ἄλλως τὸν πρὸς Θεόν, τὸν ἑξκαιδέκατον ἀναμενεῖ χρόνον κἄτα ἐρωτηθεῖσα παρρησίᾳ καὶ ἀποκριναμένη καὶ πασῶν |103v| εἰς ἐπήκοον τελειωθήσεται ὡς νενόμισται· εἰ δ' οὖν, τὴν συγχώρησιν λαβοῦσα τὸ πρὸς βούλησιν διαπράξεται. Ἐξέσται δὲ ταῖς μὴ ἀποχαρῆναι θελησάσαις, εἴτε ἐν ἀτελεῖ εἴτε ἐν τελείᾳ τῇ ἡλικίᾳ προσεληλύθεσαν εἴτε καὶ ἐκ βρεφικῆς ἀνετέθησαν, κτήματα μὲν |104| ἀπολαμβάνειν τῶν προσόδων χωρίς, χρήματα δὲ οὐδαμῶς. Τὰς δέ γε ἀποχαρείσας καὶ τὴν ὑποταγὴν στερξάσας μηδὲν μηδ' ὁπωσοῦν λαμβάνειν ἀποφοιτώσας ἢ καὶ δι' αἰτίαν ἀποδιοπομπουμένας πάντως προσήκουσαν καὶ ἀφορμὴν ἀξιόλογον.

---

1. *excisa membrana duo desunt versus; suppl. ex coniectura.* | 30. μηδοπωσοῦν *cod.*

ι΄.

|104ᵛ| Περὶ τοῦ προσίεσθαι καὶ τὰ παρ' ἑτέρων μετὰ γνώμης θεοφιλοῦς προσαγόμενα.

19. Προσίεσθαι καὶ τὰ παρ' οἱωνδήτινων γνώμῃ θεοφιλεῖ προσαγόμενα βούλομαι, κτήματά τε καὶ χρήματα, σκεύη τε καὶ ἔπιπλα, εἰς εὐπρέπειαν |105| τῶν οἴκων Θεοῦ καὶ τῶν προσενεγκάντων μνημόσυνον.

ια΄.

Περὶ τοῦ προσδέχεσθαι καὶ τὰς ἐξ ἑτέρων μονῶν σεμνοῦ καὶ ἀδιαβλήτου βίου μαρτυρουμένας.

20. Ἐνδιδόαμεν καὶ τὰς ἐξ ἄλλων μονῶν σεμνοῦ καὶ ἀδιαβλήτου βίου μαρτυρουμένας προσ|105ᵛ|δέχεσθαι ἀνελιττομένης τῆς ἡμετέρας ταύτης διατυπώσεως καὶ τὴν ἐνδιατεταγμένην ὑπισχνουμένας στέργειν διαγωγήν.

ιβ΄.

Περὶ τοῦ πῶς δεῖ γίνεσθαι τὰς προχειρίσεις τῶν διακονητριῶν καὶ περὶ ἐκκλησιαρχίσσης, σκευοφυλακίσσης καὶ περὶ τῶν ἄλλων διακονητριῶν.

21. |106| Χρὴ δὲ ἴσως καὶ περὶ τῶν εἰς διακονίας προβαλλομένων ἐρεῖν· τὰς μὲν δὴ τὰς πρώτας πιστευομένας τῶν διακονιῶν, οἰκονομίαν, ἐκκλησιαρχίαν, κειμηλίων τε καὶ ἱερῶν σκευῶν φυλακὴν — καὶ τὴν τῶν πυλῶν προσθήσω συντήρησιν ἀξιόλογον γὰρ καὶ τὴν θυ|106ᵛ|ρωρὸν οἴομαι δεῖν ἐπιλέγεσθαι, ἐν ἀσφαλεῖ τηρεῖσθαι τὴν μονὴν θέλουσα· — ταύτας οὖν πάσας εἰδήσει τοῦ πνευματικοῦ πατρὸς

ἡ καθηγουμένη προβαλεῖται καὶ τὴν ἐπεξέλευσιν, εἴ τί πως τοῦ προσήκοντος ἐκτραπεῖεν, σὺν τούτῳ ποιήσεται τῇ τούτου ἐπικρίσει τῶν προκρίτων |107| τε ἀδελφῶν εἰδήσει πρὸς λόγον διεκδικοῦσα τοῦ πταίσματος· τὰς δὲ τῶν ἄλλων καὶ μόνη ἡ προεστῶσα διανεμεῖ ταῖς προεχούσαις κοινωσαμένη τῆς ἀδελφότητος.

22. Ἑκάστη δὲ τούτων καὶ ἐγκαταγεγραμμένον κατ' εἶδός τε καὶ ποσότητα λαμβάνειν ὀφείλει τὸ πιστευόμενον σημειοῦσθαι τε ὅσον γε καὶ οἷον |107ᵛ| παρέλαβεν, ὡς καὶ λόγον αὖθις ἔχειν ἀποδιδόναι καὶ ἀνυπεύθυνος ἐν καιρῷ λογοποιΐας εὑρίσκεσθαι· καὶ τῶν ἄλλων μᾶλλον ἡ τῶν σκευῶν πιστευομένη τὴν φυλακὴν καὶ τῶν χρειωδῶν τὴν εἰσκομιδήν — δοχειαρίαν σύνηθες αὐτὰς καλεῖν καὶ σκευο|108|φυλάκισσαν — ἑκατέρᾳ δ' αὐτῶν δύο συνέσονται ὑπ' αὐταῖς μὲν ἀκριβῶς δὲ τῶν ἀνατιθεμένων ταύταις συνίστορες· ἐν φανερῷ δὲ καὶ ἄμφω ταῖς ἰδίαις διακονίαις ἀνατίθεσθαι βούλομαι καὶ γράμμα συμπαραλαμβάνειν καὶ γράμμα ἀντιδιδόναι, τὰ αὐτὰ περὶ τῶν αὐτῶν |108ᵛ| διαλαμβάνον. Ἀλλ' ἡ μὲν ἅπαξ, ὅτε δὴ παραλαμβάνοι τε καὶ ἀποδιδοίη τὰ πιστευόμενα, ἡ δὲ κατ' ἔτος, ὅτι καὶ κατ' ἔτος εἰσδέξεται, καὶ κατ' ἔτος οἰκονομήσειεν.

23. Ἡ μέντοι σκευοφυλάκισσα τῶν ἱερῶν τε σκευῶν καὶ ἐπίπλων προνοήσεται, ὡς εἱληθερεῖσθαι, ὅτε καιρός, ὅσα δέον |109| αὐτῶν καὶ εἰς ἀέρας μετεωρίζεσθαι τά τε χαρτῷα τῆς μονῆς δικαιώματα ἐν κιβωτίοις δεξιῶς ἀσφαλίζεσθαι καὶ τὸ μὲν εἰς χρῆσιν ἰὸν προκομίζειν ἐπιτρεπούσης τῆς ἡγουμένης καὶ τῶν προκρίτων συμπαρουσῶν ἀδελφῶν, πάλιν δ' ἀναζητεῖν καὶ λαμβάνουσαν συμπαρου|109ᵛ|σῶν τῶν αὐτῶν τῇ θίβῃ ἐναποκλείειν καὶ σφραγῖδα ἐπιτιθέναι· ὡς δὲ καὶ τὰ ἀπόθετα τῶν νομισμάτων καὶ τῶν σκευῶν ὅσα τε παρὰ τῆς ἡμετέρας νῦν βασιλείας ἀποτίθενται καὶ ὅσα ἂν εὐδοκοῦντος Θεοῦ ἐκ περισσείας προσόδων εἰς νέωτα ἢ καὶ ἐκ προσαγωγῆς φιλοθέων |110| τινῶν προσκτηθήσονται.

24. Ὑφ' αὐτῇ δὲ τὴν ἐκκλησιάρχισσαν ἕξει, πρόβλησιν μὲν ἐκ τῆς καθηγουμένης λαμβάνουσαν, ταύτης δὲ δεομένην σκευῶν τε χάριν τῶν ἐν χρήσει τῇ καθ' ἡμέραν καὶ βίβλων ψαλλομένων τε καὶ

16, 17. κατέτος *cod.* | 19. κευοφυλάκισσα *cod.* | 30. ὑπ' αὐτῇ *cod.*

ὑπαναγινωσκομένων σκευῶν τε αὖ καὶ ἐπίπλων ἐριτίμων, |110v| ὅσα γε ἂν παρά τε δὴ ταῖς μεγίσταις τῶν ἑορτῶν καὶ μᾶλλον ἐφ' αἷς ἑορτάζειν τὴν μονὴν τάξομεν παρά τε τοῖς μνημοσύνοις τῶν κτητόρων εἰς χρῆσιν ἔρχοιντο· ἣ δὴ καὶ φροντιεῖ μὲν τῆς αὐτῶν φυλακῆς καὶ τῆς ἑκάστου τούτων κατὰ καιρὸν ἀναλήψεώς τε καὶ ἀποδόσεως, φροντιεῖ δὲ καὶ τῆς τῶν νεῶν |111| φωταγωγείας ὅση τε δι' ἐλαίου καὶ ὅση διὰ κηροῦ. Ἀλλ' ἐκεῖνα μὲν ἔσται παρέχουσα ἡ σκευοφυλάκισσα τῶν ὑπὸ ταύτῃ δυοῖν συνειδυιῶν· δύο γὰρ ταύτας εἶναι ταύτῃ συνίστορας βούλομαι· ἡ δοχειαρία δὲ ταῦτα· ἕξει δὲ καὶ αὕτη ὑφ' αὐτῇ συνεκκλησιάρχισσαν, πάντ' εἰδυῖαν, πάντα ταύτῃ συμπράττουσαν, |111v| οἰκονομίᾳ δὲ πάσῃ ἄλλῃ τῶν ἔνδοθι τῆς μονῆς ἡ δοχειαρία ἐνέξεται, ἣ καὶ μελήσει, τί περ αἱ ἀδελφαὶ καθημέραν ἑστιαθήσονται καὶ τί μὲν εἰς ὀψώνιον δοθήσεται, ὅπως τε σκευασθήσεται καὶ ὅπως γε μερισθήσεται, ὅσος καὶ οἷος οἶνος ἀναλωθήσεται, περὶ παντὸς τῶν τοιούτων ταῖς διακονούσαις ἐντελλομένη |112| λεπτομερῶς.

ιγ'.

Περὶ οἰκονόμου καὶ περὶ τοῦ δεῖν κοινοβιακὴν εἶναι τὴν μονὴν καὶ περὶ τοῦ μὴ κτᾶσθαί τι τὰς μοναχὰς ἰδίᾳ καὶ ἀναμέρος καὶ περὶ τοῦ τυπικὸν τοῦ ἁγίου Σάβα συντηρεῖσθαι ἐν τῇ μονῇ.

25. Οἰκονόμος δὲ τῶν κτημάτων πάντων τῶν τῆς μονῆς τῶν ἐγγὺς καὶ τῶν πόρρωθεν εἷς ἔσται, τοῖς ἑκασταχοῦ κτήμασιν ἐφιστὰς ὑποδεεστέρους ἄλλους, |112v| ὡς ἔχοι διακρίνειν αὐτός, ἢ ἕνα ἐφ' ἑνὶ ἢ ἕνα ἐπὶ πολλοῖς· τούτῳ δὲ καὶ μισθοῦ δίδοσθαι τάττω χρυσοῦς ἓξ πρὸς τοῖς τριάκοντα καὶ σίτου μεδίμνους ἀννονικοὺς ἑκατὸν καὶ κριθῆς ἑκατὸν καὶ οἴνου μέτρα ἑκατόν· εἴτε δὲ τῶν ἀνδρῶν εἴη οὗτος εἴτε τῶν εὐνούχων, οὐ διαφέρομαι, |113| σεμνοῦ δὲ βίου καὶ ἀδια-

---

3. ἑορτάζειν *in ras.* | 8. δυεῖν *cod.* | 10. ὑπ' αὐτῇ *cod.* | 27. ἀνοννικοὺς *cod.*

βλήτου τρόπου τοῦτον ἐκλέγεσθαι ὑπό τε τῆς προεστώσης καὶ τῶν προκρίτων μοναχῶν καὶ τοῦ πνευματικοῦ τούτων πατρὸς βούλομαι· προχειρίζεσθαι δὲ εἰς οἰκονομίαν οὑτωσί πως διακελεύομαι· εἰσελεύσεται τὸν ναὸν τοῦ πνευματικοῦ παρόντος πατρὸς καὶ συμπαρατυχόντος |113v| ἑνός του τῶν πρεσβυτέρων γονυκλιτήσει τρὶς τῆς εἰκόνος τῆς θεομήτορος ἔμπροσθεν, εἶτα εὐλογίας παρά τε τοῦ πνευματικοῦ τυχὼν πατρὸς παρά τε τοῦ συμπαρόντος ἱερέως οἰκονόμος ἔνθεν ἀκούσει καὶ τῶν τῆς μονῆς τοῦ λοιποῦ κτημάτων ἔσται ἐπιμελούμενος, ἀγροὺς ἀμπελῶνας τὰ εἰκότα περιέπων, |114| ἔστι δὲ ὅπη καὶ νεουργῶν καὶ πᾶσιν ἀξίαν τοῖς κτήμασι προμήθειαν ἐνδεικνύμενος, τῶν ἐντὸς ἅμα καὶ τῶν ἐκτὸς ὡς εἰκὸς προνοούμενος, ὡς μὴ λύμην τινὰ ἐπισυμβῆναι ὀρόφῳ ναοῦ, οἰκήματος στέγει, τοῦ ξενῶνος περιβόλῳ, ἢ τῆς μονῆς τὰς ἑκασταχόθεν πενονηκυίας οἰκίας |114v| ἀναλαμβάνων, γῆς ἀφαίρησιν ἢ παρυφαίρεσιν, ἑτέρου τινὸς μείωσιν ἢ μὴν ἀχρείωσιν μὴ ἐπισυμβαίνειν παραχωρῶν, ἀλλ' ἀπρὶξ τῶν τῆς μονῆς ἀντεχόμενος καὶ ἐκθύμως προμηθευόμενος πιστὸς ὡς ἀληθῶς οἰκονόμος καὶ φρόνιμος ἂν . . . αινοιτο. . . . .

26. |9| . . . καὶ κοινοῦσθαι τῇ καθηγουμένῃ περὶ ὧν αὐτῷ χρεία τῶν προκρίτων συμπαρουσῶν μοναχῶν καὶ ἐφ' ἡμέρᾳ ῥητῇ καὶ ἐξιέναι πρὸ τοῦ ἀρίστου· εἰδ' ἔχει τι καὶ ἔτι ἐπάναγκες, ἔν τινι τῶν τοῦ ξενῶνος ἀριστᾶν οἰκημάτων καὶ δείλης αὖθις φοιτᾶν καὶ πρὸ ἑσπέρας ἀποχωρεῖν, μηδεμίαν |9v| φαύλης ὑποψίας χώραν διδούς.

27. Ἐπεὶ δ' ἐκλογῆς ἡγουμένης ἐμνήσθην καὶ διακονιῶν προχειρίσεως, μέτρι' ἄττα βούλομαι συμβουλεῦσαι ταῖς τῶν διακονιῶν ἀξιουμέναις καὶ μή· αἱ μὲν ἴστε ὡς ἀδόλῳ γνώμῃ καὶ προμηθείᾳ συντόνῳ ἐπειλῆφθαι |10| τῶν ἀνὰ χεῖρας ὀφείλετε· ὡς γὰρ παρ' αὐτῆς τῆς δεσποίνης καὶ θεομήτορος εἰληφυίαις, τοῦ Προδρόμου καὶ βαπτιστοῦ μεσιτεύσαντος, καὶ λόγον ταύτῃ μελλούσαις δοῦναι τῆς διοικήσεως, οὕτω τὰ ἐμπιστευθέντα διενεργεῖν ὑμῖν δίκαιον. Αἱ δ' ἀπραγμόνως ζῆν εἰλη|10v|χυῖαι τὸ καθ' αὑτὰς στέργειν καὶ ὑποτάσσεσθαι, ὡς καὶ ὁ θεῖος ὑμῖν ὑπαγορεύει Παῦλος, πείθεσθαι τοῖς ἡγουμένοις καὶ ὑπείκειν παρεγγυώμενος καὶ τὴν αἰτίαν ἀποδιδούς· αὐτοὶ γὰρ

---

14. ἀναλαμβάνειν *cod.* | 22. ὑποψίαν *corr.*, *prius* ὑποψίας? *cod.*

ἀγρυπνοῦσιν ὑπὲρ ὑμῶν καὶ λόγον ὑπὲρ τῶν ψυχῶν ὑμῶν ἀποδώσουσι· |11| καὶ ἕτερός τις θεῖος πατήρ· « εἰ λόγον ὑπὲρ ἡμῶν ἀποδοῦναι μέλλουσιν οἱ ἡμῶν ἐπιμελόμενοι, πῶς οὐχὶ κατὰ πάντα τούτοις καὶ ἡμεῖς ὑποταγησόμεθα; » χρεὼν μὲν γὰρ ταῖς προεστώσαις, αὐτῇ τε τῇ καθηγουμένῃ καὶ ταῖς ἐπειλημμέναις |11v| διακονιῶν ὑπερεχουσῶν, ὁμοφρονεῖν ἀλλήλαις καὶ ὑπὲρ τῶν κοινῶν φροντίζειν καὶ πάσας ὁμοῦ συντηρεῖσθαι πρᾴους, ἀοργήτους, φιλαλλήλους, εἰρηνικάς, πάντα δὲ τρόπον τὰ πρὸς σωτηρίαν ἑαυτῶν τε καὶ τῶν ἄλλων σκοπεῖν, ὡς |12| εὔοδα καὶ τὰ τῶν εὐχῶν ὑμῖν εἴη, ἃς ὑπέρ τε ἑαυτῶν ὑπέρ τε τοῦ χριστιανικοῦ πληρώματος καὶ ὑπὲρ αὐτῶν δὴ τῶν τῆς ὑμετέρας ταύτης κτητόρων μονῆς ἀναπέμπειν τέταχθε τῷ Θεῷ, τὰ ἑαυτῆς συνορώσης καὶ ἑαυτῆς μόνης ἑκάστης κατα|12v|γινωσκούσης, τὰ ἐν τοῖς ἰδίοις ὀφθαλμοῖς κάρφη κατανοούσης ὡσεὶ δοκούς, τὰς δὲ δοκοὺς τὰς ἐν ἄλλων ὀφθαλμοῖς ὡσεὶ κάρφη περιορώσης καὶ φαρισαϊκὴν διεκφευγούσης ἀπόνοιαν· εἰ δέ τις πταῖσμά τινος ἢ πάθος κατανοήσειε . . . .

. . . .

28. . . . |1| τῷ στήθει Χριστοῦ προσφιλὴς μαθητής· « ὁ Θεός », φησίν, « ἀγάπη ἐστὶ καὶ ὁ μένων ἐν τῇ ἀγάπῃ ἐν τῷ Θεῷ μένει καὶ ὁ Θεὸς ἐν αὐτῷ » . . . τῷ περὶ πλείστου Θεός τε καὶ Θεοῦ μαθηταὶ . . . γεῖν ἀγάπην πεποίηνται. Τί γὰρ δεῖ φύσιν λέγειν κοινωνικὸν |1v| ἀρχῆθεν ζῷον ἀπεργασαμένην τὸν ἄνθρωπον καὶ φιλάλληλον; δεῖ τοίνυν ὑμᾶς, ἀδελφαί, διώκειν μὲν τῆς ἀρετῆς τὴν ἀκρότητα, τῆς δὲ ὑψοποιοῦ μὴ ὑπερορᾶν ταπεινώσεως, τῆς δὲ ἀγάπης ὁλοψύχως ἀντέχεσθαι καὶ πάσας μὲν τὰς ἐν τῷ ἱερῷ τῷδε |2| περιβόλῳ τῆς αὐτῆς εὐλαβείας ἀντιποιεῖσθαι ὡς καὶ τῆς αὐτῆς κατὰ Θεὸν οὔσας προθέσεως, μᾶλλον δὲ τῶν ἄλλων τὰς περὶ τὸν ἱερὸν σηκὸν καὶ τὴν θείαν ὑμνῳδίαν ἀσχολουμένας, ἅτε καὶ λατρεύειν τῷ ὑπερουσίῳ καὶ ἀ|2v|παθεστάτῳ τεταγμένας Θεῷ καὶ τύπον ἀκραιφνῆ λαχούσας ἀγγελικόν· ἄνω μὲν γὰρ ὑμνοῦσιν ἐνθεώτερον ἄγγελοι, κάτω δὲ σεμνότερον τὰ πρὸς ὑμνῳδίαν ἐξειλεγμένα τῶν ἀνθρώπων συντάγματα, κἀκεῖνοι μὲν ἀδιαλεί|3|πτως οἱ δὲ συνεχέστερον,

1. Hebr. 13, 17. — 13. Matth. 7, 3. — 18. Iob. 4, 16.

2. ὑμῶν *cod.* | 4. ὑμεῖς *cod.* | 16. *unum saltem deest folium.*

κἀκεῖνοι ἀπαθῶς οὗτοι ἀκιβδήλως. Ἀλλ' εἴητε πᾶσαι Θεοῦ διὰ παντὸς μνήμην ποιούμεναι, ὡς καὶ ὁ θεῖος διδάσκει Βασίλειος· τοῦ γὰρ « μνημονευτέον Θεοῦ ἢ ἀναπνευστέον » αἱ ἀναγνοῦσαι πάντως ἢ καὶ |3ᵛ| ἄλλως διακούσασαι μέμνησθε.

29. Ὥρα δὲ λοιπὸν καὶ περὶ τῆς διαίτης φάναι τῶν μοναχῶν. Ὡς ὁ Θεῖος Σάβας διατυποῖ, οὕτω καὶ ψάλλειν οὕτω καὶ νηστεύειν ὑμᾶς βούλομαι, ταῦτ' ἐσθίειν τούτων ἀπέχεσθαι, ὧν ἀπείργει ἅπερ |4| ἐνδίδωσι, πάσας δὲ τῇ κοινῇ τραπέζῃ συνάγεσθαι καὶ μηδὲν ἐν τῇ κέλλῃ μήτ' ἔχειν μήτ' ἐσθίειν, εἰ μή τις διὰ νόσου βάρος συγχωρήσει τῆς προεστώσης ἐκ τοῦ ταμείου τὰ πρὸς χρείαν ἔχει λαμβάνουσα· ἐσθίειν δὲ ὡς μίαν ἢ σχεδὸν οὐδεμίαν |4ᵛ| ὅσον ἐπὶ τῷ θόρυβόν τινα καὶ ὄχλον ἐμποιεῖν, ὅλας δ' ἐξηρτῆσθαι τῆς ἀναγνώσεως, μιᾶς ὑπαναγινωσκούσης ὅπερ ἂν ἡ τὴν ἐκκλησιαρχίαν ἐμπεπιστευμένη ἐγκρίνειν ἔχοι. Ἀλλ' οὐδέ τι παρά τινός τις αἰτήσεται· πῶς γάρ, μήτ' ἐκείνην |5| ἔχειν μήτ' αὐτὴν ἰδιοῦσθαι ἐξόν; ἀρκούμεναι δ' ἔσονται τῷ κοινῷ ταμείῳ καὶ τῇ ὁσημέραι προτιθεμένῃ τροφῇ· ὡς δὲ κἀπὶ τῇ τάξει τῆς καθέδρας ἔχειν, ὡς μήτε προκαθεδρίας ἀμφισβητεῖν μήτε τροφὴν ἐνηλλαγμένην |5ᵛ| ζητεῖν διὰ γένους τυχὸν περιφάνειαν ἢ λόγου προτέρημα ἢ δοκούσης ἀρετῆς πλεονέκτημα ἢ χρόνου πρεσβεῖον ἢ χρημάτων ἢ κτημάτων προσαγωγὴν ἤ τι τῶν ὅσα φυσιοῖ τὸν ἄνθρωπον καὶ ἀποξενοῖ τοῦ Θεοῦ.

30. Ἱερουργεῖν δὲ τὴν ζωηφόρον |6| Χριστοῦ θυσίαν τετράκις τῆς ἑβδομάδος καὶ βούλομαι καὶ διακελεύομαι, ἅμα καὶ ἐν ἀμφοῖν τοῖν ναοῖν. Εἰ δὲ καὶ τῶν δεσποτικῶν τις ἑορτῶν παρεμπέσοι ἢ τῶν περιφανῶν τινος ἁγίων μνήμη, ἱερουργητέον καὶ τότε, πλὴν καὶ ταύτας |6ᵛ| ἀδιαλείπτως ἐκτελεστέον· ἄνευ γὰρ τῶν καθ' ἑκάστην κυριακὴν καὶ τῶν ἐπὶ ταῖς παρεμπιπτούσαις ἑορταῖς μελλουσῶν προσάγεσθαι θυσιῶν, τέτταρας κατὰ πᾶσαν ἑβδομάδα τελεῖσθαι διατυπῶ. Τεσσάρων δὲ ὄντων τῶν πρεσβυτέρων, ἀπροσκό|7|πως καὶ τὰ τῶν θυσιῶν τελεσθήσονται. Ἄρτους δ' ἐφ' ἑκάστῃ προσενεκτέον ὀκτώ, ἕνα μὲν δεσποτικόν, ἕτερον τῆς ἀειπαρθένου δεσποίνης καὶ θεομήτορος, ἄλλον εἰς ὄνομα τοῦ κατὰ τὴν ἡμέραν ἁγίου, ἕτερον

5. *in margine man. rec.* : περὶ τοῦ τιπικοῦ τοῦ ἁγίου Σάβα.

ὑπὲρ τῶν κεκοι|7v|μημένων μοναχῶν, ἄλλον ὑπὲρ τῶν κεκοιμημένων γονέων μου, ἕνα ὑπὲρ τοῦ περιποθήτου μου υἱοῦ τοῦ βασιλέως καὶ τῆς περιποθήτου μου νύμφης τῆς δεσποίνης, ἕτερον ὑπὲρ τῶν παίδων μου πάντων, καὶ ὑπὲρ ἐμοῦ γε αὐτῆς καὶ τῆς ἐμῆς μη|8|τρὸς ἕτερον· καθ' ἕκαστον δὲ τῶν σαββάτων καὶ σταυρία προσκομισθήσονται ὑπέρ τε τῶν προκεκοιμημένων γονέων μου καὶ παίδων καὶ τῶν κοιμηθησομένων εἰς νέωτα· πᾶσαν δὲ ἄλλην ὑμνῳδίαν θείαν κατὰ τὴν τοῦ θείου Σάβα |8v| πληροῦσθαι βούλομαι διατύπωσιν· ταύτην γὰρ ἐγκρίνει ἡ βασιλεία μου κοινοβιακῶς ζῆν ἑλομέναις ἁρμόζουσαν, μέσην τε χώραν ἐπέχουσαν καὶ βασιλικὴν ὁδὸν οἷον τυγχάνουσαν.

31. Εἰ δέ τινα ὁ ζῆλος ἐρεθίσει καὶ πλέον τούτου ποιεῖν, |13| οὐδὲν ἐντεῦθεν τὸ ἐμποδών· πλὴν τὰ διατεταγμένα ὑπὸ τοῦ θείου τοῦδε καθηγητοῦ ἐπάναγκες ταῖς μοναχαῖς ἡγουμένη πληροῦν θεσπίζω ζῆν κατ' αὐτήν. Εἰ δὲ καὶ σκληρά τισιν ἡ ὁδὸς δόξειεν, ἀλλ' αὕτη, μαθέτω, |13v| ἡ ἀπάγουσα εἰς τὴν ζωήν, αὕτη ἡ πρὸς τὴν διαιωνίζουσαν ἀπόλαυσιν προβιβάζουσα· οὐδὲν γὰρ τὰ παθήματα τοῦ παρόντος αἰῶνος πρὸς τὰ διαδεξόμενα ὡς ἐμάθομεν ἀγαθά. Εἰ δὲ καὶ τοῦτο δεῖ προσθεῖναι, τί ἂν πάθοι τις τῶν παθημάτων |14| ἀντάξιον, ὧν ὑπὲρ ἡμῶν ὁ δεσπότης καὶ δημιουργὸς πέπονθεν; ἐκεῖνος ὑπὲρ ἡμῶν τὸ αἷμα ἐξέχεεν, ἡμεῖς τὸν τῆς σαρκὸς ὄγκον κενώσωμεν· ἐκεῖνος θάνατον ὑπέμεινε βίαιον, ἡμεῖς τὸν προαιρετὸν μὴ ἐκφύγωμεν. Κακώθητι, |14v| τῶν πατέρων τις ἔφησε, καὶ ἀπόθανε, ὡς ἂν ζωῆς τύχοις τῆς κρείττονος. Ἄλλως τε καὶ ἅπερ ὁ θεῖος οὗτος εἰσηγεῖται πατὴρ τὴν μέσην ἔχοντα χώραν, οὔθ' οὕτως οἴομαι ἐκπιέσει, ὡς κατεπεῖξαι πρὸς θάνατον πρόωρον, οὔτ' ἀνέτως |15| πάντη συγχωρήσει βιοῦν, ὡς τῇδε μὲν κατασπαταλῆσαι, ἐκεῖσε δὲ τὸ « ἀπέλαβες » ἀκοῦσαι « τὰ ἀγαθά σου ἐν τῇ ζωῇ σου ». Ἀλλ' ὅπερ ἔφην καὶ αὖθις ἐρῶ, οὕτω καὶ τὰ πνευματικά, οὕτω καὶ τὰ σωματικὰ διιθυντέον, ὡς ὁ μέγας Σάβας διατυποῖ, Θεὸς δὲ |15v| ὑμῖν ἐπὶ τούτοις εἴη συνέριθος.

32. Ἐπεὶ δὲ σύνθετόν τι ὁ ἄνθρωπος καὶ σῶμα περίκειται τροφῆς τε χρῆζον καὶ σκέπης δεόμενον, νόμος δὲ θεῖος μὴ θανατᾶν μηδὲ

---

14. Matth. 7, 4. — 16. Rom. 8, 16. — 27. Luc. 16, 25.

20, 21. ὑμεῖς *cod.* | 22. ... ων τις *in ras.* | 31. ἐπεὶδε *cod.*

πρὸ ὥρας διαλύειν τὸν σύνδεσμον, δεῖν ἡγήσατο ἡ ἡμετέρα βασιλεία καὶ περὶ τῶν εἰς |16| χρείαν ἡκόντων ταῖς μοναχαῖς διαλαβεῖν, ἐδεσμάτων λέγω καὶ σκεπασμάτων καὶ ἑτέρου παντὸς περιβλήματος. Ἐν μὲν οὖν ἡμέραις, ἅς φασι λυτάς, τρίτῃ τε καὶ πέμπτῃ, σαββάτῳ καὶ κυριακῇ, δύο ἢ καὶ τρία ἐδέσματα, ὡς ἂν |16v| ἡ καθηγουμένη σὺν ταῖς προκρίτοις τῶν ἀδελφῶν διακρίνοιεν, προτιθέσθωσαν, ἃ μὲν ἐξ ἰχθύων, ἃ δὲ ἐκ τυροῦ καὶ ἐξ ὀσπρίων ἕτερα· ἐν δέ γε τῇ δευτέρᾳ δι' ὀσπρίων καὶ λαχάνων ἑψητῶν σὺν ἐλαίῳ καὶ ὀστρακοδέρμων, εἴπερ ἐν εὐπόρῳ τοῦτο τυγχάνοι καὶ ὁ |17| καιρὸς δίδωσιν· ἐν τετράσι δὲ καὶ παρασκευαῖς ἓν ἢ καὶ δύο ἐδέσματα διὰ λαχάνων τε καὶ ὀσπρίων, εἰ μὴ τῶν δεσποτικῶν παρατύχοι τις ἑορτῶν ἢ καί τινος τῶν μεγίστων ἁγίων θείων ἀποστόλων ἢ μαρτύρων περιβοήτων ἢ καὶ περιωνύμων ἱ|17v|εραρχῶν· τότε γὰρ ἴσως καὶ ἰχθυοφαγήσουσιν ἢ πάντως σὺν ἐλαίῳ τῆς τροφῆς μεταλήψονται. Ἐν δὲ ταῖς ἑορτασίμοις τῶν ἡμερῶν ἁβροτέρα εὐτρεπιζέσθω ἡ τράπεζα, ἰχθύων τε πληρούντων αὐτὴν καὶ τυρῶν καὶ γάλακτος, εἴπερ ὁ καιρὸς δί-|18|δωσι· ταῦτα δ' οὐκ ἄλλου τινὸς δηλοῖ χάριν ἡ βασιλεία μου ἀλλ' ἢ τὴν ἣν προτρέπω παράκλησιν ἐν διαφόροις τῶν ἡμερῶν καὶ μόνην τὴν τῶν ἐδεσμάτων αὔξην γνωρίζουσα· τά τε γὰρ ἄλλα καὶ τὴν ἐναλλαγὴν αὐτὴν τῆς τροφῆς, ξηροφαγίας τε |18v| ἥν φασιν, ἀγνοφαγίας, ἰχθυοφαγίας καὶ τῆς τῶν ᾠῶν καὶ τοῦ τυροῦ μεταλήψεως, κατὰ τὴν τοῦ θείου καθηγητοῦ, τὸν Ἱεροσολυμίτην φημί, περὶ οὗ δὴ καὶ εἰρήκειν, κατὰ τὴν αὐτοῦ διατύπωσιν πάντα οὐχ ὅτι γε τὰ τῆς θείας ὑμνῳδίας |19| ἀλλὰ καὶ τὰ τῆς τροφῆς καὶ τῆς πόσεως θεσπίζω στέργειν τε καὶ πληροῦν.

33. Συνθέτου δὲ ὄντος τοῦ καθ' ἡμᾶς κράματος καὶ νόσων ἐπισυμβαινουσῶν τῇ ταλαιπώρῳ σαρκί, δεῖν ἡγεῖται ἡ ἡμετέρα βασιλεία καὶ περὶ τῶν νόσοις περιπιπτουσῶν |19v| ἐκφάναι τὸ βουλητόν οὐχ ὑποπεσοῦνται αὐταὶ τῷ τυπικῷ, ἀλλ' ὡς ὁ ἰατρὸς εἰσηγήσεται καὶ ὁ πνευματικὸς ἀναφορᾶς πρὸς αὐτὸν γενομένης ἐνδώσει πατήρ, οὕτω δὴ καὶ ἑστιαθήσεται καὶ πόσει καταλλήλῳ τῷ νοσήματι χρήσεται· καὶ ἃ μὲν |20| πρόσεστι τῇ μονῇ, ἐκ τοῦ δοχείου τῆς μονῆς λήψεται, ἃ

---

1. προώρας *cod.* | 17. ἄλλου τινος *cod.* | 29. αὗται *cod.*

δ' αὖ ἐκ τοῦ ξενωνικοῦ ταμιείου, ἀφ' οὗ δῆτα καὶ ἐμπλάστρους καὶ καταδέσμους καὶ τὸ πρὸς χρείαν ἅπαν αὐτῇ· πλὴν δι' ἀσθένειαν ἀληθεύουσαν καὶ ὑγιείας ἀναγκαίας ἀνάκτησιν, οὐκ ἀσθενείας |20v| προσποίησιν καὶ περιττὴν σαρκὸς πρόθεσιν τὴν τοιαύτην βούλομαι παράκλησιν γίνεσθαι. Δι' οὐδὲν γὰρ ἄλλο θέλω τι τοῦ βραχυτάτου μέχρι παραβαθῆναι τῆς τοιᾶσδε διατυπώσεως.

34. Βαλανείου προσεπιτούτοις χρῆ|21|σις ταῖς πονήρως τοῦ σώματος ἐχούσαις οὐ κωλυθήσεται, ἀλλ' ὁσάκις ἂν ὁ ἰατρὸς προτρέπων εἴη, τοσαυτάκις ἀνεθήσεται παρὰ τῆς καθηγουμένης καὶ λούσεται καὶ ὑπηρέτισι μο|21v|ναχαῖς χρήσεται, ὁπόσας ἂν ἡ χρεία τοῦ νοσήματος ἀπαιτήσειε· τετράκις δὲ ἄλλως τοῦ ἐνιαυτοῦ χρῆσθαι τῷ βαλανείῳ τὰς μοναχὰς βούλομαι, καὶ μᾶλλον εἰ τυγχάνοιεν τὴν ἡλικίαν νεάζουσαι· τὰς γὰρ γηραλέας καὶ ἐξώρους |22| παραπλησίως ταῖς νοσούσαις τῷ τῆς μονῆς καθυπείκειν ἰατρῷ ἐπὶ πάσῃ διαίτῃ τε καὶ θεραπείᾳ ἡ ἡμετέρα βασιλεία διακελεύεται· ταῖς δ' εὖ ἐχούσαις τοῦ σώματος τετράκις λοῦσθαι τοῦ ἔτους. κατὰ τὴν ἀπόκρεων τῆς μεγίστης τῶν τεσσαρακοστῶν, κατὰ |22v| τὴν ἀπόκρεων τῆς τῶν ἁγίων καὶ πανευφήμων ἀποστόλων, κατὰ τὴν πρὸ τῆς κοιμήσεως τῆς ὑπεράγνου μου θεομήτορος καὶ κατὰ τὴν πρὸ τῆς τοῦ σωτῆρος ἡμῶν Χριστοῦ κατὰ σάρκα γεννήσεως.

35. Ἰατρὸς δὲ εἷς τῆς ἑβδομάδος ἅπαξ τῇ μονῇ παρα|23|βαλλέτω, πλὴν δὴ τῆς μεγίστης τῶν τεσσαρακοστῶν· τότε γὰρ καὶ αὐτῷ σὺν πᾶσιν ὁμοῦ τε καὶ πάσαις ταῖς ἔξωθεν οἱ πυλῶνες ἀσφαλῶς ἐπιζυγωθήσονται, εἰ μή τινι τῶν ἀδελφῶν νόσος ἐνσκήψειε καὶ συνεχεστέραν τὴν ἄ|23v|φιξιν ἀπαιτήσειε· τότε γὰρ καὶ καθ' ἡμέραν ἐπιστήσεται καὶ καθ' ἡμέραν τὴν κάμνουσαν ἐπισκέψεται καὶ ἐν αὐτῇ δῆτα τῇ τεσσαρακοστῇ τροφήν τε καὶ πόσιν τὴν πρόσφορον εἰσηγήσεται πρὸς τὸ νόσημα.

ιδ'.

|24| Περὶ διανομῆς ἀμφίων τῶν μοναχῶν.

36. Ἄμφια δὲ ταῖς μοναχαῖς ἃ μὲν κατ' ἐνιαυτὸν ἑκάστῃ διανεμέσθωσαν ἀποδιδούσαις τὰ ἑαυτῶν, ἃ δὲ καὶ δυοῖν παραδραμόντοιν

ἐνιαυτοῖν· καιρὸς δὲ τῆς διανομῆς καὶ τῆς ἀποδόσεως ἀπρίλλιος ἐσεῖται μὲν καὶ ὀκτώβριος, |24v| ὧν ἐν μὲν θατέρῳ τὰ πρὸς ἀμφίασιν μόνην καὶ περιβολὴν ἀναγκαῖα τοῦ σώματος, ἐν δέ γε τῷ λοιπῷ τὰ πρὸς βίαν συστῆναι χειμερινὴν καὶ πρὸς κρύος ἀντιπαλαμήσασθαι ἱκανά· καὶ τὰ μὲν κατ' ἔτος δοθησόμενα ταῦτα· χιτῶνες ἐκ ῥάκους δύο λευκοὶ |25| καὶ ἐπάνω φόριον ἐξ ἐρίου καὶ αὐτὸ ὄν· βλαυτῶν συζυγίαι τρεῖς, μία μὲν εὐρυτέρα καὶ ποδῶν ἱκανὴ περικεύθειν ἀναβολάς, δύο δὲ τοὺς πόδας μόνον φυλάττουσαι· περιστήθιον δὲ φακιόλιον καὶ μανδύας μετὰ δυοῖν ὅλων χρόνων παραδρομήν· |25v| δοθήσεται μὲν οὖν τὰ μὲν τούτων κατ' ἔτος, τὰ δὲ καὶ δυοῖν παριππευσάντοιν ἐνιαυτοῖν, ἀποδιδομένων εἰς τὸ δοχεῖον τῶν τετριμμένων καὶ παλαιῶν ὡς προείρηται· καὶ τοῦτο μὴ παραλιπεῖν δίκαιον, τῶν ἀναγκαι|26|οτάτων δὲ μᾶλλον καὶ τηρεῖσθαι δέον εἰς ἀπαράβατον, εἴγε τῶν ἀναγκαίων ἐνθέως πανηγυρίζειν καὶ ἱερῶς ἐμφαιδρύνεσθαι.

ιε'.

Περὶ τοῦ πῶς ἐκτελεῖσθαι δεῖ ἐν τῇ μονῇ τὴν ἑορτὴν τῆς γεννήσεως τῆς Θεοτόκου καὶ περὶ τῆς ἑορτῆς τῶν γενεθλίων τοῦ Προδρόμου καὶ περὶ τοῦ κηροῦ καὶ τοῦ ἐλαίου καὶ τῆς λοιπῆς ἐξόδου.

37. |26v| Ἑορταστέον πνευματικῶς τῶν θεηγόρων τις παρεγγυᾶται μυσταγωγῶν καὶ ὁ θεοπάτωρ Δαυΐδ· «ἠγάπησα, φησίν, εὐπρέπειαν οἴκου σου καὶ τόπον σκηνώματος δόξης σου»· ἑορταστέον τοίνυν ὑμῖν ἐνθέως ἅμα καὶ εὐπρεπῶς· καὶ δὴ πρὸ τῶν ἄλλων περὶ τῆς κατὰ τὸ γενέθλιον εἰρήσθω |27| τῆς θεομήτορος. Ἐξαιρείσθωσαν τοῦ μέσου αἱ συνήθεις ἐξ ὑάλου φωταγωγοί, διαρτάσθωσαν ἀργυραῖ ὅσαι τε χυτροειδεῖς καὶ μονούμεναι καὶ ὅσαι δήπουθεν μικραῖς τε καὶ συχναῖς ἄλλαις περικυκλούμεναι, καὶ ἐλαίου πᾶσαι πληρούμεναι καθαροῦ ἐναπτέσθωσαν, κηροί τε |27v| αὐτάρκεις τῶν ἐν μετεώρῳ τοῦ

---

23. Psalm. 25, 8.

3. ἀναγκαίαν *cod.* | 6. ὄ K, ἐν *cod.* | 10. κατέτος *cod.*

βήματος εἰκόνων ἐπίπροσθεν, σταθμὸν οὐγγιῶν ἕλκων ἕκαστος ἕξ· ἐν δ' αὖ γε τοῖς κάτω φωτοφόροις ὀβελίσκοις — ὀβελισκολυχνία τινὲς ὠνομάκασι, μανουάλια δὲ καλεῖν σύνηθες· ἅττα δὴ τῆς προκειμένης εἰς προσκύνησιν ἁγίας εἰκόνος τῆς δεσποίνης |28| καὶ θεομήτορος προτεθήσονται, λαμπάδες μὲν ὁλκὴν λίτρας φέρουσαι καὶ κηροὶ περὶ αὐτὰς τεττάρων οὐγγιῶν ῥοπὴν ἔχοντες· οἱ δὲ λοιποὶ τούτων — εἴκοσι γὰρ καὶ τεττάρων ὄντων, εἴκοσιν ἐξ αὐτῶν τῷ παλαιῷ ναῷ ἀρκέσουσιν, οἱ δὲ λοιποὶ τέτταρες τῷ νέῳ περιλειφθήσονται· |28v| τούτοις οὖν λαμπάδες ἐμπαγήσονται λιτρῶν ἓξ πεποιημέναι καὶ κηροὶ ἓξ ἰσαρίθμων ἱστάμενοι οὐγγιῶν· κἀν τοῖς τάφοις καὶ ὅπῃ δήπου ὀφείλουσιν ἵστασθαι, τετραούγγιοι στήσονται ξυλαλόης· εἴς τε τὸν ἑσπερινὸν ὕμνον καὶ τὴν παννύχιον τελετὴν καὶ αὐτὴν δῆτα τὴν ἱερὰν ἁγιστείαν |29| οὐγγίαι δύο ἐπιδιδόσθωσαν· αἵ τε δὴ ἔνδον τοῦ βήματος αἵ τε ἐν τοῖς μύαξί τε καὶ πτερυγίοις καὶ πανταχόσε τοῦ ναοῦ φωταγωγοὶ διακαθαιρόμεναί τε καὶ ἀρτυόμεναι ἐναπτέσθωσαν.

38. Τὰ αὐτὰ δὲ καὶ κατὰ τὴν γενέθλιον ἑορτὴν τοῦ τιμίου Προδρόμου καὶ βαπτιστοῦ ἀπαρα|29v|ποιήτως ἀναλούσθωσάν τε καὶ ἐκτελείσθωσαν. Διαδιδόσθω τῷ τότε πρὸ τῶν πυλώνων τοῖς κατὰ Χριστὸν ἀδελφοῖς μεδίμνων ἄρτοι τριῶν καὶ τραχέα νομισμάτων ἕξ, καὶ εἰς ὀψώνιον τὰ ἀρκοῦντα νομίσματα, ὡς ὁ καιρός τε ἂν ἀπαιτοίη καὶ |30| ἡ καθηγουμένη σὺν ταῖς ἀδελφαῖς ἐπικρίνοιεν. Τὰ αὐτὰ δὲ ἀπαραλλάκτως κἀν τῷ τοῦ θείου Προδρόμου καὶ βαπτιστοῦ γενέσθωσάν τε καὶ ἀναλούσθωσαν. Ἐν δέ γε τῇ τῆς κοιμήσεως τῆς δεσποίνης μου Θεοτόκου καὶ ἐν αὐτῇ τῆς τοῦ σωτῆρος μεταμορφώσεως καὶ τῆς κατὰ σάρκα γεννήσεως καὶ τῇ λαμπρᾷ |30v| τῶν φώτων ἡμέρᾳ καὶ τῇ τῆς ἐκ νεκρῶν ἀναστάσεως, ὡς ἂν ἡ καθηγουμένη καὶ αἱ πρόκριτοι τῶν ἀδελφῶν ἐπικρίνοιεν, τὰ τῶν τελετῶν ἐκπληρούσθωσαν. Ὡς δὲ κἀν ταῖς τῶν ἁγίων μνήμαις τῶν περιβοήτων ἐν ὁσίοις τῶν περιωνύμων ἐν μάρτυσιν . . . .

. . . .

---

30. *unius versus spatium relictum est et scripsit manus recens* : λείπει.

ις'.

|57| Περὶ τοῦ μὴ ψάλτας συγκαλεῖν ἐν τῇ μονῇ.

39. Ψαλτῳδοὺς δὲ τοὺς οὑτωσί πως καλλιφώνους καλουμένους ἐν οὐδεμιᾷ τῶν ἑορτῶν ἐπιχωριάζειν διακελεύομαι, ἀλλ' αὐταὶ μόναι καθ' ἑαυτὰς αἱ μοναχαὶ σὺν τοῖς ἐναποτεταγμένοις τῇ μονῇ πρεσβυτέροις τὰ τῶν ὑμνῳδιῶν ἐκπληρούτωσαν· κατὰ δὲ |57v| τὴν τῆς γεννήσεως ἑορτὴν τῆς ὑπεράγνου μου δεσποίνης καὶ θεομήτορος, ὅτε δὴ καὶ ἐπιδημεῖν ὁ βασιλεὺς μέλλει, οἱ ἐναποκεκληρωμένοι καλλίφωνοι ἀκωλύτως προεισελεύσονται καὶ ἐξιόντος τοῦ βασιλέως μηδὲν μηδ' ὁπωσοῦν βραδύναντες ἐξελεύσονται· νυχθημερινὰ δὲ φῶτα τοῖν θείοιν τάδε ναοῖν ἐναπτέ|58|σθωσαν· ἐν μὲν τῷ τῆς ὑπεράγνου μου Θεοτόκου ἔνδον μὲν τοῦ ἀδύτου φωταγωγὸς διηνεκῶς φαίνουσα καὶ λαμπὰς ἐκτὸς οὑτωσί πως συνήθως καλουμένη ἀκοίμητος· ἐν δὲ τῷ τοῦ τιμίου μου Προδρόμου καὶ βαπτιστοῦ ἐν μὲν τῷ ἀδύτῳ φωταγωγός, ἐν δὲ τῷ ναῷ λαμπάδες πέντε παραπλησίως φαίνουσαι, |58v| ἡ μὲν τῆς εἰκόνος τοῦ βαπτιστοῦ ἔμπροσθεν, ἡ δ' ἐπιτάφιος ἐμοῦ τε καὶ τῶν ἐμῶν παίδων, ὅσων ὁ τάφος ἐνθάδε περικεκλείσεται. Κατὰ δὲ τὸν ὁσημέραι τῆς ὀρθρινῆς τε καὶ ἑσπερινῆς δοξολογίας καιρὸν καὶ ἐν αὐτῇ τῇ θείᾳ ἱεροτελεστίᾳ φωταγωγοὶ λαμπάδες τε καὶ κηροί, ὁπόσους ἂν ἐπικρίνειν ἡ καθηγουμένη σὺν ταῖς προκρίτοις ἔχοι τῶν ἀδελφῶν· |59| ἀνάλογοι γὰρ πρὸς τὴν ἡμέραν ἀφθήσονται.

ιζ'.

Περὶ τοῦ πῶς μέλλει διάγειν ἐν τῇ μονῇ εἴπερ τις τῶν θυγατέρων ἢ τῶν ἐγγόνων ἢ τῶν ἄλλως προσηκουσῶν τῇ δεσποίνῃ ἀποκαρῇ.

40. Ἐπεὶ δὲ τῶν ἐφετῶν παντὶ δήπου τυγχάνει τῶν εὐσεβῶν ἡ τοῦ κόσμου καὶ τῶν κοσμικῶν πραγμάτων ἀποταγή, ἀρραβών τις

20. ἐπικρίνοιεν *cod.*

οὖσα τῆς |59v| μελλούσης ἀπαθείας καὶ τῆς δι' αὐτῆς καὶ ἐξ αὐτῆς ἀπολαύσεως, καὶ πάντες τε καὶ πᾶσαι δι' εὐχῆς αὐτοῦ τυχεῖν τίθενται καὶ ὡς ἐκ ζάλης τοῦ βίου πρὸς λιμένα φθάσαι σωτήριον κατεπείγονται, εἰσὶ δὲ κἀμοὶ χάριτι τοῦ οἰκτίρμονος καὶ αὐταγάθου Θεοῦ θυγατέρες καὶ ἐγγόναι, καὶ περὶ τούτων ἐρεῖν εἰ ἐν καιρῷ ποτε προσέλθοιεν |60| τῇ μονῇ βούλομαι. Εἰ μὲν τῶν ἐμῶν τις θυγατέρων, δύο δὲ αὗται τῷ βίῳ περιειλείφθησαν, εἰ οὖν ἐξ αὐτῶν τις εἰς γῆρας ἐληλακυῖα ἢ καὶ ἄλλως τῷ ὁμευνέτῃ κρεῖττόν τι συμφρονήσασα τὴν μοναδικὴν ἕλοιτο, τεττάρων ἀδελφῶν χρειώδη χορηγεῖσθαι ταύτῃ διακελεύομαι· καὶ εἰ μέν τινας |60v| τῶν τῆς μονῆς εἰς ὑπηρεσίαν προσδέξοιτο, ἰδιάζειν δὲ ἄλλως βούλοιτο, ἀποτετάχθων τρεῖς |Γ0v| ἐς αὐτὴν ἃς ἂν ἡ προεστῶσα σὺν ταῖς προκρίτοις τῶν μοναχῶν ἀπολέξοιτο· εἰ δέ πως ἴδιαι συναποκαρῶσιν αὐτῇ, τὰ ἀνήκοντα καὶ πάλιν ταύταις ἐπιδοθήσεται· αὐτὴ δὲ εἰ μὲν καθυπείκειν |31| αἱρεθείη τῷ τυπικῷ καὶ τῇ κοινῇ τραπέζῃ συνάγεσθαι, τῷ Θεῷ χάρις· τοῦτο γὰρ ὄντως τέλειον, τοῦτο Θεῷ φίλον, τὸ παντάπασιν ὑποταγῆναι καὶ πρὸς ἀλήθειαν τὸν κοσμικὸν ἀποστραφῆναι τῦφον καὶ τὴν ὑψοποιὸν ἑλέσθαι ταπείνωσιν, διηνεκῶς εἰς νοῦν περιστρέφουσαν τὸ « ἐταπεινώθην, καὶ ἔσωσέ με ὁ κύριος ».

41. Εἰ δ' |31v| ἀσθενείας προσισταμένης καθ' ἑαυτὴν ζῆν ἐθελήσειε τῇ ἐκκλησίᾳ μόνον συναγομένη, εἰ μὲν ἔχει τὰς ἰδίας, τὰ αὐτὰ καὶ πάλιν αὐταῖς ἐπιχορηγηθήσεται· εἰ δ' οὖν, αὐτή τε καὶ μία ἣν ἂν αὐτὴ βούλοιτο τὴν συνδιαγωγὴν ἕξουσι, δύο τε ἄλλαι, εἰ χρείαν αὐτῶν ἔχειν ἐρεῖ, τετάξονται καθυπηρε|32|τεῖν καὶ τὸ πρὸς χρείαν ἅπαν οἰκονομεῖν· εἰ δὲ τῶν ἐγγόνων δύο ταύτῃ συνέσονται ἢ καὶ ἄμφω ἴδιαι ἢ καὶ ἄμφω ἐκ τῆς μονῆς ἢ μία μὲν ἰδία ἑτέρα δ' ἐκ τῆς μονῆς, αἷς κἂν ὅπως ἄρα καὶ συναποταχθεῖεν αὐτῇ, τὰ ἀνήκοντα τῶν ἀδελφῶν ἑκάστη καθ' ἑκάστην χορηγηθήσεται· τῶν δὲ προσηκουσῶν |32v| τις καθ' αἷμα τῇ βασιλείᾳ μου ἢ καὶ τῶν ἄλλως περιφανῶν εἰ προσελεύσεται γυναικῶν, μίαν ἕξει ἢ ἰδίαν καὶ αὐτὴ ἢ τῶν τινα τῆς μονῆς, λήψεται δὲ καὶ αὕτη καθ' ἡμέραν, εἰ μὴ τῇ τραπέζῃ συνάγεσθαι βούλοιτο, αὐτάρκη δυοῖν ἀδελφαῖν ἐπιτήδεια.

---

18. Psalm. 114, 6.

5. ἔγγοναι *cod.* | 26. *corr. rec.* ἀτέρα. | 30. αὔτη *cod.*

ιη'.

Περὶ τοῦ πῶς τε καὶ ποῦ δεῖ θάπτεσθαι παῖδας τῆς |33| δεσποίνης ἢ ἐγγόνους.

42. Ὥρα δὴ μνησθῆναι καὶ τελευτῆς, ἐπείπερ οὐδείς ἐστιν ὃς ζήσεται καὶ οὐκ ὄψεται θάνατον· καὶ γοῦν περὶ ἐμοῦ πρώτης, ὅπῃ τέ μου καὶ ὅπως τὸν νεκρὸν κατατεθῆναί μοι βουλητόν, τοῖς ἐξ ἐμοῦ καὶ μετ' ἐμὲ δῆλον ἀπάρτι ποιήσομαι· ἐν δεξιᾷ μὲν εἰσιόντι |33v| τὸν τοῦ Προδρόμου νεὼν ὁ νεκρὸς τῆς ἐμῆς προκατατεθείς ἐστι θυγατρός, μετὰ δὲ τὴν μεταξὺ πύλην ὁ ἐμὸς καὶ τῆς ἐμῆς τιμίας μητρὸς ἐγερθήσεται· οὐδὲ γὰρ ἀνέχομαι διαστῆναι ταύτης καὶ μετὰ θάνατον· μετὰ δέ γε τῶν ἐμῶν τε παίδων ὅστις ἂν |43| ἐπιτάξειε περιὼν ἐνθάδε καταπεσεῖν, καὶ τῶν ἐπὶ θυγατράσι γαμβρῶν, προσηκόντως κατατεθήσεται. Ὡς δὲ υἱωνοί τε καὶ ἐγγόναι, νύμφαι τε καὶ ἐπ' ἐγγόναις γαμβροί· ὧν ὑπὲρ πάντων ἐτησίως μνημόσυνα τελεσθήσεται. Τὸ δ' αὖ ἀντικρὺ καὶ ἐξ εὐω|43v|νύμων τῷ πρὸς τὸν παλαιὸν ἐντεῦθεν ἀπιόντι τῆς Θεοτόκου σηκὸν παρεθήσεται ἅπαν καί, ὅπερ ἄν μου τῷ υἱεῖ καὶ βασιλεῖ δόξειεν, ἐπὶ τούτῳ γενήσεται.

ιθ'.

Ἀπαρίθμησις τῶν κτημάτων.

43. |44| Λοιπὸν τοίνυν ἡμῖν καὶ περὶ τῶν ἀνατιθεμένων κτημάτων ἐρεῖν, ἃ καὶ ἀνεκποίητα διατηρεῖσθαι ταύτῃ θεσπίζω καὶ εὔχομαι, κἂν οἵᾳπερ ἂν περιστάσει ἐγκύρσειεν ἡ μονή· κἂν γὰρ — ὅπερ ἀπεύχομαι — στενωθείη τὰ τῶν εἰσόδων αὐτῇ ἢ ἐξ ἀφορίας |44v| καιρῶν ἢ καὶ βαρβάρων ἐπιδρομῆς, οὐκ ἐκθήσονταί τι τῶν κτημάτων, ἐκδοῦσαι δέ τι τῶν κειμηλίων τὸν καιρὸν ὅ φασιν ἐξωνήσονται, ὀφείλουσαι τοῦτο μετὰ χρόνων αὖθις περίοδον ἀγαθῶν, εἰ μὴ κρεῖττον ἀλλὰ ταὐτὸν πάντῃ περιποιήσασθαι.

---

5. Psalm. 88, 49. — 25. Cf. Ephes. 5, 16.

13. ἔγγοναι νύμφαί τε *cod.*

44. <T>ὰ δὲ κτήματα, ἃ μὲν ἡ βασιλεία μου ἀνατίθησι, ταῦτα. Ἀπὸ τῶν διὰ χρυ|45|σοβούλλου δοθέντων μοι κτημάτων παρὰ τοῦ περιποθήτου μου υἱοῦ τοῦ εὐσεβεστάτου βασιλέως τὸ περὶ τὸ θέμα Περγάμου διακείμενον κτῆμα τὸ ἐπονομαζόμενον Καστέλλου εἰς χρυσίνους ποσούμενον πεντήκοντα πρὸς τοῖς τριακοσίοις· καὶ ἀπὸ τοῦ Ἀχιλλείου καὶ τοῦ Βαρέος τῶν λόγῳ κληρονομίας εἴς τε |45v| τὴν ἁγίαν μου μητέρα καὶ ἐμὲ περιελθόντων ἐκ προγόνων κτημάτων ἀπόμοιραν νομισμάτων τριακοσίων· ὧν τῇ ποσότητι καὶ τὸ ἐκεῖσε συναριθμεῖται βιβάριον· ἐπέκεινα δὲ τούτων καὶ μύλωνα τὸν ἐπιλεγόμενον τῆς Θερμηνῆς ἀπὸ τῶν δικαίων ὄντα τῶν αὐτῶν γο|46|νικῶν κτημάτων· πρὸς δὲ καὶ τὸ ἀμπέλιον τοῦ Ἐμποριανοῦ ἐξ ἀγορασίας ἡμῖν περιελθὸν καὶ συναφθὲν τοῖς δικαίοις τῶν ἡμετέρων γονικῶν κτημάτων· περί που τὰ αὐτὰ κτήματα ζευγηλατεῖον ἐπιλεγόμενον τὴν Κυθρίναν μετὰ τῶν |46v| δικαίων αὐτοῦ, τοῦτ' ἔστιν ἀμπελίου μοδίων τριακονταδύο, περιβολίου μοδίων εἴκοσι, κηπωρείου μοδίων δέκα, γῆς μοδίων τριακοσίων ἐννενήκοντα καὶ μύλωνος δυοφθάλμου ὁλοκαιρινοῦ περὶ τὴν Ἄναιαν, τὰ μὲν ἐξ ἀγορᾶς τάδ' ἀπὸ βελτιώσεως καὶ συστάσεως ἀμπέλια μοδίων |47| ἑκατὸν τεσσαρακονταπέντε, κηπωρεῖα μοδίων ἑκατὸν πεντήκοντα, γῆν μοδίων τριακοσίων πεντήκοντα καὶ οἰκήματα οὑτωσί πως ἐγχωρίως ὀνομαζόμενα ἐνοικικὰ δεκατέσσαρα.

45. Περὶ τὸν Κορδολέοντα ἐν τῷ κατεπανικίῳ τῆς Σμύρνης γῆν μοδίων πεντακοσίων ἐξωνηθεῖσαν |47v| ἀπὸ τοῦ Ἀβαλάντου· περὶ τὸ Φιλοπάτιον πλησίον τῆς Κωνσταντινουπόλεως γῆν μοδίων δισχιλίων· πρὸς τούτοις καὶ τὰ ἐντὸς τῆς Κωνσταντινουπόλεως ἐξ ὠνήσεως ἐπικτηθέντα μοι οἰκήματα, τὰ τοῦ Βατραχωνίτου δηλαδὴ περὶ τὴν τοποθεσίαν τῶν Κυνηγῶν σὺν τοῖς τοῦ Γαβρᾶ, τὸ πλησίον |48| τῆς πύλης τῶν Κυνηγῶν ἐργαστήριον, τὸ τοῦ Χαβάρωνος πλησίον τῶν Βλαχερνῶν, τὰ εἰς τὰ Τζοχαρεῖα τῆς βασιλικῆς πύλης ἐξωνηθέντα ἀπὸ πισσαίου Συρίου Μαφρὲ ἐπικαλουμένου, τὰ τοῦ Εὐλογίου Ἰωάννου ὄπισθεν ὄντα τοῦ λατινικοῦ ναοῦ τοῦ εἰς ὄνομα τῆς ὑπεραγίας Μαρίας |48v| τιμωμένου, πλησίον δὲ αὐτῶν καὶ τὰ τοῦ ἄρχοντος

1. ἁ δε *cod.* | 14. τουτέστιν *cod.* | 22. κατεπανοικίῳ *cod.* | 24. δυσχιλίων *in ras.*

τῆς θυμέλης καὶ τὰ τούτων σύνεγγυς τοῦ Σαμψών, ἰδίᾳ δὲ καὶ τούτων ἐπέκεινα καὶ τὸ εἰς τὴν Ὡραίαν πύλην ὡρεῖον.

46. Καὶ ταῦτα μὲν πάντα ἰδίᾳ ἐν τῇ μονῇ· ἃ δὲ καὶ χάριν θεραπείας καὶ κυβερνήσεως τῶν ἐν τῷ ῥηθέντι ξενῶνι ἀσθενῶν, ταῦτα. |43| Ἀπὸ τῶν δοθέντων μοι διὰ χρυσοβούλλου κτημάτων παρὰ τοῦ περιποθήτου μου υἱοῦ τοῦ βασιλέως μερίδα νομισμάτων ἑξακοσίων, ἤγουν περὶ τὴν Κωνσταντινούπολιν χωρίον τὸ ἐπιλεγόμενον αἱ Νύμφαι, οὗ τὸ διὰ παροίκων καὶ διὰ γῆς νομίσματα διακόσια ἑξήκοντα, μύλωνες δύο περὶ τὴν |43ᵛ| Ἀφάμειαν εἰς νομίσματα τριάκοντα δύο, ἤτοι ὁμοῦ τὰ τῶν Νυμφῶν καὶ τὰ τῶν μυλώνων τῆς Ἀφαμείας νομίσματα διακόσια ἐννενηκονταδύο, ἕτερον χωρίον τὸ Σκοτεινὸν περὶ τὴν Μακεδονίαν διακείμενον, οὗ τὸ διὰ παροίκων νομίσματα ἑκατὸν τριάκοντα καὶ ὀκτώ, τὰ διὰ μυλώνων τεσσάρων |34| νομίσματα ἑβδομήκοντα καὶ διὰ γῆς μοδίων δισχιλίων ἑξακοσίων νομίσματα ἑκατόν, ὁμοῦ καὶ τὰ τοῦ Σκοτεινοῦ νομίσματα τριακόσια καὶ ὀκτώ.

47. Πρὸς τούτοις καὶ τὰ εἰς τὸ Λοπάδιον κτήματα τοῦ Λαχανᾶ ἤτοι ἀμπέλιον μοδίων τριάκοντα, γῆν μοδίων ὀκτακοσίων ἑξήκοντα, μύλωνα |34ᵛ| χειμερινὸν καὶ ἑτέρου μύλωνος μερίδα ἡμίσειαν καὶ τὰ οἰκήματα ἐκείνου· καὶ ταῦτα μὲν τὰ κτήματα τῇ ῥηθείσῃ μονῇ τῆς πανυπεράγνου μου δεσποίνης καὶ θεομήτορος καὶ τῷ παρ' αὐτῇ ξενῶνι ἀφιέρωσεν ἡ βασιλεία μου, ἃ καὶ ὀφείλουσιν εἶναι ἀναφαίρετά τε καὶ ἀναπόσπαστα, ὡς καὶ διὰ |35| χρυσοβούλλου αὐτοῦ ὁ περιπόθητός μου υἱὸς ὁ εὐσεβέστατος βασιλεὺς ἐστήριξέ τε καὶ ἐβεβαίωσεν

48. Ἃ δὲ ἡ τιμία μου μήτηρ προσαφιέρωσε, ταῦτα. Περὶ τὴν Κωνσταντινούπολιν εἰς τὸ χωρίον τὰ Ἐννακόσια διὰ παροίκων χρυσίνους ἐννενηκονταπέντε, τὰ τοῦ χωρίου τοῦ Πλάκου ὁμοίως διὰ παροίκων |35ᵛ| νομίσματα ἑξηκονταέξ, καὶ τὰ τοῦ Καλοῦ Νεροῦ νομίσματα πεντήκοντα καὶ ὀκτώ, καὶ δι' ἐξαλειμματικῆς γῆς τῶν τοιούτων τριῶν χωρίων μοδίων οὔσης πεντακοσίων νομίσματα δεκαοκτώ, ἑτέραν ἐξαλειμματικὴν γῆν περὶ τὸ ῥηθὲν χωρίον τὰ

---

24. ἐστεριξε ? *cod.* | 26. μοι *cod.*

Ἐννακόσια κάτωθεν τῆς πλακωτῆς |36| ὁδοῦ μοδίων χιλίων τετρακοσίων εἰς νομίσματα τεσσαρακονταδύο, εἰς τὸ αὐτὸ χωρίον τὰ Ἐννακόσια μύλωνα εἰς νομίσματα ὀκτώ, τὴν ἐκεῖσε σκάλαν εἰς νομίσματα δέκα, περὶ τὸ Μαρτινάκιον γῆν μοδίων ἑπτακοσίων εἰς νομίσματα εἴκοσι καὶ ὀκτώ, ὁμοῦ |36v| τὰ τῶν εἰρημένων τριῶν χωρίων σὺν πάσῃ τῇ διαληφθείσῃ γῇ νομίσματα τριακόσια τεσσαράκοντα καὶ τέσσαρα· ἐν τῇ τοποθεσίᾳ τῆς ἁγίας Ἄννης γῆν μοδίων τρισχιλίων, περὶ τὸν Ἐμπυρίτην εἰς τὰ Παλατίτζα γῆν μοδίων διακοσίων, περὶ τὸ Καμηλογέφυρον μύ|37|λωνας δύο, περὶ τὸ θέμα Σηλυβρίας εἰς τὸ χωρίον τοῦ Ἀποδρουγγαρίου ἑτέρους μύλωνας δύο.

49. Ἐντὸς τῆς Κωνσταντινουπόλεως τὰ παρ' αὐτῆς τῆς μονῆς δεσποζόμενα, ἀμπέλιον μοδίων ἑκατὸν εἴκοσι καὶ πέντε, κηπωρεῖα ἐν διαφόροις τόποις μοδίων τεσσαράκοντα, |37v| ἕτερον κηπωρεῖον εἰς τοῦ Βλάγγα μοδίων δεκαπέντε, ἕτερον τὸ ἐπιλεγόμενον τοῦ Ντζεφρὲ μοδίων τεσσαράκοντα, περὶ τὸν Γαλατᾶν ἀμπέλιον μοδίων ἑκατὸν δώδεκα καὶ κηπωρεῖον μοδίων τριῶν, ὁμοῦ ἀμπέλιον μοδίων διακοσίων τριάκοντα καὶ ἑπτά, καὶ κη|38|πωρεῖα μοδίων ἐννενήκοντα καὶ ὀκτώ, μύλωνας ἓξ ἐκ νέου ἀνεγερθέντας περί που τὴν σεβασμίαν μονὴν τοῦ Παντεπόπτου καὶ ἐκτὸς περὶ τὸ τεῖχος τοῦ Φαναρίου, ὀσπήτια περὶ τὰ Τζοχαρεῖα ἐξ ἀγορασίας περιελθόντα καὶ ἐπικτηθέντα αὐτῇ ἀπὸ τοῦ |38v| Νικολέζου, ἕτερα ὀσπήτια δύο περὶ τὴν Ὡραίαν πόρταν ὁμοίως ἐξ ἀγορασίας καὶ ταῦτα περιελθόντα αὐτῇ ἀπὸ τῆς Χρηστίνης, ἕτερα ὀσπήτια δέκα περὶ τὴν τοποθεσίαν τῶν Βλαχερνῶν, ὡσαύτως ἕτερον ὀσπήτιον ἀνώγεων πλησίον τῶν ἐν Βλαχέρναις |39| παλατίων περὶ τὰ Νικητιάτου, τὸ ἥμισυ τοῦ ἀγροῦ τοῦ Διαβατηνοῦ ἔχον δένδρα ἐλαϊκὰ ἑκατὸν δώδεκα, ὡσαύτως καὶ τὸ ἥμισυ τοῦ ἀγροῦ τοῦ Μαγίστρου ἔχον ὁμοίως ἐλαϊκὰ δένδρα διακόσια δέκα ἃ μέχρι τοῦ παρόντος παρὰ τῆς αὐτῆς |39v| σεβασμίας μονῆς τυγχάνουσι δεσποζόμενα, ἕτερα ἐλαϊκὰ δένδρα περὶ τὴν Νικομήδειαν τὰ καὶ δι' ἀπογραφικῆς παραδόσεως τοῦ πανσεβάστου κριτοῦ τοῦ θεοφρουρήτου φοσσάτου τοῦ Χειλᾶ προσόντα τῇ αὐτῇ μονῇ καὶ μονύδριον περὶ τὸ Σκουτάριον τὸ ἐπ' ὀνόματι τιμώμενον |40| τοῦ ἁγίου μου

---

14. τουντζεφρὲ *cod.*

μεγαλομάρτυρος Γεωργίου καὶ ἐπιλεγόμενον Τράπεζα τὸ ἀπὸ προσενέξεως τῆς μοναχῆς Ἰζακαλίνης τῇ αὐτῇ σεβασμίᾳ μονῇ προσκυρωθέν.

κʹ.

Περὶ τοῦ ξενῶνος καὶ τοῦ ἐν αὐτῷ ἱερέως καὶ τῶν λοιπῶν.

50. |40v| Ἐπεὶ δ᾽ ἔφθην εἰρηκυῖα τὸν ἐχόμενα τῆς μονῆς νεουργηθέντα μοι ξενῶνα ἀδιαίρετον εἶναι τῆς μονῆς, δέον γνωρίσαι καὶ ἃ διατηρεῖσθαι καθάπαξ ἐν αὐτῷ βούλομαι. Τὰ μὲν γὰρ κτήματα κοινά τε τῇ μονῇ καὶ τῷ συνημμένῳ ταύτῃ ξενῶνι προσεκυρώσαμεν ὀφειλούσης τῆς |41| προϊσταμένης τῆς μονῆς καὶ τοῦ οἰκονόμου τῶν τῆς μονῆς οὐχ ἧττον προνοεῖσθαι τῶν ἐν τῷ ξενῶνι νοσουσῶν ἢ τῶν ἐν τῇ μονῇ διατριβουσῶν. Βούλομαι καὶ διακελεύομαι κλίνας μὲν ἐναποτετάχθαι δυόδεκα καὶ τῶν ὑπουργῶν εἵνεκα τρεῖς· χρόνῳ δὲ μετὰ χρόνον τὰς ἐπὶ τοῖσδε στρω|41v|μνὰς καὶ τὰ ἐφαπλώματα δίδοσθαι, ὡς δὲ καὶ τζόλια δύο καὶ κάπαν μίαν, γυναῖκας δὲ ἐκ διαδοχῆς ἰσαρίθμους προσιούσας προσίεσθαι, αἷς κατ᾽ ἔτος τάδε χορηγηθήσεται· σίτου θαλάσσιοι τριάκοντα μέδιμνοι καὶ ὑπὲρ οἴνου χρύσινοι ἑβδομήκοντα, προσοψήματος |49| χάριν ἑξήκοντα, ὑπὲρ ξύλου ὀκτωκαίδεκα, ὑπὲρ ἐλαίου τέσσαρες, ὑπὲρ ἅλατος καὶ λινελαίου ἕξ, τρεῖς εἰς ἐξώνησιν κριθῆς ἤτοι ὑπὲρ τ. . . . . πτίσης χιλοῦ.

51. Πρεσβύτερος δ᾽ ἔσεται τὰ τοῦ ναοῦ λειτουργῶν καὶ τούτους ἁγιάζων ὅτε καιρὸς ἢ καὶ ἐφοδιάζων ἐπ᾽ ἐκφορᾷ· ᾧ καὶ ἐτησίως χρυσοῖ |49v| δοθήσονται δυοκαίδεκα καὶ μέδιμνοι ἀννονικοὶ εἰκοσιτέσσαρες· ἰατροὶ ἐπιμελεῖσθαι τούτων ὀφείλοντες τρεῖς· μισθὸς τούτοις νομίσματα ὀκτὼ πρὸς τοῖς τεσσαράκοντα ἤτοι ἑκάστῳ αὐτῶν δεκαέξ· ὀπτίων, ὃς καὶ λήψεται δυοκαίδεκα· νοσοκόμος |50| τεσσαρεσκαίδεκα· ἐπιστήκων δύοδεκα· ὑπουργοὶ ἓξ καὶ αὐτοὶ ἀνὰ δέκα λαμβάνοντες· ποιμεντάριοι δύο ἀνὰ δυόδεκα· φλεβοτόμος τέσσαρα· δουλευταὶ τρεῖς ἀνὰ δέκα καὶ οὗτοι· καὶ μάγειρος τὰ αὐτά· πέντε δὲ τῇ πλυτρίᾳ δοθήσεται.

---

17. κατέτος *cod.* | 21. πτίσης *lectio incerta.* | 24. ἀνοννικοὶ *cod.*

κα'.

|50v| Εὐχὴ καὶ πρὸς ταύτῃ παραινετικὴ συμβουλὴ πρὸς τὰς μοναχάς.

52. Ἀλλ' ἡμεῖς μέν, ἡμέτεραι κατὰ Θεὸν ἀδελφαί, μικράν τινα ταύτην ἀπόμοιραν ὧν παρ' αὐτοῦ δαψιλῶς ἐσχήκαμεν ἀνατεθείκαμεν τῷ Θεῷ καὶ τῇ κοινῇ δεσποίνῃ καὶ θεομήτορι εἰς ἔκτισιν |51| ὧν ἐν βίῳ πεπλημμελήκαμεν· καὶ εὑρεθείη ταῦτα δεκτὰ ἐνώπιον Θεοῦ παντοκράτορος, ὡς ἐπίδοι ἡμῖν ἵλεως ἐν ἡμέρᾳ ἀνταποδόσεως καὶ τῶν ἀγαθῶν αὐτοῦ συγκλήρους ποιήσειεν· ὑμεῖς δὲ κατὰ Θεὸν εἴητε ζῶσαι καὶ τὸν τῆς ἀρετῆς δρόμον ἀπροσκόπτως |51v| βαδίζουσαι καὶ ἡμῶν διηνεκῶς μεμνημέναι ἐν ταῖς πρὸς Θεὸν κοιναῖς τε ὑμῶν καὶ ἰδίαις ἐντεύξεσιν· εἰ δέ πως τῷ πρὸς ὑμᾶς ἐρεθισθεῖσα φίλτρῳ βραχέ' ἄττα καὶ αὖθις ἡ ἡμετέρα εἰσηγήσεται βασιλεία, πάντως οὐκ ἀπεικός τι δόξει ποιή|52|σασα· ἀλλ' οὐδὲ σκώψειέ τις, ὡς τὸ ῥᾷστον ἐξελεξάμην τὸ τῆς παραινέσεως, τὸ δυσχερὲς ὑπεκκλίνασα τὸ τῆς πράξεως· μακάριος μὲν γὰρ ὁ ποιήσας καὶ διδάξας, ὥσπερ ἠκούσαμεν, ὡς καὶ τῆς πρώτης καὶ μείζονος πεφηνὼς |52v| τάξεως· οὐ μὴν ὁ διδάξας, εἰ καὶ ἐλάχιστος, ἀπόβλητος, καὶ μᾶλλον εἴπερ οὐ κατ' ἐπίδειξιν καὶ βδελυκτέαν ὑπόκρισιν, σκοπὸν δὲ θειότερον καὶ πρόφασιν εὔλογον τὰ τῆς διδασκαλίας προθήσεται.

53. Τοίνυν δὴ καὶ ἀκού|53|σατέ μου· σεμνὰ γὰρ ἐρῶ. Ἀπετάξασθε τῷ κόσμῳ καὶ τῇ κατὰ κόσμον ζωῇ· ἤρασθε τὸν τοῦ κυρίου σταυρὸν καὶ τούτῳ κατακολουθεῖν εἵλεσθε, ὡς ἐν τῷ τέλει φανείητε τέλειαι καὶ τῆς αὐτοῦ βασιλείας σύγκληροι γένησθε· ἔχεσθε γοῦν |53v| τῆς προθέσεως· « οὐδεὶς γάρ, φησὶν ὁ κύριος, τὴν χεῖρα βαλὼν ἐπ' ἄροτρον καὶ στραφεὶς εἰς τὰ ὀπίσω εὔθετός ἐστιν εἰς τὴν βασιλείαν τοῦ Θεοῦ »· ἠκούσατε δέ, ὁποῖα καὶ ἡ ἐκ τῆς γῆς Σοδόμων ἡ τοῦ Λὼτ γυνὴ φεύγουσα |54| στραφεῖσα πρὸς τὰ ὄπισθεν πέπονθε· σύμβολον τοῦτο τῶν πρὸς τὴν προτέραν ἐπαναστρεφουσῶν ἐφάμαρτον διαγωγὴν καὶ μοχθηροτέραν διατριβήν· μέμνησθε τῶν ἡτοιμασμένων

22. Luc. 9, 23. — 25. Luc. 9, 62. — 28. Gen. 19, 26.

5. Κ, δαψιλεῖς *cod.* | 8. ἵλεων *cod.*

ἐν οὐρανοῖς ἀγαθῶν, ἃ ὀφθαλμὸς οὐκ εἶ|54v|δε καὶ οὖς οὐκ ἤκουσε καὶ ἐπὶ καρδίαν ἀνθρώπου οὐκ ἀναβέβηκε· καὶ ἑκάστη, ἐν ᾗ ἂν κληθείη τάξει, ἐν ταύτῃ καὶ μενέτω, ἡ προεστῶσα ἐγρηγορυῖα ὑπὲρ τῆς ἰδίας τε ὁμοῦ καὶ πασῶν σωτηρίας ἐν σπουδῇ προϊσταμένη κατὰ τὸν θεῖον ἀπό|55|στολον, αἱ τῆς λοιπῆς ἀδελφότητος ἐν ὑποταγῇ μένουσαι κατὰ τὸν αὐτὸν αὖθις ἀπόστολον, πείθεσθαι τοῖς ἡγουμένοις καὶ ὑπείκειν ὑποτιθέμενον, καὶ πᾶσαι ἀλλήλων ἐχόμεναι . . . . . ἀλλήλ . . . . . . |55v| οὐχ ἧττον τῶν πλησίον ἢ ἑαυτῆς ἑκάστη φροντίζουσαι.

54. Εἰ οὕτω τὸν τῆς ζωῆς δρόμον ἀνύσετε, εἰ οὕτω τὰς θείας διατηρήσετε ἐντολάς, ὧν ὁ ἀψευδὴς Θεὸς ἐπηγγείλατο, τεύξεσθε τῶν ἀκηράτων ἀγαθῶν καὶ τῆς ἀφράστου . . . . . πρεσβείαις |56| <τῆς ὑπεράγνου> μου δεσποίνης καὶ θεομήτορος, ἱκεσίαις τοῦ τιμίου Προδρόμου καὶ βαπτιστοῦ· ναὶ δὴ καὶ πορευθείητε οὕτω καὶ τηρηθείητε τῶν θείων ἐντολῶν ἀκριβεῖς φύλακες καὶ τῶν ἡτοιμασμένων ἀγαθῶν τύχοιτε χάριτι καὶ φιλανθρωπίᾳ τοῦ κυρίου ἡμῶν Ἰησοῦ Χριστοῦ, ᾧ πρέπει πᾶσα δόξα, τιμὴ |56v| καὶ προσκύνησις σὺν τῷ ἀνάρχῳ αὐτοῦ πατρὶ καὶ τῷ παναγίῳ καὶ ἀγαθῷ καὶ ζωοποιῷ πνεύματι, νῦν καὶ εἰς τοὺς αἰῶνας τῶν αἰώνων. Ἀμήν.

<Περὶ τῆς μονῆς τῶν ἁγίων Ἀναργύρων.>

. . . .

55. |61| . . . βασιλέων ἄλλοι μὲν ἄλλας καταγωγὰς μοναστῶν ἰδιώσαντο, ἡ δ' ἡμετέρα βασιλεία τῆς εἰρημένης δὴ ταύτης ἀντεποιήσατο ὅσον τε οὔπω καταπεσεῖν μέλλουσαν ἐπεστήριξε τὰ εἰκότα καὶ εἰς ἀσφάλειαν περιεθρίγγωσε καὶ κτήματα προσεκύρωσεν· ἐπεὶ γοῦν ταύτης ἀντε|61A|λαβόμην, εἰς νοῦν εὐθὺς ἐβαλόμην καὶ διατυπώσασθαι ταῖς ἐν αὐτῇ μοναχαῖς περὶ τῆς σφετέρας αὐτῶν διαγωγῆς καὶ τὰ συνοίσοντα ὡς ἐνὸν εἰσηγήσασθαι οὐκ ἐπ' ἀθετήσει τῆς προεκτεθείσης ἐπ' αὐτῇ διατυπώσεώς τε καὶ εἰσηγήσεως· μὴ γάρ μοι ποτε

---

1. 1 Cor. 2, 9. — 4. Rom. 12, 8. — 6. 1 Tim. 2, 11; Hebr. 13, 17.

1. οἶδε, *corr. rec.* εἶδε. | 8. *membrana lacera; pauca desunt.* | 19. *unum saltem deest folium.* | 22. βασίλειον *cod.*

|62| γένοιτο οὐχ ὅπως ἐπὶ τοῖς κατὰ Θεόν τινι πραχθεῖσιν ἢ βουλευθεῖσιν ἀλλὰ καὶ τοῖς κατὰ κόσμον καὶ τὸν βίον ὁπωσδήποτε πραχθεῖσιν ἢ βουλευθεῖσι παρατρέψαι τι τὸ παράπαν ἢ ἀθετῆσαι. Τοῦ γὰρ ἀποστόλου καὶ αὐτὴ κατήκοος γέγονα βεβαιοῦντος τὸ μὴ δεῖν |62v| ἐπιδιατίθεσθαι μηδ' ἀκυροῦν διαθήκην ἀποιχομένων· εἰ δ' ἐπὶ ταῖς ἁπλῶς διαθήκαις ταῦθ' ὁ θεοκήρυξ διακελεύεται, τὰς κατὰ Θεὸν ταύτας διατυπώσεις ὅπως ἐπικυροῦν βούλεται, παντί που δῆλον καθέστηκεν· οὔκουν ἐπὶ τοιούτῳ γε τῷ σκοπῷ, |63| ἀλλ' ἐπ' ἀνακαινίσει γε τἀληθὲς ἐρεῖν καὶ δευτέρᾳ τῶν ἅ τε κτητέον καὶ ἅ γε πρακτέον καὶ ὅπως δὴ βιωτέον παραδόσει.

56. Τὰ γὰρ πρὸς τοῦ λογοθέτου τοῦ δρόμου ἀνατεθέντα τῇ μονῇ κτήματα τῇ τῆς Κωνσταντίνου μᾶλλον δὲ τῇ κοινῇ Ῥωμαίων καταστροφῇ συνηφάνισται |63v| καὶ ὡς ἀπονεκρωθείσης ἔκτοτε καὶ εἰς δεῦρο διῄρηταί τε καὶ ἠλλοτρίωται· ἥ τε πρὸς ἐκείνου συντεθεῖσα διαγωγῆς πνευματικῆς διατύπωσις συναπημαύρωται τοῖς ἄλλοις καὶ εἰ μὴ παντελῶς συνηφάνισται ἀλλ' εἰς δεῦρο συμπαρεώραται· ἐῶ γὰρ εἰπεῖν, ὡς μι|64|κροῖς τισι λειψάνοις καὶ ἀμυδροῖς τοῖς γνωρίσμασιν ἐγνωρίζετο μονὴ ἡ πρὸς ἐκείνου ἀνεγερθεῖσα μονή· διὰ δὴ ταῦτα καὶ τυπογραφήσειν διενοούμην ἐκ καινῆς ἐν αὐτῇ, ὡς καὶ τῆς μονῆς ἐπιλαβομένη καταβληθείσης ὡς εἴρηκα προσθεῖσά τε κειμήλια μηδὲν κεκτημένῃ |64v| καὶ προσκυρώσασα κτήματα. Ὡς δὲ καὶ τῆς εἰς ὄνομα τιμωμένης τῆς πανάγνου μου δεσποίνης καὶ θεομήτορος ἀντεποιησάμην μονῆς τρόπον ὅνπερ προείρηκα καὶ διείργασμαι ἐν αὐτῇ ἅττα δὴ καὶ δεδήλωκα, οὐ μεταπέπτωκα καὶ οὕτω τῆς ἐπὶ ταύτῃ προθέσεως οὐδ' ὅ|65|περ συμβαίνειν εἴωθε τοῖς πολλοῖς φίλτρῳ τῶν δευτέρων ἐνσχεθεῖσι τῶν προτέρων ὑπερορᾶν, τοῦτό πως καὶ αὐτὴ πέπονθα, ἀλλ' ἀντελαβόμην μὲν ταύτης, οὐκ ἀπεβαλόμην δ' ἐκείνην οὐδὲ καθυφῆκα τῆς ἐπ' ἐκείνῃ προθέσεως· τοίνυν δὴ καὶ τὰ περὶ ταύτης ὡς εἶχον |65v| σκοποῦ διαταξαμένη καὶ περὶ τῆσδε ἅττα δὴ καὶ βούλομαι γνωριῶ.

57. Βούλομαι καὶ διακελεύομαι, τοῦτο γὰρ πρῶτον ἐρῶ, διῃρημένην εἶναι τήνδε καὶ καθ' ἑαυτήν, μηδεμιᾷ μηδ' ὁπωσοῦν συναπτομένην οὐχ' ὅτι γε τῶν ἐντὸς ἢ καὶ ἐκτὸς τῆς Κωνσταντίνου

---

5. Gal. 3, 15, 17.

τυγχανουσῶν ἀλλ' οὐδ' αὐ|66|τῇ ταύτῃ τῇ πρὸς τῆς ἡμετέρας βασιλείας νεουργεθείσῃ ἢ ἀνακαινισθείσῃ μᾶλλον εἰπεῖν καὶ ἐμῇ γε νομισθείσῃ οὐχ ἧττον ἤπερ αὕτη νενόμισται περὶ τοσούτου τε γεγονυίᾳ, ὡς καὶ πρὸς ὑποδοχὴν ἐκλεγῆναι τοῦ τῆς προμεταστάσης νεκροῦ θυγατρὸς καὶ ἐμοῦγε εἰς αὖθις αὐτῆς |66v| καὶ τῆς ἐμῆς τιμίας μητρὸς καὶ τῶν ὅσοι καθάπαξ τῶν ἐξ ἐμοῦ τοῦτο βουλήσονται, ὡς δὲ καὶ τὰ κτήματα ταύτης καὶ τοὺς ἀγροὺς ἴδια ταύτῃ πεφηνέναι καὶ αὐτῆς μόνης λογίζεσθαι· ἃ δὴ καὶ τυγχάνουσι ταῦτα.

58. Ἀπὸ τοῦ ἐν τῷ θέματι τῶν Θρᾳκησίων διακειμένου |67| ἐπ' ὀνόματι τιμώμενον καὶ αὐτὸ τῆς ὑπεράγνου μου δεσποίνης καὶ θεομήτορος καὶ τὸ εἰς τὴν Οὐλάδα ἐπ' ὀνόματι τιμώμενον τοῦ δεσπότου μου σωτῆρος Χριστοῦ, οἷς πρόσεστι καὶ χρυσόβουλλον διαλαμβάνον ἕκαστον τῶν προσόντων αὐτοῖς· ὡσαύτως καὶ τὰ ἐντὸς τῆς Κωνσταντινουπόλεως καὶ περὶ αὐ|67v|τὴν δεσποζόμενα καὶ κατεχόμενα μέχρι τοῦ παρόντος ὑπ' αὐτῆς τῆς τῶν θαυματουργῶν καὶ Ἀναργύρων μονῆς, ἤτοι τῆς μὲν πόλεως ἐντὸς γῆν μοδίων ἑξακοσίων τεσσαράκοντα, ἀμπέλιον μοδίων ἑξηκονταπέντε, κῆπον εἰς τοῦ Βλάγγα σὺν τῷ ἐκεῖσε χορτοτοπίῳ· ἐκτὸς δὲ εἰς τὸ Φιλοπάτιον γῆν μοδίων |68| χιλίων, εἰς τὸ Δαφνούδιον προάστειον τοῦ ἁγίου Λεοντίου σὺν τῇ προσούσῃ αὐτοῦ νομῇ, τῇ πανηγύρει καὶ τῇ γῇ τῇ ἐπιλεγομένῃ τῆς Ἀποθήκης· εἰς τὰ Μαρναχίου περὶ τὴν Χαλκηδόνα παροίκους νομισμάτων τεσσαράκοντα καὶ γῇ μοδίων τετρακοσίων πεντηκονταδύο, ἀμπέλιον |68v| τὸ τοῦ Ἀμπελῆ ἐπιλεγόμενον μοδίων ἐννέα, ἕτερον τὸ τοῦ Ἀοινάρη μοδίων δεκαοκτώ· εἰς τὸν Γαλατᾶν ἐν δυσὶ τόποις χωράφιον μοδίων τριάκοντα καὶ τῆς Βαρελίνης μοδίων δέκα, ἐν ᾧ καὶ λοετρὸν καὶ πτωχοὶ προσκαθήμενοι· εἰς τὸν Χάρακα δένδρα ἐλαϊκὰ ἐν διαφόροις τόποις διακόσια τεσσαράκοντα, |69| γῆ μοδίων διακοσίων πεντήκοντα καὶ πάροικοι τέσσαρες νομισμάτων ἕξ.

59. Διαγωγὴν δὲ καὶ τὰς ἐνασκουμένας τῇ μονῇ ταύτῃ ἀσπάζεσθαι βούλομαι τὴν αὐτήν, οὕτω τὴν προστάτιν καὶ αὐτὰς ἐπιλέγεσθαι, οὕτω τὸν πνευματικὸν πατέρα ζητεῖν καθαρᾷ καὶ αὐτὰς προσιέναι καρδίᾳ καὶ πλη|69v|ροῦν ἀσμένως τὰ προσταττόμενα ὡς προδιατέτακται καὶ αὐτοῦ τῇ μονῇ παραβάλλοντος καὶ ἐν μέρει

---

22. γῆ *cod.* | 29. ταῖς ἐνασκουμέναις *cod.*

διομιλοῦντος τοῦ προτεμενίσματος, κατὰ τὸν αὐτὸν τύπον τὰς τῶν διακονιῶν ποιεῖσθαι διανομάς, πρεσβυτέρους δὲ δύο ταύτην ἔχειν τοὺς ἴσους καὶ αὐτοὺς λαμβά|70|νοντας ἀν' ἔτος χρυσοῦς σίτου τε μεδίμνους καὶ οἴνου μέτρα ἰσάριθμα τρὶς τῆς ἑβδομάδος τὰ τῆς ἱερᾶς ἁγιστείας λειτουργοῦντας ἐκ διαδοχῆς τῶν ἐπιφανῶν ἄνευ ἑορτῶν καὶ τῶν καθ' ἑβδομάδα κυριακῶν· τὸν οἰκονόμον παραπλησίως τῶν εὐνούχων |70v| ἢ καὶ τῶν σεμνοτέρων ἄλλως ἀνδρῶν ἐπιλέγεσθαι τριάκοντα χρυσίνους λαμβάνοντα εἰς μισθόν, σίτου μεδίμνους πεντήκοντα, κριθῆς πεντήκοντα καὶ οἴνου μέτρα πεντήκοντα· λογισμοῦ τάξις καὶ ἐπὶ τούτῳ ἀφίξεώς τε καιρὸς ὡς προείρηται διατηρηθήσεται, |71| ὡς καὶ προελεύσεως τῶν μοναχῶν εἰσόδου τε τῶν ἐκτός, τῶν ἀμφίων δόσις τε καὶ ἀπόδοσις, χρειωδῶν εἰσκομιδὴ καὶ συντήρησις· καὶ καθάπαξ εἰπεῖν οὐδενί τῳ διαφέρειν ἀλλήλων ἐθέλω μου τὰς μονὰς ἢ τῷ τῶν κτημάτων μερισμῷ καὶ τῷ τῶν μοναχῶν |71v| ἀριθμῷ καί τισιν ἄλλοις πάνυ μετρίοις, ἅττα καὶ διορίσομαι, τἄλλα δ' ἅπαντα τηρεῖσθαι θέλω ἀπαραποίητα.

60. Τίνα δὲ τὰ διάφορα; ταύτην μὲν τὰς δεσποτικὰς ἑορτὰς λαμπρότερον ἐκτελεῖν, ἐκείνην δὲ μετριώτερον καὶ ὡς ταῖς ἑκασταχόθι μοναῖς |72| σύνηθες· ταύτην τοῦ ἔτους δὶς ἑορτάζειν τῷ γενεθλίῳ δῆτα τῆς θεομήτορος καὶ τῷ τοῦ Προδρόμου καὶ βαπτιστοῦ, ἐκείνην δὲ τῇ τῶν ἁγίων εἰσάπαξ Ἀναργύρων μνήμῃ καὶ οὐ πρὸς ὀλίγον ὑποδεέστερον· οὐδὲ γὰρ ἐπιδημήσει καὶ παρ' ἐκείνην |72v| ὁ βασιλεὺς ὅτι μὴ δόξαν ἄλλως αὐτῷ οὐδὲ τῶν ἐν τέλει συχνοί· ἀριθμὸς ἐνθάδε τῶν μοναχῶν πενταπλουμένη δεκάς, τριπλουμένη δ' ἐκεῖ, ὧν αἱ ὀκτὼ πρὸς ταῖς δέκα τῆς θείας ὑμνῳδίας, αἱ δὲ λοιπαὶ τῆς κοινῆς διακονίας ἐπιμελήσονται· μνημόσυνα κἀν ταύτῃ |73| τῶν ἐμῶν γονέων ἐμοῦ τε καὶ τῶν ἐξ ἐμοῦ παραπλησίως κἀπὶ ταύτῃ πληροῦσθαι βούλομαι, πλὴν ὑφειμένως καὶ οὐ τοσοῖσδε τοῖς ἀναλώμασιν, ἀλλ' ὡς οὐκ ἐπαχθὲς ἂν εἴη τῇ μονῇ· ὡς δὲ καὶ τὰ προδιατεταγμένα τῷ πρώτως τὴν μονὴν ἀνα|73v|δειμαμένῳ, τῷ τοῦ δρόμου λογοθέτῃ φημί, ἐκείνου αὐτοῦ δηλαδὴ ἐξ ὧν τ' ἐγεγόνει καὶ ὅσων ἄλλων διαλαμβάνει ἡ πρὸς αὐτοῦ διατύπωσις, δίδοσθαι καὶ τοῖς πρὸ τῶν πυλῶν, ὅσα δῆτα καὶ διατάττεται.

---

3. ἀνέτος *cod.* | 24. πενθαπλουμένη *cod.* | 31. τεγεγόνει *cod.*

61. Τουτοισὶ |74| μόνοις ἐνηλλάχθαι θέλω τὰ τῶν μονῶν, τὰ δ' ἄλλα πάντα συμφέρεσθαι, διῃρημένων ὡς εἰπεῖν ἡνωμένως καὶ ἡνωμένων διῃρημένως· ἐξέσται γὰρ ταῖς προστάτισι τῶν μονῶν καὶ συγγίνεσθαι ἀλλήλαις καὶ περὶ τῶν ὑπ' αὐταῖς |74ᵛ| τὰ εἰκότα συνδιασκέπτεσθαι, ὅτε τούτου καιρός· καὶ οὐχ ἧττον τοὺς οἰκονόμους, ὅσῳ καὶ μᾶλλον, συμφροντίζειν τῶν ἀνὰ χεῖρας σφίσι τῶν ἀναγκαίων ἂν εἴη καὶ συγγίνεσθαι ἀλλήλοις καὶ κοινοῦσθαι τὰ ἀλλήλων λυσι|118|τελέστατον· ἀλλ' ἀντιλάβοιτο Θεὸς καὶ ἀμφοῖν ὁμοῦ τῶν μονῶν καὶ χεῖρα βοηθείας ἐξαποστείλειεν, ὡς τῇδε μὲν τὰς ἐν αὐταῖς μοναχὰς ἀκυμάντως διάγειν καὶ τὰ ὑπεσχημένα διαπεραίνειν κἀκεῖσε γενομένας τῶν ἡ|118ᵛ|τοιμασμένων ἀγαθῶν μὴ ἐκπεσεῖν εἰς δόξαν Θεοῦ πατρός, υἱοῦ μονογενοῦς καὶ συναϊδίου καὶ ζωοποιοῦ πνεύματος.

Ἄμπελον ἀγλαόβοτρυν ἀμύμονα, Χριστέ, μετῆρας
οὐκ Αἰγυπτιακῶν ἐκ ζοφ<ερῶν . . . . . .

---

14. Psalm. 79, 9.

6. χειρασφίσι *cod.* | 15. *cetera desunt.*

CHAPITRE IV

LES MONASTÈRES

§ 1er. — Le monastère de Notre-Dame-de-Bonne-Espérance.

Les chroniqueurs ne connaissent pas le monastère de la Vierge τῆς Βεβαίας Ἐλπίδος, et les diplômes, à notre connaissance, ne le mentionnent pas. Toute son histoire se concentre dans le volume qui nous a conservé la charte de fondation. Ce volume est composé de six parties de provenances diverses.

Le typicon proprement dit, divisé en vingt-quatre chapitres, est précédé de la table des matières et d'un long prologue (1-13). L'intérêt de cette introduction n'est point dans les considérations générales qui s'y trouvent développées, avec une prolixité qui semble être la loi du genre, mais dans les détails que la fondatrice donne sur ses parents, sur sa famille, sur elle-même. Dans la suite des chapitres (14-133) il est traité de la situation juridique du monastère, de sa dotation, de son organisation intérieure, des obligations contractées par les membres de la communauté. Quelques chapitres ont un caractère exclusivement parénétique. Ainsi, la longue exhortation à la supérieure, puis aux religieuses, et la péroraison qui termine le livre.

Un chapitre supplémentaire (134-144) qui, dans notre exemplaire n'a point de titre, mais qui a certainement été rédigé par la fondatrice, complète les dispositions du typicon relatives aux obits.

Suit le περιορισμός (145), ou délimitation exacte de l'emplacement du monastère.

Vient alors, sous le titre de ὑποτύπωσις (un synonyme de typicon), une seconde constitution donnée par la fille et l'héritière de la fondatrice après la mort de sa mère (146-154). Ce n'est pas une règle nouvelle, comme le titre et la division en prologue, chapitres et épilogue pourraient le donner à croire, mais un simple complément du document principal.

Un ou plusieurs feuillets arrachés ont emporté le titre de la pièce suivante (155-156), où sont indiqués quelques nouveaux anniversaires à la mémoire des bienfaiteurs. Il n'est pas certain qu'elle émane de la même autorité de l'hypotyposis.

Enfin, le volume se termine par trois documents (157-159), se rapportant également à des anniversaires et à des donations, et qui sont certainement de date plus récente. Le premier est de 1397; le second est postérieur à 1398; le troisième à 1402.

Sans se distinguer par des prescriptions bien originales, sans tomber dans les minuties qui limitent d'une façon exagérée l'initiative des supérieures, notre typicon occupe un rang honorable dans cette catégorie de documents et nous initie, de façon satisfaisante, à la vie du monastère. Il n'est pas rédigé avec la sécheresse d'un règlement, et la fondatrice n'est pas sans avoir des prétentions à l'éloquence. Elle s'interrompt fréquemment par des exhortations, des appels aux grands sentiments de ses filles spirituelles, ce qui n'est nullement sans exemple [1]. Elle ne dédaigne pas les recherches de style, les longues périodes, les répétitions oratoires [2]. Mais, ce qui vaut mieux, elle laisse souvent parler son cœur, et la tendresse dont elle déborde pour les siens, surtout pour ses enfants, sa sollicitude pour les malades et pour ses frères bien-aimés les pauvres [3] ont quelque chose de touchant. L'esprit des consti-

---

(1) Voir, par exemple, les longs discours qu'adresse aux supérieurs et aux moines l'auteur du *Typicon du mont Saint-Auxence*. Dmitrievskij, pp. 776 et 778.

(2) *Typ. A*, 38, 46.

(3) *Typ. A*, 115.

tutions qu'elle donne à ses filles est puisé aux plus belles traditions de la vie monastique. L'idéal qu'elle leur propose est élevé; mais elle sait tenir compte de la faiblesse humaine. Point d'austérités exagérées; une piété solide et fervente, la charité, la fidélité aux devoirs de l'état religeux, voilà tout l'esprit de la règle du couvent de Notre-Dame-de-Bonne-Espérance.

La commenter dans toutes ses parties serait un travail de longue haleine. Il entraînerait la comparaison du texte avec les autres règles existantes, et si l'on voulait être complet, l'étude de la langue ne pourrait être négligée. Nous n'empiéterons pas sur le domaine des canonistes ni sur celui des philologues et des grammairiens, auxquels nous avons essayé de livrer un texte lisible, et le point de vue historique sera seul envisagé ici. Il exige que nous donnions quelques éclaircissements sur la famille des fondateurs, sur la situation du monastère et sur l'organisation générale de la communauté.

Les fondateurs. — Pour l'histoire des familles princières de la seconde moitié du XIIIe siècle, le typicon renferme des matériaux de premier ordre. Quiconque s'est occupé de la généalogie des Comnènes, des Paléologues, des Anges, des Doucas, des Lascaris, des Brana, etc., se rend compte de la difficulté que l'on éprouve à s'orienter dans la confusion des homonymes et dans un système de noms qui exprime toutes les alliances d'une famille. L'embarras ne fait souvent qu'augmenter lorsqu'on tient compte des titres qui passent parfois de père en fils, ou sont, après quelques années, remplacés par d'autres. Notre document contient une série de textes très précis, qui permettent d'identifier aisément les personnages. Ce sont d'abord les légendes qui accompagnent les portraits, puis les chapitres consacrés aux commémoraisons des fondateurs et des principaux bienfaiteurs de l'établissement, sans compter les textes isolés, où les noms sont cités en passant.

Un bon nombre de personnages qui figurent dans le typicon portent, en outre de leur prénom et de leur nom de famille, un nom de religion : διὰ τοῦ θείου καὶ ἀγγελικοῦ σχήματος μετονομασθείς, dit le texte, à moins qu'il ne leur donne simplement le titre de μοναχός. On aurait tort de croire que le couvent est devenu le refuge de tous ces princes. C était un usage très répandu de revêtir l'habit monastique à l'article de la mort, ce qui entraînait le privilège d'être enseveli dans un monastère. On déclarait sa volonté en prenant d'avance le nom que l'on désirait porter sous le froc. La plupart du temps, le nouveau nom avait la même initiale que l'ancien. Ainsi Michel de son nom de religion s'appelait Macaire, Andronicus déclarait choisir celui d'Arsène et ainsi de suite ([1]). Il n'était pas rare qu'on se fît représenter en habit de moine, et l'on signale des « portraits doubles » où le personnage figure d'un côté en costume civil, de l'autre avec le manteau religieux. Christophe de Mitylène a écrit des vers εἰς τὸν τάφον τοῦ... Μελίου, ἱστορηθέντος ἐν αὐτῷ καὶ ὡς κοσμικοῦ καὶ ὡς μοναχοῦ ([2]), et une fresque de Mistra représente, sous les deux aspects, Théodore Paléologue, frère de l'empereur Manuel Paléologue, μετονομασθεὶς Θεοδώρητος μοναχός ([3]). Ni le nom de religion, ni l'habit monacal sur les peintures ne nous renseignent sur le degré de participation à la vie du cloître.

La vraie fondatrice du monastère de Notre-Dame-de-Bonne-Espérance, celle qui porte la parole dans le typicon, s'appelait Théodora, de son nom de religieuse, Théodula ([4]). Elle partage avec son mari le titre de fondateur. Celui-ci appartenait à la famille des Comnènes et des Συναδηνοί, et avait été revêtu de la dignité de grand stratopédarque avant son mariage ([5]). Ses

---

([1]) Sur cet usage, qui comporte des exceptions, voir M. Treu, *Maximi monachi Planudis epistulae* (Vratislaviae, 1890), p. 189.

([2]) E. Kurtz, *Die Gedichte des Christophoros Mitylenaios*. Leipzig, 1903, p. 9.

([3]) Publiée par G. Millet dans *Revue de l'art chrétien*, t. LXI (1911), p. 448.

([4]) *Typ.* A, f° 2, 11.

([5]) *Typ.* A, 8.

noms et ses titres sont énoncés dans la légende du portrait : Ἰωάννης Κομνηνὸς Δούκας Συναδηνὸς καὶ μέγας στρατοπεδάρχης καὶ κτίτωρ [1]. Ailleurs il porte les noms de Ἀγγέλου Δούκα τοῦ Συναδηνοῦ κυροῦ Ἰωάννου [2], et l'on voit, par cet exemple, qu'à l'époque où nous sommes un détail de nomenclature ne suffit pas à distinguer les princes d'une même famille. Le nom de religion de Jean Comnène est Joachim. Il mourut le 6 février, on ne sait en quelle année, mais certainement avant sa femme et avant la rédaction du typicon [3]. Théodora fait l'éloge de son mari et résume sa carrière en des termes qui devaient être plus clairs pour les contemporains que pour nous [4]. C'est de lui qu'il est question dans ces vers de Manuel Philes, où il s'adresse au père de Théodora :

> Στρατοπεδάρχην δεῦρο τὸν μέγαν σκόπει
> τῆς σῆς θυγατρὸς τὸν γλυκὺν ὁμευνέτην [5].

Le père de Théodora est mieux connu que son mari. C'est le sébastocrator Constantin, frère de l'empereur Michel Paléologue (1259-1282), créé César par celui-ci, puis gouverneur du Péloponèse [6]. Dans la légende qui accompagne son portrait, il est appelé Κωνσταντῖνος Κομνηνὸς Παλαιολόγος ὁ παν<ευ>τυχέστατος σεβαστοκράτωρ καὶ πατὴρ τῆς ἐκτητορίσσης [7]. Dans l'obituaire il porte les noms de Κομνηνοῦ τοῦ Παλαιολόγου Δούκα τοῦ Ἀγγέλου κυροῦ Κωνσταντίνου [8]. Une page du livre est consacrée à exalter ses qualités, ses vertus guerrières, ses exploits, ses services. Malheureusement les préceptes de la rhétorique y sont si fidèlement

(1) *Typ. A*, f° 2.
(2) *Typ. A*, 116.
(3) *Typ. A*, 113, 116.
(4) *Typ. A*, 8.
(5) MILLER, *Manuelis Philae carmina*, t. II, p. 164, n° 128.
(6) NICÉPHORE GRÉGORAS, *Hist.*, III, 5; IV, 1, SCHOPEN, t. I, pp. 72 et 80.
(7) *Typ. A*, f° 1 v°. La forme ἐκτήτωρ semble être propre à notre typicon. Encore ne se trouve-t-elle que dans les légendes des portraits.
(8) *Typ. A*, 116.

observés, qu'on y chercherait en vain le détail précis qui viendrait si bien à point pour esquisser sa biographie. On apprend qu'il était revêtu de la dignité de sébastocrator, et qu'il le fut par la grâce de l'empereur son frère ([1]). Nous le savions. Comme candidat à la vie monastique, ce général fameux avait choisi le nom de Callinicos ([2]). Manuel Philes a célébré le sébastocrator dans ses vers ([3]).

La noble compagne du grand dignitaire de l'empire, Εἰρήνη Κομνηνὴ Βράναινα Παλαιολογίνα ([4]), se rattachait à la « lignée d'or » des Brana ([5]) et était alliée à d'autres familles illustres, comme l'indique la série des noms Βραναίνης Κομνηνῆς Λασκαρίνης Καντακουζηνῆς τῆς Παλαιολογίνης ([6]). Dans l'intention de revêtir un jour l'habit religieux, elle avait fait choix du nom de Marie ([7]).

Cinq enfants naquirent du mariage de Constantin et d'Irène : deux fils et trois filles : Michel, Andronic, Marie, puis celle qui est désignée par son titre de reine de Bulgarie ([8]), et enfin Théodora. Cette dernière était donc la nièce de l'empereur Michel VIII Paléologue et aussi d'une autre Théodora, celle qui releva de ses ruines le monastère de Lips. Elle survécut à ses frères et à une au moins de ses sœurs, tous inscrits à l'obituaire du monastère.

L'anniversaire de Michel, Μιχαὴλ Κομνηνοῦ Βρανᾶ τοῦ Παλαιολόγου, se célébrait le 6 juin. Il prit le nom religieux de Macaire, et compte parmi les bienfaiteurs du monastère ([9]). Dans une

---

([1]) *Typ. A*, 6.
([2]) *Typ. A*, 113.
([3]) Miller, *Manuelis Philae carmina*, t. II, p. 162, n° 127; p. 164, n°s 128 et 129.
([4]) *Typ. A*, f° 1 v°.
([5]) *Typ. A*, 7.
([6]) *Typ. A*, 116.
([7]) *Typ. A*, 113.
([8]) *Typ. A*, 112, 142. Cf. Du Cange, *Familiae byzantinae*, p. 232.
([9]) *Typ. A*, 137.

pièce sur le portrait du sébastocrator Constantin et de sa famille, Manuel Philes parle de Michel en ces termes :

Καὶ τὸν Μιχαὴλ τουτονὶ προσλαμβάνει,
τὸν εὐσταλῆ γίγαντα, τὴν ξένην φύσιν,
τῆς φύσεως τὸ θαῦμα τῆς ἀνθρωπίνης,
ὃς ὢν ἀγαθὸς ἐκ φιλοστόργου τρόπου
τοῦ πατρὸς ἐφρόντιζε καὶ τεθαμμένου,
καὶ τὴν σανίδα τῆς γραφῆς ἀποξέσας,
ὡς ἂν ἐπ' αὐτῇ ζωγραφήσῃ τὸν μέγαν,
λαθὼν σὺν αὐτῷ νεκρικῶς νῦν ἐγράφη (1).

Ailleurs il l'appelle, en s'adressant à Constantin,

τὸν σὸν Μιχαὴλ τὸν πολὺν τὸν γεννάδαν (2).

C'est sans doute à Michel lui-même qu'il envoie sa pièce : πρὸς τὸν τοῦ βασιλέως ἐξάδελφον κυρὸν Μιχαὴλ Παλαιολόγον (3).

L'autre frère de Théodora, Ἀνδρόνικος Κομνηνὸς Βρανᾶς Δούκας Ἄγγελος ὁ Παλαιολόγος, Arsène en religion (4), mourut également avant sa sœur, un 28 juin (5). Une pièce de Manuel Philes porte l'adresse : τῷ ἀνεψιῷ τοῦ αὐτοκράτορος τῷ Παλαιολόγῳ κυρῷ Ἀνδρονίκῳ (6). Il semble bien que cet Andronic n'est autre que le second fils de Constantin. On a attribué à l'empereur

(1) Miller, op cit., t. II, p. 163, n° 127.

(2) Id., t. c., p 164, n° 128.

(3) Ae Martini *Manuelis Philae carmina inedita* (Neapoli, 1900), p. 83, n° 64. Nous ferons une fois pour toutes la remarque qu'il règne quelque incertitude sur la tradition manuscrite des œuvres de Manuel Philes, notamment en ce qui concerne les en-têtes de ses poèmes. Nous n'entendons nullement, en les citant, en garantir l'exactitude absolue, mais il est toujours utile de les signaler.

(4) Un autre Andronic, le père de l'empereur Michel VIII, avait adopté, comme religieux, le même nom d Arsène : ὁ μέγας δομέστικος ἐκεῖνος κῦρις Ἀνδρόνικος, ὁ διὰ τοῦ μεγάλου καὶ ἀγγελικοῦ σχήματος μετονομασθεὶς Ἀρσένιος μοναχός. *Typicon du mont Saint-Auxence*, dans Dmitrievskij, t. c., p. 769.

(5) *Typ. A*, 138.

(6) Martini, t. c., p. 21, n° 11.

Andronic Ier Comnène (1183-1185) un dialogue contre les juifs, connu par une traduction latine (1). Pour des raisons de chronologie cette attribution a été abandonnée (2). Depuis que l'on connaît les vers de Philes, εἰς τὸ βιβλίον τὸ παρὰ τοῦ ἐξαδέλφου τοῦ αὐτοκράτορος συντεθὲν κατὰ 'Ιουδαίους, où l'auteur est appelé

ὁ λαμπρὸς 'Ανδρόνικος ...
ὃς γίνεται μὲν ἐκ σεβαστοκράτορος,

et où le livre est présenté comme l'œuvre du Κομνηνοφυοῦς 'Αγγελωνύμου Παλαιολόγου Δούκα (3), le doute n'est plus possible. C'est bien de notre Andronic qu'il s'agit. D'ailleurs, ce neveu de l'empereur et fils de sébastocrator signe ainsi son ouvrage :

ἔγραψα δ' αὐτὴν 'Ανδρόνικος ἐκ πόθου
ἀδελφόπαις ἄνακτος Αὐσόνων γένους
Κομνηνοφυοῦς ἐκ σεβαστοκράτορος
εἰς γῆν προαχθεὶς καὶ γλυκὺ βλέψας φάος (4).

Le dialogue est daté. Il s'est écoulé depuis l'origine du monde 6818 années. Andronic écrivait donc en 1310 (5). Le typicon est, par suite, postérieur à cette date, puisque Théodora survécut à ses frères.

Sa sœur Marie, Μαρία Κομνηνὴ Βράναινα Λασκαρίνα Δούκαινα Τορνικίνα ἡ Παλαιολογίνα, dont le nom de religion était Μαριάμνη (6), mourut également avant elle, un 16 septembre. Son mari, dont on célébrait l'obit le 8 janvier : 'Ισαακίου Κομνηνοῦ Δούκα τοῦ Τορνίκη, s'appelait, comme moine, 'Ιωάσαφ (7).

---

(1) P. G., t. CXXXIII, pp. 795-924.
(2) Krumbacher, *Geschichte der byzantinischen Literatur*, 2e Auflage, p. 91.
(3) Martini. t. c., pp. 84-86, n° 65.
(4) P. G., t. CXXXIII, p. 793.
(5) *Dialogus*, c. XLI, P. G., t. c., p. 869.
(6) *Typ. A*, 139.
(7) *Typ. A*, 140.

Leur fils Andronic, 'Ανδρόνικος Κομνηνὸς Δούκας Παλαιολόγος ὁ Τορνίκης, en religion Antoine, parvint à la dignité de parakimomène. Il mourut le 3 juillet, on ne sait en quelle année ([1]).

La reine de Bulgarie eut un fils, Jean, sous le nom laïque de 'Ιωάννου Κομνηνοῦ Δούκα 'Αγγέλου Βρανᾶ τοῦ Παλαιολόγου, sous le nom religieux de Joasaph. On comptait parmi les bienfaiteurs du monastère ce neveu de la fondatrice, pour lequel celle-ci institua un obit, le 8 août ([2]).

Théodora perdit ses parents de bonne heure : ἐπὶ πάνυ νεαζούσῃ τῇ ἡλικίᾳ. L'empereur, son oncle, prit soin d'elle et la maria ([3]). De son union avec le grand stratopédarque naquirent au moins quatre enfants : Jean et Théodore, qui figurent au nombre des fondateurs ([4]), et Euphrosyne. Une princesse anonyme est qualifiée de θυγάτηρ τῶν ἐκτητόρων ([5]). C'est tout ce que nous savons d'elle.

Le premier cité — l'aîné sans doute — des fils de la fondatrice, Jean Paléologue, 'Ιωάννης ὁ Παλαιολόγος ([6]), ou 'Ιωάννης Κομνηνὸς Δούκας Συναδηνός ([7]), était revêtu de la dignité de grand connétable ([8]). La liste des anniversaires, au 11 février, mentionne sa femme : Θωμαῒς Κομνηνὴ Δούκαινα Λασκαρίνα Καντακουζηνὴ ἡ Παλαιολογίνα, de son nom de religion Ξένη ([9]), appelée ailleurs Θωμαῒς Παλαιολογίνα ἡ Καντακουζηνή ([10]). Parmi les portraits figure à côté du grand connétable : ἡ μεγάλη κονοσταύλισσα, non pas avec le nom de Thomaïs, mais avec celui d'Irène : 'Ιρήνι Λασκαρίνα Κομνηνὴ Δούκαινα Παλαιολογίνα ([11]). Est-ce une erreur du

(1) *Typ. A*, 141.
(2) *Typ. A*, 122, 142.
(3) *Typ. A*, 8.
(4) *Typ. A*, 119.
(5) *Typ. A*, f° 7 v°.
(6) *Typ. A*, 119, 135.
(7) *Typ. A*, f° 3.
(8) *Typ. A*, f° 3, n°s 119 et 135.
(9) *Typ. A*, 135.
(10) *Typ. A*, 122.
(11) *Typ. A*, f° 3.

miniaturiste, qui se serait trompé de nom en inscrivant la légende à côté du portrait, ou faut-il penser que Jean, après avoir perdu sa première femme Irène, s'est remarié? Il est bien difficile de se prononcer.

Le père du grand connétable, Théodore, Θεόδωρος Δούκας (1) ou Θεόδωρος ὁ Κομνηνὸς Δούκας Συναδηνός, était πρωτοστράτωρ (2). Il se maria à Eudocie : Εὐδοκία Δούκαινα Κομνηνὴ Συναδηνὴ Παλαιολογίνα (3). Une fille issue de ce mariage est nommée dans l'obituaire à la date du 23 juillet : Θεοδώρας Κομνηνῆς Δουκαίνης Ῥαουλαίνης τῆς Παλαιολογίνης, avec le nom de religion Théodosie (4). Le beau-père du protostrator, Θεόδωρος Δούκας Μουζάκιος, Théodoret en religion, figure aussi dans l'obituaire, au 24 décembre (5).

C'est pour sa fille Euphrosyne, vouée par sa mère à la vie religieuse, presque dès le berceau, que le monastère de Notre-Dame de Bonne-Espérance fut bâti par Théodora (6). On comprend pourquoi on ne lui trouve pas d'autre nom que celui de la légende de son portrait : Εὐφροσύνη μοναχὴ Κομνηνὴ Δούκαινα Παλαιολογίνα (7). Elle fut comme la seconde fondatrice du monastère : ἡ κτητόρισσα τῆς μονῆς κυρὰ Εὐφροσύνη, et ajouta au typicon de sa mère ses propres recommandations (8).

Le typicon nous fait connaître encore quatre petites-filles de la fondatrice et leurs maris. Ἄννα Καντακουζηνὴ Κομνηνὴ Παλαιολογίνα Βριένησα ἡ Φιλανθρωπηνὴ a pour mari Μιχαὴλ Κομνηνὸς Λάσκαρις Βριέννιος ὁ Φιλανθρωπηνός (9). Une autre Anne, Ἄννα Κομνηνὴ Δούκαινα Παλαιολογίνα Ἀσανίνα, a épousé Μανουὴλ

(1) *Typ. A*, 119, 136.
(2) *Typ. A*. f° 8.
(3) *Typ. A*, f° 8.
(4) *Typ. A*, 136.
(5) *Typ. A*, 143.
(6) *Typ. A*, 4, 118.
(7) *Typ. A*, f° 11.
(8) *Typ. A*, 146-154.
(9) *Typ. A*, f° 4.

Κομνηνὸς 'Ραοὺλ 'Ασάνης (1). Une seconde **Euphrosyne**, Εὐφροσύνη Δούκαινα Παλαιολογίνα est dite πρωτοσεβαστή, du titre de protosébaste que portait son époux Κωνσταντῖνος Κομνηνὸς 'Ραοὺλ ὁ Παλαιολόγος (2). Le nom d'Irène, si fréquent dans cette famille, reparaît encore une fois — peut-être deux fois, nous l'avons dit — dans la liste des descendants de la fondatrice : Εἰρήνη Κομνηνὴ Καντακουζηνὴ Παλαιολογίνα 'Ασαν<ί>να. Elle a épousé Michel Comnène, Μιχαὴλ Κομνηνὸς Τορνίκιος (3).

Dans les pièces annexées au typicon, et datées de la fin du XIVe siècle, se rencontrent encore quelques noms se rattachant aux mêmes familles : Marie, ἡ 'Ασανίνα, femme de κῦρ 'Ιωάννης (4); les religieuses Ξένη ἡ Φιλανθρωπηνή, qui fit restaurer, en 1392, les bâtiments menaçant ruine; ses filles Εὐγενία Καντακουζηνὴ ἡ Φιλανθρωπηνή, et Ἄννα ἡ Καντακουζηνή, lesquelles tinrent à honneur de continuer les traditions de leurs ancêtres (5). Eugénie, destinée à la vie religieuse dès sa plus tendre jeunesse, grande bienfaitrice du monastère, est honorée du titre de κτητόρισσα. Elle mourut le 11 février 1402 (6).

Topographie. — Comme le typicon d'Irène (7), celui de Notre-Dame de Bonne-Espérance se termine par une note complémentaire intitulée : Περιορισμὸς τῆς μονῆς (8), qui pourrait servir de texte explicatif à un plan cadastral du monastère. Le tracé du mur de clôture y est exactement relevé et la position de l'établissement est fixée par les édifices voisins et les propriétés contiguës. Si les points de repère, dont plusieurs sont indiqués par des noms qui nous sont familiers, étaient déterminés avec une entière précision, nous n'aurions aucune hési-

(1) *Typ. A*, fo 5.
(2) *Typ. A*, fo 6.
(3) *Typ. A*, fo 9 vo.
(4) *Typ. A*, 157.
(5) *Typ. A*, 158.
(6) *Typ. A*, 159.
(7) *Typicon Irenes Augustae*, Miklosich-Müller, p. 388.
(8) *Typ. A*, 145.

tation sur la configuration du terrain, sur l'orientation et la situation exacte du couvent. Malheureusement, il n'en est pas ainsi, et rien ne montre mieux que l'embarras que l'on éprouve au milieu de cette abondance de détails, combien la topographie de Constantinople est encore mal connue. Ce sera beaucoup si nous réussissons à indiquer, sur le plan de la grande ville, le quartier où s'élevait le monastère. Parmi les données entièrement nouvelles, il faut noter les palais des fils de Théodora; les κελλία qu'ils ont construits; le περιβόλιον appartenant à l'un d'eux; la maison de l'Eunuque (τοῦ παναρέτου Εὐνούχου); ce que nous appellerions le quartier des tamisiers (οἱ κοσκινάδες); le περιβόλιον dit τοῦ Γυμνοῦ; la maison τοῦ Ἀβοράτου et celle du tailleur André, et quelques autres formant une nomenclature qui ne peut servir à nous guider.

Les autres éléments topographiques se rencontrent ailleurs, mais dans des contextes qui ne les rendent guère plus utilisables que les précédents. Ainsi, le monastère τῆς Κυριωτίσσης est simplement cité dans Grégoras ([1]). Il est bien question, dans les Synaxaires, d'un εὐκτήριον τοῦ ἁγίου Ὀνουφρίου ([2]). Mais il est permis de douter qu'il faille identifier ce sanctuaire assez peu important, annexé au monastère de S. Alypius, avec celui qui est cité dans le typicon. La μονὴ τοῦ ἁγίου Ἀλυπίου se trouvait près de l'Hippodrome ([3]). Il serait imprudent de fixer en ce point l'origine de nos coordonnées.

La mention τῆς Θεοτόκου τῆς Γοργοεπηκόου est fréquente dans les textes byzantins. Le mot Γοργοεπήκοος a fait commettre, à des érudits de marque, d'étranges bévues ([4]). Ce vocable, qui

---

([1]) *Hist.*, VIII, 2, SCHOPEN, p. 289.
([2]) DELEHAYE, *Synaxarium ecclesiae Constantinopolitanae*, p. 746.
([3]) *Synaxarium*, p. 257.
([4]) Ainsi, GREGOROVIUS, *Geschichte der Stadt Athen im Mittelalter*. t. II, p. 349 : « die Gorgosage lebte im Namen Gorgopiko fort »; LEAKE, *Topography of Athens*, p. 262 : « Gorgopiko (of George Piko) »; CIG., t. I, p. 531, n° 919 : « Ecclesia D. Georgii Pici »; LEBEAU, *Histoire du Bas-Empire*, t. XX, p. 55 : « monastère de Georges Pecon. » Cf. Νέος Ἑλληνομνήμων, t. I, pp. 328-329 et 376.

peut se traduire assez exactement par *cito propitia,* est des plus répandus. On le signale en Asie (1), à Athènes (2), à Tripolitza, dans le Péloponèse (3), au mont Athos (4), en Sicile (5), à Constantinople enfin. Jean Cantacuzène cite un monastère de ce nom dans une phrase qui, pour nous, manque de clarté : ἀλλὰ καὶ Γοργοεπηκόου τῆς μονῆς ἔγγυς ἑτέραι πυράμιδες ἦσαν (6). Le patriarche Jean, dans une lettre synodale datée de 1340, est moins précis encore : ἡ τῆς Γοργοεπηκόου σεβασμία μονή (7). Une église encore existante à Constantinople, près de Hexi Marmara, porte le même titre. Mais elle ne remonte qu'au XVIIe siècle, et l'on n'a pas la preuve qu'elle ait été bâtie sur l'emplacement d'un sanctuaire du moyen âge dédié à la *Mater Dei cito propitia* (8).

On savait que le monastère τοῦ Μωσηλέ n'était pas éloigné de l'église Saint-Acace (9). La difficulté consiste à déterminer celle des deux églises dédiées à ce martyr à laquelle il faut s'arrêter : celle de Saint-Acace de Karya, dans la Xe région, ou celle de Saint-Acace de l'Heptascalon (10). Nous nous étions prononcé pour la première (11). En étudiant le plan de Constantinople de Mordtmann, on est tenté de se décider pour l'autre. On y découvre, en effet, tout près de l'Heptascalon, une petite

(1) RHALLIS-POTLIS, Σύνταγμα, t. V, p. 116.
(2) S. LAMPROS, Σελίδες, p. 534.
(3) DUKAKIS, Μέγας Συναξαριστής, avril, p. 152.
(4) ID., Μέγας Συναξαριστής, novembre, p. 220.
(5) Νέος Ἑλληνομνήμων, t. I, pp. 329 et 501.
(6) *Hist.*, III, 26, SCHOPEN, t. II, p. 165.
(7) MIKLOSICH-MÜLLER, *Acta et Diplomata*, t. I, p. 218.
(8) M.-I. GEDEON, Ἐκκλησίαι βυζαντιναὶ ἐξακριβούμεναι (Constantinople, 1900), p. 125.
(9) Voir notre dissertation sur Moselé dans les *Analecta Bollandiana,* t. XIV, p. 162.
(10) Sur ces églises, voir S. SALAVILLE, *Les églises de Saint-Acace à Constantinople,* dans ÉCHOS D'ORIENT, t. XII, pp. 103-108; PARGOIRE, *La porte Basilikè*, IBID., t. IX, pp. 30-32; SALAVILLE, *La porte Basilikè,* IBID., t. XII, pp. 262-264; DELEHAYE, *Saints de Thrace et de Mésie*, dans ANALECTA BOLLANDIANA, t. XXXI, pp. 228 et 229.
(11) *Analecta Bollandiana,* t. XIV, p. 163.

église du nom de Panaghia Elpis (1). C'est à se demander si nous ne tenons pas à la fois la position de l'église de notre monastère τῆς Βεβαίας Ἐλπίδος, celle de Moselé et de tous les édifices voisins. Ce n'est qu'une illusion. Le vocable de la chapelle voisine de l'Heptascalon n'est pas le même. Elle est dédiée ἐπ' ὀνόματι τῆς πανυπεράγνου δεσποίνης καὶ Θεομήτορος τῆς Ἐλπίδος τῶν ἀπελπισμένων (2). Nous pouvons revenir à notre première explication. Car, ce qui achève, semble-t-il, de fixer dans le quartier de Saint-Acace de Karya le monastère de Moselé, et en même temps celui de Notre-Dame-de-Bonne-Espérance, c'est le voisinage du couvent de la πρωτοστρατόρισσα Γλάβαινα, qui n'est autre que le célèbre monastère τῆς κυρᾶς Μάρθας, situé dans les environs de celui de Lips, sur l'emplacement duquel il ne subsiste aucun doute. Ceci exige un examen attentif, qui se complique d'une question de généalogie.

L'indice topographique qui semble donner la solution du problème est énoncé dans le Περιορισμός, en ces termes : ἀπὸ τῆς μονῆς τῆς κυρίας καὶ ἀδελφῆς μου τῆς πρωτοστρατορίσσης Γλαβαίνης. Il faut essayer d'identifier la personne et le monastère.

Avant tout gardons-nous de penser que Γλάβαινα est la sœur de la fondatrice, parce que celle-ci l'appelle ἀδελφή μου. Lorsque Théodora parle de ses frères ou sœurs, elle se sert toujours des mots αὐτάδελφος, αὐταδέλφη. Les mots ἀδελφός, ἀδελφή sont réservés pour désigner les « frères » par extension, comme οἱ ἀδελφοί μου οἱ πτωχοί, ou pour ses sœurs en religion. En appelant donc Γλάβαινα sa sœur, elle veut marquer qu'elle est consacrée à Dieu.

Il est à peu près hors de doute que cette religieuse n'était autre que la femme du protostrator Michel Ducas Glabas Tarchaniota, laquelle, à la mort de son mari, entra en religion

(1) *Esquisse topographique de Constantinople* (Lille, 1892), p. 58.
(2) Miklosich-Müller, *Acta et Diplomata*, t. II, p. 468.

et prit le nom de Marthe (1). Les deux époux avaient fondé ensemble le monastère τῆς Παμμακαρίστου (2) dont l'église subsiste encore, transformée en mosquée. C'est la Fétiyeh Djamissi. L'inscription en l'honneur des fondateurs fut copiée par Gerlach et publiée par Crusius (3) :

Μιχαὴλ Δούκας Γλαβᾶς Ταρχανιώτης
ὁ πρωτοστράτωρ καὶ κτήτωρ·
Μαρία Δούκαινα Κομνηνὴ Παλαιο-
λογίνα Βλάκαινα ἡ πρωτοστρα-
τόρισσα καὶ κτητώρισσα.

Le nom de Βλάκαινα, probablement écrit en abrégé, a été mal copié. On a proposé de lire Γλάβαινα (4), ou, avec plus de vraisemblance, Βράναινα (5).

Le nom religieux de Marthe apparaît dans plusieurs pièces de Manuel Philes, qui se rapportent à la fondatrice du monastère de Παμμακάριστος. Ainsi, dans celle qui est intitulée : ἐκ τοῦ προσώπου τῆς πρωτοστρατορίσσης εἰς τὸν κοσμήτην τοῦ ναοῦ· ὃν ᾠκοδόμησεν ἐπὶ θανόντι τῷ ἀνδρὶ αὐτῆς (6), cette inscription, conservée en bonne partie, est encore en place, et se termine par ce vers :

ἡ σύζυγος πρὶν ταῦτά σοι Μάρθα γράφει (7).

---

(1) Nous ne discuterons pas les données assez douteuses d'une notice publiée, d'après le manuscrit de Vienne, *Hist. gr.*, XVIII, par R. Foerster, *De antiquitatibus et libris manuscriptis Constantinopolitanis commentatio* (Rostochi, 1917), p. 15, et reproduite dans Νέος Ἑλληνομνήμων, t. I, p. 287.

(2) Sur ce monastère et ses fondateurs, voir X.-A. Siderides, Περὶ τῆς ἐν Κωνσταντινουπόλει μονῆς τῆς Παμμακαρίστου, dans Παράρτημα κ-κβ' (1892) du Syllogue philologique de Constantinople; puis dans le Bulletin du Syllogue, κθ' (1905), p. 265-273; Sp. Lampros, Ἡ κτίσις καὶ ὁ κτίτωρ τῆς ἐν Κωνσταντινουπόλει μονῆς τῆς Παμμακαρίστου, dans Νέος Ἑλληνομνήμων, t. I (1904), p. 280-294; A. Van Millingen, *Byzantine Churches in Constantinople*, p. 138-160.

(3) *Turcograecia*, p. 189.

(4) C'est la correction de Siderides, Παράρτημα, p. 24.

(5) Martini, *Manuelis Philae carmina*, p. 63.

(6) Miller, *Manuelis Philae carmina*, t. I, p. 117, nº 223.

(7) Fac-similé dans Siderides, Παράρτημα, p. 29.

Une autre analogue [1] se termine à peu près de la même façon :

Ἡ σύζυγος πρὶν ἀλλὰ νῦν Μάρθα γράφει.

Il est utile de rappeler d'autres textes du même auteur, où la femme de Michel Glabas est clairement désignée. Ainsi, dans la pièce Εἰς τὸν ξενῶνα πρωτοστράτορος τοῦ Γλαβᾶ [2], elle est nommée

ἡ σύζυγος δὲ καὶ τρυγὼν ἡ κοσμία
Κομνηνοφυὴς ἡ Παλαιολογίνα.

Dans une autre pièce [3] :

Κομνηνοφυὴς κλῆσιν αὐτὴ Μαρία
Βράναινα καὶ Δούκαινα

Ailleurs encore [4] :

ἡ πρωτοστρατόρισσα ταῦτα Μαρία
Κομνηνοφυὴς τῇ Κεχαριτωμένῃ.

On serait tenté de conclure de cet ensemble de textes que le monastère τῆς κυρίας καὶ ἀδελφῆς μου τῆς πρωτοστρατορίσσης Γλαβαίνης est celui de Pammakaristos. Mais Théodora l'aurait désigné par son vocable, et il n'est qu'improprement le monastère de Marie-Marthe, puisque les deux époux avaient agi de concert. De plus, c'était un couvent d'hommes, qui n'était vraisemblablement pas désigné par le nom de la cofondatrice. Il y avait à Constantinople un monastère célèbre, qui portait le titre de τῆς Μάρθας [5], ou τῆς κυρᾶς Μάρθας [6], et celle qui

(1) Miller, l. c., p. 115, nº 219.
(2) Id., l. c., p. 280, nº 98.
(3) Martini, *Manuelis Philae carmina inedita*, p. 65, nº 54.
(4) Miller, l. c., p. 76, nº 165.
(5) Jean Cantacuzène, *Hist.*, III, 36; IV, 16. 42, 44.
(6) Phrantzes, *Chron.*, II, 5; II, 17 ἐν τῆς κυρίας Μάρθας μονῇ), Bekker, pp. 141, 192.

lui avait donné son nom était la sœur de l'empereur Michel Paléologue : ἡ βασιλέως ἦν ἀδελφὴ τοῦ πρώτου τῶν Παλαιολόγων Μιχαήλ (1), qui, comme on sait, prenait les noms de Ducas, Angelus, Comnenus, Palaeologus (2). Un texte d'époque relativement récente et de provenance douteuse ajoute ce détail que Marthe, la protostratorissa, transforma en maison religieuse la maison paternelle (3). Le texte du typicon s'expliquerait donc aisément. Le monastère τῆς κυρίας καὶ ἀδελφῆς μου est le monastère τῆς κυρᾶς Μάρθας, de Marthe épouse de Michel Glabas, d'où son nom de Γλάβαινα. Elle n'était pas la sœur, mais la tante de la fondatrice du couvent de Notre-Dame τῆς Βεβαίας Ἐλπίδος.

L'explication paraîtrait entièrement satisfaisante, si nous n'avions à compter qu'avec les textes que nous venons d'énumérer. Nous ne pouvons omettre d'en citer d'autres qui prêtent à discussion. Ils nous parlent d'une autre Marie, sœur de l'empereur Michel, mariée à un Tarchaniota, ayant elle aussi changé son nom en celui de Marthe, au seuil du couvent.

Georges l'Acropolite s'exprime de la sorte : Ἦν δὲ τῆς Τζουρουλοῦ τὴν φρουρὰν παρὰ τοῦ βασιλέως Ἰωάννου προσδεδεγμένος ὁ Ταρχανειώτης Νικηφόρος, ὃς ἐπὶ τῆς τραπέζης τοῦ βασιλέως ὑπῆρχε τότε, μέγας δὲ δομέστικος τετίμηται ὕστερον· γαμβρὸς δὲ ἦν τοῦ μεγάλου δομεστίκου τοῦ Παλαιολόγου ἐπὶ τῇ πρώτῃ αὐτοῦ θυγατρὶ Μαρίᾳ (4). L'époux s'appelle Nicéphore Tarchaniota, grand δομέστικος; sa femme Marie est la fille d'un Paléologue, lui aussi grand δομέστικος. A remarquer toutefois que le nom de Marthe n'est pas prononcé.

Dans Pachymère, nous trouvons des données analogues, mais avec des variantes. Il s'agit d'abord, comme dans le texte précédent, de la femme de Tarchaniota, grand δομέστικος — le nom de Nicéphore manque. Elle s'appelle Marie, mais aussi Marthe :

(1) CANTACUZÈNE, *Hist.*, IV, 16.
(2) Cf. DU CANGE, *Familiae byzantinae*, p. 233.
(3) C'est le texte publié par FÖRSTER et cité plus haut, p. 155.
(4) *Historia*, 36, HEISENBERG, p. 55.

Μαρίας εἴτε καὶ Μάρθας. Elle n'est pas citée comme la fille, mais comme la sœur d'un Paléologue : αὐταδέλφη τοῦ Παλαιολόγου (1). Ailleurs, le même auteur l'appelle simplement Marthe, sœur de l'empereur (2), mariée au grand domesticos (3). Ailleurs encore, celle qu'il nomme, en parlant de l'empereur, ἀδελφὴν ἐκείνου Μάρθαν, est qualifiée de μοναχὴ Μάρθα (4).

Une poésie de Manuel Philes se termine, dans le manuscrit de l'Escurial, par ces vers :

> ἡ τοῦ μεγάλου σύζυγος δομεστίκου
> Κομνηνοφυὴς ἡ Παλαιολογίνα
> ταῦτα κρατοῦντος ἐξαδέλφη καλλίπαις (5).

D'après cela, la femme du grand domesticos n'est pas la sœur, mais la nièce de l'empereur. Dans le manuscrit de Paris, les deux derniers vers sont remplacés par celui-ci :

> Κομνηνοφυὴς ταῦτα νῦν Μάρθα γράφει.

Cette rédaction est celle qui désignait l'autre Marthe, la femme du protostrator Michel. Et voici une autre difficulté. L'épigramme adressée, d'après le manuscrit de l'Escurial, τῇ μεγάλῃ δομεστικίσσῃ (6), porte le titre : τῇ πρωτοστρατορίσσῃ dans le manuscrit de Paris.

Si nous étions mieux renseigné sur la tradition des œuvres de Manuel Philes et sur sa vie, nous pourrions tirer des variantes que nous venons de signaler des conclusions plus précises. De tout l'ensemble des textes concernant les deux Marie-Marthe, il ressort que la première, Γλάβαινα, la πρωτοστρατόρισσα, a les attestations les plus formelles et les plus claires, tandis que

(1) Pachymère, *De Michaele Palaeologo*, I, 12, Bekker, p. 33.
(2) Idem, *ibid.*, II, 13, 23. Cf. IV, 26, pp. 109, 127 et 308.
(3) Idem, *ibid.*, II, 23, Bekker, p. 127.
(4) Idem, *ibid.*, IV, 19, Bekker, p. 295.
(5) Miller, *Manuelis Philae carmina*, t. I, p. 82, nº 172.
(6) Idem, t. c., p. 91, nº 190.

sur la seconde, la δομεστίκισσα, les textes sont inconsistants. Il y aurait un moyen assez simple de les concilier tous, c'est de supposer que le *cursus honorum* de Michel Tarchaniota nous est imparfaitement connu, que le protostrator et le grand domesticos ne sont qu'un seul et même personnage et que les titres correspondent à divers moments de sa carrière. Les autres divergences s'expliqueraient par des distractions ou des confusions conséquentes à une erreur initiale.

Cette solution ne tient malheureusement pas assez compte du fait que nos témoins sont des contemporains et même des hommes ayant eu avec la famille des Paléologues des relations suivies. Il est vrai qu'on constate chez eux quelque hésitation, sauf chez Georges l'Acropolite, qui semble, en effet, le mieux placé pour nous renseigner. Il connaît une princesse, du nom de Marie, mariée à un Tarchaniota, et distincte de l'autre Marie, femme de Michel Tarchaniota. Celle-ci prit certainement le nom de Marthe, et le texte du typicon qui mentionne la μονὴ τῆς κυρίας καὶ ἀδελφῆς μου vise le monastère τῆς κυρᾶς Μάρθας. Quelque difficulté qu'on éprouve à admettre de la part de Pachymère une aussi notable confusion, on dirait bien que c'est lui qui parle des deux Marie comme d'une seule personne. Si cette confusion semble exister aussi chez Manuel Philes, il se pourrait qu'elle fût due à des retouches dont il n'est pas responsable.

La position du monastère de « Madame Marthe » nous fixera sur celle de notre couvent de la Vierge τῆς Βεβαίας Ἐλπίδος, situé dans ses environs. Les pèlerins russes nous affirment que le couvent de *Kirmarta* ou de *Gheramartas* se trouvait non loin de *Lipessi*, autre couvent de femmes, et qu'on y arrivait en descendant de l'église des Saints-Apôtres (1). Cette seconde maison n'est autre que le monastère de Lips, dont on a lu plus

(1) B. de Khitrovo, *Itinéraires des pèlerins russes*, pp. 162, 163, 205 et 234.

haut le typicon. Nous verrons que Lips était situé non loin de la fameuse basilique des Apôtres (1). L'église Saint-Acace qui se trouvait à proximité de notre monastère n'était donc pas celle de l'Heptascalon, mais celle de Karya, et c'est dans ce quartier aussi qu'il faut chercher le monastère de Moselé.

Organisation du monastère. — La première pensée de la fondatrice est de fixer la condition juridique du nouveau monastère. Il en est ainsi dans la plupart des typica, où se manifeste, dès les premières pages, le souci de soustraire le nouvel établissement religieux à des ingérences nuisibles à son développement et à sa prospérité. Le monastère de Notre-Dame-de-Bonne-Espérance appartient à la catégorie des monastères libres et autodespotes (2). Entièrement indépendant de toute juridiction civile, il ne sera soumis à l'autorité d'aucune personne du dehors et ne pourra être rattaché à aucun autre monastère, maison religieuse ou hospice. Le patriarche lui-même devra se renfermer strictement dans l'exercice des droits que lui confèrent les canons (3).

Pour assurer la sauvegarde de l'esprit religieux et des intérêts matériels du monastère, les religieuses, plus encore que les moines, avaient besoin de la tutelle d'un personnage puissant, capable de veiller au développement normal de l'institution et de la défendre efficacement contre toute vexation. C'est parfois l'empereur en personne que l'on prie d'accepter cette charge. Notre fondatrice la confie à ses fils. C'est l'aîné d'abord qu'elle désigne comme inspecteur et patron du monastère;

(1) Le texte déjà cité, de Förster, place le monastère de Marthe εἰς τὸ Κρικκισιμέ. Voir Νέος Ἑλληνομνήμων, t. I, p. 287. G. Zolotas identifie cet endroit avec Kourou-Tchesmé, ἐν τῇ εὐρωπαϊκῇ ὄχθῃ τοῦ Βοσπόρου, même recueil, t. II, p. 507. On cherche en vain une preuve de cette identification.

(2) Sur la condition juridique des monastères byzantins en général, voir A. Ferradou, *Des biens des monastères à Byzance* (Bordeaux, 1896), pp. 90-118.

(3) *Typ.* A, 14-17.

à son défaut, ce sera le cadet. Le patronage passera à leurs descendants (1).

Le nombre des religieuses est limité. On en admettra trente, ni plus ni moins (2). Telle était, au début, la volonté de la fondatrice. Mais sur de vives instances, elle avait consenti, avant la fin de sa vie, à porter le chiffre à cinquante. Sa fille Euphrosyne nous l'apprend, et sanctionne définitivement cette nouvelle disposition. Le chiffre de trois décades, dit-elle, avait été choisi en l'honneur de la Sainte Trinité. On y substitue celui de sept fois sept plus un, pour rappeler les sept dons du Saint-Esprit (3). Il y a deux catégories de religieuses : les ἐκκλησιαστικαί, dont l'occupation principale est la célébration de l'office divin, et les autres, qui sont chargées des offices domestiques, ἐν ταῖς σωματικωτέραις διακονίαις (4). Les unes sont les sœurs de chœur, les autres les converses de nos couvents.

Une des recommandations les plus pressantes de la fondatrice est relative à la parfaite égalité qui doit régner entre les religieuses. Elles sont soumises à un régime commun au point de vue de la table, de l'habillement, des occupations (5). Aucune distinction n'est admise, sauf, bien entendu, pour les malades. Pour celles-ci, on prévoit les exceptions les plus larges, et la direction donnée à cet égard à la supérieure est empreinte de la plus exquise charité (6). En dehors du cas de maladie, la règle n'accorde quelque adoucissement à la vie commune que dans des circonstances exceptionnelles, conformément, d'ailleurs, aux mœurs du temps. Le couvent était fréquemment le seul refuge des grandes infortunes, et de nobles dames, des princesses venaient parfois y abriter leurs dernières années. Il était permis de tenir compte des antécédents de ces femmes,

(1) *Typ. A*, 18-20.
(2) *Typ. A*, 21-23.
(3) *Typ. A*, 146-147.
(4) *Typ. A*, 60.
(5) *Typ. A*, 83-89, 95-104.
(6) *Typ. A*, 90-94.

habituées à une vie facile et à un train luxueux. Sur leur demande, on leur accordait l'autorisation de se faire aider par une servante ([1]).

Outre les religieuses, le monastère doit abriter un prêtre, qui est chargé, aux jours fixés, de célébrer les saints mystères et de présider journellement aux offices du matin et du soir ([2]). C'est le ἱερεὺς ὁ ἡμέτερος. Dans des circonstances solennelles, où l'on prévoit la présence de douze prêtres, les onze autres sont appelés du dehors ([3]). Le prêtre attaché au couvent doit avoir un certain âge et présenter des garanties d'honorabilité et de vertu ([4]). On ne pousse pas les exigences aussi loin que le typicon d'Irène, qui stipulait, en outre, que les deux prêtres du monastère τῆς Κεχαριτωμένης seraient eunuques ([5]).

Irène voulait aussi que le père spirituel appartînt à cette catégorie ([6]). Rien de tel dans notre typicon, qui prescrit simplement de choisir pour la charge de πνευματικὸς πατὴρ un homme préparé à la mission délicate de confesser les religieuses et d'être le confident de leurs secrètes pensées ([7]). Comme elles devaient pouvoir recourir à lui journellement ([8]), il est à penser qu'il habitait également le monastère ou ses dépendances, bien que cela ne soit pas stipulé expressément. Lorsque les religieuses procédaient à la distribution des charges, ce qui se faisait à l'église, le père spirituel, ὁ κατὰ πνεῦμα ἅγιος πατήρ, présidait à l'élection ([9]).

Tel était le personnel du monastère de Notre-Dame-de-Bonne-Espérance.

([1]) *Typ. A*, 93, 94.
([2]) *Typ. A*, 79.
([3]) *Typ. A*, 113.
([4]) *Typ. A*, 79.
([5]) *Typ. Irenes Augustae*, 15.
([6]) *Typ. Irenes Augustae*, 16.
([7]) *Typ A*, 111.
([8]) *Typ. A*, 105-110.
([9]) *Typ. A*, 74.

Les obligations des religieuses étaient celles de toutes leurs pareilles. L'obéissance d'abord, sur la nécessité et les mérites de laquelle la fondatrice est intarissable ([1]). La pauvreté. Elles ne peuvent rien posséder en propre et n'ont le droit de disposer de rien. Elles se contenteront des vêtements grossiers qu'on leur donnera ([2]) et de la nourriture commune ([3]). S'il arrive que des amis envoient à l'une d'entre elles quelques douceurs, celle-ci ne pourra les conserver dans sa cellule. Elles lui seront servies au repas commun et, si la quantité est suffisante, distribuées entre toutes les sœurs ([4]). C'est la communauté qui fournit la matière du travail, dont le fruit doit également lui revenir ([5]).

La clôture à laquelle les religieuses sont soumises est une sauvegarde à la fois de la chasteté, du recueillement et de l'esprit religieux. Les visites des parents doivent être rares et soumises à l'autorisation préalable de la supérieure. Il est interdit de recevoir les visites à l'intérieur du monastère; un vestibule entre les deux portes est désigné à cet effet. Une religieuse respectable, choisie parmi les anciennes, doit être présente à l'entretien ([6]). Plus rarement encore s'accorde la permission de sortir en ville. Dans ce cas-là, la religieuse est accompagnée de deux anciennes. Elle rentre à la fin du jour et rend compte à la supérieure de son état d'âme ([7]). Le typicon de Théodora ne contient aucune disposition relative à l'éducation des jeunes filles. Celui d'Euphrosyne fait valoir les inconvénients qui résultent de l'admission dans le monastère de celles qui ne viennent qu'y chercher l'instruction sans songer à quitter le monde. Mais on peut s'occuper de celles qui ont le

---

([1]) *Typ. A*, 37-47.
([2]) *Typ. A*, 98-104.
([3]) *Typ. A*, 83.
([4]) *Typ. A*, 84.
([5]) *Typ. A*, 96, 97.
([6]) *Typ. A*, 76.
([7]) *Typ. A*, 77.

désir d'entrer en religion et demandent à y être préparées (1).

La journée des religieuses se partage entre le travail et la prière. Les occupations de Marthe sont naturellement réservées surtout aux sœurs du second rang. Mais il n'est point permis aux autres de passer dans l'oisiveté le temps que leur laissent les offices. Elles doivent se persuader qu'elles n'ont pas quitté le monde pour ne rien faire, et doivent s'occuper du travail des mains au profit de la communauté (2). Quant aux religieuses employées aux travaux domestiques, elles assisteront au chœur lorsqu'elles en auront le loisir (3).

Nous trouvons dans le typicon peu de détails sur la liturgie du monastère. Tous les jours l'office se célèbre le matin et le soir : σύναξις ὀρθρινή, ἑσπερινή (4). Quatre fois par semaine, le mardi, le jeudi, le samedi et le dimanche, le prêtre célèbre la messe (5). Quant au rite quotidien, on nous apprend simplement qu'il est réglé par le typicon de Jérusalem (6), c'est-à-dire celui de saint Sabas.

Des chapitres spéciaux sont consacrés à la fête principale du monastère et aux anniversaires des fondateurs et des principaux bienfaiteurs.

La fête de la Dormition de la Vierge, le 15 août, est célébrée avec une solennité particulière. L'office de nuit se prolonge. Le luminaire est brillant, l'encens de la meilleure qualité. En revenant de l'église, les religieuses trouveront une table mieux servie, et les pauvres recevront une distribution de pain et de vin (7). Détail curieux : il est enjoint aux religieuses de célébrer cette grande fête entre elles, et de ne faire appel au concours d'aucun prêtre en dehors de celui qui habite le monastère.

---

(1) *Typ.* *A*, 148.
(2) *Typ.* *A*, 95.
(3) *Typ.* *A*. 61.
(4) *Typ* *A*. 79.
(5) *Typ.* *A*, 79.
(6) *Typ.* *A*, 78.
(7) *Typ.* *A*, 112.

En tenant compte du début de l'année ecclésiastique grecque, voici le calendrier des anniversaires célébrés dans le monastère de Notre-Dame-de-Bonne-Espérance, tel que l'a réglé la fondadrice :

Septembre 16 : Marie (Marianne), sœur de la fondatrice (1).
Octobre 25 : Callinicos et Marie, parents de la fondatrice (2).
Décembre 24 : Théodore (Théodoret) Ducas (3).
Janvier 8 : Isaac (Joasaph) Comnène (4).
Février 6 : Jean (Joachim) Ange Doucas (5).
Février 11 : Thomaïs (Xéné) Comnène (6).
Juin 6 : Michel (Macaire) Comnène, frère de la fondatrice (7).
Juin 28 : Andronic (Arsène) Comnène, frère de la fondatrice (8).
Juillet 3 : Andronic (Antoine). Comnène (9).
Juillet 23 : Théodora (Théodosia) Comnène (10).
Août 9 : Jean (Joasaph) Comnène (11).

Naturellement elle n'a pu fixer la date de son propre anniversaire, ni celui de sa fille Euphrosyne encore en vie, ni pour la même raison sans doute, celle de l'obit de l'évêque d'Éphèse, le parrain d'Euphrosyne, et de l'évêque de Mitylène, tous deux bienfaiteurs du monastère (12). Il est regrettable que le typicon d'Euphrosyne ne nous renseigne pas sur la date de la mort de sa mère. Cependant il donne quelques compléments à la liste

(1) *Typ. A*, 139.
(2) *Typ. A*, 113.
(3) *Typ. A*, 143.
(4) *Typ. A*, 140.
(5) *Typ. A*. 116.
(6) *Typ. A*, 135.
(7) *Typ. A*; 137.
(8) *Typ. A*, 138.
(9) *Typ. A*, 141.
(10) *Typ A*, 136.
(11) *Typ. A*. 142.
(12) *Typ A*, 156.

précédente. D'abord Euphrosyne nous apprend que c'était l'usage dans les monastères de faire la commémoraison des fondateurs, τὰ κτητορικὰ μνημόσυνα, sans doute un obit collectif, le lendemain de la fête du patron, et elle marque spécialement qu'ici c'était après la fête de la Dormition.

Il lui semble convenable d'instituer de même une commémoraison générale des sœurs défuntes, et elle propose de la placer au lendemain de la fête du patron du cimetière, saint Nicolas, donc le 7 décembre (1). On fera aussi l'anniversaire de chacune des sœurs défuntes (2), et aux deux jours consacrés dans l'Église grecque à la commémoraison des fidèles trépassés, c'est-à-dire, le premier samedi de carême et la veille de la Pentecôte, on fera l'offrande pour chacune des religieuses décédées (3).

L'obituaire est complété par les dernières pages du typicon datées de la fin du XIVe siècle et du commencement du XVe.

Novembre 23 : Marie Asanina (4).
Décembre 9 : Théophile (5).
Février 11 : Eugénie Cantacuzène (6).
Février 13 : Xéné Philanthropène (7).

Le rite de ces obits n'est pas uniforme. Le plus solennel de ceux que décrit la fondatrice, celui de ses parents, est ainsi réglé. L'église sera ornée; il y aura six μανουάλια ou candélabres (8) remplis de cierges, et l'on préparera les colybes pour les trépassés (9). Les vêpres seront célébrées par douze prêtres,

---

(1) *Typ. A*, 150. Elle laisse le choix entre ce jour et le lendemain de la fête de la Vierge. Ce serait la fête de la Conception, célébrée par les grecs le 9 décembre.
(2) *Typ. A*, 149.
(3) *Typ. A*, 153.
(4) *Typ. A*, 157.
(5) *Typ. A*, 157.
(6) *Typ. A*, 158.
(7) *Typ. A*, 158.
(8) *Typ. A*, 113
(9) Sur les colybes, voir l'article de Mgr Petit, dans *Échos d'Orient*, t. II (1899), pp. 321-331.

mais sans la participation des religieuses. L'office du lendemain se fera comme à l'ordinaire, et la messe sera célébrée par le prêtre attaché au monastère. Ce jour-là, la table sera mieux servie et l'on se réjouira religieusement. Il y aura à la porte distribution de pain et de vin aux pauvres (1). D'autres obits plus simples comportent deux μανουάλια, six ou sept messes, et une παράκλησις, supplément à l'ordinaire de la table (2). En mémoire de Jean Comnène, grand bienfaiteur, il y aura en outre l'offrande chaque jeudi, et une fois par an on distribuera aux pauvres quatre mesures de vin (3). Pour le rite le plus simple le typicon prescrit un luminaire plus important que celui des jours ordinaires : φωταψία δαψιλεστέρα, et quatre messes (4). Les anniversaires de Marie Asanina et de Théophile présentent quelques particularités (5). D'après le typicon d'Euphrosyne, lorsqu'une sœur meurt, le service se célèbre pendant quarante jours consécutifs, comme cela se pratique encore au Mont Athos (6), et ces jours-là on donne aux pauvres sa portion de nourriture (7).

Le gouvernement du monastère est confié à la supérieure : ἡγουμένη, ἀφηγουμένη, ἡ προεστῶσα. Le typicon insiste sur les qualités que l'on doit exiger d'elle. Il ne faut pas seulement qu'elle ait les capacités nécessaires, qu'elle possède la science des sciences qui est de conduire les âmes, mais qu'elle édifie la communauté par ses exemples. La supérieure est choisie par les religieuses. Celles-ci se rendent à l'église, se mettent en prières, puis procèdent à l'élection. Quand le choix est fait, la nouvelle élue est conduite chez le patriarche, qui la bénit et lui remet les insignes de l'autorité. A partir de ce moment les sœurs lui doivent soumission et obéissance. Cette sujétion est caractérisée

(1) *Typ. A*, 113-115.
(2) *Typ. A*, 137, 139, 140-142.
(3) *Typ. A*, 142.
(4) *Typ. A*, 135, 136, 138.
(5) *Typ. A*, 157.
(6) Voir *Échos d'Orient*, t. c., p. 326.
(7) *Typ. A*, 149.

par la fondatrice en termes qui, à première vue, semblent durs à l'excès : c'est la dépendance de la bête de somme à l'égard de son maître; c'est l'outil inerte dans la main de l'ouvrier ([1]). Ce qu'il peut y avoir de choquant et d'excessif dans ces comparaisons ([2]) est atténué et ramené aux proportions exactes dans les longs chapitres adressés à la supérieure d'une part, aux religieuses de l'autre ([3]), instructions pleines de sagesse et de modération, s'inspirant d'un idéal élevé fait de charité et d'esprit de foi.

Quelle que soit l'étendue des pouvoirs de la supérieure, elle ne saurait pourvoir personnellement à tous les détails de l'administration. Elle est aidée de plusieurs assistantes, dont les deux principales sont l'ἐκκλησιάρχισσα et l'économe ([4]). Dans certains couvents, elles sont nommées par la supérieure ([5]). Dans celui de Théodora, la communauté participe au choix ([6]). Les attributions de l'ἐκκλησιάρχισσα ne sont pas celles d'une simple sacristine. Elle n'est pas seulement chargée de veiller à la propreté et à la décence de la maison de Dieu, à entretenir les lampes qui doivent brûler nuit et jour : ἀκοιμήτους φωταγωγούς ([7]). Les règles du chant ecclésiastique, de la psalmodie, de l'ordre de l'office divin doivent n'avoir pas de secret pour elle. C'est à elle d'en assurer l'observation et d'en instruire les plus jeunes ([8])

L'économat du monastère n est pas confié, comme ailleurs ([9]), à un étranger. Seulement, on exige de la κοινῆς οἰκονομίας διάκονος des qualités en rapport avec les fonctions difficiles et délicates dont elle est chargée. Outre qu'elle doit avoir une connaissance

---

(1) *Typ. A*, 24-26.
(2) Elles sont empruntées aux Ἀσκητικαὶ διατάξεις, attribuées à saint Basile, ch. XXII, 5, XXIII, *P. G.*, t. XXXI, p. 1409-1412.
(3) *Typ. A*, 27-47.
(4) *Typ. A*, 48, 49.
(5) *Typicon Irenes Augustae*, 19.
(6) *Typ. A*, 50.
(7) *Typ. A*, 52, 53.
(8) *Typ. A*, 50, 53.
(9) *Typicon Irenes Augustae*, 14, *typ. B*, 25.

suffisante des affaires pour gérer convenablement les biens de la communauté, il faut qu'elle soit douée d'une vertu assez solide pour parer aux dangers qui peuvent se rencontrer dans l'accomplissement de ses devoirs (1).

A côté des titulaires de ces deux charges importantes, d'autres religieuses s'emploient à des offices plus humbles, mais non moins nécessaires. Nous les appellerions de noms plus modernes : la lingère, la cellérière, la portière.

La première, ἡ διάκονος τοῦ κοινοῦ δοχείου, est préposée à la garde des effets d'habillement, des chaussures, des literies (2). Elle doit tenir la supérieure et les membres les plus importants de la communauté au courant de l'état de la lingerie.

A la κελλαρῖτις sont confiées les provisions de bouche. Elle est aidée de plusieurs autres sœurs, telle que la réfectorière, la boulangère, la cuisinière, qui sont pour elle des auxiliaires naturels. Toutes doivent remplir leur office en esprit de foi, se souvenant qu'elles sont les servantes du Christ, qui regarde comme fait à lui-même le bien qui est fait au prochain (3).

La fonction de portière ne peut être confiée à la première venue. La portière doit réunir des conditions d'âge et de vertu qui la rendent apte à cet office de confiance. Le matin elle reçoit les clefs de la main de la supérieure et les lui rapporte le soir. Il lui est interdit, sans y être autorisée par elle, de laisser n'importe qui franchir le seuil du couvent.

La distribution des offices se fait par élection, sous la présidence du père spirituel. Après la prière, l'élue se prosterne trois fois devant l'image de la Vierge, puis s'agenouille devant la supérieure d'abord, et ensuite devant les sœurs placées sur deux rangées, en demandant le secours de leurs prières (4).

De même que l'office ecclésiastique, le régime alimentaire est réglé par le typicon de Saint-Sabas. On s'y conformera exacte-

---

(1) *Typ. A*, 54, 55.
(2) *Typ. A*, 68.
(3) *Typ. A*, 69-71.
(4) *Typ. A*, 73, 74.

ment pour le nombre et la distribution des jours de jeûne, pour le nombre et la qualité des repas. Ses prescriptions seront suivies dans toute leur sévérité, excepté pour les malades, à qui on pourra toujours permettre l'usage de l'huile et du poisson. Il n'est jamais question de viande ou d'aliments gras (1).

Des dispositions spéciales sont prises pour le jour de la fête du monastère, où le menu sera plus abondant et plus choisi, ainsi que pour les jours d'anniversaire (2), qui amènent à tout le moins une παράκλησις (3). Lorsque le monastère est en liesse, les pauvres ne sont pas oubliés, et l'on prévoit pour eux des distributions de pain et de vin (4). C'est à eux aussi que vont les restes de la table, lesquels ne doivent pas être gardés pour le lendemain (5). C'est surtout en ce qui concerne la nourriture que la stricte égalité est de règle. Les religieuses doivent se contenter de ce qu'on leur sert à table, et en dehors des repas il leur est interdit de manger quoi que ce soit, alors même qu'elles auraient été personnellement l'objet de quelque libéralité (6). Comme c'est le cas dans plusieurs autres typica, la fondatrice fait la guerre à la λαθροφαγία (7).

Durant le repas on lit quelque livre spirituel, de préférence à tout autre le typicon, qui doit être lu chaque mois (8). Tant qu'on est à table, « le livre seul doit avoir la parole ». A aucun prix il n'est permis de rompre le silence (9). Les religieuses doivent garder les yeux modestement baissés, ne point s'occuper de leurs voisines et tenir leur âme élevée à Dieu (10).

(1) *Typ. A*, 80-82.
(2) *Typ. A*, 112-114.
(3) *Typ. A*, 135, 137.
(4) *Typ. A*, 112, 115.
(5) *Typ. A*, 89.
(6) *Typ. A*, 84.
(7) *Typ. A*, 85. Cf. *Typicon* τῶν Ἠλίου Βωμῶν, Dmitrievskij, p. 738.
(8) *Typ. A*, 120. Même prescription dans le typicon d'Irène, 65. Dans le monastère de Lips, il ne doit être lu que quatre fois l'an. *Typ. B*, 8.
(9) *Typ. A*, 85; *Typ. B*, 8.
(10) *Typ. A*, 86.

Le typicon règle aussi les détails de l'habillement [1]. Chaque année les religieuses reçoivent deux chemises ou tuniques blanches, un manteau noir et deux paires de chaussures neuves. Tous les trois ans on leur donne encore le manteau spécial appelé μανδύας, deux camisoles : περιστήθια, une coiffure, des mantilles : φακιόλια καὶ μαγουλίκια. Du nitre leur est procuré chaque mois pour laver les habits [2]. A ces distributions s'ajoute la ration d'huile d'éclairage [3].

Une des parties les plus intéressantes des typica est celle qui est consacrée aux biens du monastère et à leur administration. C'est un chapitre généralement riche en détails topographiques et souvent en mots rares servant à désigner les objets du mobilier. Dans la section consacrée à l'énumération des possessions et des ressources du couvent, la fondatrice dresse la liste des propriétés dont elle dispose en sa faveur : la moitié du domaine patrimonial ἡ Πύργος, une terre du nom de Αἶνος dans la banlieue, plusieurs vignes. La partie qu'elle se réserve, et dont Euphrosyne héritera, pourra plus tard revenir également au monastère [4]. La situation de ces propriétés est indiquée avec une précision suffisante pour les contemporains, mais pour eux seulement. Nous ne relèverons pas la série des expressions topographiques qu'aucun indice ne permet de reporter sur la carte. Il suffit de les retenir jusqu'au jour où quelque document nouveau permettra d'en fixer la position. La provenance des biens attribués au monastère est souvent indiquée, et parfois les plantations ou les travaux entrepris pour mettre les terrains en valeur sont mentionnés.

Avec ses propres donations, la fondatrice en énumère d'autres dues à la libéralité de divers bienfaiteurs [5]. L'évaluation des

(1) *Typ. A*, 98-99.
(2) *Typ. A*, 100.
(3) *Typ. A*, 101.
(4) *Typ. A*, 120-124.
(5) *Typ. A*, 134-144.

terrains est faite en argent et calculée en hyperpyres (1) ou en *modii*. On sait que le μόδιος est une mesure de capacité, exceptionnellement une mesure de surface. La relation entre l'étendue du terrain et le boisseau est établie sur le rendement normal d'une superficie donnée. Dans une partie du typicon le chiffre des *modii* est laissé en blanc (2). Il est donc malaisé de se faire une idée même approximative de l'étendue des propriétés du monastère. Mais on a l'impression que la liste du typicon est loin d'être complète, et en tout cas elle ne fournit pas d'indications suffisantes sur les revenus de ces propriétés.

Outre les terrains, le typicon énumère les sommes d'argent et les meubles de prix donnés au monastère. Les sommes enregistrées sont de 1,000, 500, 300, 200, 100, 75 hyperpyres (3), de 400 νομίσματα (4). Les objets précieux offerts par les bienfaiteurs sont en majeure partie des œuvres d'art.

---

§ 2. — Le monastère de Lips.

L'histoire. — Toute l'histoire du monastère de la Vierge τῆς Βεβαίας Ἐλπίδος est contenue dans le volume unique qui, après bien des pérégrinations, a fini par trouver asile à la bibliothèque Bodléienne. Le monastère dédié à la Vierge et à saint Jean-Baptiste, dont le typicon fragmentaire nous est parvenu, a laissé plus de traces dans les annales de Byzance. Nous montrerons, en effet, que le manuscrit du British Museum contient les Constitutions données au monastère de Lips lors de son rétablissement à la fin du XIIIe siècle. Avant de procéder

---

(1) Sur l'hyperpyre ou hyperpre, voir J.-N. Svoronos, dans *Journal international d'Archéologie numismatique*, t. II (1899), p. 345; W. Wroth, *Catalogue of the Imperial Byzantine Coins in the British Museum*, t. I (1908), p. LXXIV.

(2) Plus haut, pp. 84, 91, 93.

(3) *Typ. A*, 140, 141, 157, 143, 138.

(4) *Typ. A*, 156.

à cette démonstration, nous examinerons les principaux textes qui nous renseignent sur sa fondation.

Celle-ci remonterait à la première moitié du Xe siècle et daterait du règne de Romain et de Constantin Porphyrogénète (912-944). Il devait son existence à Constantin Lips, drongaire de la flotte : Τοῦ δὲ Λιβὸς ἡ μονὴ ἐν τοῖς χρόνοις Ῥωμανοῦ τοῦ γέροντος καὶ τοῦ πορφυρογεννήτου Κωνσταντίνου υἱοῦ Λέοντος ἀνηγέρθη παρὰ πατρικίου τοῦ Λιβὸς τοῦ γεγονότος δρουγγαρίου τῶν πλωΐμων, ποιήσαντος ἐκεῖ καὶ ξενῶνα (¹).

D'après une autre tradition rapportée par plusieurs chroniqueurs tributaires d'une source commune et s'exprimant en termes presque identiques, il faudrait remonter au règne de Léon le Sage (886-911). L'empereur Léon en personne aurait assisté à la cérémonie de la dédicace : Ἰουνίῳ δὲ μηνὶ προσεκλήθη Λέων ὁ βασιλεὺς παρὰ Κωνσταντίνου τοῦ Λιβὸς ἐν τῇ μονῇ (*al. add.* αὐτοῦ) τῇ οὔσῃ ἐν τῷ Μαρδοσαγγάρῃ (*al.* Μερδοσαγάρῃ) τοῦ ποιῆσαι τὰ ἐγκαίνια καὶ ἀριστῆσαι. Καὶ γέγονεν ἄνεμος ὁ λεγόμενος λίψ, ἕως τρίτου σφοδρῶς φυσήσας, συσσείσας τε καὶ δονήσας οἰκήματα καὶ ἐκκλησίας, ὥστε πάντας φεύγειν ἐν ὑπαίθροις τόποις, λέγοντας συντέλειαν κοσμικὴν εἶναι, εἰ μὴ ἡ (τοῦ) Θεοῦ φιλανθρωπία δι' ὄμβρων ἔπαυσε τὴν τοιαύτην θραῦσιν. Tel est le texte de Georges le Moine et de Léon le Grammairien (²).

Cédrénus rapporte la même version : Ἰουνίῳ δὲ μηνὶ προσεκλήθη Λέων ὁ βασιλεὺς παρὰ Κωνσταντίνου τοῦ Λιβὸς εἰς τὴν καινουργηθεῖσαν παρ' αὐτοῦ μονὴν ἔγγιον τῶν ἁγίων ἀποστόλων, ἐφ' ᾧ τὰ ἐγκαίνια ἐπιτελέσαι καὶ ἀριστῆσαι. Ἐξαίφνης οὖν ἔπνευσεν ἄνεμος λίψ σφοδρός, καὶ συνέσεισεν οἰκοδομὰς πολλὰς καὶ συνετάραξε τοὺς ἀνθρώπους καὶ ἐξεφόβησεν, ὡς πάντας φεύγειν ἐκ τῶν οἰκιῶν εἰς τὰ ὕπαιθρα. Ὄμβρος δ' ἐπιγενόμενος ἔστησε τὴν τοιαύτην καταιγίδα (³). Le texte de l'auteur anonyme de la *Vie de l'Empereur Léon* est une sorte

(¹) T PREGER. *Scriptores originum Constantinopolitanarum*, p. 289, n. 35.

(²) GEORGIUS MONACHUS, *De Leone Basilii filio*, 36, BEKKER, p. 866; LEO GRAMMATICUS, *Chronographia*, BEKKER, p. 280. Les leçons entre parenthèses sont celles de ce dernier chroniqueur.

(³) *Compendium Histor.*, BEKKER, t. II, p 266.

de combinaison des deux versions ([1]). On s'accorde sur le caractère légendaire de l'anecdote finale, inspirée par l'étymologie de λίψ, vent d'Afrique ou du sud-ouest.

On connaît fort peu de chose sur le fondateur du monastère. Il perdit la vie dans la guerre contre les Bulgares ([2]). Est-ce de lui ou de son fils qu'il s'agit dans ce texte de Constantin Porphyrogénète : ὁ πρωτοσπαθάριος Κωνσταντῖνος καὶ δομέστικος τῆς ὑπουργίας, ὁ τοῦ Λιβός, ὁ νῦν ἀνθύπατος πατρίκιος καὶ μέγας ἑταιρειάρχης ([3])? On hésite à se prononcer ([4]).

Un passage de la vie de saint Nicolas Studite († 868) semble à première vue contredire la double version des chroniqueurs qui placent la fondation du monastère soit sous Léon, soit sous Constantin Porphyrogénète. On y raconte qu'un ami du saint lui acheta un terrain ἔνδον τῆς πόλεως πρὸς τὰ τοῦ Λίβα μέρη ([5]). Cette phrase a été comprise comme si le grec portait τὰ τοῦ Λιβὸς μέρη, et comme s'il s'agissait du monastère, qui serait donc antérieur au règne de Léon.

Mais il est à remarquer que l'auteur de la *Vie* écrivait vers l'année 925, et qu'il peut s'être servi, pour désigner l'emplacement de l'ἀσκητήριον fondé par Nicolas, d'une expression topographique en usage de son temps, mais non encore connue une cinquantaine d'années plus tôt. Il n'est pas certain d'ailleurs que Λίβα soit ici pour Λιβός, et il est possible qu'il faille appliquer le nom à une région située dans un tout autre quartier. Les synaxaires, au 12 juin, mentionnent une église de Saint-Julien εἰς τὰ Λίβα ἐν τῇ Δαγούτῃ ([6]). Le second indice topographique est malheureusement aussi obscur pour nous que le premier. Quoi qu'il en soit, si nous pouvons hésiter sur la date

---

([1]) *Theophanes continuatus*, VI, 25, BEKKER, p. 371.

([2]) *Ibidem*, VI, 10, BEKKER, p. 389.

([3]) *De Administrando imperio*, c. 43, BEKKER, p. 184.

([4]) BANDURI, note au passage cité, *ibid.*, p. 370.

([5]) *P. G.*, t. CV, p. 909 *c*.

([6]) DELEHAYE, *Synaxarium ecclesiae Constantinopolitanae*, p. 748.

approximative de la dédicace du monastère, il n'y a aucune raison de refuser à Constantin Lips l'honneur de l'avoir fondé.

Nous apprenons par le chroniqueur Phrantzès que c'était un couvent de femmes ([1]). Sous la domination latine, et peut-être bien avant, le monastère de Lips était tombé en décadence, s'il n'avait pas complètement cessé d'exister. Son antique splendeur lui fut rendue par l'impératrice Théodora, femme de Michel VIII et mère d'Andronic II, qui y fut enterré. C'est à propos de cet empereur que Nicéphore Grégoras écrit : τὸν ἐκείνου νεκρὸν εἰς τὴν μονὴν τοῦ Λιβὸς ἐπικεκλημένην ἀπήνεγκαν, ἣν ἡ μήτηρ αὐτοῦ Θεοδώρα ἡ δέσποινα ἀνεκαίνισεν ([2]). Théodora elle-même, le 16 février 1304, y avait reçu la sépulture ([3]).

Le typicon. — Avant d'aller plus loin, rapprochons de ces données celles du typicon. La règle est celle d'un couvent de femmes. Elle est écrite par une impératrice qui se désigne elle-même par son titre : ἡ ἡμετέρα βασιλεία, ἡ βασιλεία μου. C'est une impératrice-mère : son fils, associé à l'empire du vivant de son père, gouverne désormais seul ([4]). Les événements sont postérieurs à la restauration de l'empire en 1261 ([5]). Cet ensemble de circonstances désigne déjà suffisamment l'impératrice Théodora, veuve de Michel VIII, lequel mourut le 11 décembre 1282, laissant le trône à son fils Andronic II, son collègue à l'empire depuis dix ans ([6]).

On sait que Théodora eut trois filles : Irène, Eudocie et Anne ([7]). Notre fondatrice eut trois filles également. Au moment où elle rédigeait sa règle, il n'en restait que deux en vie ([8]). La troisième reposait déjà dans une des chapelles du couvent, où

([1]) *Chron.*, II, 5, Bekker, p. 141.

([2]) *Hist.*, IX, 14, Schopen, t. I, p. 463.

([3]) Georges Pachymère, *De Andronico Palaeologo,* V, 4, Bekker, t. II, p. 378.

([4]) *Typ. B,* 3.

([5]) *Typ. B,* 56.

([6]) Pachymère, *De Michaele Palaeologo*, IV, 29, Bekker, t. I, p. 318; Grégoras, *Hist.*, IV, 8, Schopen, t. I, p. 109.

([7]) Du Cange, *Familiae byzantinae,* p. 234.

([8]) *Typ. B,* 40.

elle-même s'était préparé un tombeau (1). Nous savons qu'on respecta sur ce point ses dernières volontés.

La fondation, dont notre typicon est la charte, n'était pas entièrement nouvelle. C'est ainsi que le texte mentionne deux églises, l'ancienne, dédiée à la Sainte Vierge; la nouvelle, placée sous le vocable de Saint-Jean-Baptiste (2). Il en est de même de l'hôpital attaché au monastère. Il existait auparavant, et la fondatrice l'appelle τὸν νεουργηθέντα μοι ξενῶνα (3). Cet hôpital n'est autre que le ξενὼν attaché par Constantin Lips à son monastère (4).

La patronne du couvent relevé par les soins de l'impératrice est la Sainte Vierge. La fête principale se célèbre le 8 septembre, jour de la Nativité, et au milieu des prescriptions qui règlent le cérémonial, nous relevons ce détail : κατὰ δὲ τὴν ἑορτὴν τῆς ὑπεράγνου μου δεσποίνης καὶ θεομήτορος ὅτε δὴ καὶ ἐπιδημεῖν ὁ βασιλεὺς μέλλει... (5). Or, d'après le *De Officiis* de Codinus, c'est au monastère de Lips que se rend ce jour-là la procession impériale : κατὰ τὴν ἑορτὴν τῶν γενεσίων τῆς Θεοτόκου ἀπέρχεται εἰς τὴν σεβασμίαν μονὴν τὴν τοῦ Λιβός (6). Cette coïncidence est décisive et achève la démonstration. Le monastère de la Vierge qui renaît, en même temps que l'hôpital, grâce à la sollicitude de l'impératrice-mère, est la fondation de Constantin Lips; la nouvelle fondatrice est Théodora Δούκαινα Κομνηνὴ ἡ Παλαιολογίνα (7), la tante de l'autre Théodora, à qui nous devons le typicon du monastère de Notre-Dame de Bonne-Espérance.

Un passage de notre typicon mentionne le fait que le monastère possédait le corps d'une sainte Irène (8), sans nous donner

(1) *Typ. B*, 42.
(2) *Typ. B*, 42, 6.
(3) *Typ. B*, 50.
(4) Plus haut, p. 173.
(5) *Typ. B*, 39.
(6) *De Offic.*, XV, Bekker, p. 80.
(7) Ce sont les noms qu'elle prend en tête de sa profession de foi publiée par J. Dräseke dans *Zeitschrift für wissenschaftliche Theologie*, t. XXXIV (1891), p. 353.
(8) *Typ. B*, 6.

le moyen de choisir parmi les saintes assez nombreuses qui portent le même nom. Les pèlerins russes qui, au XVe siècle, ont visité le couvent de Lips, *Lipessi*, y ont remarqué les reliques de sainte Irène (1); d'autres disent de l'impératrice Irène (2). Il n'est pas aisé de décider si Théodora et les pèlerins parlent de la même Irène. En effet, en 1324, vingt ans après la mort de Théodora, une autre Irène, la femme d'Andronic III, étant venue à mourir à Rodosto, fut transportée solennellement à Byzance et ensevelie au monastère de Lips (3). Il y avait donc là deux tombeaux où se voyait inscrit le nom d'Irène. C'est sans doute le plus somptueux qui a attiré l'attention des pèlerins, et il se pourrait que ce ne fût pas le plus ancien des deux. La série des personnages illustres enterrés dans l'église du monastère se termine pour nous par la princesse russe Anne, morte en 1407, à Constantinople, au temps de la peste (4).

Malgré les lacunes que nous avons constatées dans le typicon, la nouvelle règle du monastère de Lips, comparée au typicon de Notre-Dame-de-Bonne-Espérance, nous apparaît dans ses grandes lignes et dans ses dispositions essentielles, et nous avons peu de chose à suppléer pour reconstituer le tableau de la vie religieuse telle qu'elle était comprise à cette époque. La rédaction du typicon de Théodora est notablement plus concise que celle de son homonyme. On y rencontre moins de développements, moins d'éloquence et d'effusions de tendresse. Au couvent de Lips on insiste davantage sur certains points du règlement que l'autre typicon laisse dans l'ombre. Les deux documents se complètent et, après les avoir lus, on se fait une idée suffisamment précise de l'organisation des couvents de femmes et de l'esprit qui y régnait à l'époque des Paléologues.

(1) D. de Khitrovo, *Itinéraires russes*, p. 234.
(2) *Itinéraires*, p. 205.
(3) Cantacuzène, *Hist.*, I, 40; Schopen, t. I. p. 193.
(4) Phrantzès, *Chron.*, I, 35; Bekker, p. 110.

La perte la plus sensible est celle du préambule, où Théodora, suivant l'habitude et à l'exemple de son mari dans le typicon du monastère de Kellibara, avait certainement consigné des données autobiographiques, et parlé du premier fondateur, non sans expliquer les circonstances de son initiative personnelle dans le relèvement du monastère. C'était, on peut l'affirmer, une précieuse page d'histoire, que rien ne saurait remplacer.

Le typicon du monastère de Lips se termine par un appendice relatif à une autre fondation de Théodora. C'est en réalité le typicon du couvent des Saints-Cosme-et-Damien. Nous en dirons quelques mots plus loin. Y avait-il, entre ce supplément et la conclusion du typicon proprement dit, d'autres articles complémentaires, comme nous en trouvons souvent dans les manuscrits, notamment à la suite du typicon de l'autre Théodora? Nous en sommes, sur ce point, réduits aux conjectures.

Le περιορισμὸς τῆς μονῆς inséré dans le typicon de Notre-Dame-de-Bonne-Espérance n'a pas son équivalent dans le typicon du monastère de Lips. Nous apprenons, par des chroniqueurs, que cette maison était située dans un quartier appelé Μαρδοσαγγάρη, dont la position nous serait inconnue si d'autres n'indiquaient comme équivalent le voisinage de la basilique des Saints-Apôtres : ἔγγιον τῶν ἁγίων Ἀποστόλων [1]. Paspati [2] et quelques autres ont identifié l'église du monastère avec Demir-djilar Mesdjedi, à l'est de la mosquée du sultan Méhémet. Cet édifice a été détruit dans le tremblement de terre de 1904. D'autres archéologues, notamment Mordtmann et Van Millingen, se prononcent pour Phénéré Isa Mesdjedi. L'inscription en l'honneur du fondateur, Κωνσταντῖνος, encore en place quoique bien mutilée, donne raison à ces derniers. Van Millingen appelle l'église « St. Mary Panachrantos », parce que sur l'inscription on relève le mot : πανάχραντε. Ce n'est pas une raison pour conclure à l'existence d'un monastère homonyme du célèbre

---

(1) Plus haut, p. 173.

(2) Βυζαντιναὶ μελέται (Constantinople, 1877), p. 325.

couvent τῆς Παναχράντου, voisin de Sainte-Sophie. Dans l'inscription le mot πανάχραντος figure comme épithète classique de la Vierge et nullement comme vocable distinctif.

Organisation du monastère. — L'organisation de la maison religieuse fondée par Lips et rétablie par Théodora est en harmonie avec les usages de l'époque et ne tranche pas, dans son ensemble, sur celle des autres monastères que nous connaissons. Ce n'est pas que la règle de Lips copie servilement le typicon d'Irène, ou qu'elle suive le même modèle que celui de Notre-Dame-de-Bonne-Espérance. Elle a ses particularités, passe sur certains développements qu'on rencontre ailleurs, insiste sur des détails que d'autres touchent à peine. Nous ne nous arrêterons guère que pour les rappeler rapidement, à la partie commune aux deux constitutions dont nous avons publié le texte.

En premier lieu le monastère sera autonome et libre de tout lien extérieur et ne sera annexé à aucun couvent ou établissement. Il n'y a d'exception que pour le ξενών, qui lui est indissolublement uni (1). Quant à l'éphorie, elle appartient de droit à l'empereur régnant (2).

La communauté est relativement nombreuse : cinquante religieuses, dont trente pour le service liturgique et vingt pour les offices domestiques (3). A leur entrée aucune espèce de dot ni de contribution ne sera exigée (4). Si quelqu'une des sœurs apporte un don volontaire, il est bien entendu qu'elle ne pourra jamais s'en prévaloir pour obtenir un avantage quelconque au détriment de la vie commune (5). La durée du noviciat est variable suivant l'âge et les antécédents de la postulante. Pour

---

(1) *Typ. B*, 1-2.
(2) *Typ. B*, 3.
(3) *Typ. B*, 4.
(4) Il en est de même dans le monastère τῆς Κεχαριτωμένης. *Typicon Irenes Augustae*, 7.
(5) *Typ. B*, 5.

les jeunes filles de moins de vingt ans on exige une épreuve de trois ans. Celles qui ont passé cet âge et qui n'ont aucune expérience de la vie ne pourront être admises qu'après une année. Cette période d'essai est réduite à six mois pour celles qui sont avancées en âge ou mûries par les épreuves. Quant à celles qui ont été placées au couvent dès leur enfance, il faut attendre la seizième année avant de leur proposer le choix, et si elles ne se décident pas à embrasser la vie religieuse, elles rentrent en possession de leurs biens, sans avoir droit d'en réclamer les revenus (1). On est autorisé à accepter des religieuses d'autres couvents, pourvu qu'elles soient irréprochables et décidées à observer la règle. Le typicon d'Irène était plus sévère à cet égard et excluait formellement les postulantes venues de quelque autre monastère (2). La fondatrice prévoit le cas où une de ses filles ou de ses nièces voudrait chercher un refuge dans le cloître. Il est à désirer qu'elles puissent en tout se plier au règlement. Si cela paraît impossible, pour de justes raisons, elles jouiront de quelques privilèges (3).

Quatre prêtres seront attachés au monastère, dont deux spécialement chargés du service de l'ancienne église, les deux autres de la nouvelle. Ils seront payés en argent et en nature (4). En outre les religieuses auront un père spirituel, le même pour toutes, choisi parmi les hésychastes ou les cénobites, à volonté. Il visitera le couvent chaque mois, mais n'y restera pas plus de trois jours. Si quelque religieuse avait besoin de se confesser à un autre moment, on le ferait appeler. Il ne logera pas dans les bâtiments du monastère, mais à l'hospice. Le chapitre du père spirituel se termine par une exhortation à la confession (5).

Le personnel de la maison se complète par le médecin, qui,

---

(1) *Typ. B*, 17, 18.
(2) *Typicon Irenes Augustae*, 53.
(3) *Typ. B*. 40. Comparez à ce sujet le *Typicon Irenes Augustae*, 4.
(4) *Typ B*, 6
(5) *Typ. B*, 11-13.

lui aussi, habite en ville. Il se rend au monastère une fois par semaine, sauf pendant le grand carême, quand les portes sont fermées à tout étranger. Il va sans dire qu'en cas de maladie, elles s'ouvrent toujours pour le médecin (1).

La clôture est perpétuelle. Ce n'est qu'en des cas exceptionnels qu'une sœur de vertu éprouvée est autorisée à sortir, accompagnée d'une ancienne, avec laquelle elle sera tenue de rentrer avant le coucher du soleil. Les visites doivent être très rares, et nul n'est autorisé à pénétrer à l'intérieur du monastère, sauf l'empereur et, avec certaines restrictions, des membres de la famille de la fondatrice. Les filles ou petites-filles ou quelques nobles dames pourront être admises en compagnie d'eunuques ou de personnes mûres. Lorsqu'une religieuse est gravement malade, sa mère ou sa sœur peuvent être introduites auprès d'elle, mais pour la journée seulement (2). Il est expressément interdit d'ouvrir les portes du monastère à des chanteurs, dans le but de rehausser l'éclat de l'office divin. Exception est faite pour la fête de la Nativité de la Vierge, à laquelle assiste l'empereur. Mais dès que celui-ci est parti, les chanteurs doivent, sans retard, quitter la maison (3).

Les religieuses se rendent au chœur vers minuit, à l'aurore, aux premières heures du jour, à tierce, à none, à vêpres, à complies (4). L'ordre de la psalmodie est réglé par le typicon de Saint-Sabas. Quatre fois par semaine, dans les deux églises, se célèbre la messe, sans compter les dimanches et les jours de fête. Chaque fois on offrira huit pains, respectivement au nom du Seigneur (ἄρτος δεσποτικός), de la Sainte Vierge, du saint du jour, des religieuses décédées, des parents de la fondatrice, de l'empereur son fils, de l'impératrice sa bru, de tous ses enfants,

(1) *Typ. B*, 35.

(2) *Typ. B*, 15, 16.

(3) *Typ. B*, 39. Le typicon d'Irène prononce la même interdiction, sans prévoir d'exception à la règle.

(4) *Typ. B*, 4.

de la fondatrice et de sa mère. Le samedi on offrira de petites croix pour les parents défunts de la fondatrice et pour ceux qui mourront bientôt (1).

Les deux grandes fêtes de l'année sont celles de la Nativité de la Vierge et de la Nativité de saint Jean-Baptiste. Le typicon insiste particulièrement sur le luminaire, qui doit être splendide (2), surtout le 8 septembre, jour où le cortège impérial se dirige vers le monastère (3). On y célèbre aussi les μνημόσυνα τῶν κτητόρων (4). Les dates n'en sont point indiquées et non plus les noms de ceux qui devaient faire l'objet de ces commémoraisons. Le typicon se borne à indiquer l'emplacement, dans l'église, des tombeaux de la fille de la fondatrice, de la mère de celle-ci et de la fondatrice elle-même. D'autres membres de sa famille pourront y trouver leur sépulture. Leurs anniversaires seront régulièrement célébrés (5). Nous sommes loin de la richesse de détails que prodigue le typicon de Notre-Dame-de-Bonne-Espérance au chapitre des obits.

Toute une semaine est réservée à l'élection de la supérieure, et lorsque les religieuses se sont mises d'accord sur un nom, douze d'entre elles, parmi les plus anciennes, conduisent la nouvelle élue au palais, où l'empereur lui remet le bâton symbolique. Dans l'église du monastère, après les prières pour la famille impériale, elle reçoit la bénédiction du prêtre, qui, devant l'image de la Vierge, lui remet, à trois reprises, le typicon (6). Il peut arriver que la supérieure se montre incapable ou indigne de sa haute fonction. Elle pourra être déposée, et l'on indique la voie à suivre lorsqu'il se présentera de sérieux sujets de plainte (7).

---

(1) *Typ. B*, 30. Comparez *Typicon Irenes Augustae*, 34.
(2) *Typ. B*, 37, 38.
(3) *Typ. B*, 39.
(4) *Typ. B*, 24.
(5) *Typ. B*, 42.
(6) *Typ. B*, 5-8.
(7) *Typ. B*, 9, 10. Voir aussi *Typicon Irenes Augustae*, 13. Le typicon A ne prévoit pas l'éventualité d'une déposition.

La distribution des charges n'est pas tout à fait la même qu'au monastère de Notre-Dame-de-Bonne-Espérance. L'économat n'est pas confié à une des religieuses, mais à un séculier, homme ou eunuque, ajoute la fondatrice, pourvu qu'il soit sans reproche. Les appointements sont fixés par le typicon. Il est choisi par la supérieure, par les principales religieuses et par le père spirituel. La cérémonie de son installation est indiquée et ses attributions esquissées ([1]).

Parmi les religieuses on désigne la σκευοφυλάκισσα et la δοχειαρία, ayant l'une et l'autre des assistantes. A la première est subordonnée l'ἐκκλησιάρχισσα, à la seconde la συνεκκλησιάρχισσα ([2]). Il y a aussi une sœur tourière ([3]).

Le typicon donne quelques détails sur le menu des repas. Il y a d'abord le régime des jours où l'on rompt le jeûne : ἐν ταῖς λυταῖς ἡμέραις ([4]), c'est-à-dire le mardi, le jeudi, le samedi et le dimanche. Il est permis, ces jours-là, de servir trois plats : du poisson, du fromage, des légumes (ὄσπρια). Le lundi on pourra donner des légumes (ὄσπρια καὶ λάχανα) cuits à l'huile, avec des coquillages, s'il s'en trouve. Le mercredi et le vendredi, deux plats de légumes (διὰ λαχάνων καὶ ὀσπρίων). Si ces jours coïncident avec des fêtes d'apôtres, de célèbres martyrs ou évêques, le poisson et l'huile seront permis. La table sera plus abondante les jours de fête. Il y aura du poisson, du fromage, du lait. Mais, en général, il faut suivre les prescriptions du typicon de Saint-Sabas ([5]).

Deux fois par an, en avril et en octobre, on distribue des vêtements, qui sont donnés pour un an ou pour deux ans. Les religieuses reçoivent deux tuniques, un manteau de laine, trois

(1) *Typ. B*, 25.
(2) *Typ. B*, 21-24.
(3) *Typ. B*, 21.
(4) Le typicon d'Irène, 46, contient un règlement presque identique. L'éditeur a transcrit, sans tenir compte de l'itacisme : περὶ τῆς ἐν ταῖς λιταῖς ἡμέραις τροφῆς, et traduit : *de victu in diebus litaniarum seu processionum*. Il n'est question ni de litanies, ni de processions, mais de jours francs.
(5) *Typ. B*, 32.

paires de bas et d'autres pièces du costume appelées περιστήθιον, φακιόλιον, μανδύας (1). Les religieuses peuvent se baigner quatre fois par an (2).

L'HÔPITAL. — Fondé par Constantin Lips, rétabli par Théodora, l'hôpital attaché au monastère et placé sous la juridiction de la supérieure est de quinze lits. L'organisation de cet établissement est moins compliquée que celle de l'hôpital attaché au monastère de Pantocrator, et qui était de cinquante lits. Mais on comparera utilement avec les statuts de cette grande fondation (3) le règlement de la maison plus modeste créée par Constantin Lips. Tout un personnel y est attaché, et le typicon détaille ses émoluments. Il se compose d'un prêtre, d'un médecin, d'un ὀπτίων (peut-être un comptable), d'un infirmier, d'un ἐπισκήπτων, de six assistants, de deux pharmaciens ou droguistes (ποιμεντάριοι), d'un φλεβοτόμος, de trois serviteurs, d'un cuisinier, d'une blanchisseuse (4).

Dans l'énumération des propriétés communes au monastère et à l'hôpital, la fondatrice fait la part des biens qu'elle a donnés elle-même et de ceux qui sont dus à la libéralité de sa mère. Elle commence par stipuler que ces biens sont inaliénables et que, si le malheur des temps ou quelque invasion des barbares l'exigeait, on pourrait se procurer des ressources en vendant des objets précieux, sans toucher aux propriétés (5). La liste ressemble beaucoup à celle de l'autre typicon, mais elle nous intéresse davantage parce qu'elle cite des localités moins obscures et dont plusieurs sont aisées à situer.

Les terrains, les vignes, les moulins, les maisons données par Théodora sont situés dans le thème de Pergame (6), en

(1) *Typ. B*. 36. Cf. *Typ. A*, 98-101.
(2) *Typ. B*, 29. Le typicon d'Irène. 58. leur accorde un bain par mois.
(3) DMITRIEVSKIJ, *Typica*, pp. 682-692.
(4) *Typ. B*, 50, 51.
(5) *Typ. B*. 43.
(6) *Typ. B*, 44.

Macédoine (1), dans le κατεπανίκιον de Smyrne, dans le Philopation près de Constantinople (2), et à l'intérieur de la ville près de la porte τῶν Κυνηγῶν (3), près des Blaquernes, près de l'église latine de la Vierge (4), près de l'hôpital de Sampson, près de l'Ὡραία πύλη (5).

Les propriétés données par la mère de Théodora se trouvent, soit aux environs de Constantinople dans la localité appelée Ἐννακόσια (6), soit auprès du Μαρτινάκιον (7). Dans la ville même sont des vignes, des jardins, des maisons, notamment εἰς τοῦ Βλάγγα (8), à Galata, près du monastère τῆς Παντεπόπτου, près du mur du Phanar (9), de l'Ὡραία πόρτα, aux Blaquernes. D'autres terres sont situées dans le thème de Sélybrie, près de Nicomédie ou de Scutari (10).

Il est fait mention des chrysobulles impériaux par lesquels plusieurs de ces donations ont été sanctionnées. Ces documents n'ont pas été retrouvés jusqu'ici. Les estimations sont faites, comme dans le reste du typicon, en μόδιοι et en νομίσματα.

---

(1) *Typ. B*, 47.

(2) Skarlatos, Ἡ Κωνσταντινούπολις (Athènes, 1890), t. I, p. 339. Cf. p. 179.

(3) Skarlatos, t. c., p. 582.

(4) C'est probablement l'église « Sanctae Mariae Amalphitanorum ». Du Cange, *Constantinopolis Christiana*, t II, p. 84.

(5) *Typ. B*, 45, 46. Sur l'Ὡραία πύλη, voir Skarlatos, t. c., p. 521.

(6) La χώρα Ἐνναχοσίων est mentionnée dans un document synodal de 1325. Miklosich-Müller, *Acta et Diplomata*, t. I, p. 137. Dans une autre pièce, p. 44, nous rencontrons la χώρα Ἀνναχοσίων, qui n'est pas distincte sans doute de la précédente.

(7) *Typ. B*, 48. Plus souvent : τὰ Μαρτινακίου. Preger, *Scriptores originum Constantinopolitanarum*, p. 69; Delehaye, *Synaxarium ecclesiae Constantinopolitanae*, p. 425.

(8) Dans un diplôme patriarcal de 1400, il est question d'un κῆπος περὶ τὸν Βλάγκαν ἔξω που καὶ σύνεγγυς τοῦ τείχους τῆς πόλεως. Miklosich-Müller, t. I, p. 230.

(9) Miklosich-Müller, t. I, p. 312.

(10) *Typ. B*, 48. 49.

§ 3. — Le monastère des Saints-Cosme-et-Damien.

La partie du typicon relative au monastère τῶν 'Αναργύρων est malheureusement incomplète. Nous apprenons seulement que ce couvent avait eu pour premier fondateur un λογοθέτης τοῦ δρόμου, qu'il avait été ruiné lors de la grande catastrophe, c'est-à-dire à l'époque de l'empire latin de Constantinople, et que Théodora l'a relevé et doté (1). Ce couvent semble n'avoir pas laissé d'autres traces dans l'histoire. Ce n'est certainement pas la célèbre μονὴ τῶν 'Αναργύρων ἐν Κοσμιδίῳ, qui était un monastère d'hommes (2).

Les quelques pages que Théodora lui consacre dans l'appendice au typicon du monastère de Lips sont un typicon en raccourci. Elle commence par stipuler, selon l'usage, que cette fondation sera entièrement libre et séparée de toute autre, même du monastère de la Vierge, dont elle vient de tracer la règle. Cependant (3), sauf quelques dispositions spéciales, les religieuses de Saints-Cosme-et-Damien observeront les constitutions du monastère de Lips. Voici les principales différences : il n'y aura que deux prêtres attachés au couvent; la messe ne sera célébrée que deux fois par semaine. La communauté comptera trente membres, dont dix-huit religieuses de chœur. Au lieu des deux grandes fêtes de la Nativité de la Vierge et de saint Jean-Baptiste, on ne célébrera solennellement que celle des saints Cosme et Damien. Les anniversaires de la fondatrice et de ses parents seront solennisés, mais avec moins d'apparat que dans le grand monastère, de même ceux qu'avait ordonnés le premier fondateur. Malheureusement, ces anciennes stipulations ne sont pas répétées (4).

---

(1) *Typ. B*, 55, 56.

(2) Miklosich-Müller, *Acta et Diplomata*, t. II, p. 512 : ἡμεῖς οἱ ἐν τῇ σεβασμίᾳ βασιλικῇ καὶ πατριαρχικῇ μονῇ τῇ εἰς ὄνομα τιμωμένῃ τῶν ἁγίων καὶ θαυματουργῶν 'Αναργύρων καὶ ἐπικεκλημένῃ τοῦ Κοσμιδίου...

(3) *Typ. B*, 57.

(4) *Typ. B*, 59-60.

En terminant, la fondatrice redit encore une fois que les deux maisons n'auront pas d'autres liens. Mais il n'est pas interdit aux supérieures et aux économes des deux établissements de conférer ensemble sur les intérêts qui leur sont confiés (1). Quant à la séparation des biens, elle est complète. Le monastère des Anargyres a ses biens propres. Les uns sont loin de Constantinople, dans le thème des Thracésiens, d'autres à l'intérieur de la ville : ainsi un jardin εἰς τοῦ Βλάγγα (2), ou hors ville, au Philopation, au Daphnoudion; près de Chalcédoine εἰς τὰ Μαρναχίου (3), à Galata (4).

---

(1) *Typ. B*, 61.
(2) Plus haut, p. 185, n. 8.
(3) Plus haut, p. 185, n. 7. PREGER, t. c., pp. 69, 280.
(4) *Typ. B*, 58.

APPENDICE

LE TESTAMENT DE JEAN L'ÉTRANGER.

Le titre que porte, dans le manuscrit C, le document qui va suivre : Βίος καὶ πολιτεία τοῦ ὁσίου πατρὸς ἡμῶν Ἰωάννου τοῦ ἐρημίτου, lui a été donné par l'auteur du recueil, à cause des allures autobiographiques de la pièce. Ce n'est pas une vie de saint; c'est un testament, mais le testament d'un fondateur de monastères, qui raconte les origines des établissements qui lui doivent l'existence, et fait connaître ses intentions aux héritiers de son œuvre et de sa pensée. Tous les éléments qui le composent se retrouvent dans les typica. Il ne manque ici que les détails minutieux de l'organisation et les prescriptions de la règle.

Plusieurs grands fondateurs ont donné à leur typicon la forme d'un testament, sans s'interdire pour cela d'entrer dans de longs développements. Nous citerons saint Athanase du mont Athos, saint Christodule, le premier higoumène de Patmos, Néophyte le Reclus, dont le monastère τῆς Ἐγκλείστρας, dans l'île de Chypre, fut l'ouvrage. Comme ces grands moines, qui aimaient à repasser à cette occasion, dans leur mémoire, les principaux événements de leur vie, notre ermite raconte son histoire, en remontant à ses premières années. Il est né à Siba, localité inconnue comme toutes celles qu'il cite, de parents riches, à la fin du Xe ou au commencement du XIe siècle, puisqu'il est contemporain du patriarche Alexis (1025-1043). La vie solitaire exerça sur lui, de bonne heure, un puissant attrait; il erra de montagne en montagne, de désert en désert.

Dans une grotte abandonnée, il découvre deux tombeaux. Une révélation lui apprend que deux saints y reposent : Eutychius et Eutychianus, et ordre lui est donné d'élever une église en leur honneur. Il obéit, puis s'éloigne, laissant à un moine la garde du sanctuaire.

Sa vie errante recommence. Arrivé au sommet de la montagne appelée Μυριοκέφαλον, et obéissant à un nouvel avertissement céleste, il bâtit un monastère en l'honneur de la Sainte Vierge, sous le vocable τῆς 'Αντιφωνητρίας. La fondation achevée, il la confie à un moine du nom de Luc, et s'en va dans un autre endroit appelé τοῦ Μέλικος, construire un sanctuaire dédié à S. Georges (τὸν ἅγιον Γεώργιον τὸν Δούβρικαν). Ces parages étaient déserts et sans eau. Il y creuse une citerne, et affecte à la nouvelle fondation une vigne, un jardin et un champ, qu'il doit à de pieuses libéralités. Le soin en est confié à Nicodème, moine et prêtre ; lui-même s'en va fonder, dans une localité du nom de Ἄριον, un nouvel établissement, également consacré à saint Georges (τὸν ἅγιον Γεώργιον τὸν 'Οψαροπιάστην), que les contributions des braves gens des environs lui permirent également de doter, et qui fut remis au moine et prêtre Eutychius.

Il retourne à Μυριοκέφαλον. La situation du monastère de la Sainte-Vierge était précaire. Il sollicita en sa faveur la générosité des fidèles, et réussit à assurer l'avenir par diverses donations. A Mousela, notamment, il créa un μετόχιον en l'honneur de saint Patapios, y fit un jardin, planta des arbres et une vigne, éleva des constructions, établit un rucher et pourvut ainsi aux besoins de douze moines. A Constantinople, il obtint, par chrysobulle impérial (1) diverses faveurs, et notamment la confirmation de l'indépendance de sa fondation. A l'occasion de ce voyage, il la recommanda à la générosité des fidèles de la capitale et reçut, notamment, des vases sacrés, des livres, des

(1) D'après le texte, il alla trouver τοὺς ὀρθοδόξους ἡμῶν βασιλεῖς. Il n'est pas nécessaire d'entendre ce pluriel de deux empereurs et de remonter ainsi jusqu'à Romanos et Constantin Porphyrogénète. C'est le couple impérial qui est désigné.

images. En récapitulant les dons de diverses provenances, il arrive à énumérer, outre les terres, de nombreux troupeaux et des ustensiles de toutes sortes.

Mais là ne s'arrête pas son exubérante activité. Il quitte son monastère et se rend à un endroit appelé Κουφοῦ, y élève une église en l'honneur de la Sainte Vierge, plante une vigne, fait l'acquisition d'une terre et y établit le moine Cyrille. Puis, près d'une plage déserte, il bâtit un oratoire en l'honneur de saint Paul, et ailleurs un troisième sanctuaire en l'honneur de saint Georges, auprès duquel il place un rucher pour les besoins du monastère. L'empressement des fidèles ne lui laissant aucun repos, il s'enfuit encore une fois dans un désert, εἰς τὰ μέρη τοῦ Κισάμου. Enfin, se sentant mourir, il dicte ses dernières volontés, et déclare que toutes les églises qu'il a bâties et tous leurs biens devront appartenir, jusqu'à la fin des siècles, au monastère τοῦ Μυριοκεφάλου. Anathème à ceux qui auront l'audace de contrevenir à ces dispositions.

Les circonstances dans lesquelles la pièce a été écrite lui donnent un caractère spécial. Le pauvre ermite, qui d'ailleurs semble n'avoir jamais pâli sur les livres, n'était plus en état de soigner son style. Son testament est un curieux spécimen de la langue vulgaire de l'époque, avec ses formes caractéristiques, et des fautes de syntaxe que l'état de faiblesse du malade suffirait à expliquer.

Nous avons parfois touché à l'orthographe, dont, avec assez de probabilité, le copiste, relativement moderne, peut être rendu responsable. Les incorrections, les gaucheries du style, qui sont de l'auteur, devaient être maintenues.

VI

|278v| Βίος καὶ πολιτεία
τοῦ ὁσίου πα.ρὸς ἡμῶν Ἰωάννου τοῦ ἐρημίτου
τοῦ τῇ ἐπονομίᾳ Ξέννου.

Ἰωάννης μοναχὸς ὁ τῇ ἐπονομίᾳ Ξένος
καὶ ἐρημίτης προσέταξα.

1. Πηγὴ ἀφθαρσίας ὑπάρχων ὁ Θεὸς ἡμῶν Ἰησοῦς Χριστὸς ἐν ἀφθαρσίᾳ δὲ τὸ πρῶτον ἐδημιούργησεν ἄνθρωπον ὁρῶν αὐτὸν † δοῦς ἐπὶ τοῦ ζωηροῦ χωρίου κατέστησαν. Ἀπάτῃ οὖν καὶ συμβουλίᾳ τοῦ κακογνώμου ὄφεως τὴν ἐντολὴν ὁ προπάτωρ μὴ φυλάξας, θανάτῳ κατεδικάσθη· καὶ λοιπόν, ὦ ἀδελφοί, οὐκ ἔστιν ἄνθρωπος ὃς ζήσεται καὶ οὐκ ὄψεται θάνατον. Ὅθεν κἀγὼ ὁ εὐτελὴς μοναχὸς καὶ Ξένος τῇ ἐπωνυμίᾳ, ἀρρωστίᾳ κατακλιθεὶς καὶ τὸ τέλος τοῦ θανάτου προσδοκῶν, ἰδοὺ τὸ κατ' ἐμὲ πάντα φανερῶς γέγονα καὶ διατίθημι καὶ τί ἐπ' ἐμὲ ὁ Θεὸς ὁ ἅγιος δι' οἰκονομίας αὐτοῦ ἀνεδείξατο· ἔχων δὲ τὸ κατ' ἐμὲ οὕτως. Γονέων γὰρ γέγονα πλουσίων ἀπὸ χωρίου τοῦ λεγομένου Σίβα, καὶ γεννηθεὶς ἐξ αὐτῶν, ἐξῆλθον ἐκ τῶν σπλά|279|γχνων τῶν μητρικῶν, ἐκ νεαρᾶς ἡλικίας ποθοῦντός μου τὸν μονήρη βίον. Καὶ λοιπὸν ἀπὸ ὄρος εἰς ὄρος καὶ ἐρημίαις πλανώμενος, κακουχούμενος καὶ κρύει πιεζόμενος, ἐποίησα χρόνους ἱκανοὺς ἐντελευόμενος καὶ συγκαιόμενος τῷ καύσωνι τοῦ ἡλίου καὶ τὸν παγετὸν τοῦ χειμῶνος· καὶ μετὰ τῶν ἀγρίων θηρίων καὶ ζῴων συνοικῶν καὶ συνδιάγων, ἦλθον ἄχρι τοῦ ὄρους τῶν Λοιθίνων τοῦ λεγομένου τοῦ Ῥαξοῦ· κἀκεῖσε προσμείνας ἡμέρας ἱκανὰς καὶ τὸ ὄρος ὅλον διαδραμὼν καὶ εὑρὼν πολὺν δάσος καὶ διάβατος, εὑρὼν δὲ ἐν αὐτῷ τῷ τόπῳ σπήλαιον, ὃν καὶ ἔνδοθεν ὑπεισελθὼν εὗρον δύο μνημεῖα, ἓν μὲν

---

5. *forsan legendum* προέταξα; *cod. addit* εὐλόγησον δέσποτα | 6. Ἰ. Χ. *supra lin. lectio dubia.* | 7. δὲ *cod., forsan l.* δὴ | δοὺς... *locus corruptus, nonnulla desunt.* | 10. κατεδικάστην *cod.* | 19. κακοχούμενος *cod.* | 20. *ita cod., l.* τῷ παγετῷ | 22. συναδιάγων *cod.* | 24. πυλὺν *cod., l.* πολὺ | διάβατος *cod., l.* ἀδιάβατον | 25. ὃν *cod., l.* ὃ | εὑρὼν *cod.* | ενμὲν *cod.*

κατ' ἄρκτον, ἕτερον δὲ κατὰ μεσημβρίαν· ἃ καὶ θεασάμενος καὶ καθ' ἑαυτὸν λογισάμενος, τί ἄρα ταῦτα εἰσίν, ἐξῆλθον τοῦ σπηλαίου· καὶ ἐν τῷ διαπορεύεσθαί με μικρόν τι κατῆλθέν μοι ἐκ τρίτου φωνὴ καλοῦσά με ἐξ ὀνόματος καὶ διακελευομένη μοι τοιαῦτα· « Ἰωάννη, Ἰωάννη, Ἰωάννη, ἃ εἶδας ἐνταῦθα δύο μνημεῖα εἰσὶν Εὐτυχίου καὶ Εὐτυχιανοῦ, καὶ μέλλεις ἐν αὐτῷ τῷ τόπῳ ἀνεγεῖραι θεῖον καὶ ἅγιον ναὸν εἰς ὄνο|279ᵛ|μα τούτων ». Κἀγὼ δὲ ταῦτα ἀκούσας, ἔμεινα τῷ τόπῳ· καὶ ἀγῶνα ἀναδυσάμενος καθέμενος ὁλοψύχως τὸν ἐμαυτόν μου ἀπηρξάμην ἐκδαφίζειν τά τε ξύλα καὶ τὰ φρύγανα καὶ καθαρίζειν τὰ ῥηθέντα μνημεῖα καὶ μετὰ πολλὰς ἡμέρας ταῦτα ποιήσας ἀνέγειρα θεῖον καὶ ἅγιον ναόν, τὸν ἅγιον Εὐτύχιον καὶ Εὐτυχιανόν.

2. Καὶ τοῦτο ποιήσας καὶ καταλείψας ἐκεῖσε ἕνα ἀδελφὸν ἀναχώρησα καὶ πάλιν τὸ ὄρος εἰς ὄρος ἀναδραμὼν ἀπῆλθον ἄχρι τῆς κεφαλῆς τοῦ ὄρους Μυριοκεφάλου ἐπάνω τοῦ χωρίου τοῦ λεγομένου Τούρμα τοῦ καλαμῶνος· καὶ εὗρον<ὃ>ῆν ἄνω τοῦ ὄρους κτίσμα ἑλληνικὸν παμμεγέθη τοῦ λεγομένου Μυριοκεφάλου· καὶ διὰ τὴν δριμύτηταν τοῦ χειμῶνος εἰσῆλθον ὧδε· καὶ ἅμα τοῦ εἰσελθεῖν με ἐποίησα ἡμέρας ἑπτὰ τυφλός· καὶ εὐχομένου μου πρὸς Κύριον, κατὰ τὴν ἑβδόμην ἡμέραν ἦλθέ μοι φωνὴ τοιαύτη· « ὦ Ἰωάννη, ἔξελθε τῶν ἐνταῦθα καὶ ἴδε κατὰ ἀνατολάς ». Ἐγὼ δὲ ὡς ὑπό τινος χειραγωγούμενος, ἐξῆλθον τοῦ κτίσματος καὶ κατὰ ἀνατολὰς στὰς |280| εἶδον φῶς μέγα· καὶ διακελευούσης φωνῆς τοιαύτης ὅτι· « ἐνταῦθα ἀνεγεῖραι μέλλεις οἶκον τῆς πανυμνήτου Θεοτόκου τῆς Ἀντιφωνητρίας· » καὶ ἅμα τοῦτο γεγονὸς διῆλθον τοὺς φιλοχρίστους καὶ ἐνδεὴς τούτων γεγονὼς τὸν μὲν τόπον ἐξωνησάμην ἀπὸ τοὺς ἰδίους κληρονόμους· καὶ ἀγῶνας ἑαυτὸν θέμενος, πρῶτον ἔγγραφον πρός με ἐξέθεντο οἱ δηλωθέντες κληρονόμοι, τοῦ δηλωθέντος τόπου τοῦ λεγομένου Μυριοκεφάλου, διαιρῶν τὸν τόπον ῥητῶς καὶ περικλείων· εἶτα ἐντελευόμενος ἐν τοῖς φιλοχρίστοις ἐδομησάμην τὴν τοιαύτην μονὴν τῆς θεομήτορος καὶ πανάγνου Θεοτόκου τῆς Ἀντι-

---

1. ἄρκτων *cod.* | 3. κατῆλθον *cod.* | 5. οἶδας *cod.* | 6. μέλεις *cod.* | 9. *ita cod.*, *l.* ἐξεδαφίζειν | 11. *ita cod.*, *l.* ἀνήγειρα | 12. *ita cod.*, *l.* ἀνεχώρησα | 15 *supplevi*, *om. cod.*, εὗρον ἐπάνω? Kurtz. | 16 *ita cod.*, *l.* παμμέγεθες | 17. δρυμήτηταν *cod.* | 21. χειραγούμενος *cod.* | 24. τοῦτω γεγονὼς *cod.* | 25. ἐνδεεῖς τοῦτον *cod.* | 26. ἔγραφον *cod.* | 27. κληρονόμους *cod.* | 29. φιλοχρήστοις *cod.*

φωνητρίας, καὶ προσεκτησάμην ἃ αὐτὴ ηὐδόκησεν καὶ οἰκονόμησεν· καὶ οὕτως ἐκούρευσα ἓν τὸν μοναχὸν Λουκᾶ. Καὶ ἐξελθόντος μου τῆς τοιαύτης μονῆς, εὗρον τόπον ἕτερον τοῦ λεγομένου τοῦ Μέλικος· καὶ ἐπάνω τοῦ χαμοβουνίου ἀνελθὼν ἀνοικοδόμησαν τὸν ἅγιον Γεώργιον τὸν Δούβρικαν, ἔνθα οὔτε ξύλον εὑρίσκετε οὔτε χόρτον χλωρόν, ἀλλὰ πάντοτε ξηρὸς ἦν ὁ τόπος· καὶ τρόπον τινὰ ἐπεννοηθεὶς ἐποίησα δεξαμενὴν εἰς |280v| τὸ ὑποδέχεσθαι τὸ ὕδωρ· ἐκ Θεοῦ δὲ ὁδηγηθέντες οἱ κληρονόμοι τοῦ αὐτοῦ τόπου ἐδωρήσαντό μοι καὶ ἕτερον τόπον· καὶ ἐποίησα ἀμπέλιν καὶ περιβόλιν· δέδωκάν μοι δὲ καὶ γῆν ὕπεργον ζευγαρίων τεσσάρων· καὶ οὕτως προσελθὼν ἀνὴρ εὔχρηστος, ἐκούρευσα αὐτόν· ὅστις καὶ ὀνομασθεὶς παρ' ἐμοῦ καὶ τῆς συνεργείας τοῦ ἁγίου πνεύματος ὁ μοναχὸς Νικόδημος· καὶ τοῦτον ἱερέαν ἀπεκατέστησα καὶ καταλείψας αὐτὸν εἰς τὸ ῥηθὲν εὐκτήριον εὐθὺς ἀνηχώρησα καὶ κατέλαβα ἕτερον τόπον τὸν λεγόμενον Ἄριον· ὅστις ἦν τόπος καλὸς καὶ εὔχρηστος καὶ πλησίον τοῦ χωρίου τῆς Πηγῆς· αἰτήσας τοὺς οἰκήτορας τοῦ αὐτοῦ χωρίου, ἀνήγειραν ναὸν τὸν λεγόμενον ἅγιον Γεώργιον τὸν Ὀψαροπιάστην· καὶ ἰδόντες τὴν ταπείνωσίν μου, ᾧ οὐκ ἔξεστιν καυχᾶσθαί μοι, οἱ δηλωθέντες χωρῖται δέδωκάν μοι χωραφίτζιν ζευγαρίων δύο καὶ δενδρούτζικα ὀλιγοστά, ἅτινα καὶ ἀφιέρωσα εἰς τὸ ῥηθὲν κελλίον· καὶ ἀποκείρας τὸν μοναχὸν Εὐτύχιον ἱερέαν, εὐθὺς ἀνηχώρησα.

3. Κἀκεῖσε δὲ πάλιν ἀνυπέστρεψα εἰς τὴν |281| μονὴν τῆς ὑπεραγίας Θεοτόκου τοῦ Μυριοκεφάλου, καὶ εὑρὼν τοὺς μοναχοὺς οὓς κατέλιπον καὶ μὴ ἔχοντας πόθεν διοικεῖσθαι, ἐξῆλθον πρὸς τοὺς φιλοχρίστους καὶ ἐνδεὴς γεγονὼς κατὰ τὴν τοῦ Χριστοῦ ἐντολήν, συνεστησάμην ζευγάρια ἓξ καὶ ἀπῆλθον εἰς τὸ χωρίον τὴν Μουσέλαν· εὑρὼν τόπον καλόν· καὶ ἐξωνησάμην ἀπὸ τοὺς ἰδίους κληρονόμους τοὺς Μεσοσταυλίτας μερίδας δύο, ἃς εἶχον εἰς τὴν τοιαύτην περιοχήν· καὶ ἰδόντες οἱ ἐκεῖ προσμένοντες ἐδωρήσαντό μοι ἑτέρας μερίδας δύο· καὶ ἀνήγειρα ἐκεῖσε εἰς μετόχιον τὸν ἅγιον Πατάπιον· καὶ

1. αὐτῆ *cod.* | 2. ἓν *cod.*, *l.* ἕνα | Λουκᾶ *cod.*, *l.* Λουκᾶν | 4. *cod.*, *l.* ἀνοκοδόμησα | 5. εὑρίσκεται *cod.* | 7. δεξαμένην *cod.* | 9. ἀμπέλην *cod.* | περιβόλιν *cod.* | 10. ὕπαργον *cod.* | 14. *cod.*, *l.* ἀνεχώρησα | 16. *cod.*, *l.* ἀνήγειρα | 18. δηλωθὲν *cod.* | 19. χωραφίτζην *cod.* | 20. ὀλιγωστὰ *cod.* | κελίον *cod.* | 21. *cod.*, *l.* ἀνεχώρησα | 22. ἀνηπέστρεψα *cod.* | 24. κατέλοιπεν *cod.*

οὕτως ἐποίησα περιβόλιν πολυτελῆ δένδρα ἐν αὐτῷ κατεφύτευσα εἶτα κατεφύτευσα καὶ ἀμπέλιν μοδίων δώδεκα· ἔκτισα καὶ οἰκήματα κεραμόστεγα εἰς τὸ ἔχειν τὴν ἀνάπαυσιν οἱ μοναχοὶ καὶ ἐξ αὐτῶν πορίζεσθαι τὴν ἐφήμερον τροφὴν αὐτῶν· ἀπὸ δὲ τὸ φιλόχιστον <πλῆθος> ἐσώρευσα καὶ μελίσσια ἑκατὸν πεντήκοντα, ἅτινα καὶ ἀπέθεντο εἰς τὸ κηριανόν, ἔνθα καὶ ἂν εἰς τὴν περιοχὴν τῆς μονῆς κα|281v|τεφύτευσα καὶ ἐν αὐτῇ παντοῖα δένδρα· καὶ ἐφύτευσα καὶ κλήματα χειμέρια καὶ οὕτως ἐκατεφύτευσα ἐπάνω εἰς τὴν μονὴν ἀμπέλιν καὶ δένδρα παντοῖα καὶ εἰς παράδεισον ἀπεκατέστησα· κατέλιπα μοναχοὺς δώδεκα, καὶ ἀπελθὼν εἰς τοὺς ὀρθοδόξους ἡμῶν βασιλεῖς καὶ δεηθεὶς αὐτοῖς χρυσοβόλου ἐπορισάμην τοῦ λαμβάνειν ἐτησίως ἡ μονὴ λόγου ψυχικῆς αὐτοῖς σωτηρίας ἀπὸ τοῦ δημοσίου νομίσματα λίτραν μίαν, ῥάσα δώδεκα, μανδία δώδεκα, καὶ βλαττὶν ἐνδυτήν, καὶ τοῦ εἶναι ταύτην ἀνέπαφον ἀπὸ παντὸς καὶ παντοίου ἀρχοντικοῦ καὶ ἐκκλησιαστικοῦ προσώπου, καὶ μηδ' ὅλως ἔχων τὸν κατὰ χώραν μητροπολίτην ἤ τινα τῶν ἐπισκόπων ἐπίσχεσθαι εἰς τὰ δίκαια τῆς μονῆς ἢ εἰς ἃ προσεκτησάμην, βιβλία ἁγίας εἰκόνας· κατεκόσμησα κελλία ὡς εἴρηται· καὶ ἐπιζητεῖν ἐπ' αὐτῶν ἢ σύνηθές τινα ἢ κανίσχιον ἢ τὸ καθόλου τι, ἀρχήν τινα ἢ ἐξουσίαν, ἀλλὰ τὸ καθόλου εἶναι πάντα αὐτοδέσποτα καὶ κύρια ὑπὸ χεῖρας εἶναι τῆς δηλω|282|θείσης μονῆς· μόνην τὴν ἀναφορὰν ποιήσασθαι τοῦ ἁγιωτάτου καὶ οἰκουμενικοῦ πατριάρχου κυροῦ Ἀλεξίου· καὶ οὕτως τοὺς καθεξῆς. Καὶ κατελθὼν ἀπὸ τῆς πόλεως μεθ' ὧν προσεκτησάμην ὑπὸ τῶν φιλοχρίστων ἐκεῖσε ἱερὰ σκεύη, βιβλία, ἁγίας εἰκόνας κατεκόσμησα τὴν μονὴν ἣν ὁρᾶτε· καὶ οὕτως τὰ πάντα οἱ φιλόχριστοι οἵ τε ἄρχοντες, ἐπίσκοποι καὶ οἱ λοιποὶ ἀφιέρωσαν εἰς τὴν μονήν, πρόβατα χίλια τριακόσια, αἰγίδια τριακόσια, φορβάδια δέκα ἕξ, ὀνοθήλειες πέντε καὶ βορδόνια σαμαρικὰ τέσσαρα εἰς τὸ ἀποκομίζειν τὴν τροφὴν τῶν γερόντων ἀπὸ τῆς Μουσέλας, τοῦ ἑτέρου μετοχίου τοῦ Μέλικος, καὶ τοῦ Ἀρίου, τὰ δέσκια τὰ πάντα, τά τε σίδηρα καὶ τὰ χαλκώ-

---

1. περιβόλην *cod.* | 2. ἀμπέλην *cod.* | 4. ἀφήμερον *cod.* | 6. κηριανῶ *cod.* | 8. κλῆμα *cod.* | 9. ἀμπέλην *cod.* | 11. *cod.*, *l.* χρυσοβούλλου | 12. ψυχικοῖς αὐτοῖς σωτηρία *cod.* | 13. βλατὴν *cod.* | 15. μηδόλως *cod.* | 17. εἶσα *cod.* | 19. τινα *cod.*, *l.* τι | κανίσχυον *cod.*, *l.* κανίσκιον. | 24. ἱερὰ... εἰκόνας *cod.*, *l.* ἱερῶν... εἰκόνων | 26. ἀφιέρωσα *cod.* | 27. ὀνοθυλίαις *cod.* | 28. *cod.*, *l.* σαγμαρικά.

ματα, τὰ μιλιάρια, τὰ κουκουμίκια, τὰς ἀπαλαρέας καὶ τὰ λοιπὰ ἃ καὶ ἐγράφησαν ἐπεβράβευσαν· ταῦτα πάντα ἀπὸ τῶν φιλοχρίστων μοι ἐπεριῆλθον, ὥστε τὸν Κύριον ἡμῶν Ἰησοῦν Χριστὸν καὶ ἡ βοήθεια τῆς παναχράντου μητρός· ἃ οὐκ ἔχρηζον οἱ φιλόχριστοι ἐπρο|282v|σήφερον ταῦτα καὶ ἀπέθεντο, καὶ εἰσέτι ζέοντες πάντες ἐπὶ τὸ πλεῖστον εἰς ἐμὲ τὸν δύστηνον καὶ ὀλέθριον κατεκενοῦντο πάντες.

4. Τὴν τοῦ Χριστοῦ ἐντολὴν καὶ ἐμαυτὸν εἰδήσας καὶ καταβλεψάμενος διὰ τὸ μηδ' ὅλως ἔχειν με ἀνάπαυσιν μίαν ὥραν ἄνεσιν, ἐξῆλθον τῆς μονῆς καὶ οὕτως κατέλαβον τὸν τόπον τοῦ λεγομένου Κουφοῦ· καὶ μέσον τοῦ χωρίου ἀνέγειραν ναὸν τῆς ὑπεραγίας Θεοτόκου, κατεφύτευσα ἀμπέλιν καὶ προσεκτησάμην καὶ χωραφίτζια μοδίων τεσσαράκοντα· καὶ ἀποκείρας τὸν μοναχὸν Κύριλλον καὶ ἀποκαταστήσας τὸ κελλίον ἀνηχώρησα· καὶ ἀπελθόντος μου εἰς ἔρημον τόπον ὀπίσω ἐν γιαλῷ, καὶ προσέμεινα ἡμέρας ἱκανὰς καὶ οἴκισα εὐκτήριον τὸν ἅγιον Παῦλον καὶ ἐπάνω εἰς τὸν Ναζωγηραίαν τὸν ἅγιον Γεώργιον καὶ ἐποίησα ἐκεῖ μελισσουργεῖον εἰς τὸ εἶναι εἰς τὴν εἰρημένην μονήν· καὶ πάλιν διὰ τὸ πλῆθος τῶν πολλῶν μου ἁμαρτιῶν οὐκ ἔασάν με ἀναπαυθῆναι οἱ φιλόχριστοι· καὶ λοιπὸν εἰς ἕτερον τόπον ἔρημον |283| κατῴκησα εἰς τὰ μέρη τῆς Κισάμου ἔξω εἰς τὴν ἀκτήν· ἐν οἷς καὶ προσμένειν ἡρετισάμην διὰ τὴν τῶν ἀνθρώπων σύγχυσιν· καὶ οὕτως πάντα τὰ κατ' ἐμὲ ἐπισυνάψας καὶ ἐγγράφως ποιήσας ἐν τῷ ὀνόματι τοῦ Κυρίου ἡμῶν Ἰησοῦ Χριστοῦ τοῦτο διορίζομαι καὶ ἐντέλλομαι πᾶσι, ὡς ἂν πάσας ἐκκλησίας ἤγειρα ὡς εἴρηται καὶ ἃ προσεκτησάμην κινητὰ ἀκίνητα καὶ αὐτοκίνητα, ἵνα εἰσὶν πάντα εἰς τὴν μονὴν τοῦ Μυριοκεφάλου ἕως συστολῆς τοῦ παρόντος μου κόσμου· εἰ δέ τις τῶν ἐπιγείων ἀνθρώπων, εἴτε βασιλεὺς ἢ πατριάρχης ἢ μητροπολίτης ἢ ἐπίσκοπος ἢ ἄρχων ἢ ἄλλος τις τῶν ἁπάντων, κατατολμήσαι ἀποσπάσαι τῶν εὐκτηρίων ὧν ἔκτισα ἢ ἀπό τινος τῶν ὑπ' αὐτῶν ἀκινήτων, ἃ καὶ

1. ἀπαλαραίας *cod.* | 4. ἐχριζον *cod.* | 5. ἐπροσήφερον *cod.* | εἰς ἔτη *cod* | 9. καταβεψάμενος *cod.* | ἔχει *cod.* | 11. *ita cod.* | 12. κατεφύτευσας ἀμπέλην *cod.* | 14. *cod.*, *l.* ἀνεχώρησα | ἀπελτος *cod.* | 15. *cod.*, *l.* αἰγιαλῷ | 21. ἡρετησάμην *cod.* | 22. αὔτιος *cod.* | 23. ἐγράφως *cod.* | 25. οἴρηται *cod.* | 29. ἀπὸ πᾶσαι *cod.* | 30. οἰκτηρίων *cod.*

ἀφιέρωσα εἰς τὴν δηλωθεῖσαν μονήν, ὁ πρὸς ταύτην κατατολμῶν πρῶτον μὲν τῶν τῆς ἀκινησίας δεσμῶν ἅληται· ἔστω καὶ ἡ μερὶς αὐτοῦ καὶ ὁ κλῆρος αὐτοῦ μετὰ τοῦ Ἰούδα, ἀγχόνῃ καθυποβαλλόμενος, καὶ ἀναθέματα καὶ τῶν τετρακοσίων δέκα καὶ ὀκτὼ θεοφόρων πατέρων |283ᵛ| καὶ τῷ αἰωνίῳ πυρὶ ἀποκεκλήρωται· ἀεὶ δὲ ταῦτα πάντα φυλάττων, ἃ ἐποίησα καὶ προσεκτησάμην, ὁ Θεὸς ὁ ἅγιος ὁ ἐπουράνιος καὶ ἡ μεσίτρια τοῦ κόσμου συγχωρήσει αὐτοῖς πάντα τὰ ὀφλήματα αὐτῶν ἐν τῷ μένοντι νῦν καὶ ἀεὶ καὶ εἰς τοὺς αἰῶνας τῶν αἰώνων, ἀμήν.

---

4. καὶ ἀναθέματα *bis scriptum.* | 7. μεσήτρια *cod.*

TABLE DES NOMS

GLOSSAIRE

TABLE DES MATIÈRES

NOTES ADDITIONNELLES

I 396 Le synaxaire de Sirmond fut publié en 1902 dans les _Acta Sanctorum_ dont il forme le "Propylaeum Novembris": H. DELEHAYE, _Synaxarium Ecclesiae Constantinopolitanae e codice Sirmondiano... adiectis synaxariis selectis_, in-folio de LXXVI et 1180 colonnes.

404 Une magnifique édition phototypique du "ménologe de Basile" a été publiée en 1907 avec un commentaire courant pour Pio Franchi de' Cavalieri.

416 La localisation de Bathyrrhyax en Bithynie a été contestée.

II 23 Les "synaxaires" placés en tête de certains manuscrits bibliques ne contiennent pas des notices biographiques abrégées, mais seulement des listes de fêtes avec l'indication des lectures scripturaires correspondantes.Ce ne sont donc pas des synaxaires proprement dits, mais de "petits synaxaires" ou calendriers. Cf. J. NORET, dans _Anal. Boll._ t. 86 (1968), p. 21-22.

27 Sur la distinction entre les deux saints Phantinus, voir, pour l'ancien _BHG_ 1508-1509; pour le jeune, _Auctar_. 2366z-2367. Cf. E. FOLLIERI, dans _Atti del IV Congresso storico calabrese, Cosenza, 1966_ (Napoli, 1969), p. 19-35.

III 315 La division du ménologe de Métaphraste en dix tomes a été établie par Ehrhard, qui en a étudié ex professo la tradition manuscrite. Voir son _Überlieferung_, t. 2 (1938;= _T.U._ 51), p. 306-717, particulièrement p. 676-680.

322 A cette liste de textes anciens insérés tels quels dans le ménologe de Métaphraste il faut ajouter la Passion de S. Phocas (22 sept.), la Vie de Grégoire le thaumaturge (17 nov.), l'histoire des Macchabées (1er août) et peut-être encore deux ou trois pièces. Par contre il faut en retirer la Vie de Jean l'Aumônier (12 nov.). Cf. EHRHARD, t.c., p. 697-698, où la translation de Chrysostome ne devrait pas figurer; voir _Subs. hag._ 60 (1977) p. 473.

325 Les mss 376 de Moscou et 17 de Jérusalem ont conservé une partie (cinq mois) du "ménologe impérial", accessible depuis 1911-1912 dans l'édition de Latyšev. Cf. _Anal. Boll_. 57 (1939), p.225-236; EHRHARD, _Überlieferung_, t.3, p. 341-407.

327 Le ménologe impérial ne date que du règne de Michel IV (1034-1041). Il dépend de Métaphraste.

IV 408-410 Les deux textes que le P. Delehaye a reconnus dans ce fragment de ménologe correspondent aux nos. 1481 et 1577 de la _BHG_. Comparer EHRHARD, _Überlieferung_, t.1, p. 120-122.

VI 188-196 Ce testament de S. Jean Xénos, ermite en Crète au XIe siècle (_BHG_ 2196), a été reproduit par le prof. N.Tomadakis au t.2 de la revue _Krètika Chronika_, p. 51-61.

INDEX*

* L'abréviation _Add._ renvoie aux Notes additionnelles.